James F.T. Bugental

# Aus dem Notizbuch eines Psychotherapeuten

Aus dem Amerikanischen von
Angelika Orpin


Edition Humanistische Psychologie, Köln
ISBN 3-926176-42-3
Die Originalausgabe erschien unter dem Titel »Intimate Journeys«
bei Jossey-Bass Inc., New York.
Authorized translation from the English language edition published by Jossey-Bass Inc., Publishers.

James F.T. Bugental

# Aus dem Notizbuch eines Psychotherapeuten

»Gemeinsame Reisen ins Innere«

EHP

## Inhalt

Seite

# Vorwort

Seit fast einem halben Jahrhundert erzählen mir Männer und Frauen von ihrem Leben. Sie haben mir von ihren geheimen und bekannten Erlebnissen, ihrer Liebe und ihrem Haß, ihren Ängsten und Hoffnungen und all den Anliegen erzählt, aus denen unsere Geschichte als Menschen besteht. Manager, Hausfrauen, Sekretärinnen, Studenten, Krankenschwestern und Ärztinnen, Nonnen, Taxifahrer, Pfarrer und Priester, Ingenieure, Polizisten, Rechtsanwälte, Prostituierte, Lehrer und Professoren, Schauspieler und andere haben mich aufgefordert, sie zu begleiten, wenn sie in ihrem Inneren ihre tiefsten Sehnsüchte entdecken wollten, wenn sie sich durch Qualen hindurchkämpften oder Freude sie beflügelte, wenn sie sich ihren Ängsten stellten und den Mut aufbrachten, in ihr Inneres aufzubrechen.

Vieles haben sie mich gelehrt, meine Lehrer, vieles, was mein Leben ungeheuer veränderte. Was sich ebenfalls immerzu ändert, ist meine Sicht der Natur des Menschen. Meine formale Ausbildung, so wertvoll sie war, ist blaß und teilhaft im Vergleich mit der Summe gelebter Erfahrungen, die diese Frauen und Männer vor mir ausbreiteten.

Diese Diskrepanz wird mir in ihrer ganzen Schärfe deutlich, wenn ich die Ansichten der akademischen und »wissenschaftlichen« Psychologie über die Natur des Menschen und die Spekulationen über die grundlegende Triebkraft des Lebens lese: Homöostase, Triebminderung, Sexualität, Macht, Individuation, spirituelles Wachstum - alle tatsächlich wichtig - dennoch greift jedes letztlich zu kurz.

Die grundlegende Aufgabe jedes Menschen ist die einfache, aber tiefgehende Tatsache, daß er lebt. Das Leben ist die Frage, vor der wir alle stehen; es zu leben, ist die Antwort, die jeder einzelne von uns gibt.

Wer hat noch nicht gespürt, daß in ihm unverwirklichte Möglichkeiten stecken? Diese Intuition ist absolut richtig. Die wichtigste Aussage dieses Buches, eben jene, die am leichtesten übersehen oder zu gering geachtet wird, ist folgende: Jeder von uns ist unmerklich verkrüppelt, ohne Zugang zu seinen Möglichkeiten. Ich meine im wahrsten Sinne des Wortes, daß jeder von uns behindert ist und damit in seiner Lebenskraft, der Fülle des Lebens eingeschränkt.

In diesem Buch ergreifen sechs Menschen ihr Leben neu, nehmen ihre Erfahrung und Handlungen in einem ungewöhnlichen Maße selbst in die Hand. Sie sind dazu in der Lage, weil sie lernen, ihr inneres (existentielles) Gespür zu nutzen. Dieses Lernen hat seinen Preis, und die Wege, auf denen sie es erreichen, sind für uns alle lehrreich.

Einer dieser Menschen bin ich selbst, und gleichzeitig habe ich das Privileg, von den anderen fünf zu ihrem Helfer gemacht worden zu sein. Als ihr Therapeut habe ich sie sehr gut kennengelernt, besser wahrscheinlich als irgend ein anderer. Dennoch ist meine Kenntnis eines jeden immer begrenzt im Vergleich zu der Unermeßlichkeit eines menschlichen Lebens. Der kleine Einblick, den selbst zwei- oder dreihundert Stunden intensiver Gespräche bieten, ist immer noch lediglich eine Serie von Schnappschüssen, keine vollständige Dokumentation.

Ich will hier keinen objektiven Tatsachenbericht liefern. Vielmehr habe ich mich an die schwierigere Aufgabe gewagt, zu versuchen, eine zusammengesetzte subjektive Erfahrung darzustellen. Diese Erfahrung ist natürlich in erster Linie und unentrinnbar meine eigene Erfahrung. Sie kann nichts anderes sein. Meine Erfahrung besteht aber immer und ebenso unentrinnbar aus meinen Erfahrungen mit anderen.

Distanzierte und objektive Berichterstattung über menschliche Erlebnisse solcher Art, von denen hier erzählt wird, stellt in gewisser Weise einen Verrat an diesen Erfahrungen dar, weil sie eben eine »wissenschaftliche« Aussage parodiert. Eine Wissenschaft, der das eigentliche Wesen dessen entgeht, was sie ihrer eigenen Aussage nach untersucht, ist keine Wissenschaft sondern Spitzfindigkeit im Dienste von Pedanten. Sie liegt auf derselben Ebene wie eine »Kunst«, die versucht, uns Mozarts Requiem nahezubringen, indem sie die Schwingungsfrequenzen der von den Instrumenten gespielten Töne auflistet.

Ebenso wie jedes gelebte menschliche Leben ein Kunstwerk ist, ist auch jeder in der Psychotherapie gefundene Weg ein solches, es mag einem nun gefallen oder nicht. Genau darum geht es: Die Tonfrequenzen, die wir bei

Mozart hören, sind objektiv vorhanden, und ein musikalischer Handwerker mag mit Hilfe solcher objektiven Angaben Instrumente bauen, die letztlich große Schönheit schaffen könnten. Die objektive Untersuchung beschreibt aber einzig das in der Kunst verwendete Mittel, nicht ihren Prozess oder das entstandene Kunstwerk. Ebenso hat natürlich die Psychotherapie ihren objektiven Unterbau.

Dieser hat viele wichtige Dimensionen: Gesprächstechnik, Kenntnis der Psychopathologie und Ähnliches - aber sie machen weder die Kunst der Psychotherapie noch ihr Ergebnis aus.

Wenn ich also eine subjektiv gültige Schilderung der Arbeit geben will, die meine Klienten und ich geleistet haben, bedeutet all dies, daß ich mich intensiv bemühen muß, meine eigenen inneren Erfahrungen im Verlauf dieser Arbeit zu vermitteln. In diesem Buch gebe ich nach besten Kräften die oft impliziten Interaktionen wieder und gehe über objektive Berichterstattung hinaus. Dazu gehört auch, daß ich mich selber mehr offenbare als normalerweise angezeigt (oder unbedingt »bequem«) ist, weil nur so der Leser unsere Erfahrungen wirklich teilen kann.

Ganz einfach ausgedrückt ist dies die Geschichte meines eigenen Weges. Ich ging von einer Sicht des menschlichen Lebens aus, die sich überwiegend mit dessen äußeren Manifestationen befaßte, und gelangte so zu der Erkenntnis, daß das Leben für unsere normale Sichtweise wahrhaft unsichtbar ist. Das Leben ist eine subjektive Erfahrung, und das Subjektive liegt unter der Oberfläche unserer üblichen Sprache und Begrifflichkeit.

Wer ausdrücklich über Subjektives schreibt, setzt sich einen Taucherhelm auf und läßt sich allmählich in die Tiefe hinab. In jener Welt muß unser Blick das Dunkel durchdringen, und alles, was wir an die Oberfläche bringen, um es zu zeigen, hat sich auf dem Weg nach oben verändert und erscheint im Lichte objektiver Prüfung ganz anders. Nur wenn wir uns im Subjektiven befinden, können wir das Subjektive erkennen.

Es ist unmöglich, die ganze subjektive Wahrheit objektiv und ausdrücklich zu schildern. Was immer ich sage, kann nur unbeholfen in die Richtung des unendlichen Mehr hinter den Verbalisierungen zeigen. Und ich zeige nicht mit einem präzisen einzelnen Zeigefinger, sondern mit einem ungeschickten Ellenbogen - oder vielleicht auch mit meiner rechten Hinterbacke. Und dieser zwar notwendige, aber ungenaue Körperteil führt die Aufmerksamkeit immer wieder weg von dem, auf das wir gerade blicken. Es ist mir nicht nur unmöglich, alles zu sagen; ich kann auch nicht sagen, was das ist, was mir da so unmittelbar klar wird. Die Worte bleiben hinter dem Sehvermögen zurück.

Diese Seiten sind also Rekonstruktionen meiner Erfahrung, keine mechanischen Aufzeichnungen. Ich habe die objektiven Elemente geändert, um so gut wie möglich die subjektiveren und meist verborgenen Kämpfe, Niederlagen und Triumphe des Menschseins darzustellen, wie sie sich im Leben und in der Arbeit eines Psychotherapeuten gezeigt haben.

Noch eine Warnung: Die Fragen, denen sich die Menschen in diesem Buch stellen, sind Fragen des Lebens - also Fragen im Bereich des Subjektiven. Die Gewalt, der sie begegnen, ist subjektiv. Ihre Geschichten enthalten weniger objektive Gewalt als die meisten von uns aus den Massenmedien gewöhnt sind - nach der wir vielleicht sogar süchtig sind. Da unser inneres, subjektives Leben betäubt worden ist, ist diese Sucht in das Stadium getreten, wo die Dosis von Mal zu Mal stärker werden muß, wenn wir überhaupt noch etwas fühlen und den »Kick« bekommen sollen, nach dem unsere ermüdeten Sinne mittlerweile verlangen. Wenn Sie aus diesen Schilderungen für Ihr eigenes Leben Nutzen ziehen wollen, stehen Sie vor der schwierigen Aufgabe, Ihre emotionale Durchlässigkeit wieder (neu) zu eichen.

*Zur Form dieses Buches*

Ich habe das Buch in der ersten Person und in der Gegenwart geschrieben, damit die hier geschilderten Erlebnisse möglichst unmittelbar bleiben. Was mich selbst angeht, entspricht diese Unmittelbarkeit des Sprechens den Tatsachen, was die Zeit angeht, tut sie das nicht. Tatsächlich fanden die Gespräche größtenteils zwischen 1965 und 1975 statt. Um einer geschlosseneren Darstellung willen habe ich die Daten umgestellt und den überwiegenden Teil der Arbeit mit anderen Klienten in dieser Zeit weggelassen. Ich habe ein paar einzelne Fakten hinsichtlich meines eigenen Lebens geändert, so daß sie in die Zeit passen, in der diese Patienten zu mir kamen.

Das waren die Jahre von *Hair* und *Woodstock*, von Encountergruppen und Nacktmarathons, von *Students for a Democratic Society* und Vietnam, von Massendemonstrationen und »Flitzen« (nackt in der Öffentlichkeit herumzulaufen), von Love Beads und Meditation, Bürgerrechtsmärschen und Polizeihunden, von sexueller Befreiung und spirituellem Erwachen und von Einzel- und Gruppenexperimenten verschiedenster Art.

Es gibt viele Unterschiede zwischen der Mitte der Sechziger und dem Anfang der Neunzigerjahre, zwischen Jim Bugental damals und heute, aber bei der Vorbereitung dieses Buchs ist mir klargeworden, wie stark die Kontinuität ist, ja, wieviel gleich geblieben ist. Was ich heute mit fünfundsiebzig schreibe, war in vieler Hinsicht genauso wahr, als ich fünfzig war und all dies erlebte.

*Anmerkung*

Dieses Buch beruht zum Teil auf einer früheren Schilderung meiner Arbeit mit diesen Menschen: *The Search for Existential Identity*, erschienen 1976 bei Jossey-Bass. Das vorliegende Buch wurde größtenteils aus einer anderen Perspektive neu geschrieben, wobei umfangreiches Material hinzugefügt und anderes weggelassen wurde.

*Danksagungen*

Eine der frustrierendsten und gleichzeitig schönsten Aufgaben beim Schreiben eines Buches besteht für mich darin, denen zu danken, die zu dem Werk beigetragen haben. Wie immer stoße ich dabei an die Grenzen meines eigenen Gedächtnisses, Bewußtseins, Gewissens, der Höflichkeit, Verpflichtung, des Gefühls der Schicklichkeit, der ethischen Verpflichtungen und Beschränkungen und der eigenen Energie. Aber über diese Grenzen hinaus ist da auch die Erkenntnis, wie zahlreich und subtil die verschiedenen Quellen sind, aus denen meine Arbeit gespeist wurde, und wie verfilzt und verwoben mit vielen andersartigen Erwägungen die Linien sind, entlang derer ich versuchen könnte, alle die erhaltene Unterstützung zurückzuverfolgen.

In diesem flüchtigen Augenblick in der Zeit meines Gewahrseins möchte ich John Levy danken, meinem treuen Freund, einfühlsamen Kritiker und Advokaten. Dank an Jean Elsa Sloss und Cecily Beckwith dafür, daß ihr mir eine Zuflucht gewährt habt, als ich meine Kräfte konzentrieren mußte. Dank an Molly Sterling und David Young für eure Hilfe, die offene und sichtbare ebenso wie die subtile und untergründige.

Dank an die Teilnehmer meiner Workshops, Vorlesungen, Supervisionsgruppen und Kurse an der *California School of Professional Psychology*. Eure Fallvorstellungen, Fragen und ungewohnten Perspektiven haben meine Arbeit bereichert.

Eine besonderer Ausdruck der Wertschätzung geht an Gracia A. Alkema, meine Herausgeberin bei Jossey-Bass, für dieses und ein früheres Buch. Ihr Glaube an das, was ich versuchte, ihre stetige Unterstützung meiner Bemühungen, diese Arbeit einem größeren Publikum zugänglich zu machen, und ihre kluge und einfühlsame Professionalität haben genau die kritische Instanz geboten, die nötig war, damit dieses Buch entstehen konnte. Danke, Gracia.

Für Karen Marie Bugental, meine liebenswerte und liebevolle Tochter, Mädchen für alles und Rettung meines Büros, eine kräftige Umarmung und einen dicken Kuß als Dank für deine praktische Unterstützung, aber noch viel mehr dafür, daß du mir eine solche Freude bist.

Und als letzte, aber wichtigste kommst du, Elizabeth Catherine Keber Bugental. Was du mir gibst, ist viel mehr als die einzelnen Aspekte, die ich hier schildern kann. Aber natürlich versuche ich zu schildern, als Schriftsteller: Geduld und Ungeduld, klinische Klugheit, die Herausforderung durch deinen unterschiedlichen Standpunkt, die Ermutigung durch die Ähnlichkeit unserer Werte und Perspektiven, das Wunder, daß du mich wirklich kennst und dennoch liebst, und - letztlich einfach deine eigene heilende Gegenwart in meinem Leben.

*Meinen Klienten*

Ihr wart meine Lehrer, meine Gefährten und meine Klienten (um ein heutzutage übliches Wort zu gebrauchen, das ich noch nicht benutzte, als wir damals zusammen waren). Alle diese Bezeichnungen sind richtig, und doch klingen sie so ausdrücklich hingeschrieben partiell und kalt. Bei Robert Frost heißt es: »Jeder Blick ist böse, der in ein anderes Gefühl hineinschaut.« Wenn man in unsere Beziehung und unsere gemeinsame Arbeit aus einer Position der Distanz Einblick nehmen will, hat man den bösen Blick - böse in dem Sinne, daß er die Oberfläche für die Tiefe hält. Ich möchte nicht, daß ihr glaubt, ich würde je in dieser Weise auf unsere gemeinsamen Reisen in unser Inneres blicken.

Ich möchte aber weitergeben, was ihr mich durch Eure Hoffnung, euren Schmerz, eure Angst und euren Mut gelehrt habt. Obwohl seitdem viele Jahre vergangen sind, bin ich immer wieder zu der Erkenntnis gekommen, daß das, was wir gelernt haben, heute so wichtig ist wie eh und je - vielleicht sogar noch wichtiger.

Zu diesem Zeitpunkt der Geschichte weiß unsere Gattung so wenig über das Geheimnis, ein Mensch zu sein und zu leben. Wir haben das, was außerhalb unserer selbst liegt, soviel sorgfältiger und gründlicher studiert. Und unsere Welt zahlt den entsetzlichen Preis für diese Unterlassung. Es ist höchste Zeit, ebensoviel Mühe auf die Erforschung unserer wahren Heimat zu verwenden, des Lebens in unserem Inneren.

Die aussichtsreichste Richtung für solche Untersuchungen ist die tiefenpsychologische Therapie. Dieses Unternehmen legt, wenn es richtig geleitet wird, Dimensionen der Erfahrung frei, denen sonst kaum volle Beachtung geschenkt wird. Jeder von Euch hat mit seinem lebendigen Wesen zu dieser Untersuchung beigetragen.

Die fünf Klienten auf den folgenden Seiten sind erfunden in dem Sinne, daß ich sie als Träger für Schilderungen Eurer persönlichen Erfahrungen in der Psychotherapie geschaffen habe. Ihr, meine wirklichen Klienten, werdet vielleicht in einigen dieser Ereignisse eure eigenen Erfahrungen wiedererkennen. An anderen Stellen wiederum werdet ihr feststellen, daß andere Erlebnisse desselben zusammengesetzten Klienten nicht eurer Erfahrung entstammen. Indem ich unsere Arbeit in dieser Form rekonstruiere, schütze ich euch vor Bloßstellung und kann doch möglichst viel von dem weitergeben, was wir gelernt haben, als wir erfuhren, was es heißt, lebendig zu sein.

Die einzige Ausnahme in diesem Verfahren bildet »Jim«, meine eigene Geschichte. Trotz erheblicher Skrupel habe ich mich entschieden, bei der Schilderung meiner eigenen Geschichte und Erfahrung ziemlich aufrichtig zu sein. Diese Entscheidung erwuchs aus der Überzeugung, daß unsere Psychotherapie in allererster Linie ein Vertrag zwischen zwei Menschen ist, die beide mit dem Wunder des Lebens selbst kämpfen. Nur die Geschichte eines Klienten zu erzählen, hieße, die Schilderung zu verfälschen, eine Allwissenheit vorzutäuschen, die ich nicht besitze, und dem Leser einen falschen Eindruck von eben dem Prozeß zu vermitteln, den dieses Buch zu beschreiben versucht.

Ich halte die Idee der »therapeutischen Distanz« für einen Widerspruch in sich, eine Selbsttäuschung und eine Versuchung für die Kleinmütigen. Ich fühle mich sehr ermutigt durch die warme Aufnahme, die meine Enthüllungen bei denen gefunden haben, die sie in anderem Rahmen gelesen haben.

Ich habe mir bei der Darstellung von Einzelheiten unserer Sitzungen Freiheiten genommen, um sie anderen etwas verständlicher zu machen. So habe ich die langen Zeiträume eintöniger Arbeit ausgelassen, die immer dazugehören; ich habe Interaktionen zusammengezogen, die sich über eine Reihe von Sitzungen erstreckten; und ich habe mich selbst als aktiver dargestellt, als ich normalerweise war. Diese Änderungen lassen hoffentlich den Geist und die Bedeutung unserer Arbeit unangetastet, machen sie aber in der schriftlichen Wiedergabe unmittelbarer zugänglich.

Und schließlich hoffe ich, daß Ihr meine Liebe für euch wiedererkennt, meine Würdigung dessen, was ihr durchgestanden und erreicht habt, und meinen Salut an die unerschlossenen Möglichkeiten in uns allen - Möglichkeiten, die ihr mehr als die meisten Menschen gesucht und verwirklicht habt.

Novato, Kalifornien, August 1990 James F.T. Bugental

*Die Jahre, die dem jetzigen vorausgingen, in dem ich ein Dreivierteljahrhundert vollende, haben mir mit all dem, was ich über das Leben gelernt habe, das befriedigte Gefühl geschenkt, satt geworden zu sein und gleichzeitig einen lebhaften Appetit darauf, noch mehr zu lernen. Einer der Eckpfeiler dieses Lernprozesses war bisher und wird sicher auch weiterhin die Erkenntnis sein, wie sehr die Gegenwart von Weggefährten bereichert, herausfordert, Wachstum ermöglicht und Sicherheit gibt. Dies Buch erzählt die Geschichte derer, denen ich auf ihren Reisen ins Innere Gefährte war. Diese Seite widme ich dem Reichtum einer solchen Erfahrung von Gemeinschaft, die mir vergönnt war, und schließe einige von denen in die Arme, die mich auf meinen eigenen »Reisen ins Innere« begleitet haben:*

*Elizabeth, Jane, Jo, Karen und Mary Edith*
*Al, Art, Bill, Bob, Gerry, Jim und Tom*
*George, John und Margot*
*Adele, Bill, Conn, Fran, Jean Elsa, John, Louis und Mondi*

# 1.

# »Ich fühle mich nicht wie fünfzig«

**Freitag, 12. November**

*Jim*

Heute morgen gleicht die Fahrt in die Praxis einem Abtauchen ins Meer. Unser Haus steht hoch auf den Hügeln im Westen von Los Angeles mit Blick über das Tal von San Fernando, das um diese Zeit schon in Sonnenlicht getaucht ist. Aber auf der Fahrt nach Süden nach Westwood geht es hinunter in den Nebel, der über Nacht vom Meer herüber gezogen kam. Heute ist er nicht dicht; es gibt Tage, da bringt er ein Element von Gefahr und Spannung in die sonst so vertraute Strecke. Der Verkehr staut sich am Veteran Boulevard vor der Kreuzung mit Wiltshire, aber das ist normal.

Etwas selbstgefällig fahre ich auf den mir reservierten Parkplatz unter dem Vorbau, den der große Gruppenraum im ersten Stock bildet. Parken in Westwood Village wird immer schwieriger, aber in unserem Mietvertrag sind auch Parkplätze inbegriffen, und niemand kann mir meinen streitig machen. (Ein bißchen peinlich sind mir diese Gedanken auch.)

Unsere Räume liegen im Obergeschoß an der Rückseite des zweistöckigen Bürohauses und bestehen aus den Büros für fünf Therapeuten und zwei Sekretärinnen, zwei Gruppenräumen und einem Bibliotheks- bzw. Aufenthaltsraum. Obwohl es mir peinlich ist, hindert mich das nicht, das Gefühl des Erfolgs auszukosten, für den all dies steht. Der Junge, der in der Wirtschaftskrise aufwuchs, inspiziert immer wieder gerne seine Schutzwälle gegen die Gefahr, jemals wieder ohne Arbeit, ohne Geld, ohne Chancen dazustehen. Das Haus auf dem Hügel, die wohlhabende Praxis sind die Versicherung, daß ich es geschafft habe, daß ich endlich der sein kann, der ich bin. Fast jedenfalls.

Ich denke an den großen Stromausfall vorgestern an der Ostküste. Neun Bundesstaaten und zwei kanadische Provinzen - etwa 25 Millionen Menschen - saßen im Dunkeln. Die Stromversorgung brach zusammen, weil sie überlastet war. Es kommt mir wie eine Metapher für so vieles im Leben vor - zu große Abhängigkeit von einer einzigen Quelle der Energie macht uns ungeheuer verwundbar, als Einzelne ebenso wie als Gesellschaft. Ich habe mich so sehr auf meine Intelligenz und Tüchtigkeit verlassen; es macht mir Angst, daran zu denken, was passieren könnte, wenn ich damit zu weit gehe.

Ich bin heute morgen der erste hier, und ich gehe durch die Räume und genieße den Anblick der Bücher in der Bibliothek, die für eine Arbeit stehen, die ich liebe; die Räume der Kollegen, die ich schätze; das Gefühl eines Ortes, einer Zeit und eines Berufs, die mich so erfüllen. Beim Eintreten in mein Büro fühle ich mich gelöst beim Anblick der Stühle, auf denen meine Klienten und ich immer sitzen, der Couch, die manche dieser Klienten benutzen, der Bücher, Bilder und Reisemitbringsel.

Die Sonne kommt allmählich durch, und ich gehe zum Fenster und bewundere die Aussicht - auf Einfahrt und Garagen. So schlimm ist es eigentlich gar nicht. Im Sitzen sieht man nur Bäume - und einen Telegraphenmast mit Leitung.

Ich schalte das Licht an, schließe meinen Schreibtisch auf, ziehe mein Klemmbrett heraus. In Vorbereitung des Tages blättere ich die Bogen durch, die ich an der Rückseite des Klemmbretts befestigt habe - eine Liste von Klienten und Aktenzeichen (alle Aufzeichnungen werden nur über Zahlen identifiziert, um die Vertraulichkeit des Klienten zu wahren), eine Liste von Stellen und Hilfsmöglichkeiten, an die ich mich wenden kann, Notizen über Gedanken, die mir plötzlich bei der Arbeit kamen und die ich festhalten wollte, damit sie mich nicht ablenkten, und vier Seiten »Kritzeleien«.

Ich weiß nicht, ob anderen Therapeuten dieses Kritzeln ebensoviel bringt wie mir. Ich mache beim Zuhören ziemlich zufällige Striche auf das Papier. Das versetzt mich wohl in einen subjektiven Bereich, in dem ich mich weniger an den Worten festhake und mich besser auf die »Musik« dessen einstelle, was die Klienten mit unserer gemeinsamen Zeit machen.

Ich weiß nicht, wie mein Kritzeln tatsächlich funktioniert, und ich habe auch nicht vor, das zu analysieren. Ich will diese Arbeitshilfe schützen. Die wenigen Male, wo ich versucht habe, sie zu analysieren, oder Freunde darüber Vermutungen anstellen ließ, haben sich als destruktiv erwiesen. Jedesmal, wenn ich danach wieder mit meiner Kritzelei anfing, war ich zu befangen, beobachtete, was ich da malte. Ich mußte eine Zeitlang damit aufhören, und während dieser Zeit fühlte ich mich, als wäre ich behindert.

Das ist nur einer von den Punkten, wo ich kognitiven Interpretationen unbewußter Prozesse gegenüber argwöhnisch bin. Ebenso vorsichtig bin ich bei dem Versuch, die Träume meiner Klienten oder meine eigenen zu deuten. Unserem größeren Bewußtsein (das auch das einschließt, was die analytische Psychologie das Bewußte, das Vorbewußte, das individuelle Unbewußte und das kollektive Unbewußte nennen) kann man vertrauen. Wenn Kritzeleien oder Träume nicht ohne weiteres zu deuten sind, tendiere ich dazu, zu warten und noch ein paar Schichten abzutragen, statt mit raffinierten Szenarios oder Hypnose eine Deutung erzwingen zu wollen.

Meine eigenen Erfahrungen mit der Psychoanalyse haben mich gelehrt, daß nicht alles voll bewußt oder explizit gemacht werden muß oder kann, daß wir manchmal diesem größeren Selbst vertrauen müssen. Das ist keine Frage von Entweder-Oder, sondern eine Sache des Grades.

Natürlich fragen mich meine Klienten manchmal, wenn ich kritzele, was ich da auf meinem Brett mache (ich mache manchmal auch kurze Notizen während der Sitzungen); also erkläre ich ihnen meine Kritzeleien und zeige sie manchmal auch (oder meine Notizen). Die meisten gewöhnen sich an beides, aber einige ganz wenige empfinden sie auch nach mehreren Sitzungen immer noch als störend. In solchen Fällen müssen wir uns auf ein für beide Teile angenehmes Verfahren einigen - was von Klient zu Klient anders aussieht.

Heute schaue ich mir meine Kritzeleien an und freue mich an dem Gefühl, das sie mir vermitteln. Ich bin kein Maler; ich habe mir immer gewünscht, so malen zu können wie mein Vater. Aber mein Kritzeln macht mir Spaß.

Zehn vor acht, Zeit für eine Tasse Kaffee vor der ersten Sitzung, mit einem neuen Klienten. Was für ein Luxus, heute komme ich nicht, wie sonst meistens, in letzter Minute in die Praxis gestürzt; also in den Aufenthaltsraum und Kaffee geholt - nur, um festzustellen, daß jemand die Maschine über Nacht angelassen hat. Sie ist leer und höchstwahrscheinlich wieder mal durchgebrannt. Verdammt! Sowas sollte einem so anerkannten und erfolgreichen Mann nicht passieren. Ich werde ich mich mit einem Glas Wasser aus dem Wasserspender im Flur begnügen.

Aber niemand hat eine frische Flasche Wasser auf den Ständer gestellt; also muß ich das tun. Inzwischen ist es Zeit für meine Neuaufnahme, also beschließe ich, das mit dem Wasser zu lassen. Mein Gefühl der Zufriedenheit ist etwas gedämpft, als ich schließlich gehe, um den neuen Klienten abzuholen.

*Louise*

Als ich die Tür zwischen meinem Sprechzimmer und dem Wartezimmer öffne und die beiden dort Wartenden ansehe, erreicht mich von der attraktiven Frau ein fein-weibliches Parfüm. (Frage in meinem Hinterkopf: Wie war das so schnell möglich?)

Die Frau ist sich meines Eintretens sofort bewußt und wendet sich nach einer raschen Entschuldigung an den Mann, mit dem sie sich unterhalten hatte, erwartungsvoll mir zu. Ich bemerke eine Spur von Ärger bei ihm, als ich frage »Miss Gowan?« und er sie gehen läßt.

»Ja. Dr. Bug-en-tal?« Sie steht rasch auf, mit strahlendem Lächeln.

»Richtig. Ich sage meistens Bjudschentall, aber es wird auf alle möglichen Arten ausgesprochen.« Ich freue mich; diese neue Klientin wirkt überaus anziehend und zugänglich. Während ich sie vor mir her in das Sprechzimmer gehen lasse, nicke ich dem verlassenen Mann besänftigend zu.

»Oh, Entschuldigung! Bjudschentall. So. War das richtig?« Was für eine fröhliche Stimme!

»Wunderbar. Setzen Sie sich doch dorthin, bitte.«

Sie sitzt in meinem großen Stuhl, gesammelt, ordentlich, und dennoch sendet sie bemerkenswerterweise immer noch diesen weiblichen Duft aus. Ich stelle fest, daß es gar kein wirklicher, physischer Geruch ist, den man mit Nase und Mund wahrnehmen könnte, es ist vielmehr eine psychische Essenz, die sie da ausstrahlt. Ich bin fasziniert. Wie macht sie das? Geschieht es bewußt? Bei jedem? Bei jedem Mann? Und was um alles in der Welt ist eine »psychische Essenz«? Wir tauschen die üblichen Konversationsrequisiten über Wetter und Verkehr aus. Das gibt ihr Gelegenheit, flüchtig den Raum zu betrachten, dann wieder mich anzusehen und es sich in dem Stuhl bequemer zu machen. Diese Übergangszeit ist unbedingt nötig, und man weiß nie genau, wie lange ein neuer Klient bauchen wird. Sie scheint ziemlich »angekommen« zu sein. Mal sehen.

»Vielleicht könnten Sie mir sagen, wie ich Ihnen helfen kann.«

Sie zögert. »Also, ich ... « Sie schaut herunter in ihren Schoß, nimmt ihren Mut zusammen und hebt den Kopf. »Es ist schwer, einfach so anzufangen, wissen Sie.«

»Natürlich. Lassen Sie sich Zeit. Sie müssen nicht alles sofort oder fehlerlos herausbringen.«

»Ja. Danke. Das macht es einfacher.«

»Hm-mm.«

»Ich weiß nicht, wie ich das sagen soll ... oder ob es Ihnen verständlich vorkommen wird ... « Sie hält inne, sieht mich Ermutigung heischend an.

Ich nicke, und sie fährt fort. »Ich meine, ich habe das Gefühl, als wäre ich hohl oder ... « Sie bricht ab, sieht verwirrt, verlegen aus.

»Irgendwie fühlen Sie sich innen hohl?«

»Ja, ich ... ich kann irgendwie nicht herauskriegen, wofür ich stehe, oder was ich ... das ist wirklich vage, ich weiß, aber ...«

»Die wichtigsten inneren Gefühle lassen sich sehr oft nicht so einfach in Worten ausdrücken. Sagen Sie es einfach so, wie es Ihnen gerade einfällt.«

»Ich werd's versuchen. Was ich sagen will, ist wohl ... ist, daß es mir vorkommt ... manchmal kommt es mir vor, als hätte ich gar keinen Kern innerlich. Als wüßte ich nicht, wer ich wirklich bin.«

Sie spricht weiter, stockend, aber schafft es doch allmählich, ihr Gefühl zu erklären, daß es ihr an Substanz fehle, sie keinen Sinn, kein Ziel habe. Sie bringt dieses Gefühl des Hohlseins in Verbindung mit den immer wiederkehrenden Zeiten, in denen sie sich verlassen und unglücklich fühlt. Dann sagt sie: »Als Sozialarbeiterin denke ich mir, ich sollte Ihnen meine Geschichte erzählen. Ist Ihnen das recht?«

»Wenn ich Sie dadurch besser verstehen kann, unbedingt.«

Ich bin kein großer Freund von Fallgeschichten, aber ich möchte, daß sie die Verantwortung für ihre eigene Mitarbeit übernimmt; also stimme ich zu.

Ihre Geschichte ist traurig und alles andere als erotisch: Der Vater starb bei einem Autounfall, bevor sie zehn war, die Mutter und sie selbst wurden schwer verletzt. Die Anstrengungen der Mutter, für sie zu sorgen ... Während ich zuhöre, beobachtet ein Teil meines Verstandes: gewandt im Ausdruck, intelligent, etwas distanziert (normal zu einem so frühen Zeitpunkt, natürlich). Kleidung konservativ, aber geschmackvoll; der Körper nicht zur Schau gestellt, aber auch nicht verleugnet. Woher kommt dieser Hauch von Ungezähmtheit?

»Nach dem Unfall konnte ich fast ein Jahr nicht zur Schule gehen. Meine Mutter, die mit ihren eigenen Verletzungen und mit Vaters Tod fertigwerden mußte, versuchte, mich zuhause zu unterrichten, aber meistens war ich allein. Es war eine schrecklich einsame Zeit (sehnsüchtig). Ich schaute immer durchs Fenster den Kindern beim Spielen zu und wünschte, ich dürfte nach draußen.«

»Eine schrecklich einsame Zeit.«

»Ja.« Ein rasches, dankbares Lächeln. Ein bißchen zu dankbar für so eine einfache Antwort. Reagiert sie zu stark? Ja, das tut sie, und es mindert die Anziehung.

»Und dann, im Frühjahr, erfuhr Mutter, daß sie Krebs hatte. Sie versuchte, tapfer zu sein, ich weiß, aber ich konnte sie in ihrem Zimmer weinen hören. Ich versuchte, ihr zu verheimlichen, daß ich es hörte, und tat alles, um ihr eine Freude zu machen.« Tränen stehen in ihren Augen. »Sie hatte solche Schmerzen, wissen Sie, und es war, als würde sie immer weniger und weniger. Anfang September starb sie, und ... « Sie weint jetzt leise.

»Schwer für ein kleines Mädchen, das gerade erst selbst gesund wird.«

Sie nickt. Ich warte ruhig, während sie sich die Augen trocknet, die Nase putzt und mit einem kläglichen kleinen Lächeln zu mir aufschaut. »Es tut mir leid, daß ich so ein Baby bin.«

»Sie kommen mir wirklich nicht wie ein Baby vor.«

»Das ist nett, daß Sie das sagen.« Ach, blablah! Ich finde sie zu lieb, zu artig. Wo ist jetzt das erotische Parfüm? Verdammt, es ist immer noch da! Ist doch paradox, daß ich einerseits von ihrer klebrigen Süße abgestoßen bin, während ein anderer Teil meines Verstandes sie trösten möchte. Na gut, halt das fest, aber laß dich nicht davon ablenken.

»Ich zog zu dem Bruder meiner Mutter und dessen Frau, Onkel Bennett und Tante Julie. Aber es ging nicht gut. Tante Julie mochte mich nicht. Sie versuchte, Verständnis für mich zu haben, das weiß ich, aber ich konnte hören, daß sie sich abends stritten und daß mein Name dabei fiel. Schließlich eines Abends ... « Wieder eine Pause, als die Flut der Tränen wiederkommt. Wie leise sie weint!

»Es tut weh, sich daran zu erinnern, was geschehen ist, nicht?«

»Ja, aber das ist albern von mir, meinen Sie nicht?« Ein werbendes Lächeln fordert mich eindeutig auf, zu sagen, es sei nicht albern. Wie oft sie Bestätigung braucht! Das weckt in mir den Wunsch zu sagen, daß sie recht hat, es ist albern. Mann! Diese Frau macht mir wirklich zu schaffen.

»Jedenfalls, eines Abends bat mich mein Onkel, mit ihm spazierenzugehen. Er sagte mir, es täte ihm wirklich sehr leid, aber es ginge einfach nicht, daß ich bei ihnen wohnte. Tante Julie wäre gerade in den Wechseljahren und sehr reizbar. Deswegen hätte er mit einem Vetter ausgemacht, daß ich bei ihm auf einer Farm in New Hampshire wohnen könnte.«

»Hm-hmmm.«

»Es war entsetzlich ... ich hatte solche Angst.« Die Tränen kommen jetzt rascher. »Onkel Bennett und Tante Julie hatte ich wenigstens schon vor dem Unfall gekannt, aber von diesen Verwandten in New Hampshire hatte ich überhaupt noch nie gehört. Ich wäre am liebsten weggelaufen, aber ich hatte solche Angst.«

Jetzt weint sie ernstlich, und mir fällt auf, daß ich zum ersten Mal, seit sie hereinkommen ist, nicht mehr ihre Aufmerksamkeit auf mich konzentriert fühle. Meistens stand ich im Mittelpunkt ihres Bewußtseins, ganz gleich, worüber sie gerade sprach. Diese Aufmerksamkeit in Verbindung mit dem »Weibchengeruch« hat eine subtile, aber berauschende Wirkung.

»Die Angst und das Verlorenheitsgefühl, das Sie damals hatten, sind jetzt in Ihnen.« Es ist klar, daß sie nicht mehr nur berichtet; sie ist in unmittelbarem Kontakt mit den Emotionen in ihr. Diese lebendige Unmittelbarkeit - die einen solchen Gegensatz bildet zu ihrer Konzentration auf mich vorher - ist es, die ich verstärken möchte.

»Oh ja. Ja.« Ihr Kopf hebt sich sofort, und der bittende Gesichtsausdruck, in den sich jetzt Dankbarkeit für mein Verständnis mischt, trifft mich voll. Der Sarkasmus in meinem Kopf sagt, daß mir meine Reaktion auf sie peinlich ist. Aber ich bin auch wirklich berührt von ihrer traurigen Geschichte und ... von ihren unausgesprochenen Appellen ... und außerdem von dieser erotischen Qualität. Na! Das wird wirklich interessant!

»Wie lief es in New Hampshire?«

»Ach, am Anfang gut. Die Coltens waren schon älter und wirklich gute Menschen. Sie gaben sich Mühe, mir ein richtiges Zuhause zu geben und einen anständigen Menschen aus mir zu machen. Ihre Kinder waren alle erwachsen und hatten schon selber Kinder. Manchmal hatten wir große Familienpicknicks und -feste an Feiertagen, wie in den Büchern, aber dann ... «

»Dann?«

»Dann, na ja ... Mr. Colten wurde wohl ein bißchen alt, und ... und ich ... Das ist mir jetzt peinlich.« Wieder lächelt sie mich lieb und bittend an; aber jetzt ist sie wirklich verlegen, nicht nur auf meine Reaktion ausgerichtet.

»Es fällt Ihnen schwer, über das zu reden, was dann passierte?«

»Ja. Sehen Sie, ich hatte mich körperlich entwickelt in der Zeit bei Onkel Bennett und Tante Julie, wissen Sie. Ich meine, ich war ziemlich früh entwickelt und hatte schon mit zwölf oder dreizehn eine ziemlich volle Figur. Ach, das ist ...« Sie schaut auf ihre Hände, die sie im Schoß knetet.

»Es ist schwierig, über Ihren Körper und seine sexuelle Entwicklung zu reden, nicht wahr?«

»Ja, aber ... ich weiß nicht warum. Ich bin kein Kind. Ich bin siebenunddreißig, aber ... aber ich bin wohl ziemlich unerfahren ... « Ihre Stimme verliert sich, und jetzt mischt sich echte Verlegenheit mit einem feinen Verlangen nach Ermutigung. Zunächst mal wenigstens werde ich dem nicht nachgeben.

Wir schweigen vielleicht einen Minute lang, und sie findet ziemlich rasch ihre Fassung wieder. Interessant.

»Allmählich merkte ich, daß Mr. Colten versuchte, mir beim Baden zuzusehen, und er wollte, daß ich allein mit ihm spazierenging. Einmal auf so einem Spaziergang führte er mich zum Flüßchen hinunter und sagte, das wäre seine alte Badestelle, wo sie früher immer nackt gebadet hätten. Dann wollte er, ich sollte mich gleich ausziehen und schwimmen gehen. Er sagte, er würde aufpassen, daß keiner käme, es wäre also alles in Ordnung.

Ich hatte Angst und sagte, ich wollte nicht, aber er bestand einfach drauf, und also fing ich an damit.

Dann, als ich gerade mein Kleid und meinen Büstenhalter ausgezogen hatte, kam Mrs. Colten durchs Gebüsch und schrie uns beide an. Ich glaube, sie dachte, ich hätte versucht, ihn zu verführen oder so etwas. Ich hab bloß geheult und geheult und versucht, die Sache zu erklären, aber irgendwie schien mir keiner zu glauben. Und der alte Mann kam ganz durcheinander, weil er gleichzeitig mich und sich verteidigen und alles erklären wollte, und es war einfach schrecklich. Jedenfalls haben sie mich ungefähr eine Woche darauf zu Onkel Bennett zurückgeschickt.«

»Wie war das für Sie?«

»Das weiß ich jetzt gar nicht mehr so genau. Ich kann mich bloß noch erinnern, daß ich mich wie abgestorben fühlte und mich furchtbar schämte. Ich wollte niemandem begegnen, der von all dem etwas wußte.« Sie weint leise, vermeidet Augenkontakt - die alte Scham ist wieder lebendig.

»Na, da konnte ich dann natürlich nicht bleiben. Also fanden sie dann nach ungefähr einem Monat eine ältere Dame, bei der ich wohnen konnte, und bei deren Pflege ich gegen Zimmer und Essen mithalf. Das war Mrs. Davis, und bei der blieb ich, bis ich sechzehn war.«

So erzählt mir Louise von ihrer unglücklichen, von Unsicherheit erfüllten Kindheit. Nachdem sie früh ihre Eltern verloren hat, findet sie sich später ständig in Situationen, wo sie die Wünsche anderer erfüllen muß, nur um in ihrem Zuhause auf Widerruf bleiben zu dürfen.

Am Ende der Stunde möchte ich herausfinden, inwieweit sie sich ihrer Wirkung auf andere bewußt ist.

»Eins ist mir aufgefallen während unseres Gesprächs, Miss Gowan, und zwar, wie sehr Ihnen daran gelegen zu sein scheint, sich angenehm zu machen, und wie Sie immer wieder lächeln, auch wenn Sie mir von traurigen Erlebnissen erzählen. Es wäre für mich nützlich zu wissen, inwieweit Sie sich dieses Musters bewußt sind.«

»Oh, das ist mir jetzt wieder peinlich.« Es ist ihr peinlich, aber da ist auch ein winziges Kokettieren dabei. »Also, ich glaube, ein bißchen weiß ich das schon. Es war mir manchmal bewußt, daß es mir so wichtig ist, zu ... zu ... ich weiß nie, wie ich das ausdrücken soll. Ich weiß noch, daß ich einmal nach einem Film dachte: »Ich habe ein Leben gehabt wie Bette Davis, aber ich verberge das unter einer Shirley Temple.«

Und das trifft den Nagel auf den Kopf, denke ich im Stillen, bloß würde ich noch hinzusetzen: »Shirley Temple und Marilyn Monroe.«

*Jim*

Louises Wirkung ist so stark, daß sie mir nicht aus dem Kopf geht und mir auf der Heimfahrt am selben Abend wieder in den Sinn kommt. Sie konzentriert sich so völlig auf mich (oder vermutlich auf jeden, mit dem sie jeweils zu tun hat), daß ich ihre Gegenwart wie eine ständige körperliche Berührung spüre. Das kommt natürlich auch bei anderen Klienten vor, aber in Verbindung mit dieser weiblichen Erotik hat es wirklich eine starke Wirkung.

Es liegt eine gewisse Ironie in der Wirkung ihrer völligen Aufmerksamkeit auf mich: Es ist genau das, was wir als Therapeuten oft tun und was uns in den Sitzungen eine solche Macht verleiht. Wenn jemand alles beiseitelegt, um einem zuzuhören, hat das auf jeden Fall eine starke Wirkung.

Kurz bevor ich zuhause ankomme, mache ich mir in Gedanken eine Notiz, mehr über meine Reaktion auf Louise nachzudenken. Ich muß das im Bewußtsein halten. Ich bin nicht gefeit gegen den »Zauber« einer begehrenswerten Frau, und sie ist ganz sicherlich eine. Und ich muß mir all dieser Gedanken über sie und über ihren Körper und ihre Anziehungskraft bewußt bleiben - besonders, wenn ich mit ihr zusammen bin.

## Freitag, 10. Dezember

*Hal*

Hal ist Psychologe wie ich, aber Vertreter einer gänzlich anderen Richtung als der meinen. Obwohl wir uns bei fachlichen Anlässen ab und zu begegnet sind, kreuzen sich unsere Pfade sonst selten. Umso überraschter bin ich - und etwas geschmeichelt - als er anruft, um einen Termin mit mir zu vereinbaren.

Heute, bei seiner ersten Sitzung, tritt er nach kurzer Begrüßung im Wartezimmer angespannt und besorgt ins Sprechzimmer, nimmt den ihm angebotenen Stuhl, und beginnt sofort zu erklären, was ihn herführt.

»Es geht um Folgendes: mein Sprößling - mein Sohn, Tim, macht mich total verrückt. Er ist sechzehn, im ersten Jahr in der High School, und ein ... also gut (er sagt es angriffslustig), ich sag's so, wie's kommt: er ist ein gottverdammter Hippie. Der ganze Quatsch: lange Haare, versucht, sich einen Bart wachsen zu lassen, wäscht sich nicht, haßt die Schule, schwänzt wahrscheinlich so oft, daß er sitzenbleiben wird, bekifft sich wahrscheinlich oder Schlimmeres ... Mein Gott! Hoffentlich nichts Schlimmeres.«

»Hal, darf ich eine Minute unterbrechen?«

»Ja, sicher, sagen Sie schon.«

»Ich behandele keine Jugendlichen. Ich habe festgestellt, daß es mir nicht liegt, zu ... «

»Oh, halt, Jim. Entschuldige, daß ich unterbreche, aber deshalb bin ich nicht hier. Ich wollte, wir könnten ihn dazu bringen, zu Ihnen oder zu sonst jemandem zu gehen, aber ich glaube nicht, daß die leiseste Möglichkeit dazu besteht. Er würde es überhaupt nicht in Betracht ziehen, keinesfalls. Nein, das Problem ist nicht Tim, das Problem bin ich! Ich dreh irgendwie einfach durch mit dem Jungen. Ich brülle ihn furchtbar an, versuche, ihm Angst zu machen. Das Ergebnis ist eher, daß ich selber Angst bekomme. Deswegen denke ich mir, es ist besser, ich laß mir mal von jemandem unter die Kapuze schauen und finde heraus, was da eigentlich läuft. Darum bin ich hier. Nehmen Sie mich?«

Also fangen wir an zu arbeiten. Hal ist rauh, manchmal laut, aber er leidet auch sehr. Während er von der Beziehung zu seinem Sohn berichtet und mich dann über seinen eigenen Hintergrund aufklärt, werde ich neugierig - beschließe aber, nicht zu fragen - was es bedeutet, daß er ausgerechnet zu mir gekommen ist.

Hal ist gewaltig. Allein schon körperlich: mindestens einen Meter neunzig groß und einen Zentner schwer, schätze ich. Dennoch ist er kein bloßer Muskelprotz, denn er ist auch intellektuell gewaltig. Mir ist das Phi Beta-Abzeichen aufgefallen, das er an einem erstklassigen College erworben hat, bevor er ebenfalls an einer sehr guten Universität seinen Doktor machte.

Er ist auch beruflich gewaltig. Nach dem zu urteilen, was er jetzt berichtet und was ich auch aus anderen Quellen bereits weiß, hat er neben seiner Position an einer Forschungs- und Entwicklungseinrichtung auch eine Privatpraxis. Er hat einen Lehrauftrag an einem College in der Nähe, ist in Berufsverbänden aktiv und schreibt Fachartikel. Wahrlich ein gewaltiges Arbeitsprogramm!

Und schon vor Ende dieser Sitzung wird sehr klar, daß auch Hals Ratlosigkeit gewaltig ist. Er hat alle Möglichkeiten der rationalen Auseinandersetzung mit seinem unkontrollierbaren Zorn versucht, mit seiner Überreaktion (wie er selbst es nennt) auf seinen Sohn, und es ist ihm klar, daß es ihm nicht gelungen ist, die Veränderung zu erzielen, die seinem Gefühl nach unbedingt nötig ist.

Wir machen einen Plan mit zwei Sitzungen pro Woche. Ich empfehle drei, aber er bleibt dabei, daß seine Verpflichtungen das einfach nicht zulassen.

Normalerweise versuche ich, meine Klienten anfangs drei bis viermal pro Woche zu sehen. Das bedeutet, daß uns beiden klar wird, daß wir an einer wichtigen Aufgabe arbeiten, und die Klienten eine bedeutsame Umstellung ihrer üblichen Routine erleben. Es bedeutet auch, daß ich wesentlich stärker von dieser Aufgabe beansprucht werde, als wenn ich mehr Klienten jeweils weniger häufig behandele. Später kann die Häufigkjeit verringert werden. Unsere Sitzungen dauern fünfundvierzig Minuten, und in der Regel fange ich sehr pünktlich an und höre auch pünktlich auf.

Obwohl es große Unterschiede gibt, sitzen meine Klienten anfangs meist im Sessel und probieren es erst mit der Couch, wenn wir einen Anfang miteinander gemacht haben. Danach legen sich einige immer auf die Couch, einige nur gelegentlich und einige praktisch nie. In der Regel entscheiden sie das selbst.

*Jim*

In Hals Ausbildung lag das Hauptgewicht auf experimenteller Psychologie und objektiver, »wissenschaftlicher« Methodik. Seine Lehrer vertraten die Auffassung, daß man durch die Beobachtung äußerer Verhaltensweisen eine ausreichende Basis für das Verständnis des Menschen erhält, ohne auf die undurchsichtigen Bereiche subjektiver Erfahrung zurückgreifen zu müssen. Darum erstaunt es mich, daß er bei mir eine Therapie anfangen will. Damit signalisiert Hal etwas, ganz gleich, ob er sich dessen bewußt ist oder nicht. Er sucht etwas, was ich für ihn repräsentiere und was er offensichtlich in seiner eigenen Perspektive nicht finden zu können glaubt.

Allerdings muß ich feststellen, daß ich mich nicht nur freue sondern auch herausgefordert fühle. So gern ich ihm helfen möchte, kenne ich mich doch selbst gut genug, um zu wissen, daß ich darauf achten muß, die Person Hal zu sehen und nicht nur auf seine theoretische Ausrichtung zu reagieren.

Es macht mich immer abwechselnd traurig und zornig, daß die Verhaltenstherapie - Hals Richtung - derzeit die amerikanische Psychologie dominiert. Das geht zurück auf ihren beharrlichen Anspruch, eine »Wissenschaft« zu sein. Ich habe nichts an diesem Ziel auszusetzen, lediglich an dem engen und veralteten Wissenschaftsbegriff, der zum Dogma geworden ist. Jahre von Gesprächen mit Menschen haben mir zweifelsfrei gezeigt, daß die vereinfachenden Formulierungen der Verhaltenstherapie nur bei einer begrenzten Anzahl von Phänomenen hilfreich sind. Die Perspektive der Verhaltenstherapie ist nicht falsch, sie ist nur ungeheuer eng, und dennoch erhebt sie für sich den Anspruch einer allgemeinen Offenbarung. Ich nenne sie immer »Krabbelpsychologie«: der Verhaltenspsychologe sieht die ganze Vielfalt menschlicher Fortbewegungsarten: krabbeln, gehen, laufen, springen und alle die Hilfsmittel, die wir ersonnen haben - und besteht dennoch darauf, daß es sich immer nur um Formen des Krabbelns handelt.

Der Gerechtigkeit halber muß ich sagen, daß ich für meine eigene existentielle Perspektive ebenfalls Allgemeingültigkeit beanspruche. Ich glaube aber, dies wird aufgewogen durch ihre Anerkennung der Leistungen anderer Richtungen - einschließlich der Verhaltenstherapie. Für mich bedeutet existentielle Perspektive, die Tatsache des Lebens selbst - das heißt, die Existenz - in den Vordergrund der psychologischen Aufmerksamkeit zu stellen. Das Adjektiv humanistisch (also existentiell-humanistisch) bezeugt, daß wir das Wohl des Menschen und die Verwirklichung seiner Möglichkeiten als unseren höchsten Wert betrachten.

Hal muß seine Gründe haben, warum er zu mir kommt. Wir werden sehen, welche. Bis dahin werden Unterschiede zwischen unseren Betrachtungsweisen sicher anregend sein - und zuweilen frustrierend.

Ich habe jetzt Zeit, eine Pause zu machen und den Gefühlen nachzuspüren, die Hal in mir weckt. Ich hole mir eine Tasse Kaffee und lasse die Gedanken treiben. Hal ist in so vieler Hinsicht ein Glücksmensch - der richtige akademische Hintergrund, erfolgreicher Sportler, fachlich angesehen. Und dennoch klappt auch bei ihm nicht alles. Bei keinem klappt alles, oder?

Bestimmt nicht bei den armen Kerlen in Vietnam. Was um Himmels willen haben wir da zu suchen? Und wann werden wir wieder von dort verschwinden? Es wird mir schlecht bei dem Gedanken, daß unser Land wieder einmal Krieg führt, und schon so bald wieder. Ich sollte aktiver bei den Aktionen der Kriegsgegner mitmachen, aber ich habe Entschuldigungen: meine Klienten müssen sich darauf verlassen können, daß ich ihnen zur Verfügung stehe; meine Familie braucht mich, damit Geld ins Haus kommt; was kann ein Einzelner schon ausrichten? Diese Entschuldigungen sind unbefriedigend. Dann denke ich, ich sei zu alt, die jungen Leute seien die Träger der Opposition gegen den Krieg.

Zu alt? Wie alt? Und was bedeutet das? Diesen Monat werde ich fünfzig. Was für eine seltsame Aussage! Ich fühle mich nicht wie fünfzig. So gesehen fühle ich mich auch nicht wie neundundvierzig oder wie irgendein anderes Alter. Wie alt bin ich? Ich habe wirklich keine Ahnung. Manchmal fühle ich mich jung, manchmal alt; kein Alter fühlt sich wirklich zutreffend an.

Aber offiziell und in Zahlen gefaßt heißt der Urteilsspruch, daß ich in ein paar Wochen fünfzig Jahre vollendet haben werde. Was ist »fünfzig«? Männer mit fünfzig befinden sich auf der Höhe des mittleren Alters (und beginnen den Abstieg?). Sie bewegen sich auf das Stadium des »älteren« Mannes zu (noch lange nicht des »alten Mannes«). Bevor ich zu »alt« werde, habe ich noch so viel vor. Ich versuche, herauszufinden, wie ich Mensch sein kann, Fachmann, Ehemann, Vater. Das sind große Anforderungen, habe ich festgestellt.

Es geht alles so schnell. Ich eile durch die Zeit, versuche, alles richtig zu machen, versuche, das Gute zu genießen, das ich habe, versuche zu lernen - versuche mehr so zu sein, wie ich sein möchte. Was ist das? Wie möchte ich wirklich sein?

Fünfzig Jahre lang habe ich versucht, mich für das wirkliche Leben zu rüsten. Fünfzig Jahre lang habe ich versucht, mich darauf vorzubereiten zu leben - wenn ich erst einmal herausgefunden habe, wie - wenn ich erst einmal genug Geld verdiene - wenn ich erst einmal genug Zeit habe - wenn ich erst einmal jemand bin, auf den ich mich verlassen kann. In letzter Zeit kommt es mir so vor, als wüßte ich ein bißchen mehr darüber, wie ich leben soll, wie ich ein Freund sein kann, wie ich mit Mensachen authentisch sein kann, wie ich mich den Dingen in mir selbst stellen kann. In letzter Zeit habe ich mehr Hoffnung für mich. Und doch bin ich hier, habe mehr als den halben Weg hinter mir und weiß verdammt genau, daß ich noch nicht angekommen bin. Werde ich je ankommen?

Ich habe immer einer von den »richtigen« Leuten sein wollen - wie Hal es zu sein scheint; aber die Definition von richtig ändert sich ständig. Das Einzige, was gleich bleibt, ist die Tatsache, daß »richtig« immer etwas anderes ist als ich. Allmählich allerdings komme ich ihm näher. Richtige Leute wohnen in einem Haus auf dem Hügel, und jetzt habe ich so ein Haus. Natürlich wohnen sie seit Generationen in ihrem Haus, und wir haben unseres bezogen, als es ganz neu war. Trotzdem, das ist schon etwas, ebenso wie mein Doktortitel und meine Dozentur an der UCLA (meine Studenten dort waren begeistert, als ich ihnen erzählte, daß ich selbst dort wegen meiner schlechten Noten von der High School und vom Junior College nicht aufgenommen wurde!) Ein neues Vertrauen in meine Fähigkeiten und der durch den Krieg verursachte Bedarf an Psychologen haben mir nach oben geholfen. Mache ich es endlich richtig? Immer ist da der Schatten, das Gefühl, daß etwas nicht stimmt.

In den Augen meiner Mutter bin ich vermutlich »böse«, denn ich komme gerade aus dem *Esalen Institute* zurück, wo ich einen Wochenend-Workshop geleitet habe. Esalen ist ein bemerkenswerter Ort. Es wagt Erneuerungen der Art, wie unsere gesetzteren Colleges und Universitäten sie durchführen sollten, aber nicht durchführen. Und nicht nur solche, bei denen die Leute die Stirn runzeln.

Natürlich kann ich mir schwerlich eine Universität mit den heißen Bädern vorstellen, für die Esalen so berühmt ist. Ich genieße sie wirklich - obwohl sie mir anfangs nicht ganz geheuer waren. Die Vorstellung des gemeinsamen Nacktbadens von Männern und Frauen war aufreizend, faszinierend und ... beängstigend. Als ich dann allerdings erst einmal da war, war das alles viel selbstverständlicher und weniger erotisch, als ich erwartet (oder erhofft?) hatte.

Eines verblüffte mich bei diesem ersten Mal - obwohl es eigentlich altbekannt ist, war die tatsächliche Erfahrung dennoch überraschend - eine völlig nackte Frau ist weniger erregend als eine teilweise nackte. Natürlich lehrt uns die gesamte Jugendkultur das gerade wieder neu. Das Finale des ersten Akts von Hair, bei dem die gesamte Besetzung nackt und dem Publikum zugewandt auf der Bühne steht, ist interessant - und enttäuschend.

Während ich meine Akten zuklappe und meinen Schreibtisch abschließe, halte ich in meinen Überlegungen inne. Alle diese Gedanken und Gefühle sind unbedingt Teil von mir. Ich kann sie nicht abwerfen, und sie können hinderlich werden, wenn ich mit Louise arbeite, die eine erotische Reaktion bei mir hervorruft. Ich muß aufpassen. So leicht gesagt, so schwer durchzuhalten. Dennoch kann ich es besser seit meiner eigenen Psychoanalyse. Aber natürlich ist da immer noch mehr. Deswegen ist dies ja so ein faszinierendes Geschäft, so ein notwendiges Unterfangen und so ein unmöglicher Beruf.

Nach so vielen Jahren, in denen ich versucht habe, herauszufinden, was ich mit meinem Leben machen wollte - Jahre des Studiums und der Vorbereitung, der Entdeckung der klinischen Psychologie als Psychologe in der Armee, der Promotion, der Lehre an der Universität, des Anfangs der eigenen Praxis und der Fortbildung - nach alle dem habe ich es erreicht: Psychologe im Hauptberuf. Manchmal erstaunt mich das immer noch.

Dennoch kenne und genieße ich diese Wirklichkeit mit einer neuen Ruhe, die ich früher nicht kannte. Ich bin nicht der beste aller Therapeuten, aber ich bin auf dem Wege, ein wirklich guter zu werden.

Was heißt das also, Psychotherapeut sein? Eine nicht nur oberflächliche Antwort ist schwer. Um nur die Worte zu nehmen, die mit diesem Berufsstand verbunden sind: ich wollte wirklich, man könnte Begriffe wie Psychotherapie, Arzt, Patient, Behandlung, Symptome und Diagnose ausrangieren. Obwohl das Wort Patient mittlerweile durch Klient abgelöst wird, kann ich das nicht als eine große Verbesserung empfinden. Es sind alles ehrenwerte Worte, und sie entstammen einer humanen Tradition, aber sie sind mit einer Menge unnötigen Ballastes beschwert, der nicht zu dem paßt, was sich in meiner Praxis abspielt.

Im Gespräch mit zwei neuen Klienten - Hal und Louise - über den Beginn der Therapie werde ich daran erinnert, wie sehr sich meine Arbeitsweise geändert hat. Ich bin davon abgekommen, eine »Krankengeschichte aufzunehmen«, in der ich gewissenhaft alle möglichen objektiven Informationen über einen potentiellen Klienten sammele. Krankengeschichten haben ihren Wert in Kliniken, öffentlichen Stellen und in der Forschung, aber wenn ich gerade erst anfange, mit jemandem zu arbeiten, möchte ich nicht, daß dessen erste Erfahrung mit unserer Partnerschaft in der Sammlung von Fakten besteht.

Das ist nicht das Einzige, was sich geändert hat. Es ist selten, daß ich Symptome sammele oder versuche, eine »Diagnose zu stellen«, es sei denn, die Versicherungen (die manchmal für die Kosten einer Behandlung aufkommen) verlangten es. Meines Erachtens sind diese Aufgaben Relikte aus der angeblich medizinischen Geschichte der Psychotherapie. Ganz offen gesagt glaube ich, daß diese Geschichte bisher die Entwicklung wirklich lebensverändernder Arbeit ernsthaft behindert hat.

Ich nehme keine Geschichte auf, sammele keine Symptome und stelle keine Diagnose aus dem einfachen Grunde, daß ich keine Krankheiten heile und keine Schäden repariere.

Wenn Hal zu mir kommt und sich beklagt, daß er sich seinem Sohn gegenüber nicht in der Gewalt hat, wenn Louise sagt, sie fühle sich »innen hohl«, höre ich darin den Wunsch, zu wachsen. Sie wollen lebendiger sein, und das heißt, sie wollen stärker bestimmen können, wie ihr Leben verläuft.

Sie erzählen mir nicht, daß sie verletzt worden sind oder krank. Bei unserer Arbeit stellt sich bald heraus, daß sie nicht einen früheren Zustand des Wohlbefindens verloren haben. Vielmehr haben sie die Grenzen ihrer bisherigen Lebensweise erreicht und wollen mehr Bestimmung über ihr eigenes Leben. Ich bin sicher, daß Hal schon oft beunruhigende Impulse in sich verspürt hat, und daß Louise noch nie ein wirklich festes und sicheres Gefühl ihrer selbst gehabt hat. Da ist kein plötzlicher Verlust, der jetzt korrigiert werden müßte.

Wenn Therapie also nicht eine Art medizinischer Behandlung ist, was ist sie dann? Und worum geht es bei dieser Arbeit überhaupt? Die Antwort ist einfach: sie ist eine Beratung, damit unser Leben umfassender werden kann. Sie ist eine Schule für Lebenserweiterung. Wir brauchen sie, um unsere schlechte Vorbereitung auf die Aufgabe, unser eigenes Leben zu gestalten, auszugleichen.

Wir sind schlecht vorbereitet, weil es bei dieser Vorbereitung größtenteils darum ging, wie man sich als Kind verhält, wie man sich auf das Erwachsensein vorbereitet. Es ging fast gar nicht darum, wie man erwachsen ist. Was wir intensive Therapie nennen, ist in Wirklichkeit ein Schnellkurs, der innerhalb von zwei oder mehr Jahren versucht, eine Reifung nachzuholen, die dadurch behindert wurde, daß wir zwanzig Jahre lang versucht haben, eine kindliche Sicht des Lebens auszuleben.

# 2.

# »Ihnen sind seit Ihrer Kindheit die Augen verbunden«

**Montag, 7. Februar**

*Kate*

Als Dr. Margate zum erstenmal in meine Praxis kommt, sieht sie aus wie das Inbild der Gouvernante aus einem Hollywood-Film. Sie ist nicht geschminkt, trägt ein unauffälliges, adrettes Tweedkostüm und »vernünftiges Schuhwerk«. Ihr Gesicht ist beherrscht, intelligent und vollkommen unzugänglich. Damit will ich sagen, daß sie zwar an den passenden Stellen unseres Gesprächs lächelt oder die Stirn runzelt, aber wenig bis gar keine der winzigen Veränderungen des Gesichtsausdrucks zeigt, die im Gespräch mit einem anderen normalerweise ein Gesicht beleben. Sie reagiert auf zurückhaltende Art auf das, was ich sage, aber nicht im geringsten auf mich als Mensch, der sich im Gespräch mit ihr befindet. Was für eine eiserne Entschlossenheit muß für eine solche Maske nötig sein!

»Ich sage Ihnen aufrichtig, Dr. Bö-gen-ßal, ich komme sehr ungern zu Ihnen. Ich bin über mich selbst verärgert, weil ich die Hilfe eines Psychologen nötig habe. Trotzdem bin ich gekommen, und zwar aus Gründen meines beruflichen Pflichtgefühls.«

»Ihres beruflichen Pflichtgefühls?«

»Meines beruflichen Pflichtgefühls.« Ausdruckslos, ohne Betonung, reine Tatsachenfeststellung. »Ich bin Physiologin, in der Forschung tätig. Ich bin gekommen, weil mir klargeworden ist, daß ich bei meiner Arbeit nicht die Leistungen erbringe, die meine Arbeitgeber von mir erwarten dürfen - ja, die ich selbst von mir erwarte. In früheren Jahren war ich wesentlich produktiver und effizienter.«

»Sie haben eine Veränderung an sich bemerkt.«

»Ja, ja.« Eine Spur von Verärgerung. Eine klare Ausformulierung des Gesagten, die den meisten anderen Leuten helfen würde, die Dinge deutlicher zu sehen, ist für sie eindeutig nur eine irrelevante Unterbrechung. Ich werde mich erst einmal zurückhalten.

»Ich habe mich verändert. Das ist mir klar, und das wird bald auch meinen Kollegen klarsein, wenn es ihnen nicht bereits klar ist. Aus diesem Grunde bin ich zu Ihnen gekommen. Ich brauche Ihre Hilfe, damit ich meine bisherige Kompetenz wiedererlangen kann.«

Sie fährt fort, berichtet von einem dem Intellekt gewidmeten und jeder Emotion baren Leben. Sie erzielte außergewöhnliche Leistungen in Schule und Studium und trat nach ihrer Promotion in die Forschungsabteilung einer großen Pharmafirma ein, in der sie jetzt eine verantwortliche Stellung innehat. Sie heiratete einen Kollegen, aber die Ehe war nur von kurzer Dauer, ihr Ende kalt und plötzlich.

Während sie spricht, erkenne ich in ihrem beherrschten Gesicht in den Augen- und Mundwinkeln Spuren von Traurigkeit. Die Hände in ihrem Schoß, die anfangs die Handtasche umklammerten, haben sich etwas gelöst und begleiten jetzt mit kleinen, abgehackten Gesten ihre Worte. Zu meiner leisen Überraschung entdecke ich trotz ihrer eisernen Selbstbeherrschung in mir einen Impuls von Wärme ihr gegenüber. Sie ist trostbedürftig, denke ich, aber ganz sicher wäre sie wütend, wenn man ihr Trost anbieten würde.

»Ich habe eine Reihe von Bekannten, obwohl es in meinem Leben derzeit niemanden gibt, den ich als nahen Freund bezeichnen würde.« Sie hält inne, denkt nach.

»Fehlt Ihnen ein 'naher Freund'?«

»Ach, es wäre sicher schön, so eine Beziehung zu haben, aber meistens lebe ich lieber als Einzelgänger.« Ja und nein, hm? Laß es erst mal gut sein.

Was mir deutlich wird, ist die Tatsache, daß sie es widerwärtig findet, zu mir zu kommen. Folglich benimmt sich Kate-bei-mir, als wäre sie ein Bote von Kate-der-Person. Sie berichtet mir von dieser Person, aber ist fest entschlossen, nicht zuzulassen, daß diese Person - sie selbst - in meine Praxis kommt oder sich mir auf andere Weise direkt zeigt. Es wird einiges an sorgfältiger Arbeit erfordern, um ihr zu helfen, daß sie riskiert, tatsächlich mit mir in diesem Raum zu sein.

*Jim*

Wie gut haben wir alle gelernt, uns selber zu Objekten zu machen, die hin- und hergeschoben, zum Gegenstand der Berichterstattung gemacht oder auf andere Weise bearbeitet werden! So ist die Distanz, die Kate zu sich selbst hat, zwar in ihrem Verhalten überspitzt, aber keineswegs ungewöhnlich. Kate und Hal versuchen das gleiche nutzlose Manöver, jeder auf seine ganz ureigene Art.

Wir haben gelernt, daß Objektivität eine Tugend, Subjektivität eine Sünde sei. Unglaublich! Subjektivität - das lebendige, lebende Zentrum seines eigenen Lebens zu sein, nicht ein Objekt darin - gilt als Sünde, als offenkundige Schande! Kein Wunder, daß unser Leben nicht so ist, wie wir wollen.

Wenn also Subjektivität nicht Sünde ist, was ist sie dann? Sie ist der einzige Ort, an dem wir eine grundlegende Veränderung unseres Lebens bewerkstelligen können. Das ist eines der größten Geheimnisse des Lebens. Wie wenige unter uns scheinen das wirklich zu wissen!

Von anderen oder von einem selbst erzwungene Veränderungen stehen auf unsicheren Füßen und verursachen häufig nur weitere Probleme. Jede Diktatur trägt bereits den Keim ihres möglichen Sturzes in sich.

Wir wissen alle, daß es auch im günstigsten Fall schwierig ist, befriedigende und dauerhafte Veränderungen in unserem Leben vorzunehmen. Warum? Kates Widerstreben, in der Therapie wirklich präsent zu sein, gibt eine Teilantwort. Veränderungen sind praktisch unmöglich, wenn wir in unserem eigenen Leben nicht ehrlich sind; wenn wir versuchen, bei dem Drama unseres eigenen Lebens Kritiker statt Autoren zu sein.

Einer meiner Klienten hat das Problem einmal sehr treffend beschrieben: »Ich lebe mein Leben nicht, ich erzähle mir davon.«

Was wir alle brauchen, was Kate noch nicht erfahren hat, was Hal Schwierigkeiten macht, was Louise noch erfahren muß und was andere vermeiden: das Führen unseres eigenen Lebens erfordert, daß wir wirklich in unserem Leben *sind.* Das Leben selbst zu bestimmen erfordert, uns aus dem Publikum zu lösen und die Aufgabe in die Hand nehmen, Autoren und Akteure unseres eigenen Lebens zu sein.

*Frank*

Während der Pause kommt ein Telephongespräch.

»Dr. Bög-en-ßeil?« Er klingt grob - oder defensiv.

»Ja. Bjudschental spreche ich es normalerweise aus.«

»Ja. Also gut, wieviel verlangen Sie?« Der verliert wirklich keine Zeit!

»Wer sind Sie? Ich beantworte Ihre Frage gerne, wenn ich weiß, mit wem ich spreche.«

»Ich heiße Frank Connelly. Ich möchte in Therapie, aber ich weiß nicht, ob ich mir Sie leisten kann. Sagen Sie mir's jetzt?«

»Aha. Ich verlange dreißig Dollar pro Stunde, Mr. Connelly. Wenn Sie möchten, können wir eine erste Sitzung verabreden, um herauszufinden, ob wir miteinander arbeiten wollen. Aber diese Stunde berechne ich auch.«

»Ja, ist gut. Kann ich morgen kommen?«

»Es tut mir leid, aber der nächste freie Termin ist nächsten Dienstag um vierzehn Uhr. Paßt Ihnen das?«

»Nee, da muß ich arbeiten.«

Wir müssen mehrere Angebote und Gegenangebote machen, bevor wir eine Zeit gefunden haben. Ich habe das Gefühl, daß Mr. Connelly ungern eine ihm angebotene Zeit annimmt, sondern lieber hätte, daß ich einen Vorschlag von ihm akzeptiere. Ich habe nichts dagegen, und schließlich kann ich das auch.

Ich frage mich, wie dieser Frank Connelly wohl sein wird. Am Telefon ist er recht grob, und er ist anscheinend leicht zu verärgern. Was ihn wohl zu mir bringt? Nun ja, jeder neue Klient ist das erste Kapitel der Geschichte eines Geheimnisses.

*Jim*

In den paar Minuten, die mir bis zu Hals Termin bleiben, denke ich darüber nach, was für eine furchterregende Angelegenheit der erste Anruf bei einem Psychotherapeuten für die meisten von uns ist. Ich erinnere mich daran, wie ich es zwei Wochen lang vor mir hergeschoben habe, meinen Analytiker wegen eines Termins anzurufen, sogar als ich bereits wußte, daß er mich nehmen würde. Jeden Tag hatte ich vor, ihn anzurufen, und genauso oft »vergaß« ich, seine Nummer zu wählen, bis es »zu spät« war.

Die Befürchtungen entstammen zum Teil der Angst vor dem, was wir vielleicht berichten müssen, vor den grauen oder schwarzen Geheimnissen, die jeder von uns in sich trägt, aber ich glaube, in noch viel stärkerem Maße sind sie von einer formlosen, inhaltlosen Furcht davor bestimmt, gesehen zu werden, uns vor anonymen Augen zu entblößen, entdeckt zu werden. Sie haben wenig oder gar nichts mit dem zu tun, was wir über den Therapeuten als eine bestimmte, lebende Person wissen oder annehmen; sie haben fast ausschließlich mit unserem eigenen Mißtrauen uns selbst gegenüber zu tun und mit der anscheinend instinktiven Angst davor, hilflos vor einem möglicherweise mächtigen Beobachter zu stehen.

Und doch ist da für viele von uns auch die Faszination, die Sehnsucht nach der Erfahrung, sich irgendjemandem völlig zu offenbaren - ein einziges Mal und endlich einmal wirklich erkannt zu sein.

Wieder zwei Menschen, die ihr Leben ändern wollen: Kate Margate und Frank Connelly. Was für ein Gegensatz! Die eine förmlich, beherrscht, anständig, widerwillig. Der andere ungehobelt, direkt, eifrig. Und doch beginnen beide die Suche nach einer besseren, sie stärker erfüllenden Art zu leben.

Es mag merkwürdig erscheinen, in Begriffen von mehr oder weniger lebendig zu denken, aber es hat große Vorteile. Die Spanne menschlicher Erfahrungen, die alle als »lebendig sein« bezeichnet werden, ist ungeheuer.

> In einem psychiatrischen Landeskrankenhaus sah ich einmal eine katatonische Frau mittleren Alters. Niemals verließ sie ihr vergittertes Bett, sie wurde intravenös ernährt und beschmutzte und näßte sich ein wie ein Säugling. Sie reagierte weder auf ihren eigenen Körper noch auf irgendeinen Besucher - nicht die Mutter, nicht den Ehemann, nicht die Tochter. War sie lebendig?

> George Bannermann ist vierunddreißig Jahre, als seine Eltern, bei denen er immer gelebt hat, ihn zu mir bringen. Er hat keine wirklichen Freunde, hat nie eine Verabredung mit einem Mädchen gehabt, war niemals über Nacht von zuhause fort. Gelegentlich arbeitet er als Handlanger für mitfühlende Nachbarn oder für die Baufirma seines Vaters. Er ist weder geistig behindert noch psychotisch. Er ist sozial extrem unterentwickelt und nicht motiviert, das zu ändern. Ist er lebendig in dieser Existenz, die einem Vierzehnjährigen weit angemessener wäre?

> Barbara Meyer ist Bürovorsteherin in der Zentralverwaltung einer Lebensmittelkette. Sie ist die erste Frau, die jemals diese Stellung innehatte. Sie arbeitet zehn Stunden täglich im Büro, bringt häufig Arbeit mit nach Hause, ist fest entschlossen, ihre Eignung für eine weitere Beförderung zu beweisen. Sie hat Beziehungen zu Männern abgebrochen, sieht ihre Verwandten kaum und nimmt sich selten Zeit auszuspannen. Ganz sicherlich ist sie aktiv, wach, produktiv, aber wie lebendig ist sie?

> Was ist mit Georgia O'Keefe, die mit jugendlichen Blick bis hoch in die Achtziger malte? Was mit Pablo Casals, der mit sechsundachtzig gewissenhaft übte? Mit Marc Chagall, der seine leuchtende Serie

»Liebende« in den Neunzigern malte? Was mit Vladimir Horowitz in seinen letzten Lebensjahren, der beim Klavierspielen laut lachte vor Freude? Bei ihrem Anblick sah man, wie Lebendigkeit im Alter aussieht.

Dann schaue ich in den Spiegel: Ist dieser Mann wirklich lebendig? Wie sehr? Wieviel lebendiger könnte er sein? Kann ich mir mehr von der Lebendigkeit zu eigen machen, deren Verlangen ich in mir spüre?

Gibt es zwischen diesen Menschen einen entscheidenden Unterschied? Eine Eigenschaft ist es vor allem: das Ausmaß, in dem wir mit unserem Fühlen in Kontakt sind.

Minileben werden dadurch verursacht, daß unser lebenswichtiges existentielles Gespür uns zuwenig zugänglich ist. Die Frau im Gitterbett, das Kind mittleren Alters und die Bürovorsteherin waren Krüppel, außerstande, aus ihrer eigenen Lebendigkeit zu schöpfen oder sie zu verwirklichen. Die Künstler dagegen schienen vor Lebendigkeit fast zu bersten.

Der Unterschied ist weder unvermeidliches Schicksal noch unabänderbar. Wir erreichen und vergrößern diese Lebendigkeit, indem wir die Gabe entdecken, die jedem von uns innewohnt. Darum geht es: für die meisten von uns ist diese entscheidende Fähigkeit zumindest teilweise ein »verlorengegangener Sinn«. Ebenso wie ein Blinder oder Gehörloser eingeschränkt ist, so sind wir bei der Verwirklichung unserer eigenen Möglichkeiten in dem Maße behindert, wie wir von unserem lebendigen Kern abgespalten sind. Dann müssen wir indirekt ableiten, was wir eigentlich unmittelbar wissen könnten.

Frage 1: Hast du Hunger?

Antwort 1: Hm? Ach, es ist ja schon fast ein Uhr. Donnerwetter, ja.

Frage 2: Was möchtest du dieses Wochenende machen?

Antwort 2: Segeln tu ich immer gerne, laß uns segeln gehn.

Frage 3: Wie geht es dir?

Antwort 3: Naja, mir ist aufgefallen, daß ich ziemlich mürrisch dreinschaue. Ich glaube, irgendetwas bedrückt mich.

Klingt das vertraut? Wahrscheinlich. Wir alle spielen bei solchen Gesprächen sowohl F als auch A. Und in beiden Rollen entgeht uns die Tatsache, daß As Antwort an F selten einer echten inneren Bewußtheit entspringt. A könnte ebensogut von B oder X sprechen statt von A. Wie anders wäre es, wenn die Antworten gelautet hätten:

A1: Hmm? Nein, mein Mund und Magen sagen, jetzt nicht.

A2: Wenn ich mich wirklich darauf einstimme, stelle ich fest, daß ich dieses Wochenende am liebsten lesen möchte, nicht segeln wie sonst meistens.

A3: Ich war so beschäftigt, daß ich nicht wirklich auf meine Gefühle geachtet habe, aber jetzt, wo ich das tue, stelle ich fest, daß ich mich aus irgendeinem Grunde ungut und ruhelos fühle. Ich brauche jetzt Zeit, um dem genau nachzuspüren.

Es ist eine traurige Wahrheit, daß die meisten von uns daran gewöhnt sind, über sich selbst so nachzudenken wie über eine andere Person. Wir schließen aus äußeren Hinweisen oder Handlungen auf innere Absichten, aber es fällt uns schwer, zu diesen Absichten, so wie sie in uns lebendig sind, direkten Zugang zu gewinnen.

Ganz grob vereinfacht: Meine Arbeit besteht hauptsächlich darin, die Muster aufzudecken, die das innere Wissen verschüttet haben, meinen Kienten zu helfen, dieses existentielle Gespür wiederzuerlangen. Wenn die Klienten die Natur dieser Arbeit erst einmal voll erfaßt haben, werden unsere Sitzungen lebendige und nährende Abenteuer. Sie gewinnen ihre Energie aus dem Prozess selbst und aus der Vision einer größeren Fülle des Lebens, die dieser sichtbar macht.

## Montag, 14. Februar

*Jim*

Wie kommt es, daß manche Frauen das sexuelle Begehren eines Mannes entflammen können durch die bloße Art, wie sie gehen oder sitzen oder ihn anschauen? Nichts so Offenkundiges wie eine knappe Bluse oder Rock oder ein einladender Blick ist notwendig. So eine Frau ist Louise. Von unserer allerersten Begegnung an wußte ich, daß ich sie wollte - und daß ich sie nicht haben konnte. Oder ich dachte, ich wüßte es.

Ich freue mich auf Louises Termine. Diese anklammernde Süße ist inzwischen weniger häufig oder weniger offenkundig - oder ich habe mich daran gewöhnt. Obwohl da immer diese erotische Note mitschwingt, stelle ich zu meiner Überraschung fest, daß sie nur sehr wenig sexuelle Erfahrung hat. Sie geht sogar nur selten mit Männern aus. Was das bedeutet, weiß ich noch nicht.

Louise ist Supervisorin für angehende Sozialarbeiter in einer großen Institution, und aus allem, was ich erfahre, schließe ich, daß sie tüchtig und beliebt ist. Die Institution ist in Kollegenkreisen als überlastet und unterbesetzt bekannt, wie so viele unserer öffentlichen Versuche, Bedürftigen zu helfen.

Ich konzentriere mich darauf, Louise zu helfen, sich stärker bewußt zu werden, wie sehr ihr eine innere Vision und das darauf beruhende Identitätsgefühl fehlen. Sie sagt, sie wüßte das, aber es ist eher ein abstraktes, theoretisches Wissen, das mehr hindert als hilft.

Wenn eine neue Klientin die Arbeit mit mir beginnt, besteht unsere erste Aufgabe darin, ihr zu helfen, ihre Subjektivität und deren Bedeutung zu erkennen. Dann arbeiten wir daran, ihr raschen Zugang zu dieser lebenswichtigen Quelle zu verschaffen. Leider kann ich nicht jeder, die zu mir kommt, dazu verhelfen, ihren verlorengegangenen Sinn wiederzufinden.

Die Anstrengung, dem Klienten dabei zu helfen, die blockierten Zugänge zu seiner eigenen inneren Mitte zu öffnen, erfordert, daß ich meine innere Mitte ebenfalls ins Spiel bringe. Es ist paradox, daß meine Ausbildung mich gelehrt hat, solche Gefühle wie die, die ich Louise gegenüber habe, zu leugnen oder zu unterdrücken - sie könnten zu unerwünschten Handlungen führen. Schließlich kann man ja nicht mit einem Klienten sexuell werden, nicht wahr?

Oh doch, man kann. Es geschieht oft und in vielerlei Form.

Viele meiner Klienten haben mir von sexuellen Avancen von Seiten von Fachleuten berichtet - beiderlei Geschlechts. Bei Ärzten, Krankengymnasten, Masseuren, Leuten, die in irgendeiner Weise am Körper des Patienten/Klienten zu tun haben und anderen, vor denen er sich ganz oder teilweise entkleidet, kommt es am häufigsten vor. Aber auch Psychotherapeuten, Rechtsanwälte, Lehrer, Gruppenleiter, Geistliche und andere waren dabei.

Und ich bin selbst mit Klienten sexuell geworden - wir haben es nicht zu sexuellen Handlungen kommen lassen, aber es gab Gelegenheiten, wo wir beide erregt waren und wußten, daß der andere es auch war. Als Helen Einzelheiten des Wochenendes mit ihrem Liebhaber berichtete, war ich erregt - es ist gar nicht zu leugnen. Und ihr machte es offensichtlich Spaß, das Liebesspiel vor einem interessierten Publikum noch einmal zu durchleben. Ich habe versucht, das offen auszusprechen, aber ich war ungeschickt und befangen.

Später, als Lia in einem durchsichtigen Oberteil ohne etwas darunter zu mir kam, wanderten meine Augen dauernd zu ihren Brüsten. Als ihre Brustwarzen hart wurden, vermutete ich, daß sie mich erregen wollte. Es kostete mich einige Mühe, aber ich schaffte es, ihr zu helfen, über ihren Impuls, mich zu verführen, zu sprechen. Sie schämte sich, daß sie erwischt worden war, aber ich glaube, des Wunsches selber schämte sie sich nicht. Ich hatte selbst durchaus entsprechende Wünsche, und ich glaube, so eine Situation kann nützlich sein, wenn wir darin nicht den Kopf verlieren.

Wie könnte es auch anders sein? Wenn Männer und Frauen versuchen, sich wirklich auf ihr Inneres einzustimmen, Gefühle auszudrücken, sich emotional zu öffnen, bringt sie das unweigerlich in die Nähe davon, auch aus diesen Gefühlen und Impulsen heraus zu handeln. Gesunde erotische Impulse können und sollten nicht abgeschottet werden, wenn wir die Aufgabe erfüllen wollen, die wir uns vorgenommen haben. Wie klar wir sie erkennen, wie gut wir sie beobachten, und wie weise die Richtung ist, die wir ihnen geben - das sind die Fragen, um die es geht. Aber diese Fragen sind oft schwer abzuwägen, wenn wir starke körperliche und emotionale Bedürfnisse spüren.

Darüber hinaus ist unsere unreflektierte Annahme, daß diese Impulse immer dem Therapieziel zuwiderlaufen, durchaus zu hinterfragen. Vor einigen Jahren hatte ich Gelegenheit zu einer Fragebogenaktion mit etwa fünfzig sehr erfahrenen und geachteten Psychiatern, Psychologen und Sozialarbeitern aus allen Teilen des Landes. Ihre aufrichtigen und anonymen Antworten waren überraschend:

> Etwa drei Fünftel ließ während einer Sitzung Nacktheit oder Fast-Nacktheit des Klienten zu.
> Etwa die Hälfte konnte sich eine Situation vorstellen, in der der Therapeut den Klienten sexuell stimuliert oder umgekehrt.
> Ganze drei Viertel konnten zulassen, daß ein Klient mit ihnen im Rollenspiel ein bisher gemiedenes Verhalten praktizierte, sei es Ablehnung, sei es Verführung.
> Etwa zwei Fünftel konnten sich eine Situation vorstellen, in der sie und ein Klient sich während der Sitzung teilweise oder ganz auszogen.

Offensichtlich hat sich das Pendel weit von der jahrzehntelangen Prüderie wegbewegt. Ich werde über diese Untersuchung vor der Tagung der westlichen Landesverbände des *Amerikanischen Psychiaterverbandes* berichten und den Bericht später im der Zeitschrift der *Amerikanischen Psychiatrischen Akademie* veröffentlichen. Ich hoffe, das wird einen Sturm entfachen. Es könnte nur gut sein; wir müssen über diese Fragen offener diskutieren und die Arbeitsweise, die ein solches Wagnis erst denkbar macht, mehr anerkennen.

*Jennifer*

Die weibliche Stimme am anderen Ende der Leitung ist gepreßt, drängend.

»Herr Dr. Bluh-men-ßal, ich möchte Sie nicht lange aufhalten. Aber ich muß unbedingt heute zu Ihnen kommen! Es ist wirklich wichtig. Bitte glauben Sie mir. Bitte lassen Sie mich heute kommen.«

Alles ausgebucht außer meiner Pause. Aber sie klingt verzweifelt, als stünde sie unter großem Druck.

»Mrs. Stoddert, ich höre, wie wichtig es Ihnen ist; also will ich offen mit Ihnen sein: ich bin für heute völlig ausgebucht und morgen auch. Donnerstag um vier wäre ich frei ...«

»Nein, bitte, hören Sie. Ich muß heute zu Ihnen kommen.«

»Ich merke, daß Sie in einer Notsituation sind, und würde Ihnen gern helfen, aber sind Sie sicher, daß es nicht zwei Tage Zeit hat? Es tut mir leid, wenn ich Sie vertrösten muß, aber mein Terminplan ist heute sehr voll.«

»Ich weiß, Herr Doktor, und ich würde auch warten, wenn ich könnte, aber ich kann wirklich nicht. Ich muß einfach heute zu Ihnen kommen. Ich komme zu jeder Zeit, die Ihnen recht ist - wenn es sein muß, sogar um Mitternacht.«

»Nun gut, ich werde Sie um viertel nach zwei einschieben, da mache ich normalerweise Mittagspause. Wenn Sie glauben, daß es so wichtig ist, daß wir heute miteinander sprechen, kommen Sie dann.« Ein etwas schlechtes Gewissen mußte ich ihr schon machen, nicht wahr?

»Danke. Viertel nach zwei. Danke.« Sie ist viel zu beschäftigt, um meinen Stich zu bemerken. Vielleicht ist es wirklich gut, wenn sie kommt.

So ein Anruf rüttelt mich jedes Mal auf. Ich brauche eine Minute, um all die Fragen zu beruhigen, die sich in meinem Kopf drängen: Ist sie gewalttätig? Werde ich nach Feierabend oder an Wochenenden Sitzungen oder Telefongespräche mit ihr abhalten müssen? Wird sie überhaupt kommen? Manchmal tun diese Leute das nicht - und das kann eine Sorge und ein Segen sein.

Nun ja, um viertel nach zwei werden wir ja sehen.

*Jim*

Als ich zu praktizieren anfing, legte ich großen Wert darauf, meinen Klienten die Sicherheit zu geben, daß sie mich immer anrufen konnten und sollten, wenn sie mich brauchten. Ich gab Oberkellnern und Platzanweisern im Theater meine Visitenkarte, so daß meine Telephonzentrale, die immer wußte, wo ich mich aufhielt, mich umgehend erreichen konnte. Und ich bekam viele Anrufe und Bitten um Termine außer der Reihe.

Im Laufe der Zeit fand ich heraus, daß diese Feuerwehrbereitschaft keineswegs nur meinen Klienten gut tat, sondern auch mir. Sie gab mir das Gefühl, nötig und wichtig zu sein zu einer Zeit, wo ich Zweifel an meiner Existenz als »frei praktizierender« Psychologe (damals noch etwas Ungewöhnliches) und an meiner Fähigkeit hatte, eventuelle Probleme zu bewältigen. Daß ich so übertrieben bereit und verantwortungsbewußt war, beruhigte meine Klienten - und mich selbst ebenso.

Nachdem ich inzwischen an mir selbst etwas gearbeitet habe, setze ich nun den Forderungen der Klienten und meinen eigenen Bedürfnissen realistische Grenzen. Ich bin immer noch für Klienten da, die meine Aufmerksamkeit wirklich brauchen, aber die Anrufe sind viel seltener geworden, und meine Klienten sind immer noch gut versorgt - vielleicht sogar besser.

Dennoch versetzt mich ein Notfallanruf immer in Alarm, besonders wenn er nachts kommt. Ich weiß nie, wann es sich um einen echten Notfall handelt oder was nötig sein wird - oder ob sogar und welche Gefahren bestehen könnten. Ich habe Glück gehabt.

*Hal*

Obwohl Hal mich ausgesucht hat, einen Therapeuten, dessen Sicht der menschlichen Natur der seinen entgegengesetzt ist, ist er keineswegs davon überzeugt, daß es viel bringt, sich mit seiner Subjektivität zu beschäftigen. Oft frustriert ihn meine Forderung nach innerer Bewußtheit. Damit liegt die erste Aufgabe für unsere Arbeit auf dem Tisch: Hal mit seinem eigenen subjektiven Leben bekannt zu machen.

»Jim, du sagst mir immer wieder, ich sollte 'mir zuhören', und ich sage dir immer wieder, daß ich genau das tue. Wenn ich dir erzähle, wie wütend Tim mich macht, wie sehr es mich entmutigt, daß ich ihn so leicht anschreie - dann sind das die Dinge, die ich in mir höre. Was willst du denn noch, daß ich dir sagen soll?«

»Du hast recht, das sind einige von den Erfahrungen in deinem Inneren. Aber du sprichst von diesen Gefühlen wie von etwas, das dir bereits bekannt ist, nicht wie von einer Entdeckung im jeweiligen Augenblick, wie von einer lebendigen Erfahrung.«

»Ich verstehe nicht, was du meinst. Die Erfahrung dieser Wut war weiß Gott lebendig. Und natürlich sind das Dinge, die ich von mir weiß. Aber alles, was ich dir erzähle, müßte doch etwas sein, was ich von mir weiß, oder?«

»Ja und nein, aber lassen wir das im Moment mal. Jetzt gerade höre ich, wie aufrichtig du dir Mühe gibst, Hal, und wie du einfach nicht siehst, wohin ich dich bringen will. Laß mich also einen kleinen Vortrag halten, ja?«

»Na klar, Mann. Guter Vorschlag.«

»Gut. Ich sage dir, du sollst auf deine Erfahrung 'hören', aber es gibt keine Worte, um wirklich zu beschreiben, was ich meine. Stell dir vor, du wärst von Geburt an blind, dann bestünde die einzige Möglichkeit für mich, dir die Erfahrung des Sehens zu beschreiben, in irgendwelchen unbefriedigenden Analogien mit dem Hören oder dem Fühlen. Meine Worte wären unpassende Übertragungen der Erfahrungen anderer Sinne. Ich versuche, dir begreiflich zu machen, daß du seit deiner Kindheit blind gewesen bist - oder vielleicht sollte ich eher sagen, daß dir die Augen verbunden sind. Mir ging es genauso, und selbst jetzt bin ich nur teilweise imstande, die Binde von meinen Augen zu nehmen.«

»Ich verstehe, was du über die Schwierigkeit sagst, einem Blinden das Sehen zu erklären, aber ich weiß nicht, was du mit dem Augenverbinden meinst.«

»Dir wurden die Augen verbunden, weil man dich wie die meisten Menschen in unserer Kultur gelehrt hat, innere Erfahrungen zu ignorieren oder abzuwerten. Den meisten von uns hat man gesagt: 'Das meinst du doch nicht wirklich', oder 'Das ist es nicht, was du wirklich möchtest', oder 'Anständige Leute haben solche Gefühle nicht' oder 'Deine Gefühle verwirren deine Gedanken' oder sogar 'Was du willst, ist unwichtig, du mußt mit der Wirklichkeit leben.' Immer wieder ist uns gesagt worden, daß das, was in uns ablief, unwichtig war, unangemessen oder sogar gefährlich.«

»Ich verstehe ungefähr, was du meinst, aber ich glaube nicht, daß ich das den Leuten jemals ganz abgenommen habe.«

»Ich hoffe nicht, Hal, denn die Leute, die das wirklich ganz akzeptieren, sind buchstäblich verkrüppelt - oft für ihr ganzes Leben. Sieh mal, die innere Erfahrung, die ich dir erkennnbar machen will, ist in Wirklichkeit ein Ausdruck deines ganzen Wesens - ebenso wie deine Gefühle von Liebe, Zorn oder völliger Hingabe an etwas, was du tust. Das innere Sehvermögen sagt dir in jedem Augenblick, wie gut das, was gerade abläuft, zu deiner eigenen einzigartigen Natur paßt. Es hat also genau dieselbe Rolle wie das äußere Sehvermögen - es ist die Grundlage dafür, daß du weißt, wie und wo du dich in dir selbst befindest; es gibt dir eine Orientierung und hilft dir, die Richtung zu finden und einzuschlagen, in die du gehen willst.«

»Na gut, dann sagt mir mein innerer Sinn, daß ich mich nicht auf all diese Geschichten vom inneren Sinn einlassen will,« grinst Hal.

»Das kann ich mir denken.« Ich mache seine Witzelei nicht mit und beharre auf meinem ernsten Standpunkt. Dies ist nicht der Moment, die Dinge auf die leichte Schulter zu nehmen. »Aber es geht nicht darum, diesem inneren Sinn blindlings zu folgen, obwohl es heutzutage Leute gibt, die predigen, das wäre das Richtige. Wenn man 'mit dem Strom schwimmt', kann einen das geradewegs über die Klippen stürzen. Es kommt darauf an, deinen inneren Sinn zu öffnen und ihn zu deinen anderen Sinnen und auch deinem Verstand in Beziehung treten zu lassen.«

»Verdammt! Jetzt hatte ich doch gedacht, ich könnte dich abschütteln.«

»Das Pech hast du nicht.« Ich lächele wehmütig. »Hal, ich weiß, daß du mich aufziehen willst, aber ich glaube auch, daß du in Wahrheit lieber den Konsequenzen dessen ausweichen willst, wovon ich gesprochen habe.«

»Nein, nein. Ich finde das gut, was du sagst. Es ergibt einen Sinn. Aber bis jetzt ist mir nicht klar, wie ich es anwenden kann.«

*Jim*

Dieser existentielle Sinn ist wie das Sehen, habe ich zu Hal gesagt. Er verschafft uns innere Orientierung, wie das Sehen es in der Außenwelt tut. Er ist auch dem Hören verwandt - das heißt, am besten gebraucht man ihn mit Offenheit und Aufnahmebereitschaft, wie beim gespannten Zuhören. Beides zusammen ergibt in meiner Vorstellung ein »hörendes Auge«.

Auf einer anderen Ebene ist es auch ein »hörendes Ich«. Es ist das Ich, das zuhört, das Ich, das selbst der Vorgang des Hörens ist, und gleichzeitig wird (wenigstens implizit) dem Ich zugehört. Das klingt seltsam, denn ich verwende hier explizite und objektive Begriffe, um einen Vorgang zu beschreiben, der das genaue Gegenteil ist, nämlich implizit und subjektiv.

Klar ist, daß ich die Mitte meines eigenen Lebens bin und sein muß. Das Wort »Ich« beschreibt eine einzigartige Erfahrung, einzigartig darin, daß es als Substantiv (nicht als Pronomen) nicht auf ein sichtbares oder faßbares Ding verweist, sondern auf den Vorgang des Sehens, Fassens, Gewahrseins selbst. Ebenso wie das Auge in meinem Kopf sich selbst nicht sehen kann, kann auch das Ich meines Wesens sich selbst nicht sehen, sich nicht selbst zum Ding machen.

Wenn ich fordere, das Ich zur Mitte des eigenen Lebens zu machen, ist dies das Gegenteil eines Freibriefs für Selbstbezogenheit. Das Selbst ist Objekt, und eine zu intensive Beschäftigung mit der Vergrößerung des Selbst - Selbstbezogenheit also - steht der echten Verankerung in der subjektiven Mitte im Wege.

Wenn Hal sein Leben voll erfahren, seine Gefühle besser verstehen und seine Handlungen mehr in der Hand haben soll, dann muß er aus seiner Mitte heraus erfahren, muß er am Steuer sitzen, nicht maulend auf dem Rücksitz, wie im Moment.

All das ist für Hal schwer begreiflich. Er ist hochintelligent und sehr gebildet, was bedeutet, daß er gelernt hat, andere Menschen, die Welt und sich selbst mit Augen zu sehen, die alles zu Objekten machen. Auf diese Weise kann er seine rationalen Fähigkeiten auf die Dinge konzentrieren, die ihm begegnen. Für weite Bereiche des Lebens funktioniert das gut; aber es verhindert das Verständnis des eigenen Wesens und das Finden der eigenen Richtung.

Ist also das Leben in der eigenen Mitte die endgültige Antwort auf die Frage danach, wie man lebendiger sein kann? Nein. Die einzige Antwort ist die von Gertrude Stein: »Es gibt keine Antwort. Es gab nie eine Antwort. Es wird nie eine Antwort geben. Das ist die Antwort.«

*Jennifer*

Mrs. Stoddert, die Frau, die heute morgen am Telefon nicht locker ließ, ist schon um zwei Uhr im Wartezimmer, eine Viertelstunde zu früh. Ich beende die Sitzung mit Hal, begleite ihn zur Tür und gehe dann ins Wartezimmer. Was wird das jetzt für ein Mensch sein?

Die Frau, die dort unruhig im Stehen auf mich wartet, ist etwas größer als der Durchschnitt, hat eine schlanke Figur und trägt bunte, aber schlecht zusammenpassende Kleidung, die einen Kontrast zu ihrem grauen Gesicht und dem unordentlichen Haar bildet. Als ich mich vorstelle, nickt sie kurz und geht schnurstracks und ohne Umschweife ins Sprechzimmer. Sie sitzt angespannt auf der Vorderkante des großen Klientenstuhls und zündet sich wie nebenbei eine Zigarette an, woraus ich schließe, daß sie sich gegen eine Flut innerer Emotionen stemmt.

»Danke, daß Sie mich heute genommen haben. Es tut mir leid, wenn ich Ihnen Ihre Pause nehme. Aber es ist wichtig.«

Aha! Sie hat also doch mitbekommen, was ich gesagt habe. Aber ich weiß nicht, ob sie mich jetzt gerade wirklich sieht; sie scheint sich auf einem inneren Kampf zu konzentrieren.

»Ich verstehe. Wie wäre es, wenn Sie mir einfach erzählten, was los ist.«

»Ich werd's versuchen.« Sie hält inne, stürzt sich dann vorwärts. »Ich bin dreiunddreißig. Mein Mann, Bert, ist neununddreißig. Wir sind seit acht Jahren verheiratet. Ich ... wir haben keine Kinder. Mein Mann ist Elektroingenieur bei Levy. Er ist Leiter eines Ingenieurteams. Ich habe einen Magister in Pädagogik und Counseling und bin *Dean of Women* am Sloss College. Meine Eltern leben nicht mehr. Die Eltern meines Mannes leben beide noch, aber sein Vater hatte letztes Jahr einen Schlaganfall und hat vielleicht nicht mehr lange zu leben.«

Sie spricht gezwungen, ernst, deutlich, hält häufig inne. Es ist das Vortragen einer förmlichen, von ihr vorbereiteten »Fallgeschichte«.

»Ja, und was beunruhigt Sie heute so besonders?«

»Ich komme gleich darauf, Herr Doktor. Bitte haben Sie Geduld mit mir. Ich glaube, es wäre nützlich, wenn ich Ihnen einen Hintergrund liefere. Ist das recht?«

Ich nicke zustimmend. Wenn ich bloß auf den Inhalt ihrer Worte höre, werde ich ungeduldig - schließlich habe ich meine Pause nicht für einen alltäglichen Fallbericht geopfert. Den hätte sie auch am Donnerstag zu der Zeit abliefern können, die ich ihr angeboten hatte.

Aber wenn ich diese beunruhigte Frau ansehe und die unausgesprochene Anspannung in ihr höre, sehe ich, daß sie bereits vieles mitteilt, was wichtig werden könnte, wenn ich ihr irgendwie helfen soll. Der eiserne Griff, mit dem sie sich gerade selbst in der Gewalt hat, ist phantastisch. Ganz offenkundig birst sie fast vor irgendeiner Emotion; aber sie gestattet ihr nicht, den sorgfältigen Vortrag ihrer unsichtbaren Faktenaufstellung zu stören.

»Danke.«

Das kommt korrekt, förmlich.

»Wie ich schon sagte, sind wir seit acht Jahren verheiratet. Fast neun. Unser Hochzeitstag wäre im nächsten Monat, am zweiundzwanzigsten. Wir sind einigermaßen glücklich, dachte ich jedenfalls. Ich habe versucht, über unsere Ehe nachzudenken, und ich glaube, die schwierigste Zeit war, als wir fünf oder sechs Jahre verheiratet waren. Damals, d.h. als wir sechs Jahre verheiratet waren, damals haben wir ernsthaft über Scheidung gesprochen, aber wir haben beschlossen zusammenzubleiben, zum Teil, weil mein Mann darauf bestand. Ich glaube, ich neigte damals mehr zu einer Scheidung als er. Aber da kann ich mich irren.«

»Hm-mmh.«

»Ja.« Sie hält wieder inne. »Wir sind nicht religiös. Wir gehen an bestimmten Feiertagen in eine lutherische Kirche. Wir sind beide insgesamt bei guter Gesundheit, jedenfalls körperlich.« Sie sieht mich an. »Gibt es sonst noch irgendetwas, was Sie als Hintergrund wissen müßten?«

»Mrs. Stoddert, da ist eine solche Menge an Informationen, die Sie mir geben könnten, daß ich nicht weiß, wonach ich fragen soll. Erst wenn ich eine genauere Vorstellung von dem habe, was Sie beunruhigt, kann ich einen Vorschlag machen, worüber wir vielleicht noch zusammen nachdenken sollten.«

Sie sieht beunruhigt, unsicher aus. Der eiserne Griff scheint nachzulassen. Ich glaube, daß sie jetzt Angst hat, aber ihr Gesichtsausdruck ist schwer zu deuten. Sie beißt sich auf die Lippe, verzieht das Gesicht. Ich will noch mehr erklären, aber sie spricht rasch.

»Ja,ja, ich versteh schon.« Ungeduldig, aber sie ruft sich sofort zur Ordnung. »Entschuldigen Sie, ich wollte nicht so scharf sprechen. Ich weiß nicht, wie ich das sagen soll, was ich als Nächstes sagen muß.«

»Warum lassen Sie's nicht einfach so herauskommen, wie Sie es in sich finden, und wir können dann allmählich mehr Einzelheiten herausfinden?«

»Nun gut.« Sie hält inne, holt Luft, macht sich bereit. Dann langsam, tastend, jedes Wort deutlich ausgesprochen, sagt sie: »Also gut ... Ich glaube, ich werde meinen Mann umbringen.« Sie lehnt sich atemlos zurück. Auch mir stockt der Atem. Ruhig, leise jetzt.

»Da Sie hier sind und mir davon erzählen, haben Sie offensichtlich auch noch andere Gefühle in dieser Sache.« Sie sieht mich nicht an, sondern starrt auf den Fußboden. Als sie spricht, nach einer Pause, ist ihre Stimme ausdruckslos, weit weg.

»Ja. Aber wenn ich ihn nicht umbringe, muß ich mich von ihm scheiden lassen. Und wenn ich das tue, bringe ich mich selbst um.« Eine reine Tatsachenfeststellung ohne Betonung, die Augen immer noch gesenkt.

»Das sind harte Alternativen. Lassen Sie sich jetzt Zeit und erzählen Sie mir darüber so, wie es Ihnen gerade in den Sinn kommt. Zwingen Sie sich in keiner Weise, lückenlos zu berichten.« Meine Stimme ist bewußt fest und gleichmäßig, macht Energie spürbar.

»Ich werd's versuchen.« Ihr Kopf hebt sich. »Aber ich will nicht, daß Sie Ihre oder meine Zeit verschwenden. Es würde helfen, wenn Sie mir Fragen stellten, damit ich Ihnen die nötigen Informationen genauer geben kann.«

»Sie sagen 'die nötigen Informationen'. Was stellen Sie sich vor? Was soll ich tun?«

»Mir helfen natürlich!« (überrascht).

»Ihnen wobei helfen?«

»Meinen Mann nicht umzubringen. Oh!« Plötzlich weint sie mit raschem schüttelnden Schluchzen und fällt nach vorne in sich zusammen, krümmt sich. Ich warte kurz und sage dann ruhig: »Es scheint Sie zu überraschen, wie sehr Sie sich wünschen, ihn nicht umzubringen.«

»Ja.« Sie weint laut, richtet sich mühsam auf, schlägt die Arme fest um sich und wiegt sich vorwärts und rückwärts. Sie ringt nach Luft, kann kaum zu Atem kommen oder sprechen wegen des trockenen, erstickenden Schluchzens, das sie schüttelt, aber sie versucht es.

»Langsam. Reden Sie noch nicht. Sie tun gerade etwas viel Wichtigeres.« Sie kämpft mit sich, halb erstickend, ringt nach Luft. Sie gibt dem Weinen nicht nach aber es läßt sie nicht los. Sie hat Mühe zu atmen, obwohl fast keine Tränen kommen. Sie ist so offensichtlich mit sich im Krieg, ihr Körper ist das aufgerissene Schlachtfeld.

Nachdem der Kampf mehrere Minuten gedauert hat, sage ich ihr, sie solle sich ausruhen, und hole ihr einen Kaffee. Als ich damit wiederkomme, kann sie das Getränk in langsamen Schlucken trinken, und allmählich läßt die Qual in ihrem Körper nach. Kaum ist das geschehen, zündet sie sich eine Zigarette an. Der erste Zug führt zu einem neuen Erstickungsanfall, der schneller vorbeigeht - und ohne, daß sie die Zigarette löscht.

»Entschuldigung. Ich bekam einfach keine Luft.«

»Ich verstehe. Aber was Sie gerade durchgemacht haben, ist in sich wichtig. Es drückt besser als alle Worte aus, wie groß der Konflikt in Ihnen ist.«

»Wahrscheinlich. Danke für den Kaffee.« Die Vorstellung ihrer nichtverbalen Kommunikation macht ihr keinen Eindruck.

»Jetzt sagen Sie mir, was Sie wissen möchten, und ich werde versuchen, mich besser zu beherrschen.«

Ich bin versucht, sie darauf hinzuweisen, wie schnell sie ihre innere Erfahrung beiseiteschiebt, beschließe jedoch, das jetzt nicht zu tun. Sie ist noch unter viel zu starkem emotionalen Druck. Sie muß das Gefühl haben, ihre gewaltttätigen Impulse mit Worten unter Kontrolle gebracht zu haben, erst dann wird sie das Gefühl haben, die Beherrschung wiederzugewinnen.

»Erzählen Sie mir, was in letzter Zeit geschehen ist, daß Sie meinen, Sie könnten Ihren Mann umbringen.« Erstaunlich, daß wir solche schrecklichen Worte gelassen, gesprächsweise ausprechen können!

»Er erzählte mir am Freitag ... nein ... was ist heute für ein Tag?«

»Heute ist Montag der vierzehnte.« Innerlich lächele ich bitter-ironisch: heute ist Valentinstag, der Tag der Liebenden.

»Danke. Er erzählte mir am Samstag, daß er eine Affäre mit einer Frau hat, die ich für eine gemeinsame Freundin hielt. Sie und ihr Mann haben uns oft besucht, und wir sie. Jetzt sagte er, daß sie seit mehreren Monaten diese Affäre haben.«

»Hmmmm.«

»Seit über zwei Monaten ist er einmal die Woche oder öfter bei ihr gewesen - hat mit ihr geschlafen. Er sagt, er kann sich nicht mehr genau erinnern, wie lange das schon geht.« Sie rezitiert Tatsachen, rezitiert sie ungeheuer intensiv, aber rezitiert immer noch. Ihre Emotion ist nicht zu entziffern - ob Wut oder Panik oder Haß, kann ich nicht erkennen. Nur Intensität.

»Ich verstehe, was das für ein Schock für Sie ist, Mrs. Stoddert. Aber ich muß mehr darüber wissen, wie Sie zu dem Gefühl kamen, daß Sie ihn umbringen mußten.« Halte das bloß in der Vergangenheit, wenn es irgend geht.

»Einfach, weil das Schwein es verdient!« Die Worte kommen wie ein Sturzbach. Dann hält sie inne, gibt der eisernen Disziplin wieder die Herrschaft. »Nein, ich will jetzt nicht so reden. Es ist bloß - er ist so unfair. So verdammt unfair!« Wieder unterdrückt sie rücksichtslos die Woge ihrer Gefühle. »Ich meine, wie würden Sie sich dabei fühlen, wie würde sich wer auch immer dabei fühlen? Ich werde nie wieder jemandem vertrauen. Ich fühle mich jetzt wirklich vollkommen allein.« Sie hält inne, schluckt mühsam. »Aber darum geht es nicht. Es geht einfach darum, daß er seine Strafe haben muß. Ich traue mich gar nicht mehr, meine Freunde zu besuchen. Ich frage mich immer, wer es wohl weiß. Aber das ist nicht wichtig. Ich habe keine Freunde. Ich kann einfach nicht glauben, daß Leute so egoistisch sein können, so unfair!« Immer wieder bricht ihre Emotion kurz durch, wird augenblicklich unterdrückt, bricht wieder hervor, wird wieder abgeblockt. Jetzt drückt sie ihren Zigarettenstummel aus und zündet sofort eine neue an.

»Mrs. Stoddert, ich habe den Eindruck, Sie glauben, daß es auf der Hand läge, warum Sie daran denken, Ihren Mann umzubringen - wegen seiner Affäre. Ganz ehrlich gesagt liegt das für mich nicht auf der Hand, und ich möchte gerne genauer verstehen, was Ihre Gefühle sind.«

»Ja, ich weiß, ich kann einfach nicht mehr richtig denken. Deswegen brauche ich ja Ihre Hilfe. Ich hätte vielleicht bis Donnerstag durchkommen können, wie Sie vorschlugen, aber ich habe mir einfach selber nicht mehr getraut. Ich meine, ich war so außer mir. So bin ich sonst nicht, außer manchmal natürlich. Ich glaube, ich rede gerade ziemlich wirres Zeug.« Entschuldigendes Lächeln.

»Schon gut. Reden Sie nur und sprechen Sie es aus, wie es Ihnen gerade in den Sinn kommt.«

Gegen Ende der Stunde unterbreche ich: »Mrs. Stoddert, unsere Zeit ist fast um, und ... «

»Und ich habe immer im Kreis herum geredet, und Sie hatten keine Möglichkeit, genug über mich zu erfahren! Es tut mir leid! Aber ich glaube, Sie haben mir schon etwas geholfen. Ich glaube nicht, daß ich meinen Mann wirklich umbringen werde. Das klingt jetzt so albern. Aber ich hatte wirklich Angst davor. Jedenfalls glaube ich das. Vielleicht hatte ich Angst, diesem Wunsch einfach nachzugeben. Nein, das würde ich nie tun.«

»Ja; ich bin aber auch besorgt über Ihren anderen Impuls, nämlich, sich selber umzubringen. Wie denken Sie jetzt darüber?«

»Ach ja. Ich glaube, das werde ich jetzt auch nicht tun. Ich denke, ich könnte es tun, wenn noch irgendetwas passieren würde oder so ... Ich weiß nicht. Ich sollte das nicht sagen. Ich glaube nicht, daß ich es tun würde. Auf jeden Fall glaube ich, Sie können mir helfen, und deshalb ...«

»Ich arbeite gerne mit Ihnen an diesem und jedem anderen Gefühl, aber ich möchte weder mit Ihnen noch mit irgendjemand anderem unter dem Gefühl einer ständigen Drohung arbeiten.«

»Nein, nein, Ihnen drohe ich doch nicht. Das war ... «

»Ich weiß, Mrs. Stoddert. Ich verstehe, daß Sie nicht die Absicht haben, mich zu bedrohen, aber trozdem ist da eine reale Bedrohung für mich. Wenn wir miteinander arbeiten, spielt es eine große Rolle für mich, ob Sie sich dazu gedrängt fühlen, sich selbst oder Ihrem Mann auf irgendeine Weise Gewalt anzutun.«

»Oh nein, ich glaube jetzt nicht mehr, daß ich ihm irgendwelche Gewalt antun würde.«

»Gut, aber da ist noch die andere Drohung, und die will ich auch nicht über unserer Arbeit hängen sehen. Sie besteht darin, daß Sie sich selbst etwas antun könnten. Die macht mir auch Sorge.«

»Ich kann nichts versprechen.«

»Doch (bestimmt), zwei Dinge können Sie versprechen: Erstens, daß Sie mindestens einen Monat lang weder ihm noch sich selbst etwas antun werden, während wir die Dinge durchsprechen; und zweitens, daß Sie zu überhaupt keiner Zeit irgendetwas Gewalttätiges tun werden, ohne vorher mit mir zu sprechen. Diese Versprechen sind unbedingt nötig, wenn wir miteinander arbeiten wollen.«

»Nun, ich ... «

»Wenn Sie sich nicht jetzt gleich entscheiden können, können Sie auch warten und mich später anrufen.«

»Nein, nein, das ist in Ordnung. Ich kann das versprechen. Jedenfalls glaube ich, daß ich das kann.«

»Nein, Mrs. Stoddert.« Ich sage das sehr entschieden, mache dann eine Pause. »Ich meine das ganz ernst, und Sie müssen es auch so aufnehmen. Ich werde nicht mit Ihnen arbeiten, wenn Sie mir diese Versprechen nicht wirklich geben können. Wenn Sie möchten, überweise ich Sie gerne an jemand anderen, der das vielleicht nicht verlangt, aber ich will, daß wir eine Vertrauensbeziehung haben. Ohne diese Zusicherung ist das nicht möglich.«

»Ja, das sehe ich ein. Gut, ich verspreche Ihnen, daß ich weder mir noch meinem Mann etwas antun werde, ohne vorher mit Ihnen zu sprechen und ... ach ja, mindestens einen Monat lang gar nichts zu tun. Ist das richtig?«

»Ja, das ist richtig. Danke. Jetzt werde ich eine Zeit für uns für morgen um viertel nach drei freimachen. Können Sie bitte dann wiederkommen?«

Und so beginnen wir unsere gemeinsame Arbeit. Bei Mrs. Stoddert ist es nötig und möglich, auf dieser förmlichen Abmachung zu bestehen, obwohl ich inzwischen bezweifle, daß sie einen tiefliegenden Impuls hat, ihren Mann umzubringen. Was die Möglichkeit des Selbstmords angeht, bin ich mir weniger sicher.

Ich richte es so ein, daß Jennifer Stoddert diese Woche täglich kommt. Da ich jede Todesdrohung sehr ernstnehme, möchte ich sie sehr viel besser kennenlernen, und zwar schnell.

*Jim*

Warum will diese Frau den Mann umbringen, der ihr so wichtig ist, daß sie sich selbst umbringen würde, wenn sie sich von ihm scheiden ließe? Ist das irgendein bizarrer psychotischer Impuls? Keineswegs. Es ist so vertraut, daß es Teil unseres Systems juristischer Präzedenzfälle geworden ist, eine akzeptable Reaktion auf Untreue, in manchen Fällen sogar die »richtige« Reaktion. Erstaunlich!

Man sollte meinen, es wäre schwieriger, in vollem Ernst das Wort »umbringen« auszusprechen als »bumsen« oder irgend ein anderes der früher verbotenen Worte. Dem ist aber nicht so. Im Gespräch zwischen anständigen Leuten ist Töten wesentlich akzeptabler als sexuelle Aktivität!

Aber warum hat Jennifer das Gefühl, daß sie ihren Mann oder sich selbst umbringen müsse? Wieso können das Alternativen sein, um mit dem Schock umzugehen, den die Erkenntnis der Untreue ihres Mannes für sie bedeutet? Oberflächlich betrachtet scheinen diese Alternativen völlig gegensätzlich zu sein. Aber ihr dienen sie dem gleichen Zweck: Beide scheinen die Möglichkeit zu geben, ein Bild aufrechtzuerhalten, das ihr offensichtlich wichtiger ist als das Leben selbst - das Bild ihrer musterhaften Ehe. Indem sie sich oder ihn umbringt, versucht sie, das Bild wiederherzustellen, das vor dem Bekanntwerden der Affäre galt, einem Bekanntwerden, das jenes Bild zerstörte.

Nein, es ist nicht logisch; aber das Herz hat seine eigene Logik, und verletzter Stolz im Verein mit zerstörter Liebe schert sich nicht um unsere Alltagsvernunft. Wir Therapeuten erfahren das ebenso wie die Vergeblichkeit irgendwelcher Versuche, den emotional erregten Klienten irgendetwas aus- oder einzureden.

Aber wir lernen auch, den Impulsen, die bei diesen Gelegenheiten zutage treten, mit größter Aufmerksamkeit zu begegnen. Menschen töten tatsächlich andere Menschen und sich selbst. Wenn man Therapeuten nach der größten Streßursache in ihrer Praxis befragt, rangiert die Androhung von Gewalt (gegenüber der eigenen oder einer dritten Person) immer am höchsten. Eine Fehleinschätzung des Willens des Klienten zu einem solchen Zeitpunkt bedeutet das Risiko einer Tragödie und mit ihr die Gefährdung der eigenen emotionalen Integrität in unserem Beruf. Was auch immer nötig ist, um solche Drohungen zu entschärfen, muß getan werden.

Nachdem Ben, mein letzter Klient, gegangen ist, lasse ich mich auf meinen Schreibtischstuhl fallen. Als ich das Datum auf eine Notiz schreibe, denke ich wieder leicht ironisch an den Valentinstag und an den Schmerz und den Kampf, der in unserem Herzen, diesem Mythos, ausbrechen kann. Und doch kann es auch solche Wunder von Entzücken und Erfüllung bringen. Ach was, mach fertig und dann raus hier.

In der Post war heute ein langer getippter Brief. Der Absender, der im Staat New York lebt, hat mein Buch gelesen und berichtet mir in glühenden Worten, wieviel es ihm bedeutet. Es ist Balsam für meine müde Seele, sein Lob noch einmal zu lesen.

Wenn man ein Buch schreibt, ist das, als schickte man per Flaschenpost Botschaften auf das Meer hinaus. Ich frage mich, ob da draußen irgendjemand ist, der lesen und auch tatsächlich hören wird, was ich zu sagen habe. Ich hatte nicht erwartet, daß Männer und Frauen mir bewegende, persönliche Briefe darüber schreiben würden, daß sie mich wirklich gehört hatten und davon in ihrem Leben beeinflußt wurden. Was für ein großes Geschenk machen sie mir!

Fred ist einer von ihnen. Über den ganzen Kontinent hinweg berichtet er von sich - Mitte Zwanzig, unbefriedigende Arbeit, einsam, voller Hoffnung auf Wachstum und Veränderung in sich selbst, darauf, mehr im Einklang mit seinen eigenen Idealen zu leben.

Bevor ich heute abend nach Hause fahre, möchte ich ihm eine Antwort schicken. Seine Suche danach, sein Leben zu gewinnen, verdient alle Unterstützung, die ich ihm geben kann, sei sie noch so gering. Danach muß ich noch ein paar Notizen machen, bevor ich gehe. Aber ich setze mich noch nicht an die Arbeit. Ich bin nämlich todmüde. Ich sollte diese Notizen machen, noch ein paar Leute zurückrufen, noch ein paar weitere Briefe beantworten - aber ich habe keine Lust.

Worauf ich jetzt Lust hätte, ist ein Highball. Aber ich habe keinen, also begnüge ich mich mit einer weiteren Tasse Kaffee (die wievielte ist das heute?) und noch zehn Minuten Entspannung.

Toms jüngster Ausspruch ist: »Das Leben ist etwas, was abläuft, während man gerade etwas anderes plant.« Wenn ich darüber nachdenke, merke ich, daß ich Glück habe. Meistens kommt es mir so vor, als hätte ich ein wirklich gutes Leben - ziemlich genau so, wie ich es in den letzten Jahren geplant habe. Mit der einzigen Ausnahme, daß in meinem Privatleben meine Beziehungen nicht so unmittelbar sind, wie ich gerne möchte. Sogar zuhause bin ich isolierter als ich eigentlich sein will. Warum kann ich da nicht so echt sein wie in der Praxis?

Aber was heißt es, zu leben? Der Philosoph Ortega y Gasset schrieb: »Leben bedeutet die unerbittliche Notwendigkeit, einen Plan für eine Existenz zu realisieren (zu erkennen und zu verwirklichen), die jeder von uns ist ... Das Gespür für das Leben ... ist nichts anderes als das Akzeptieren [dieser] unerbittlichen Gegebenheit durch jeden Einzelnen und, wenn sie einmal akzeptiert ist, deren Umwandlung in eine eigene Schöpfung.«

Wir werden in das Leben hineingeboren und verbringen unsere Zeit damit, uns mit dieser Tatsache auseinanderzusetzen, etwas aus ihr zu schaffen und sie zu verwirklichen. Alles andere ist sekundär.

Klingt das zu einfach? Ist es überhaupt nicht. Lebendig zu sein ist eine lebenslängliche Ganztagsbeschäftigung, für die wir alle schlecht ausgebildet sind, über die wir ständig dazulernen und bei der wir immer wieder etwas ändern müssen, während wir sie ausüben. Es ist außerdem wahr, wie irgendein Witzbold mal behauptet hat, daß das Leben eine sexuell übertragbare Krankheit mit einer Sterblichkeitserwartung von 100% ist.

# 3.

# »Ich muß in Therapie«

**Dienstag, 22. Februar**

*Frank*

Es ist Zeit, diesen zornig klingenden Menschen aus dem Wartezimmer abzuholen, der da vor etwa einer Woche angerufen hat ... Frank Connelly. Mal sehen, wie er persönlich ist.

Der erste Eindruck ist abstoßend. Seine Erscheinung ist entschieden ungepflegt - ein Wort, das ich selten benutze, aber hier ist es wirklich angebracht: er ist an die Dreißig, bärtig, trägt schäbige Jeans, ein Oberhemd, das sicher nie wieder mit einer Krawatte oder einem Jackett in Berührung kommen wird, eine dreckige Armeearbeitsjacke, Tennisschuhe, die keinen Tennisplatz wiedererkennen würden, falls sie jemals einen gesehen haben. Sein Auftreten paßt zu seiner Kleidung: ein ausdauernder, harter Blick, ein entschlossen ausdrucksloses Gesicht, und ein unsicherer, großer Schritt in mein Sprechzimmer. Als er an mir vorbeigeht, schlägt mir ein ganzer Schwall von Schweiß- und Schmutzgeruch in die Nase. Toll!

Frank akzeptiert den von mir angebotenen Stuhl, zieht rasch ein Paket Zigaretten heraus, bietet mir eine an (ich nehme sie), zündet seine an und pustet das Streichholz aus. Dann fällt ihm auf, daß ich mir ein Streichholz von meinem Schreibtisch hole. Er wird verlegen und überspielt das mit lautem Sprechen.

»Ich muß in Therapie.«

Er hält inne, mustert mein Gesicht mit kriegerischem Blick, als ob er erwartete, daß ich lache oder diese unmögliche Idee zornig zurückweise. Da ich nur ruhig abwarte, spricht er weiter.

»Ich denke schon seit ein paar Jahren daran. Hab viel gelesen. Es gibt echt 'ne ganze Menge Spinner auf dem Gebiet, was?«

Bevor ich antworten kann, spricht er rasch weiter. »Nicht persönlich gemeint, verstehen Sie. Ich hab ein bißchen von Ihnen gelesen, und Sie klingen in Ordnung. Ich mein, man kann nicht viel sagen bloß aus dem, was einer schreibt, aber ... jedenfalls ... «

»Jedenfalls, hier sind Sie.«

»Ja. Also, was wollen Sie wissen?«

Franks Geschichte ist so eindrucksvoll wie seine Erscheinung deprimierend ist. Seinen Vater hat er nie gekannt, und seine Mutter starb, bevor er zehn Jahre alt war. Eine vier Jahre ältere Schwester schien es übernommen zu haben, für ihn zu sorgen, aber seine Kindheit spielte sich größtenteils auf der Straße und vermutlich in der Erziehungsanstalt ab. Er und seine Schwester überlebten mit knappsten Rationen und Erfindungsgabe, aber irgendwie haben sie überlebt. Jetzt ist die Schwester verschwunden, obwohl aus seiner Erzählung nicht deutlich wird, wohin, seit wann und warum.

Frank ist Hoteldiener in einem zweitklassigen Hotel. Er haßt seinen Job. Er haßt seine Kollegen. Er haßt die Stadt. Er haßt fast jeden, mit dem er in Kontakt kommt. Und er vermeidet jeden nicht unumgänglich nötigen Kontakt. Wenn er nicht arbeitet, sitzt er meistens in der Bibliothek oder in seinem Zimmer und liest. Er gibt zu, daß er keine Freunde hat, beeilt sich aber, mir zu versichern, daß er sowieso keine brauche.

Ich bin von Franks Geschichte beeindruckt. Ebenso von der direkten und herausfordernden Art, in der er sie erzählt, so als wollte er ständig sagen: »Na, was machst du damit?« Außerdem interessiert er mich, weil er so anders ist als die meisten meiner Klienten, die gutbürgerlich, gebildet und von recht konventioneller Lebensführung sind. Frank ist alles andere als konventionell, und er sorgt dafür, daß er es nicht ist. Er ist offensichtlich durch sein Lesen auf allen möglichen Gebieten Autodidakt, und er hat durch seine Lebensumstände eine Lebenserfahrung, wie ich und die meisten meiner Klienten sie nie haben werden.

*Jim*

Ben hat heute abgesagt, und so habe ich Zeit, darüber nachzudenken, wie Frank in Beziehung zu anderen tritt, indem er sich gegen Beziehungen wehrt. Er ist davon abhängig, ständig auf der Hut und (scheinbar) kampfbereit zu sein.

Wir Menschen leben inmitten der paradoxen Situation, daß wir immer zu anderen Menschen gehören und doch immer von ihnen getrennt sind. Einige von uns betonen die dazugehörende Hälfte, Louise zum Beispiel. Frank ist abhängig von der Trennung. Zwar ist er gezwungen, in der Welt der Menschen zu leben, aber er wehrt sich zornig, verzweifelt dagegen, mit ihnen in Einklang zu stehen. Er klammert sich an sein Anderssein wie ein Ertrinkender in einem Sturm an ein Stück Holz. Frank befürchtet, in den Forderungen, Vergleichen, Erwartungen und Urteilen anderer unterzugehen.

Sich so getrennt zu halten, wie Frank es versucht, füllt einen völlig aus. Man muß ständig auf der Hut vor der Außenwelt sein, gleichzeitig aber auch die eigenen inneren Impulse zu anderen hin rücksichtslos unterdrücken. Einsamkeitsgefühle, Zuwendung, Hunger nach Nähe, die Tatsache, daß man andere braucht, dürfen nicht toleriert oder anerkannt werden. Der beste Schutz - und eine verborgene Art der Beziehung - ist Zorn, dauernder, unnachgiebiger, leicht aufflammender Zorn. Dementsprechend ist Frank ein zorniger Mann.

Jedenfalls erscheint er an der Oberfläche so.

Allerdings habe ich den starken Verdacht, daß dieser Zorn ein Schutzschild ist und keineswegs eine tiefsitzende Feindseligkeit. Dennoch werde ich ihn respektieren und darauf achten, daß zwischen uns ein Raum bleibt, der uns beide schützt. Wenn wir einmal ein Bündnis entwickelt haben, werden wir vielleicht in der Lage sein, zu untersuchen, was sich unter dem Zorn verbirgt. Ich vermute, daß Frank Nähe gleichzeitig ersehnt und fürchtet.

Ich spüre ein eigenartiges Gefühl der Verwandschaft mit Frank. Ich bin nie ein zorniger Mensch gewesen, habe sogar meinen Zorn zu lange geleugnet. Ich habe so sehr gelernt, den Zorn meiner Eltern zu fürchten - der sich gar nicht so sehr gegen mich, als vielmehr gegen andere richtete - daß ich implizit den Beschluß faßte, nicht zornig zu sein. Dieser Beschluß war natürlich unmöglich zu verwirklichen. Allerdings ist es eine Tatsache, daß ich zuhause nie einfach wütend bin. Ab und zu allerdings gerate ich in einen solchen Zorn, daß meine Familie Angst bekommt; infolgedessen wird das, was diese Explosion provoziert hat, nicht wirklich bearbeitet, und ich fühle mich am Ende mehr schuldbewußt als erleichtert.

Nein, ich bin kein zorniger Mensch wie Frank, aber ich kann auch nicht gut einfach mit anderen zusammensein. Ich brauche für gewöhnlich irgendeine Tätigkeit - ein Spiel, eine informelle Diskussion, eine Gelegenheit zu lehren oder zu lernen - um mich wirklich wohl und präsent zu fühlen. Deshalb bin ich als Therapeut sehr viel echter und entspannter als in anderen Situationen.

## Montag, 28. Februar

*Jennifer*

In zwei Wochen haben Jennifer Stoddert und ich neun Sitzungen miteinander gehabt, und ich bin hinsichtlich ihrer gewalttätigen Impulse beruhigt. Man sollte sie nicht vergessen, aber sie brauchen auch nicht länger im Vordergrund meiner Aufmerksamkeit zu stehen.

In dieser Zeit ist Jennifers schmerzhafte Art offenbar geworden, mit sich selbst umzugehen: Es ist nicht verwunderlich, daß sie ihrem Mann gegenüber so auf Strafe drängt; ebenso unnachgiebig ist sie mit sich selbst.

Heute hat sie mehr Farbe im Gesicht. Sie sitzt in dem großen Stuhl, ein Bein unter sich gezogen, leicht nach vorn geneigt, und unterstreicht alles, was sie sagt, dadurch, daß sie plötzlich die Schultern hochzieht oder ihre Hände nach außen und nach oben stößt auf eine Art, die seltsamerweise viel einfühlsamer ist als ihre Worte.

»Es gibt so viele Dinge, über die ich mit Ihnen reden muß. Ich wollte eine Liste davon machen, damit ich sie nicht vergesse, aber ich weiß, daß Sie es nicht gerne sehen, wenn ich Sachen aufschreibe und ... «

»Jennifer, wenn es Ihnen etwas nützt, etwas aufzuschreiben, dann tun Sie das unbedingt. Ich hatte Sie gebeten, sich nicht ausschließlich auf eine Liste von Dingen zu verlassen, die hier besprochen werden sollten, weil ich Ihnen helfen möchte, stärker in Kontakt zu kommen ... «

»Oh ja, ich weiß,« fällt sie mir eilig ins Wort. »Ich hätte nicht sagen sollen ... ich meine, ich weiß, daß Sie mir nie sagen ... (rasches Atemholen). Naja, ich hatte bloß gedacht, daß Sie es besser finden, wenn ich keine Listen hätte, sozusagen.« Ihre Hände bewegen sich nach oben und fallen dann bei jedem Abbrechen dessen, was sie sagt, frustriert wieder herab.

»Es ist gar nicht so, daß ich etwas gegen Listen habe, Jennifer. Ich benutze sie selbst für manche Zwecke, aber ... «

»Aber ich bin zu abhängig davon.« Ihr Mund verzieht sich kläglich, und sie wendet den Blick ab. »Ich weiß (rasches Atemholen). Ja, ich weiß das.« Jetzt ballt sie die linke Hand zur Faust, während sie die rechte fast beschwörend ausstreckt.

»Das wollte ich gar nicht sagen. Ich wollte Ihnen verständlich machen ... « Wieder schneidet sie mir das Wort ab.

»Ich weiß«, sagt sie traurig. »Ich weiß. Ich hab es bloß nicht richtig herausgebracht.« Sie spricht rasch weiter, bevor ich wieder etwas sagen kann. »Sie finden es nicht schlimm, daß ich Listen mache, es ist nur, daß ... daß ... ähm, daß Sie meinen, es ist nicht gut, wenn ich es tue.« Sie beendet ihren Satz ungewiß, unbehaglich, wissend, daß sie den Faden verloren hat. Sie sieht unglücklich und irgendwie schuldbewußt aus und meidet meine Augen.

»Jennifer, es ist für Sie schwierig zu hören, was ich zu sagen anfange, weil Sie immer schon wissen müssen, was ich sagen werde.«

»Oh, nein (dringlich). Ich bin wirklich froh, einen Rat von Ihnen zu bekommen, aber ich wollte einfach nicht Ihre - unsere - Zeit verschwenden.«

»Es ist, als hätten Sie das Gefühl, irgendwie versagt zu haben, wenn ich Ihnen sagen würde, daß Sie das, was ich über Ihr Listenmachen sage, anders verstehen, als ich es gemeint habe.«

»Nein, nein, nicht versagt, aber ... es wäre vollkommen in Ordnung.« Sie holt rasch Luft. »Ich meine, ich wäre froh, wenn Sie mir zeigen würden, wo ich Sie mißverstanden habe (erneutes Atemholen). Schließlich bin ich deshalb hier.« Handflächen nach oben, Hände geöffnet, den Kopf bittend zur Seite geneigt.

Allmählich gerate ich selbst außer Atem, und das ist ein ziemlich sicheres Anzeichen für das, was in ihr vorgeht.

»Jennifer, ich möchte, daß Sie jetzt einen Moment innehalten. Hören Sie auf, zu reden, denken Sie nicht mehr darüber nach, was Sie sagen sollen, versuchen Sie nicht mehr, darüber nachzudenken, was ich vielleicht hören möchte. Halten Sie einfach mal an; kommen Sie wieder zu Atem.« Sie sieht beunruhigt aus, will etwas sagen, fängt sich, greift nach einer Zigarette.

»Warten Sie mit dem Anzünden, okay?«

»Ja, natürlich, ich ... « Ihre geschäftigen Hände kommen in ihrem Schoß zur Ruhe.

»Und warten Sie mit dem Reden. Sie sind immer noch innerlich ganz aufgeregt - und nicht wirklich - bei sich selbst.« Ich spreche langsam, mit häufigen Pausen, ganz bewußt, um unserem Gespräch eine andere Tonart zu geben. »Ich weiß, daß es schwer ist, zu warten - wenn Sie so viel zu sagen haben - aber Sie müssen wirklich - zu Atem kommen - es zulassen, sich zu sammeln.«

Wir warten, aber Jennifer versucht wahrscheinlich nur, es mir recht zu machen. Sie weiß anscheinend nicht, was ich meine. Also, versuchen wir es anders: »Jennifer, ich möchte jetzt, daß Sie ihrem Atem zuhören. Sagen Sie noch nichts. Achten Sie einfach auf Ihren Atem.« Ich mache eine Pause, warte. Sie sitzt angespannt da, mit gerunzelter Stirn, aufmerksam.

»Spüren Sie jetzt, wie Ihr Atem in Mund und Nase kommt. Spüren Sie ihn hinten im Hals ... «. Sie will wieder sprechen. »Warten Sie jetzt, lassen Sie sich wirklich mit meinen Worten mitgehen.« Jetzt fängt sie sich und scheint ruhiger zu werden. »Spüren Sie Ihren Atem in Ihrem Hals - und dann in Ihrer Brust und Ihrem Bauch. Dann folgen Sie ihm wieder nach oben. Ja, so. Jetzt haben Sie's verstanden. Machen Sie weiter.« Es ist schwer für sie, sich soweit zu entspannen, daß sie meine Anregungen aufnehmen kann, aber die Ungeduld scheint etwas nachzulassen. Sie versucht es.

»Jennifer, jetzt spüren Sie in sich hinein, genau, wie Sie es mit Ihrem Atem getan haben, aber versuchen Sie jetzt, der Art nachzuspüren, wie Sie gerade mit mir gesprochen haben.«

»Ja.« Sie will es unbedingt richtig machen. »Ich sehe ein, daß ich ... «

»Nein, warten Sie noch ein bißchen. Das hier ist wichtig für das, was wir hier tun wollen. Also warten Sie noch ein bißchen.«

»Gut.« Ihre Hände, die sich wieder belebt hatten, kehren in ihren Schoß zurück. Sie ist das Inbild des braven, aufmerksamen Kindes.

»Schön. Als wir angefangen haben, darüber zu sprechen, daß Sie Listen von Themen für diese Sitzungen machen, hatte ich das Gefühl, daß Sie irgendwie ängstlich und sehr beunruhigt wurden und unbedingt zeigen mußten, daß Sie verstanden hatten, was ich meinte, und es auch zu tun versuchten. Können Sie das spüren?«

»Ja, ich glaube (sie überlegt). Ich wollte nicht, daß Sie meinen, ich passe nicht auf oder verstünde nicht ... «

»Ja, Jennifer, und es war Ihnen so wichtig, mir zu sagen, daß Sie verstanden hatten, bevor ich es Ihnen noch einmal erklären mußte, nicht wahr?«

»Vielleicht ... ja, wahrscheinlich. Ich meine, ich wollte nicht ... ich meine, ich wollte Sie nicht unterbrechen oder ... «

»Aber wenn ich es Ihnen noch einmal erklärt hätte, hätte ich nicht gemerkt, daß Sie eigentlich schon verstanden hatten.«

»Ja!« Sie strahlt auf, nickt.

»Das stimmt. Ich wollte nicht, daß Sie es mir noch mal erklärten, denn dann hätten Sie ja nicht gewußt, daß ich es schon verstanden hatte.« Sie denkt darüber nach. »Das kommt mir jetzt irgendwie merkwürdig vor.«

»Aber es war für Sie sehr wichtig, daß ich merkte, daß Sie mir zugehört und mich sehr gut verstanden hatten.«

»Oh ja. Ja, ich möchte nicht, daß Sie meinen, daß ich nicht wirklich zuhöre und aufpasse und ... «

»Das klingt, als wäre das etwas Schlechtes, bei dem Sie nicht erwischt werden dürften - nicht aufzupassen, wenn ich mit Ihnen spreche.«

»Na ja, natürlich.« Sie hält inne, überlegt. »Ich ... wahrscheinlich. Na ja, Sie wollen doch nicht Sachen immmer wiederholen oder noch mal sagen müssen.« Sie holt rasch Atem. »Und ... und ich sollte doch alles anwenden, was Sie mir sagen (ernsthaft). Ich meine, ich glaube, ich versuche zu ... « Sie wird wieder schneller.

»Jennifer, warten Sie, langsam.« Sie dämpft die Erregung, die begonnen hatte. Wie rasch und unbarmherzig sie ihre Gefühle unter Kontrolle hält! »Ich möchte versuchen, Ihnen zu helfen, ein bißchen mehr zu sehen.«

»Ja, bitte.« Ernsthaft, als ob sie jetzt die Lektion lernen wollte.

»Ich glaube, vorhin haben Sie ein wenig gespürt, daß es in Wirklichkeit mit dem Nicht-Aufpassen zusammenhing, was sich so schlecht anfühlte - nicht nur, daß ich vielleicht etwas mehrmals sagen müßte.«

»Na, sicher. Sie können mir nicht helfen, wenn ich nicht aufpasse und an etwas Anderes denke.« Die Worte klingen wie abgelesen.

Ich habe einen Verdacht, und es ist Zeit, ihn zu testen.

»Es ist, als fühlten Sie sich schlecht, wenn Sie nicht auf das aufpaßten, was ich sage.«

»Mmmmh (Pause). Ja, ich glaube schon. Ich meine, das gibt nicht viel Sinn, das weiß ich. Aber einen Augenblick lang war es vorhin so (Pause). Ich meine, es war, als wären Sie meine Mutter und wütend auf mich, wenn ich nicht gut genug aufpaßte. Das ist albern, ich weiß, und ... «

»Es war, als wäre ich Ihre Mutter - « Ich lasse den Satz offen, fordere sie damit auf, ihn zu vollenden.

»Na ja ... ja.« Ihr Gesicht wird traurig. »Wie meine Mutter sagte, daß ich immer mit den Gedanken woanders war, nie aufpaßte.«

»Sie hat mit Ihnen geschimpft, weil Sie nicht zuhörten, hm?«

»Oh ja! Und wenn ich nicht zuhörte, wurde sie so kalt.«

»So kalt?«

»So kalt. Und dann sagte sie immer, ich hätte offensichtlich an Wichtigeres zu denken, und sie würde mich nicht mehr damit belästigen, mit mir zu reden. Oh, ich fühlte mich ganz schrecklich. Sie hatte sich so um mich gekümmert, und ich hörte einfach nicht zu (ihre Augen werden feucht). Ich war immer so leicht abzulenken. Ich weiß nicht, was mit mir los ist.«

»Was passierte dann, wenn sie gesagt hatte, daß sie Sie nicht mehr mit Reden belästigen würde?«

»Dann sprach sie überhaupt nicht mehr mit mir.« Jennifers ganzer Körper drückt Niedergeschlagenheit aus; eine einsame Träne erscheint auf ihrer Wange.

»Überhaupt nicht?«

»Nein. Und manchmal ging das tagelang. Bis ich nur noch weinte und weinte und sie anflehte, mir zu verzeihen, und ihr versprach, mich nicht mehr ablenken zu lassen und ganz aufmerksam zuzuhören.«

So bekomme ich meinen ersten Eindruck von jener kalten, reservierten Frau, die Jennifer zur Mutter hatte, die immer Nähe versprach, wenn Jennifer lieb genug wäre, aber nie dem kleinen Mädchen nachgeben konnte, das sich nach ihr sehnte. Oft ist in unseren Sitzungen der Einfluß von Jennifers Mutter so stark, daß ich ihre Anwesenheit im Zimmer förmlich spüre. Jennifer hat die kritische und forderne Art ihrer Mutter so sehr in sich aufgenommen, daß ich oft den Eindruck habe, die Mutter tadeln zu hören, sobald Jennifer nur zu reden anfängt.

Gegen Ende der Sitzung komme ich auf Jennifers Themenliste zurück. »Unsere Zeit ist fast um, Jennifer, und ich möchte heute noch zwei Dinge tun.«

»Ja, natürlich.« Sie setzt sich aufmerksam hin.

»Ich möchte etwas zu diesen Themenlisten für die Sitzungen hier erklären. Hören Sie bitte diesmal zu, ohne Angst zu haben, daß ich mich wiederholen könnte. Ich glaube, was ich jetzt sagen werde, habe ich noch nicht gesagt, aber es kann durchaus sein, daß ich es in Zukunft noch mehrmals sagen werde, und das ist nicht nur in Ordnung, sondern gehört auch zu dem, was ich hier tun kann.«

»Ja. Gut.« Sie ist ganz die kluge und verständige Schülerin, aber darauf kann ich jetzt nicht eingehen.

»Der wichtigste Grund dafür, daß ich nicht möchte, daß Sie nur von Listen abhängig sind, ist die Tatsache, daß sie uns von dem ablenken, was in Ihnen im Augenblick jeweils vorgeht. Es ist etwas ganz anderes, über Jennifer-auf-der-Liste zu reden, als etwas zu ergründen, was im Augenblick in Ihrer Erfahrung lebendig ist.«

Ich halte inne, beschließe, einen Ball rüberzuschmettern: »Sie haben sich viel zu sehr zum Gegenstand von Regeln und Listen gemacht. Jetzt wollen wir, daß Sie ihr inneres Lebendigsein entdecken, einfach von Minute zu Minute.«

»Ja, ich verstehe. Also, ich bin wirklich froh, daß Sie mir das erklärt haben.« Ihre Hände sind wahrhaftig im Schoß gefaltet, was wohl auf ihren Seelenzustand hinweisen dürfte, denke ich.

»Also, Jennifer, wenn ich Sie richtig einschätze, dann verstehen Sie, was ich meine, aber Sie sehen im Moment nicht ganz ein, wozu das gut sein soll.«

»Oh nein. Ich glaube, ich verstehe durchaus. Ich habe mich nur gefragt ... « Ihre Hand hebt sich und fällt dann wieder zurück. »Naja, vielleicht ist das sowieso nicht wichtig.«

»Warum wollen Sie's nicht versuchen?«

»Also, ich frage mich, wie ich Ihnen je erzählen soll, was in meinem Leben abläuft, wenn wir immer nur über das reden, was in meinem Inneren vorgeht, wenn ich hier bin.«

Ich mache eine Pause und denke daran, daß ihre Frage von so vielen Klienten geteilt werden, die den Kontakt mit ihrer inneren Lebendigkeit verloren haben. Jennifer nimmt an, daß sie ihrem eigenen Gefühl für das, was wichtig ist, nicht trauen kann, sondern eine Krücke braucht - die Liste - um sich an das zu erinnern, was wichtig ist.

»Na, dann lassen Sie uns doch mal zum Beispiel das nehmen, was Ihnen jetzt gerade in den Sinn kommt.«

»Na, zum Beispiel, wie Bert und ich uns mit Ellen und ihrem Mann getroffen haben, oder was Bert möchte oder ... halt mal!« Plötzlich lächelt sie erfreut. »Jetzt versteh ich! Ich denke ja gerade jetzt an sie, nicht wahr?«

»Genau. Sehen Sie, Sie sind hier, und Sie sind jemand, dem wir vertrauen können. Sie werden hier sein.«

»Oh, das ist ... « Plötzlich schwimmen ihre Augen von Tränen. Sie sieht verwirrt aus, aber erfreut. »Das ist so schön. Ich meine, daß jemand mir sagt, daß man mir vertrauen kann.« Sie lächelt wieder. Sie schweigt eine Zeitlang, kostet dieses Gefühl aus. Dann ruft sie sich zur Ordnung.

»Aber Sie haben gesagt, Sie wollten mir zwei Dinge sagen.«

»Das andere haben Sie schon teilweise beantwortet: Was für Dinge würden auf Ihrer Liste stehen?«

»Na, zum Beispiel Bert und Ellen und ihr Mann.« Sie bricht pötzlich ab. »Oh, ich krieg eine solche Wut, wenn ich nur an sie denke ... und an Bert ... und was sie getan haben ... Auf jeden Fall,« sie reißt sich wieder etwas zusammen, »sie wollen nach Fresno ziehen.«

»Wer?«

»Ellen und Dan. Fort mit Schaden, kann ich nur sagen. Sie und Leute wie sie sollten einfach ... Jedenfalls, Bert und Ellen und Dan und ich haben uns vor ein paar Tagen getroffen, und ich habe Bert gesagt, er solle abhauen und mit ihnen gehen. Aber er sagte, er will nicht. Und Ellen und Dan sagten, sie würden nach Fresno gehen, wo Dan eine neue Stelle hat. Sie versuchen, die Dinge zwischen sich in Ordnung zu bringen. Und ich hoffe, sie schaffen es, aber eine Frau, die so was tut .... Und dabei dachte ich, sie wäre meine Freundin ... Aber ich will da jetzt nicht näher drauf eingehen. Jedenfalls werden sie in ein paar Wochen weg sein. Es kann gar nicht früh genug sein.«

»Und Bert?«

»Ich hab ihm gesagt, er soll ausziehen. Ich konnte es einfach nicht ertragen, ihn um mich zu haben. Bisher hat er im Gästezimmer geschlafen, aber ich will ihn nicht mal im Haus haben.«

»Sie sind immer noch so wütend.«

»Also, ich finde das, was er getan hat, einfach unverzeihlich. Ich sollte vielleicht versöhnlicher sein, aber ... «

»Aber Sie fühlen sich im Moment nicht versöhnlich.«

»Nein, tu ich auch nicht. Das ist nicht die richtige Einstellung. Das weiß ich. Ich sollte ganz cool sein und sagen, es wäre nicht so schlimm, aber es ist so schlimm. Oh, ich will nicht wieder in diese Gefühle geraten (Pause). Jedenfalls ist Bert ausgezogen. Aber er sagt, er möchte zurückkommen. Warum sagt er das? Nach allem, was er getan hat.«

So windet sich Jennifer in ihrem Zorn, ihrer Verletztheit und Empörung.

Jennifer wehrt Berts Friedensangebote ständig ab und besteht darauf, ihn zu beschuldigen. Es ist unklar, was sie positiv möchte, was sie sich für ihre Zukunft erhofft. Sie ist so gefangen in dem Gefühl des Betrogenseins, daß sie nur zurückblicken kann; und bei diesem Rückblick beteuert sie immer wieder ihre Unschuld. Das gelingt ihr so gut, daß sie sich nur als Opfer sehen und ihre Energie in Anklagen gegen Bert und gegen das Leben erschöpfen kann, die sie unfair behandelt haben. Diese Anklagen sind ein schwacher Trost; und der eigentliche Grund, weswegen sie in die Therapie kommt, ist ihr Gefühl der Machtlosigkeit, das ihr viel zu viel von ihrem Lebendigsein nimmt.

*Jim*

Das Nachdenken über Jennifers Beschuldigungsmuster hält mir einen Spiegel vor, in dem ich meine eigene häufige Tendenz sehe, meine Spuren zu verwischen und die Schuld von mir zu weisen für irgendeine Handlung, die ein anderer vielleicht in Frage stellen könnte. Allzuoft habe ich mich dabei ertappt, wie ich in Gedanken komplizierte Erklärungen für irgendwelche geringfügigen Untaten entwarf: weil ich mit dem Reifen gegen den Bordstein geknallt war oder einen Anrufer kurz abgefertigt hatte. Bei der

Arbeit mit Jennifer bin ich immer wieder beeindruckt, wie diese Konzentration darauf, einem anderen die Schuld zu geben, eine solche Flut von Selbstkritik entfesselt, daß die Lebensstruktur eines Menschen geschwächt und Beziehungen untergraben werden.

## Donnerstag, 3. März

*Hal*

Hal kommt entschiedenen Schrittes aus dem Wartezimmer, sein Gesicht zeigt Entschlossenheit. Als er in seinem Stuhl sitzt, lehnt er sich mit unzufriedenem Stirnrunzeln vor.

»Jim, ich weiß, daß ich heute abend in deine Gruppe kommen soll, und das ist in Ordnung, wenn du es wirklich für richtig hältst. Aber ehrlich gesagt bin ich auf mich selbst wegen der Art, wie mich Tim gegenüber verhalte, so sauer, daß ich nicht ganz verstehe, wie der Umgang mit einem Haufen Erwachsener mir da weiterhelfen soll.«

»Du bist es, der sauer ist. Du hast Gefühle, die dir nicht passen, und du wirst in der Gruppe sein. Wir wollen versuchen, genauer zu verstehen, was in dir vorgeht.«

Seine Intensität fällt etwas in sich zusammen, als er darüber nachdenkt. »Okay, wahrscheinlich. Ich überlasse es dir. Ich möchte bloß das Hauptziel im Auge behalten.«

»Das weiß ich, Hal. Ich merke aber, daß dein Motor im Moment derart auf Touren ist, daß ich nicht glaube, daß ein Gespräch über die Gruppe uns sehr viel weiter bringt. Was hat dich so aufgebracht?«

»Ich hab's wieder getan (wieder drängend). Verdammt nochmal! Ich kann den Tag nicht mal anfangen, ohne daß ich Tim wegen irgendetwas die Leviten lesen muß.«

»Okay, dann wollen wir damit arbeiten. Jetzt - eben jetzt - bist du von Gefühlen bedrängt. Also konzentrier dich auf das, was im Moment in dir vorgeht.«

»Also, gestern zum Beispiel: ich hab ihm gesagt, er sollte zum Friseur gehen und ... «

»Nicht gestern! Jetzt!« Seit drei Monaten arbeiten wir jetzt miteinander, und er versteht immer noch nicht, was ich will. Es wird Zeit, daß ich mehr Druck mache. »Ich habe dich gefragt, wie du jetzt darüber denkst oder fühlst, daß du ihn angebrüllt habst. Halt, warte einen Moment.« Er setzt zu schnell zur Antwort an.

»Du bist so wild darauf, deinen Frust herauszukotzen, daß du ihn nicht nutzt.«

»Was nutze ich nicht?« Er wird fast zornig.

»Du nutzt die Intensität deiner Gefühle in diesem Moment nicht. Sie könnten uns an eine wichtige Stelle führen.« Ich spreche jetzt mit Nachdruck.

»Ich weiß nicht, wovon du redest.« Aber er entspannt sich ein bißchen in seinem Stuhl, lockert die Krawatte, öffnet den Kragen.

»Okay, stell dir die Situation heute morgen am Frühstückstisch vor. Versuche, das Gefühl festzuhalten, das dir jetzt bei diesem Bild kommt. Du kannst nicht wirklich dahin zurückgehen, aber du kannst Zugang dazu bekommen, wie du dich jetzt fühlst, wo du dich daran erinnerst.« Ich mache eine Pause. Er hat sich wieder vorgebeugt, aber sein Gesicht zeigt keine Reaktion auf meine Worte. Ich vermute, daß er noch wegen der Szene von heute morgen kocht und mich kaum hören kann. Trotzdem muß ich versuchen, zu ihm durchzudringen.

»Es geht gerade eine ganze Menge in dir vor. Halt einfach mal das Gefühl fest, was da gerade ist. Gib mir keinen Bericht und keine Erklärung; bloß das Gefühl.« Er ist unruhig, ungeduldig. »Was geht jetzt gerade in dir vor?«

»Himmel, Jim, ich war auf der Schule oder sogar im Studium ganz bestimmt auch kein Musterknabe. Es ist in Ordnung, wenn Tim sich austobt und dabei auch mal über die Stränge haut. Ich hab bloß Angst, daß er mal so weit geht, daß er nicht mehr zurück kann. Ich erinnere mich an einen in unserer Mannschaft, als ich in meinem ersten Jahr an der Uni war. Ein lieber Kerl, bloß ein bißchen wild ... «

»Du verschwendest es.« Ich schiebe das ungerührt in seine Tirade ein.

»Was verschwende ich?« Er ist verärgert.

»Du weichst immer noch deiner innersten Erfahrung in diesem Augenblick aus.« Mein Ton ist ungerührt, im Unterton allerdings herausfordernd.

»In diesem Augenblick (seine Stimme ist hart) erinnere ich mich daran, daß ich ihm gestern gesagt habe, er solle sich die Haare schneiden lassen. Er sagte ja. Er hat das Geld genommen. Er wußte, daß ich wollte, daß er sie sich kürzer schneiden läßt. Ich glaube nicht, daß ich zuviel verlange. Ich weiß, was die jungen Leute für Frisuren haben.«

Ich will etwas sagen, aber er drängt mich beiseite.

»Meine Güte, ich bin doch nicht so spießig! Schließlich habe ich selber einen Bart. Ich wollte bloß, daß er nicht ganz so aussieht wie der wilde Mann von Borneo. Und er kommt rein mit einer Horrorfrisur, so 'nem Afro, oder wie das heißt! Herrgott noch mal! Er sieht aus wie der Dorfidiot! Also hab ich's ihm gegeben. Ich hab ihm gesagt, ich würde keinen Freak in meinem Haus dulden und ... «

Ich muß abbrechen und es anders anfangen. Ich werde ihm nie helfen können, wenn ich überrollt werde. Ich muß eine bessere Methode finden, um ihm zu zeigen, wie blind er seinem eigenen Innenleben gegenüber ist. Es ist klar, daß er noch nicht verstanden hat, nicht sieht, daß zwischen dem Nachdenken über sich selbst und dem Gewahrsein in sich selbst Welten liegen. Ich muß Hal helfen, aus der Welt, in der Hal ein besorgniserregendes Objekt, ein zu lösendes Rätsel ist, wegzukommen in die Welt, in der Hal einfach er selbst ist und das tut oder nicht tut, was er will, soweit die Welt um ihn herum das ermöglicht.

»Hal, du bist in der Absicht hierhergekommen, an der Frage zu arbeiten, warum du dich im Gespräch mit deinem Sohn nicht beherrschen kannst. Aber du arbeitest gar nicht daran. Stattdessen bist du derart geladen, daß du weder mich noch dich selbst richtig wahrnimmst. Du stehst neben dir, fuchtelst mit den Armen und brüllst, aber du weißt nicht, was in dir abläuft.«

»Ich weiß ganz gut, was in mir abläuft (wütend). Ich hab eine Stinkwut auf diesen Burschen. Das läuft in mir ab (weiterdrängend). Er nutzt einfach jede Chance, mich hochzubringen, und ich bin so verdammt wütend, daß er so gut weiß, auf welchen Knopf er bei mir drücken muß, damit ich in die Luft gehe.«

»Richtig!« Ich schlage rasch und hart zurück. »Er weiß, welchen Knopf er drücken muß, um dich in Wut zu bringen, aber du kannst deine eigenen Knöpfe nicht so drücken, daß du dich so verhältst, wie du möchtest. Tatsache ist, daß du nicht einmal weißt, was für Knöpfe du hier drücken mußt, damit du unsere Zeit miteinander für das nutzen kannst, was du wirklich willst.«

Er will etwas sagen, bricht ab. Sein Gesicht verändert sich, wird traurig. Hal ist zwischen seiner Liebe zu und seinem Zorn auf seinen Sohn hin- und hergerissen. Tim scheint ihn ständig herauszufordern. Seine Frisur ist nur ein Thema von vielen. Er scheint alles abzulehnen, wofür Hal sein Leben aufgewendet hat. Außer Worten. Tim und Hal waren sich früher durch endlose Gespräche und Diskussionen sehr nahe; das ist jetzt zusammengebrochen in einen nicht endenwollenden verbalen Kampf. Aus diesem Kampf geht Tim als Sieger hervor (zumindest zeigt er seine Verwundungen nicht öffentlich), wogegen Hals Gefühlsqualen immer größer werden.

Während mir das durch den Sinn geht, sitzt Hal mit schmerzerfüllten Augen da, schweigend.

»Es tut dir jetzt wirklich weh, Hal.«

»Ja, ja, ich weiß.« Kopf gesenkt, feuchte Augen. »Aber verdammt, was fährt denn da immer in mich?« Er übergeht seine Gefühle, als wären sie unwichtig. »Wichtig ist, daß ich nicht immer wieder so etwas machen kann wie heute morgen.«

Auf irgendeine Weise muß ich diese Unterbrechung seines Schwungs nutzen. Sprich langsam, nachdrücklich, schau ihm gerade in die Augen. »Hal, du hast in diesem Moment mit dir selbst keinen Kontakt. Stattdessen hämmerst du an einem Problem namens Hal Steinman herum und sagst mir, ich sollte dich nicht davon ablenken, indem ich frage, was in diesem Hal Steinman vorgeht.«

Er hebt den Kopf. »Ja, mag sein, aber ich sehe wirklich nicht, was es bringen würde, in diesen ganzen psychoanalytischen Kram einzusteigen und über meine Sauberkeitserziehung zu diskutieren.«

Halb bewußt setzt Hal seinen Sarkasmus ein, um mich davon abzulenken, ihn auf mehr subjektives Gewahrsein zu drängen. Er hat keine Ahnung, wie wenig echten Zugang er zu seinen inneren Gefühlen und Gedanken hat. Die »psychoanalytische« Anspielung soll mich wieder einmal, wie so oft, zu einer Debatte über die unbewußten Wurzeln seiner Konflikte verleiten. Denk dran, sage ich mir, Hal hat sich eine Therapie bei dir ausgesucht, obwohl er wußte, daß du an subjektive Einflüsse glaubst. Jetzt muß ich dieses Vertrauen rechtfertigen, indem ich den Köder eines intellektuellen Disputs nicht schlucke.

»Nichts da, Hal.« Laß ihn meine Verärgerung ebenso spüren wie meine Unterstützung. »Du versuchst immer noch zu verhindern, daß wir uns auf das konzentrieren, was in dir vorgeht.«

»Ach ja, Herr Dr. Freud, es handelt sich um das rätselhafte Unbewußte, nicht wahr?« Das mit übertriebenem deutschen Akzent.

Ich schnappe zurück: »Hör mal, willst du hier Spielchen machen, oder willst du daran arbeiten, warum dir bei Tim so schnell der Kragen platzt?«

»Schon gut, schon gut. Also, du bestimmst hier. Sag mir, was ich tun soll, und dann bin ich brav und tu's.« Übertrieben fügsam, spöttisch nachgiebig.

»Hal, Himmel nochmal! Du drehst und windest dich immer noch, wie du nur kannst, damit du dich nicht wirklich an die Arbeit machen mußt.«

»Himmel, Jim, ich weiß nicht. Ich bin einfach irgendwie daneben. Ich weiß, daß du mir zu helfen versuchst, aber es kommt mir so vor, als ob du einen Riesenumweg machen willst, und ich verstehe wirklich nicht, was du jetzt gerade von mir willst.«

»Da, genau das ist es. Das ist das Problem. Du weißt nicht, was in dir abläuft; also mußt du immer wieder feststellen, daß du dich auf eine Art verhältst, die du eigentlich gar nicht willst. Du bist für dich selbst ein schwarzer Kasten, und aus dem Kasten kommen dauernd Sachen, die du nicht gut findest. Also, sage ich, wollen wir mal in den Kasten reingucken.«

»Das wäre ja richtig, wenn ich wirklich nicht wüßte, was darin vorgeht. Aber ich weiß es doch. Ich weiß, daß ich will, daß Tim anständig aussieht, lernt, die Schule fertigmacht und versucht, aufs College zu gehen und ... «

»Herrgott nochmal, hör auf!« Ich brülle es ihm förmlich ins Gesicht. »Du bist wieder so richtig schön in Fahrt und erzählst mir alles, was Tim tun sollte. Das einzige, was du über dich selbst gesagt habst, war: 'Ich will'. Wir versuchen, darüber zu reden, was in dir vorgeht, in Hal.«

»Na gut (wütend). Ich werde dir sagen, was in Hal vorgeht. Er wird stinksauer. Das geht in ihm vor. Wütend, daß dieser Bursche nicht mal die Manieren hat, um ... «

»Ruhe!« Laut, Befehlston. »Hal, du weißt und ich weiß, daß du die ganze Stunde über Tim und seine Untaten reden kannst. Das hast du doch im letzten Monat ein halbes Dutzend mal getan. Und was hat sich geändert?«

»Überhaupt nichts!« Jetzt geht seine Energie mehr gegen mich, nicht in seine Tiraden über Tim. Gutes Zeichen. »Also, was schlägst du vor?«

»Ich schlage vor, daß du dir den grundlegenden Unterschied zwischen deiner Konzentration auf Tim und seine Untaten auf der einen Seite und dem Zugang zu deiner eigenen inneren Erfahrung auf der anderen Seite klarmachst.«

Ich ändere den Ton leicht, spreche etwas gemäßigter und, wie ich hoffe, überzeugender. »Ich weiß, daß es dir schwerfällt, diesen Unterschied zu begreifen, aber er ist wichtig, und bisher habe ich nicht den Eindruck, daß du wirklich versucht hast, dich auf diese Sichtweise einzulassen.« Pause, vergewissere dich, daß er aufmerksam ist; er fängt an, zuzuhören. »Hier liegt der entscheidende Punkt. Krieg den in deinen Schädel und zwar gründlich: Daran liegt es, daß du Dinge tust, die du nicht tun willst. Du tust sie, weil du nicht in Kontakt mit dem Punkt bist, aus dem deine Handlungen entspringen.«

»Bin ich immer noch nicht, nicht wahr?«

»Bist du immer noch nicht. Und ein Teil von dir weiß das auch verdammt genau.«

»Aber warum sollte ich das wollen? Ich glaube einfach, daß ich ...«

»Hal, halt den Mund! (meine Stimme wird lauter) Du bist schon wieder dabei, sich in eine deiner nutzlosen Abschweifungen zu verzetteln. Es ist ganz klar, daß du eine panische Angst davor hast, zu hören - und halb zu glauben - daß es irgendetwas gibt, was du nicht kannst. Du schlägst tausend

Haken, bloß um dich nicht der Tatsache stellen zu müssen, wie sehr du abblockst, dir selbst wirklich zuzuhören - oder mir.«

Er schnappt nach Luft, zornig, herausgefordert. »Na gut! Was soll ich tun?«

»Fangen wir damit an, daß du auf die Couch gehst!« Er schnappt nach Luft, öffnet den Mund zum Protest. »Halt! Ich sehe schon, daß du gerade Anlauf nimmst, um mir einen Vortrag über Psychoanalyse und was weiß ich noch alles zu halten. Vergiß es! Ich will's nicht hören. Ich will dich in eine Situation bringen, die dir nicht vertraut ist, und ich hoffe, daß ich dich auf eine Art mit dir selbst in Kontakt bringen kann, die dir ebensowenig vertraut ist. Also, ab auf die Couch!«

»Ich dachte, ihr Typen macht so etwas nur mit hübschen Frauen. Ich weiß nicht, ob ich dir trauen kann.« Er mault, steht aber auf und legt sich steif hin, sehr widerwillig.

»Keine Sorge. Du bist nicht mein Typ.«

»Na gut, also jetzt liege ich hier auf deiner verdammten Couch. Können wir jetzt also dazu kommen, warum ich mit Tim die Fassung verliere, und ... «

»Nein! Erstens mal, wenn du auf der Couch liegst, ist es meistens ganz gut, den Mund zu halten. Ich befehle dir das jetzt. Halt also den Mund!« Ich mache eine Pause und warte ab, bis er sich an die Situation gewöhnt zu haben scheint.

»Hör zu, Hal, versuch jetzt, wirklich zu hören, was ich sage. Wir haben miteinander gefrotzelt, und das ist auch in Ordnung. Aber ich möchte jetzt wirklich ernsthaft mit dir reden, und ich möchte, daß du dich so weit wie möglich öffnest und versuchst, nicht nur meine Worte, sondern auch die Absicht dahinter zu verstehen. Okay?«

»Ja.« Er rutscht hin und her, beengt in seinem Jackett, legt sich bequemer hin, aber es ist eine Veränderung eingetreten; er wird es ernsthaft versuchen.

»Ja, sicher, es macht mir bloß Spaß, dich ein bißchen zu ärgern.«

»Hal, ich weiß, daß du meistens glaubst, du ärgertest mich zum Spaß, und ich mache ja auch mit. Wir spielen dieses Spiel beide gern. Aber es steckt mehr dahinter, Hal. Du weißt wirklich nicht viel über dein inneres Erleben, und das ist dir nicht geheuer. Du weißt, daß du dich nicht so gut in der Hand hast, wie du gerne hättest, wie du es unbedingt haben müßtest. Also tu einfach so, als wäre das Ganze ein Spiel, und erzähl dir selbst und mir, daß du das Spiel eigentlich unter Kontrolle hast und jederzeit damit aufhören könntest, wenn Sie nur wollten. Aber der Punkt ist, Hal: du kannst nicht wirklich mit dem Spiel aufhören.«

»Na, hör mal. Ich muß nicht dauernd Witze machen.«

»Nein, das stimmt. Aber das Spiel besteht nicht in dem Witzemachen.«

»Worin denn?«

»Das Spiel, das du spielen mußt, ist, daß du über dein Leben und deine Handlungen bestimmst. Also mußt du so tun, als wäre es nur eine unwichtige Ausnahme: dein Problem mit Tim, wo du dich anders verhältst, als du willst, oder die Tatsache, daß du einfach nicht wirklich einsteigen kannst in das, was ich hier will.«

Er schweigt kurz, überdenkt das. »Ja, vielleicht. Ich verstehe so etwa, was ... « Seine Worte verlieren sich, nachdenklich.

»Hal, hör mir zu, wir müssen jetzt sehr ernsthaft miteinander arbeiten. Ich werde dir jetzt ein neues Bild davon malen, was du tun mußt. Dann wird es deine Aufgabe sein, zu versuchen, wirklich zu versuchen. Ich will dich nicht testen, sondern ich will dich herausfordern, dir selbst die größtmögliche Chance zu geben, enger mit dir selbst in Berührung zu kommen. Okay?«

»Okay.« Leise Stimme. Seine Unruhe läßt nach.

»Gut. Es geht also um folgendes: Die meiste Zeit haben wir es mit Dingen, Menschen, Situationen außerhalb unserer selbst zu tun. Wenn wir über uns selbst nachdenken, neigen wir dazu, die gleiche Einstellung darauf anzuwenden - objektiv - als hätten wir es mit Objekten zu tun. In vielen Situationen funktioniert das auch recht gut. Aber es funktioniert überhaupt nicht, wenn wir verstehen wollen, warum wir uns so fühlen oder verhalten, wie wir es tun, oder wenn wir versuchen, unsere Gefühle und das daraus entstehende Verhalten zu ändern.« Ich halte inne, beobachte ihn. Er scheint meine Worte aufzunehmen, aufmerksames Geicht, Augen geschlossen.

»Zum Beispiel, wenn du zu verstehen versuchst, warum dir bei Tim immer die Sicherung durchknallt«, fahre ich fort. »Wenn du die richtige Erklärung fändest - wie sie auch immer lauten könnte - würde dir das immer noch nicht helfen, dich zu verändern, wenn du nicht mit dir selbst in Kontakt kommst.« Er ist jetzt entspannter. Vielleicht erreiche ich ihn endlich; jetzt muß ich rüberbringen, was ich meine.

»Also brauchen wir eine andere Art zu denken als die objektive. Diese andere Art haben wir dann erreicht, wenn wir auf uns oder in uns hinein hören, statt Dinge über uns herauszufinden. Hal, du weißt wirklich nicht viel darüber, wie du auf dich hören kannst. Und es gibt eine Ebene, wo du das auch spürst und dich davon bedroht fühlst. Du bist gerne kompetent. Mehr noch - du willst und mußt unbedingt kompetent sein. Und die meiste Zeit bist du das auch. Aber an dieser einen Stelle bist du es nicht. Und das gefällt dir nicht, und es gefällt dir auch nicht, wenn jemand dir das sagt.«

Ich rede zu lange, versuche, zu viel zu sagen. Halt, gib ihm Gelegenheit, das zu verdauen und darauf zu reagieren. Aber vorher muß ich noch sagen: »Jetzt werde ich gleich aufhören zu reden, und du liegst einfach mal ganz still da und läßt meine Worte und deine Gedanken sich vermischen. Versuch nicht, darüber zu berichten. Versuch nicht, irgendetwas zu lösen. Versuch nicht, mir direkt zu antworten. Und versuch schon überhaupt nicht, irgendetwas zu tun, soweit das möglich ist. Lieg einfach da. Und dann, wenn du dich dazu bereit fühlst, erzähl mir, was von ganz allein in dir abläuft. Denke daran: *in* dir. So, und jetzt höre ich auf zu reden.«

Ich lehne mich zurück, hole tief Luft, warte schweigend und gespannt. Mann, hab ich dem einen Vortrag gehalten! Ich wollte eigentlich gar nicht solange reden. Mir sind bloß immer noch Dinge eingefallen, die ich noch sagen sollte. Es fallen mir auch immer noch mehr ein. Ich wünschte, ich hätte ihm vorgeschlagen, mit dem Spüren seines Körpers anzufangen. Ich glaube, das würde ihm leichter fallen. Er ist sehr still. Ich glaube, er hört zum erstenmal wirklich zu. Ich frage mich, ob er sich von der scheinbaren Passivität, die ich von ihm fordere, bedroht fühlt. Das hätte ich auch noch erwähnen können ...

Er läßt sich wirklich Zeit mit dem Reden. Habe ich ihm vielleicht das Gefühl gegeben, er könnte nichts sagen, wenn es nicht etwas Neues ist?

Halt! Ist er vielleicht eingeschlafen? Nein! Das kann er doch wohl nicht machen!

Er kann - und er hat es getan!

*Jim*

Als Hal für heute gegangen ist, denke ich darüber nach, was wir heute getan haben. Sein Einschlafen drückt auf wieder andere Weise seinen Widerstand dagegen aus, sich auf ein Gebiet innerer Erfahrung einzulassen. das er lange gemieden und geleugnet hat. Dieses Leugnen teilt Hal mit vielen anderen Menschen in unserer gebildeten, bürgerlichen Gesellschaft. Wir sind gelehrt worden, der gesamten Innenwelt unserer Intentionen, Emotionen, unserer Phantasie und unserer Wünsche keinen Glauben zu schenken. Es ist unglaublich, aber wir sind an einen Punkt gelangt, wo wir all diese Gefühle in unserem Inneren als vergänglich und unwichtig betrachten. Wir glauben, daß sie - die eigentliche Substanz unseres lebendigen, unmittelbaren Seins - nicht so wichtig sind wie das, was äußerlich und öffentlich zutage tritt.

Hal erkennt noch nicht, und vielen Menschen, die mit unserer Art der therapeutischen Arbeit nicht vertraut sind, erscheint es seltsam, wie stark unser Bedürfnis ist, unsere Sicht unserer selbst und unsere Art von Macht zu schützen. Hal betrachtet sich zu Recht als jemand, der im allgemeinen für die meisten Aufgaben kompetent ist, besonders in seinem Fach Psychologie. Jetzt erzähle ich ihm, daß er einen wichtigen Teil seiner selbst nicht kennt, und unbewußt wehrt er sich dagegen, das zu hören. Hals scheinbar zielloses Springen von Diskussion zu Scherzen, zu Protest, zu Verwirrung und schließlich sogar zum Schlaf - das alles geschieht trotz seiner wirklich vorhandenen Absicht, unsere Zeit dazu zu nutzen, sich unter Kontrolle zu bekommen. Es sind Ablenkungsversuche, mit denen er sich noch viel mehr als mich davon abbringen will, sich mit seiner geringen Kenntnis seiner inneren Impulse auseinanderzusetzen. Gleichzeitig demonstrieren sie klar, wie gering diese Kenntnis eben ist.

Hal, der so viel in seine Kompetenz und sein Wissen investiert, spürt, daß er die Orientierung verlieren würde, wenn er jemals in diese unbekannte Innenwelt seines eigenen Wesens einträte.

Beim Nachdenken über die heutige Sitzung kann ich sehen, wie ich wieder einmal in dem Versuch steckengeblieben bin, Hal auf rationalem Wege davon zu überzeugen, daß er sich seines Inneren bewußter sein muß, und wie das wie üblich nicht funktioniert hat. Immer wieder haben meine Klienten versucht, mir das beizubringen, aber dennoch handele ich häufig und unreflektiert so, als ob es nur meiner Belehrungen bedürfte, damit sie dann tun, was sie brauchen. Frieda Fromm-Reichmann, eine der Großen unter den Psychotherapeuten, soll gesagt haben: »Der Patient braucht eine Erfahrung, keine Erklärung.« Ich stimme dem zu, und dennoch vergesse ich es immer wieder. Ganz offensichtlich gibt es da bei mir auch Widerstand. Meine Vernunftargumentation ist eine Art der Lebensbewältigung, auf die ich mich immer wieder verlasse; ich greife selbst dann darauf zurück, wenn das unvernünftig ist.

Was Hal brauchte, war die Erfahrung, von seiner Abhängigkeit von der Rationalität frustriert zu sein, durch mein hartnäckiges Beharren darauf, daß er nicht das tue, was er nötig habe, und daß er nicht wirklich wisse, wie er das tun solle. Und er brauchte es zu einem Zeitpunkt, an dem er emotional wirklich beteiligt war. Erst als wir anfingen, uns anzubrüllen, als wir beide über die Frustration wütend waren, die jeder für den anderen darstellt - erst da war es uns möglich, seine Distanz zu durchbrechen.

Später, als Kitty gegangen ist und bevor Ben kommt, wird mein Mittagessen gebracht. Alle die Leute, mit denen ich das Büro teile, machen heute entweder zu einer andern Zeit Mittagspause als ich, oder sie sind nicht im Haus. Auf meine Bitte hin bringt Phyl mir ein Roastbeefsandwich und einen Kirschkuchen aus dem Lebensmittelladen mit, und ich mache es mir gemütlich, um das Ungestörtsein und die Gelegenheit zum Nachdenken zu genießen.

Zuerst ein Brief von Fred, dem jungen Mann im Staat New York, der sich so positiv über mein Buch geäußert hat. Er freut sich, denn er plant für seinen Urlaub im Mai eine Reise hierher nach Kalifornien und möchte mich besuchen. Natürlich. Es wird interessant sein, diesen begeisterten Menschen kennenzulernen, der mir so eine gute Rückmeldung gibt.

Als nächstes habe ich Zeit, darüber zu spekulieren, was mit meinen Klienten im Augenblick läuft. Es geschehen Veränderungen, die ich bisher nur unvollkommen erfaßt habe, aber besser verstehen möchte. Während ich nach dem Essen meinen Kaffee trinke, lehne ich mich im Stuhl zurück und spekuliere über diese Veränderungen. Was ist ihnen gemeinsam? Ich glaube, es ist die Tatsache, daß wir jetzt mehr in die Tiefe gehen.

In die Tiefe. Das ist das Schlüsselwort. Wir befassen uns mit subjektiven Fragen, die vor ein paar Jahren noch außerhalb unserer Reichweite lagen. Bei dieser Erkenntnis treten mir Bilder von Helen, Laura und anderen vor Augen, die vor einigen Jahren ihre Therapie bei mir abgeschlossen haben. Wir konnten nicht so arbeiten, wie meine derzeitigen Klienten und ich es jetzt tun. Sie hatten wohl das Potential, aber ich hatte nicht die Fähigkeiten. Wahrscheinlich kennt jeder Therapeut, der daran arbeitet, in seiner Kunst zu wachsen, dieses Bedauern. Es läßt uns bescheiden bleiben.

Warum diese Entwicklung? Wenn ich es so einfach wie möglich ausdrükke, dann darum, weil meine Klienten mich lehren, daß wir etwas ganz anderes betreiben müssen als das, was ich früher für Psychotherapie hielt, oder was die meisten Leute sowohl innerhalb als auch außerhalb dieses Berufs darunter verstehen.

Wir müssen, darauf besteht ein Klient nach dem andern implizit, die Art unseres Lebendigseins überdenken. Wenn man das so heraussagt, klingt es anmaßend. Vielleicht ist es das, aber dennoch meine ich genau das: Tiefenpsychotherapie ist (und muß sein) die sorgfältige und detaillierte Überprüfung der Art, wie jeder die Aufgabe ausführt, die das Universum uns zugewiesen hat: unser eigenes, einzigartiges Muster des Lebendigseins zu schaffen.

Immer noch sinnierend stehe ich auf, strecke mich, um die Knicke in Armen und Rücken wegzukriegen. Pinkelpause. Die ganze Zeit laufen meine Gedanken weiter.

Wieder an meinem Schreibtisch lockere ich meine Krawatte und denke weiter. Wenn ich die Ergebnisse therapeutischer Arbeit betrachte - meiner eigenen und der anderer - dann sind die Resultate so oft enttäuschend: kleine Fortschritte sind erzielt worden; ein paar Verbesserungen in Gefühlen und Beziehungen werden berichtet; aber allzu oft bleiben die Grundprobleme und das emotionale Leiden unverändert. Und diese unbefriedigenden Ergebnisse sind nicht nur auf meine eigene Unfähigkeit zurückzuführen - die sicher eine erhebliche, wenn auch mittlerweile geringer werdende Rolle gespielt hat - oder auf die anderer Therapeuten.

Wie ist dieses niederschmetternde Ergebnis von so viel hingebungsvoller Mühe zu erklären? Meine Suche nach der Antwort bringt mich dazu, die Grundannahme unserer Arbeit in Frage zu stellen: Was ist das Wesen seelischen Leidens? Was kann die erwünschten Veränderungen hervorbringen? Welche Instanz ermöglicht Heilung und Wachstum, und wo befindet sie sich?

Ich glaube, die Antworten auf diese Frage zeigen, daß wir unsere Vorstellungen über das Wesen des Prozesses, den wir »Psychotherapie« nennen, von Grund auf ändern müssen.

Ich glaube, daß seelisches Leid aus der Art entsteht, wie wir alle in unserem Leben sind. Einfach ausgedrückt, das Lebensmuster, das wir angenommen haben, funktioniert nicht gut. Ich glaube nicht, daß wir irgendjemanden oder irgendetwas »kurieren« oder »heilen«. Ich glaube, die Macht, die notwendigen Veränderungen vorzunehmen, liegt im Klienten, nicht im Therapeuten. Der Versuch, durch »Einsicht« zu »kurieren«, wobei die Einsicht normalerweise durch die Interpretation seitens des Therapeuten geliefert wird, trägt wenig dazu bei, die Probleme oder das Leiden zu lindern.

Ich schaue auf die Uhr. Ach ja, Ben kommt heute nicht. Ich habe also noch Zeit zum Nachdenken. Gut.

In letzter Zeit wird mir zunehmend klar, wie wenig die Vorstellung zutrifft, die Beschwerden, die uns in eine Psychotherapie bringen, seien denen vergleichbar, wegen derer wir zum Arzt gehen. Die Analogie stimmt bei höchstens einem Fünftel der Gründe, aus denen Menschen in die Therapie kommen - Phobien, einige Lernschwierigkeiten, Suchtprobleme. Aber die meisten Leute kommen aus anderen Gründen.

Am häufigsten berichten uns neue Klienten von Problemen wie wiederholte unbefriedigende Beziehungen zum anderen Geschlecht; Muster von Zorn und Anklage, die bis in die Kindheit zurückgehen; seit langem bestehende Unwertsgefühle, Depression, Scham- und Schuldgefühle; dauernde Unfähigkeit, die eigenen Gefühle und Bedürfnisse wahrzunehmen und auszudrücken; wiederholtes Versagen bei irgendwelchen Unternehmungen; und gnadenlose Einsamkeit und Isolation.

Das sind keine Krankheiten oder Verletzungen. Sie als solche zu behandeln, bedeutet, eine Fiktion aufrechtzuerhalten - eine irreführende Fiktion noch dazu.

Unser derzeitiger Begriff von der menschlichen Natur stellt sich nicht der Tatsache, daß die Wurzel der Schmerzen und des Leidens, wegen der Menschen eine Therapie anfangen, darin liegt, daß wir das Leben in unserer sich ständig wandelnden Welt nur mangelhaft begreifen und bewältigen. Die Kräfte, die die Therapie zu bekämpfen hat, haben tiefe Wurzeln, und die Arbeit, lebenslange Muster so aufzulösen, daß man zu neuen Perspektiven durchstoßen kann, stellt höhere Anforderungen, als wir gemeinhin zu akzeptieren bereit sind.

Das ist es. Darauf habe ich hingearbeitet. Ich hebe die Tasse zum Mund und merke, daß kein Kaffee mehr darin ist, überlege mir, ob ich mir noch einen holen soll und beschließe, die wenige noch verbleibende Zeit nicht damit zu verschwenden.

Wenn man diese Realität akzeptiert, müßte man das medizinische Modell ausrangieren und eine realistischere, pädagogische Vorstellung von dem entwickeln, was wir derzeit »Psychotherapie« nennen.

Ein einfacher Satz und eine einfache Idee!

Es könnte auch hübsch sein, alle Leute mit mehr als 100 Millionen Dollar aufzufordern, ihren Überschuß an die mit weniger als 1000 Dollar Jahreseinkommen zu geben. Oder wie wäre es, wenn man gut ausgebildete Einzellehrer für alle Kinder mit Schulschwierigkeiten hätte? Oder wäre es nicht gut, wenn alle öffentlichen Verkehrsmittel gratis wären? Und wie wäre es ... Ach ja, das sind lauter einfache Sätze und einfache Ideen; wo liegt also das Problem?

Ein gute Idee reicht eben nicht. Das ist nichts Neues.

Na, komm schon, komm schon. Gleich wird es klingeln. Ein bißchen weiter will ich jetzt noch kommen. Befassen wir uns doch mal mit der Erkenntnis, daß viele der Gründe, warum Leute eine Therapie anfangen, darin wurzeln, daß sie ihr ganzes Leben lang ein bestimmtes Muster praktiziert haben. Diese Muster zu verändern, ist eine langwierige und extrem anstrengende Sache für die Betroffenen und ihre Helfer; also sollten wir diese Helfer anders vorbereiten. Eine einfache Idee, obwohl der Satz diesmal nicht so einfach ist.

Diese Erkenntnis in die Tat umzusetzen, würde allerdings eine ganze Reihe staatlicher Stellen verärgern, die die professionellen Standards überwachen, »Gesundheits«- und ähnliche Dienstleistungen stellen und noch einiges andere. Es würde die Versicherungsindustrie und deren Krankenversicherungsprogramm durcheinanderbringen. Es würde die Berufsorganisationen und deren diverse Aufsichtsräte, Ausschüsse und andere Einrichtungen zur Regelung von Ausbildung und Berufspraxis verwirren. Universitäten und Fachschulen sähen ihre Lehrpläne und Studiengänge in Frage gestellt. Natürlich würden sich noch andere Störungen einstellen, und dabei sind wir noch nicht einmal bei der gigantischen Aufgabe angekommen, die Öffentlichkeit über die Bedeutung dieses veränderten Verständnisses aufzuklären.

Kurz, die Anerkennung dieser einfachen Idee würde Turbulenzen größeren Ausmaßes bedeuten. Einflußreiche Kräfte würden Widerstand dagegen leisten. Die Chancen, daß sie allgemein angenommen würde, sind nicht gut.

Halt! All das ist vertraut: Das ist genau dasselbe wie das, was sich in unseren Klienten abspielt. Sie kommen, um etwas »in Ordnung bringen« oder »kurieren« zu lassen. Allmählich kommen sie zu der Erkenntnis, daß sie eine ganz andersgeartete Aufgabe übernommen haben, daß sie langjährig praktizierte Lebensmuster aufgeben müssen, um die gewünschten Resultate zu erzielen. Dann schieben sie bewußt oder unbewußt diese Erkenntnis von sich weg.

Auch eine einfache Idee, gegen die es Widerstand gibt, weil sie unsere üblichen Verfahrensweisen durcheinanderbringt.

Es wird mir klar, daß diese Parallele kein Zufall ist. Es handelt sich um genau den gleichen Prozeß und Konflikt, ob wir nun die Gesellschaft im allgemeinen oder den Einzelnen betrachten. Das ist der in der Tiefenpsychologie bekannte Widerstand.

Dennoch verändern sich Menschen und Gesellschaften. Das ist das Wunder des menschlichen Lebens. Trotz all der Kräfte, die sich gegen sie verbünden, kann eine neue Idee allmählich angenommen werden, und schließlich ist die Welt verändert, oder ein einzelnes Leben ist befreit und kann größere Fülle erlangen.

Oder, auch das ist möglich, eine große Idee kann unerkannt zugrunde gehen.

Beim Nachdenken über all dies bin ich beunruhigt. Unser Fach ist noch nicht bereit, die Notwendigkeit einer solchen völligen Umorientierung zu begreifen, wie ich sie für erforderlich halte, noch viel weniger, sie tatsächlich in Angriff zu nehmen. Wichtige Leute und Organisationen haben großes Interesse daran, eine solche Möglichkeit abzulehnen; sie zu überzeugen, ist eine langwierige und schwierige Aufgabe. Eine Veränderung ist nötig, aber ich bezweifle, daß sie in absehbarer Zeit erfolgen wird. Ich hoffe, daß sie auf die lange Dauer eintreten wird.

Es klingelt. Kate ist da. Ich lege die Notizen beiseite, die ich mir gemacht habe, rücke meine Krawatte zurecht und gehe an die Arbeit.

*Gruppentherapie*

Die Erfahrung hat mich gelehrt, daß eine gründliche Psychotherapie für gewöhnlich einige Zeit in einer Therapiegruppe als Ergänzung der Einzelarbeit erfordert. Die Zweiersituation mit einem vertrauten Gegenüber ruft innere Erfahrungen und äußeres Verhalten ganz anderer Art hervor als die in einer Gruppe üblichen. Therapeuten entdecken diese Wahrheit, wenn sie Klienten in eine Gruppe bringen, die sie in der Zweiersituation sehr gut kennen. Diese vertrauten Klienten zeigen dann zuweilen bisher verborgene Gefühls- und Beziehungsmuster. Darin liegt natürlich der Wert des Mediums Gruppe.

Ich habe eine ständige Therapiegruppe, die meinen Einzelklienten offensteht. Derzeit ist sie auf fünf Mitglieder geschrumpft, und zwei von ihnen, Kitty und Bob, werden bald ausscheiden. Kitty ist eine Hausfrau Mitte Dreißig, Halbtagssekretärin, Ganztagsflirterin und Möchtegern-Mutter. Sie wird die Therapie im Frühsommer beenden, wenn ihr Mann sein Studium abschließt und die beiden nach Colorado ziehen. Bob ist ein Kollege von mir, lehrt Psychologie an einem Junior College und versucht zur Zeit, wissenschaftliche Artikel zu schreiben in der Hoffnung, an ein größeres Institut zu kommen.

Die drei anderen Gruppenmitglieder sind zur Zeit Dave, Billie und Ben. Dave ist Arzt, der nach seiner Scheidung zu mir kam, die ihm sehr zugesetzt hat. Er ist in seiner Therapie sehr engagiert und versichert mir, daß er bei mir bleiben wird, bis ich mich zur Ruhe setze. Die Entdeckung seines Innenlebens ist ihm immer noch eine ständige Quelle des Erstaunens und der Spannung. Billie, in den Sechzigern und großmütterlich, ist eine vielseitige und eifrige Leserin, die ihre Rolle als jedermanns Großmutter gleichzeitig ablehnt und braucht. Ben, ein hochgewachsener ledriger Schriftsteller der *Counter Culture*, neigt dazu, andere zu provozieren.

In diese Gruppe habe ich den großen Hal und die superweibliche Louise heute abend eingeladen.

Louise kommt als erste. Sie sitzt sittsam an einer Seite des Gruppenraums, als ich mit Dave und Billie hereinkomme. Wie immer überlasse ich den Gruppenmitgliedern, das gegenseitige Bekanntmachen zu übernehmen. Dave macht den Anfang mit Louise, und ich kann sehen, daß sie ihm gefällt. Billie ist wie üblich warmherzig und etwas vage. Louise, so freundlich in ihren Reaktionen, wie ich erwartet habe, zeigt kein bißchen von der Angst, die hinter dieser hübschen Fassade steckt, wie ich vermute.

Ben und Kitty kommen lachend herein. Ben macht sie ständig an. Er tut so, als wäre das nur ein Scherz, weil er ziemlich sicher ist, daß er keine Chancen hat. Kitty ermutigt ihn bis zu einem gewissen Punkt, hat ihm bisher aber eindeutige Grenzen gesetzt.

Bob und Hal kommen zusammen herein, nachdem sie sich im Flur schon begegnet sind. Es stellt sich heraus, daß sie sich flüchtig kennen, und obwohl sie freundlich miteinander sprechen, scheint jeder in Gegenwart des anderen etwas gehemmt zu sein. Das erklärt vielleicht eine gewisse Scheue, mit der Hal in die Gruppe kommt. Er ist schüchterner, als ich erwartet hatte.

Die Gruppenmitglieder nennen ihre Vornamen und heißen Hal und Louise willkommen. Hal lächelt, sagt nur »Hal« und versinkt in Schweigen. Louise beteiligt sich aktiver am Geschehen. Es gelingt ihr, innerhalb der ersten halben Stunde jedem etwas Angenehmes zu sagen, und doch ist sie nicht überschwenglich, nur ein bißchen zu süßlich für meinen Geschmack. Es ist deutlich, daß sie den guten Willen jedes Einzelnen so schnell wie möglich gewinnen will - und das gelingt ihr.

Die Gruppe spricht über die Veränderungen, die auf sie zukommen, denn sie wissen von Bobs und Kittys Plänen. Hal bittet leise um eine Erklärung, und die beiden erfüllen seine Bitte. Das ruft eine Reaktion des Bedauerns von Louise hervor, daß sie sie nicht näher kennenlernen wird. Wieder überrascht mich, wie gedämpft und förmlich Hal ist. Das hatte ich nicht erwartet.

Im Laufe der zweistündigen Sitzung geht Hal langsam aus sich heraus, kommentiert gelegentlich etwas, aber vermeidet es, selbst zum Mittelpunkt der Aufmerksamkeit zu werden. Er ist freundlich, manchmal ein bißchen witzig, bemüht, zu verstehen, was gesagt wird, und auf subtile Weise separat von den anderen. Natürlich ist das erst seine erste Sitzung, rufe ich mir ins Gedächtnis; aber ich bin weiterhin fasziniert von den Gegensatz zu dem extrovertierteren Mann, den ich aus unserer Arbeit zu zweit inzwischen so gut kenne.

Es überrascht mich nicht, daß Louise eine Menge Aufmerksamkeit und Unterstützung in der Gruppe erntet. Im Vergleich zu Hal ist sie viel offener. Es ist klar, daß sie die Männer anzieht, aber es zeigt sich auch bald, daß sie die anderen Frauen mit einbeziehen kann, so daß - vielleicht mit Ausnahme von Kitty - jeder von ihr bezaubert ist. Kitty scheint über diese zweite starke weibliche Präsenz auf der Bühne ein wenig verärgert.

Die Sitzung endet ohne Zwischenfall. Alle sind freundlich, und das Ganze fühlt sich ein bißchen an wie ein geselliges Beisammensein. Ich habe das Gefühl, daß das nicht so bleiben wird - und wenn ich dafür sorgen muß, daß es das nicht tut.

# 4.

# »Beschuldigungen sind alles, was mir bleibt«

**Donnerstag, 24. März**

*Kate*

In den zwei Monaten, die wir jetzt miteinander arbeiten, hat Kate, die anfangs emotional so distanziert war, gelernt, die Forderungen nach umgehenden Veränderungen aufzuschieben und in sehr begrenztem Maße darauf zu vertrauen, daß es nützlich ist, auch über andere als unmittelbar berufliche Aspekte ihres Lebens mit mir zu sprechen. Das ist ein großer Schritt für sie, und sie fühlt sich immer noch nicht ganz wohl dabei. Dennoch muß der unnachgiebige Therapeut weiter in den gehüteten Bereich ihrer Gefühle vorstoßen und sogar riskieren, sie die Grenzen ihres Bewußtseins überschreiten und allmählich das erkunden zu lassen, was sie so lange vor sich verborgen gehalten hat.

Bei dem Versuch, sie den scharfen Zwang erkennen und lockern zu lassen, den sie über ihr Innenleben ausübt, muß ich sensibel dafür sein, wieviel Unbehagen und Bedrohung sie ertragen kann. Ich arbeite also am besten mit dem Mittel, bei dem sie sich am entspanntesten und kompetentensten fühlt, ihrer hervorragenden Vernunftargumentation. Dieser Weg allerdings setzt uns der Versuchung durch kognitive Spekulationen als Ersatz für lebendige Erfahrung aus - eine Verlockung, der wir beide leicht erliegen.

»Herr Dr. Bugental, ich finde es sehr beunruhigend, daß die Fälle emotionaler Reaktionen bei mir eher zu- als abnehmen, seitdem ich zu Ihnen komme.«

»Es gefällt Ihnen nicht, aber es ist trotzdem so, ja?«

»Ja, natürlich (gereizt); das sage ich doch. Jedenfalls, es beunruhigt mich, daß ich auf eine Weise auf Umstände und Menschen reagiere, die bei näherer

Überlegung völlig unbegründet erscheint. Heute erst, als einer unserer Mitarbeiter über seine Untersuchungen an einer Gruppe seniler Patienten sprach, verlor ich völlig den Faden dessen, was er sagte.«

»Wie war das für Sie?«

»Es war ärgerlich.«

»Jetzt, wo sie sich daran erinnern, was ging - oder geht - in Ihnen vor?«

»Ach, ich mag diese Fragen nach den Vorgängen in meinem Inneren nicht!«

»Was denken Sie über diese Abneigung, die Sie gerade spüren?«

»Also, es kommt mir ziemlich indiskret vor, wenn Sie solche Fragen stellen. Ich nehme an, Sie halten es für nötig, aber es gefällt mir trotzdem nicht.«

»Ihr Verstand sagt Ihnen also, daß es in Ordnung ist, nach Ihrer inneren Erfahrung zu fragen, aber Ihre Emotionen stimmen nicht mit Ihrem Verstand überein.«

»Nun, (Pause) ja, wahrscheinlich kann man das sagen.«

»Warum 'wahrscheinlich', Kate?«

»Ach, ich weiß nicht (verärgert). Ist das wichtig? Es ist nur eine Redewendung.«

»Aber Sie sind auch verärgert, wenn ich an diesem Punkt nachfrage. Und wieder stimmt Ihr Verstand Ihren Gefühlen nicht zu.«

»Anscheinend finden Sie das sehr wichtig. Warum?«

»Kate, Sie berichten mir heute wieder, wie verwirrt Sie darüber sind, daß Sie Gefühle fühlen und manchmal Dinge tun, ohne daß Sie die Gründe erkennen können.«

»Ja, natürlich. Deswegen habe ich Sie ja konsultiert.«

»Nun, dann erkennen Sie doch sicher, daß die Wurzeln Ihrer Schwierigkeiten in den von Ihnen unerkannten Gedanken und Gefühlen liegen müssen.«

Sie hält inne, die Zusammenhänge dessen, was ich ihr vorhalte, sind ihr unbehaglich, aber ihr Verstand gibt zu, daß es richtig ist. »Ja, das muß wohl stimmen.«

»Es stimmt wirklich, Kate. Und der Zusammenhang ist genauso klar: Sie können nicht bewußt bestimmen, wie Sie am besten sprechen, um an das heranzukommen, was Ihnen unbewußt ist.«

»Das verstehe ich. Aber da Sie anscheinend nicht gewillt sind, die Themen, mit denen wir uns hier befassen, zu bestimmen, sind wir wohl in einer Sackgasse.« In ihrer Stimme schwingt mehr als nur eine Spur Schroffheit.

»Keineswegs. Auf einer anderen Ebene ist Ihnen durchaus klar, worüber Sie sprechen wollen.« Sie will protestieren, aber ich gehe schnell weiter. »Nein, warten Sie. Wir haben bereits festgestellt, daß Sie es nicht bewußt wissen. Aber wenn Sie es zulassen können, über Dinge zu reden, die Ihnen im Laufe der Jahre wichtig gewesen sind - gefühlsmäßig wichtig - werden Sie uns dahin führen, wo wir hinmüssen.«

Sie schweigt und verdaut das. Es ist offenkundig, daß sie die Schlußfolgerung, die ihr Verstand billigt, ungern akzeptiert. Schließlich blickt sie auf. »Ja,« sie zieht die Lippen zusammen und denkt nach. »Gut, lassen Sie mich nachdenken.«

Wieder schweigt sie; aber es wird bald deutlich, daß sie sich Erklärungen für ihre beruflichen Probleme aus ihrer Vergangenheit zurechtlegt. »Vielleicht bin ich auf unseren Direktor so wütend, wie ich manchmal auf meine Eltern war. Oder möglicherweise bin ich zu perfektionistisch.« Sie hält wieder inne. Ich bin etwas weitergekommen, aber ich muß langsam vorgehen, darf sie nicht zu schnell drängen. Zu vieles zu schnell führt nur zu stärkerer Blockierung. Trotzdem muß ich es weiter versuchen.

»Kate,« unterbreche ich sie, »Sie haben einen hervorragenden Verstand, und meiner ist auch nicht schlecht. Zusammen könnten wir sicher mindestens tausend Erklärungsmöglichkeiten finden. Aber die würden uns nicht helfen, sondern im Gegenteil noch viel mehr verwirren.«

Sie ist erstaunt und entschieden ärgerlich. Dann ist rasch wieder die Maske über ihrem Gesicht. Sie zieht den Rock gerade und rückt sich etwas zurecht, um noch aufrechter zu sitzen.

»Also gut, Herr Dr. Bugental, und was schlagen Sie vor, wie wir diese rätselhaften Wurzeln in meinem Unbewußten finden sollen? Sie sind ja offensichtlich fest überzeugt, daß sie da sind; dann wissen Sie doch auch sicher, wie man sie findet.« Ihr Stimme klingt vorsichtig, präzise und unverhohlen zornig.

»Es ärgert Sie, wenn ich Ihnen zeige, daß Sie Ihre übliche Denkweise nicht anwenden können, nicht wahr, Kate?« Sie hat viel zu oberflächlich verstanden; ich muß ihr noch einmal helfen. Diesmal versuche ich, mich so einfühlsam wie möglich auszudrücken. Wenn ich ihr Gefühl zu krass beschreibe, wird sie sich noch weiter zurückziehen. Aber sie muß allmählich sehen, wie stark ihre Gefühle unterdrückt sind.

»Nun, 'ärgert' würde ich nicht sagen,« sagt sie mit gerunzelter Stirn. »Ich finde es ... beunruhigend. Ich begreife wirklich nicht, wie wir vorgehen können, wenn Sie mit ihren Einwänden gegen die Anwendung der Vernunft recht haben.« Als sie endet, zieht sich ihr Mund leicht zusammen.

»Kate, wir müssen die Vernunft anwenden. Ich will Ihnen nur helfen zu erkennen, daß Ihre gewohnte Art, an das Material zu kommen, auf das Sie Ihre Vernunft anwenden können - diese gewohnte Art ist zum Teil der Grund dafür, daß die Quellen schwer zu finden sind. Allein diese Gewohnheitsmäßigkeit zeigt ja schon, daß Sie schon längst zu dem Verständnis gelangt wären, nach dem Sie suchen, wenn dieser Weg gangbar wäre. Verstehen Sie?«

»Ja (ungeduldig). Ich verstehe, was Sie meinen. Danke für die Erklärung. Aber wir sind noch immer an der selben Stelle, nicht wahr? Wie können wir jetzt angesichts der Tatsache vorgehen, daß mein üblicher Ansatz ungeeignet ist?« Kates präzise formulierte Frage ist vernünftig, aber darunter schwingt zunehmend Angst mit. Ihr scharfer Verstand beginnt zu ahnen, wohin diese Überlegungen führen werden. Sie beginnt, sich zu ängstigen und versucht, diese Angst vor sich selbst durch beherrschten Zorn zu verbergen. Ich beschließe, jetzt nicht darauf einzugehen. Ihre Frage ist berechtigt, und ich möchte nicht, daß sich mit dem Prozeß, den sie jetzt erlernen muß, negative Gefühle verbinden.

»Was wir an diesem Punkt in unserer Arbeit brauchen, ist, daß Sie mir von Ihrem Leben berichten, an was für Erfahrungen Sie sich erinnern können, die Ihre Gefühle bewegt haben - was Sie glücklich oder traurig, schuldbewußt oder stolz gemacht hat, wann Sie sich mißverstanden oder geschätzt gefühlt haben.«

»Ich fürchte, mein Leben ist sehr normal verlaufen,« antwortet sie zu schnell. »Sie werden wahrscheinlich kein tiefes Trauma in meiner Geschichte finden.« Ihr Ton ist endgültig; implizit heißt das: »Das mach ich nicht mit, Freundchen.«

»Nein, Kate, Sie antworten zu schnell und fast ohne nachzudenken oder Ihre Erinnerungen wirklich zu erkunden. Wir alle kennen Zeiten starker Emotionen. Ich bin sicher, wenn Sie bereit sind, wirklich in sich hineinzuschauen, werden Sie sich an solche Zeiten erinnern.«

Kate nimmt meinen milden Verweis ohne sichtbare Erregung hin und denkt kurz nach. Dann berichtet sie in sehr groben Umrissen von zwei Ereignissen in ihrer Kindheit, dem Verlust eines Haustiers und einer Enttäuschung darüber, daß sie nicht auf ein Picknick mit der Familie mitdurfte, weil sie Masern hatte. Ich bemerke, daß sie distanziert spricht; sie berichtet lediglich Tatsachen. Sie gibt zu, daß meine Bemerkung zutrifft, aber macht keinerlei Anstrengung, weiter nach Gefühlen zu suchen. Nun gut, genug für heute.

*Jim*

Kate betrachtet ebenso wie Hal und viele andere ihre Gefühle als Feinde ihrer Vernunft. Was ist das für eine traurige, lähmende Sicht unserer selbst! Und wie weit verbreitet! Tatsächlich ist unsere Vernunft ohne die Unterstützung unserer Gefühle eher ohnmächtig oder verzerrt; und Gefühle ohne Steuerung durch die Vernunft können gefährlich und zerstörerisch sein.

Als Kate mit den Sitzungen bei mir anfing, nahm sie an, daß wir Informationen über sie austauschen würden, so daß sie danach mehr so leben könnte, wie sie wollte; das heißt, ihre Gefühle sollten verfeinert und dazu gebracht werden, sich ihren rationalen Absichten zu fügen. Auch jetzt erwartet sie immer noch nicht - würde das sogar entschieden ablehnen - daß sie in diesem Raum offen emotional sein kann.

Neue Klienten haben oft diese aseptische Erwartung. Sie gleicht einer Sitte früherer Jahrhunderte, nach der »Damen von Stand« ihrem Arzt niemals einen Blick auf ihren Körper gestattet hätten. Stattdessen wurde eine Magd vorgeführt, und die Körperteile, die der Dame Beschwerden verursachten, wurden am Körper der Magd aufgezeigt. Kate und viele andere würden eine Möglichkeit vorziehen, die subjektiven beschwerlichen Gefühle und Gedanken zwar darzustellen, aber niemals wirklich zu zeigen.

Es ist nicht überraschend - und von nicht unerheblicher Bedeutung für die Psychotherapie - daß die Heilungsversuche nach dieser Methode häufig vergebens waren oder sogar katastrophale Folgen hatten.

In der lebensverändernden Psychotherapie muß der Patient so weitgehend präsent sein wie möglich. Und das bedeutet, daß alle Aspekte des Innenlebens bloßgelegt werden müssen, einschließlich der Vernunft und der Emotion. Das ist nicht nur in den Therapiestunden nötig; wirklich lebendiges Leben erfordert dieselbe Fülle des Seins, wenn auch nicht die gleiche äußere Manifestation. Und diese Erkenntnis hat folgende erstaunliche und ganz zentrale Bedeutung:

> Das gleiche Muster, das uns daran hindert,
> in der Therapie wirklich präsent zu sein,
> ist es auch, was unser Lebendigsein in unserem
> Leben außerhalb der Therapie einschränkt.

Aus diesem Prinzip ergibt sich, daß der Therapeut ständig überprüfen muß, wie präsent der Patient ist, und sich mit dem beschäftigen muß, was diese Präsenz einschränkt. Das bedeutendste Instrument, diesen wichtigen

Aspekt zu erkennen, ist die Präsenz des Therapeuten selbst - eine Realität, die von nachlässigen Therapeuten oft übersehen wird.

Kate ist nicht die einzige, die zögert, wirklich präsent zu sein. Hal in seinem Schmerz und seiner Verwirrung will sich wie ein Puzzle zusammensetzen - und auch nicht wirklich präsent sein. Tatsächlich trifft das auf alle meine Klienten zu - auf Ben, Frank, Jennifer, Louise und ... hoppla, da wollte sich doch gerade etwas vorbeischummeln: »und auf mich?« hätte ich fast gedacht. Nun gut, jetzt denke ich es.

Als ich einmal George, meinen eigenen Analytiker, darum bat, mir meine »Widerstände« zu zeigen, so wie mein analytischer Supervisor mich lehrte, antwortete er: »Ebensogut könntest du mitten in den Rocky Mountains jemanden bitten, dir einen Stein zu zeigen.« Uff! offensichtlich war ich auch nicht präsent.

Worauf das hinausläuft, ist folgendes: Häufig - und zwar nicht nur in den Therapiestunden - befinden wir uns nur partiell in unserem Leben. Wie anders sähe dieses Leben aus, wenn wir darin wirklich präsent wären! Wie anders sähe die Welt aus!

*Gruppentherapie*

Hal und Louise waren bisher bei drei Sitzungen dabei und gehören mittlerweile ziemlich dazu. Aber obwohl sie sich beide beteiligen, ist der Unterschied zwischen ihnen, der sich schon in der ersten Sitzung zeigte, noch deutlicher geworden. Louise interagiert viel mit den anderen; Hal steht eher am Rand.

Heute abend will ich der Gruppe bewußt machen, daß sie Hal nicht wirklich sehen, und gleichzeitig Hal mit der Tatsache konfrontieren, daß er die Gruppe nicht für seine eigenen Bedürfnisse nutzt. Eine Gelegenheit ergibt sich, als Hal mit Ben und Dave spricht.

Hal: »Also, so wie ich das sehe, Dave, sagen Sie eigentlich dasselbe wie Ben, bloß sagt ihr es jeweils auf verschiedene Art. Dave, Sie sprechen über die Prinzipien, und Ben - naja, der alte Ben ist Praktiker - also spricht er über bestimmte Anwendungen. Ich weiß nicht. Vielleicht irre ich mich, aber jedenfalls kommt es mir so vor.«

Dave (überlegt): »Na ja, ich ... wahrscheinlich haben Sie recht, Hal, aber ... «

Ben: »Natürlich hat er recht. Sie geben das bloß nicht gern zu, weil Sie immer alles selber wissen wollen.«

Kitty: »Ben, Sie sind wirklich gemein! (Sie lacht).«

Ben (freut sich): »Warten Sie, bis ich Sie mal erwische!«

Dave: »Nein, nein. Ich habe bloß darüber nachgedacht. Ja, Sie haben sicher recht. Danke, daß Sie das klargemacht haben.«

Louise: »Hal ist unser Gruppensalomo.« Sie lächelt ihn an, und er grinst zurück.

Jim: »Salomo oder nicht, Hal hat eine besondere Rolle in der Gruppe. Zum Beispiel hat er gerade den Streit zwischen Ben und Dave geschlichtet. Toll! Er hat wirklich gute Ideen beigetragen, aber davon mal abgesehen, was für ein Gefühl habt ihr eigentlich über Hal selbst?«

Ben: »Ach, er ist okay. Ich freu mich, daß er das gesagt hat. Vielleicht hört Dave jetzt mal auf, immer so gescheit sein zu wollen.«

Billie: »Hal versucht, euch beide von euren üblichen blöden Macho-Streitereien abzubringen. Ich bin froh drüber.«

Kittie: »Ben wäre nicht glücklich, wenn er sich nicht mit irgendwem streiten könnte - stimmt's, Tiger?«

Ben (dreht sich um und zieht eine wilde Grimasse): »Grrr!«

Dave (nimmt Jims Frage auf): »Also, Hal hat etwas sehr Interessantes gesagt, und ich meine, das hat wirklich das Durcheinander aufgeklärt, in das Ben und ich uns verwickelt hatten.«

Louise (sieht mich an): »Wie haben Sie das gemeint, Jim? Ich glaube, wir reden dran vorbei.«

Jim: »Keiner von euch reagiert wirklich auf Hal. Ihr denkt über das nach, was er sagt, und über euch gegenseitig. Das scheint mir die Rolle zu sein, die er in der Gruppe übernimmt. Er macht hilfreiche Bemerkungen und reitet dann davon in den Sonnenuntergang - 'Hi-ho Silver!', bevor irgendjemand dazu kommt, sich über die Person Hal Gedanken zu machen.«

Ben: »Mann, das stimmt! Völlig richtig. Ich hab eigentlich keine Ahnung, wer er ist.« (Wendet sich zu Hal) »Wie ist das, großer Mann? Was läuft bei Ihnen?«

Kitty: »He, Hal, darf ich Tonto sein?«

Hal (leicht verwirrt): »Scherz beiseite, ich weiß nicht, was Sie meinen, Jim. Ich fand das bloß interessant, was Dave und Ben da diskutiert haben, und plötzlich fiel mir auf, daß sie irgendwie aneinander vorbeiredeten, und da .. «

Billie: »Hört mal, das stimmt. Hal hat kaum was über sich selbst gesagt.«

Dave: »Oder darüber, wie er sich fühlt bei dem, was hier abläuft.«

Bob: »Sie halten sich raus, Junge.«

Ben: »Ja, er ist irgendwie schüchtern, denk ich mal. Los, springen Sie mit rein, Hal.«

Louise: »Er wollte doch nur helfen. Warum geht ihr jetzt auf ihn los?«

Hal: »Ich seh schon, daß ich nicht das tue, was ihr alle von mir wollt, aber ich weiß wirklich nicht, was das ist.«

Die Gruppe geht Hal sehr sanft an, anders, als sie sich vielleicht bei anderen verhalten hätte. Ich glaube, seine Größe im Verein mit seiner sehr offensichtlichen Ratlosigkeit verlockt sie eher zu Unterstützung als zur Konfrontation. Sie werden meine Hilfe brauchen, um ihn stärker einzubeziehen.

## Montag, 16. Mai

*Jennifer*

Obwohl die Gefahr irgendeiner Gewalttätigkeit inzwischen weggefallen ist, besteht Jennifer weiterhin unnachgiebig auf Berts Schuld, und sie ist so selbstkritisch wie eh und je. Es wird Zeit, daß ich darauf dränge, daß sie dieses lähmende Muster erkennt.

Heute ist sie auf der Couch, dem Arbeitsplatz, den ich am Ende unseres ersten Therapiemonats eingeführt habe. Sie findet das hilfreich, aber häufig nimmt sie eine halb sitzende Stellung ein, statt sich ganz hinzulegen. So auch heute.

»Ich habe gestern wieder mit Bert gesprochen. Ich weiß nicht, warum ich das mache, es ist ist eigentlich nur frustrierend. Zum Schluß hatte ich mal wieder Kopfschmerzen.«

»Frustrierend?«

»Er sagt so widersprüchliche Sachen. Wie soll ich ihm trauen?«

»Wie meinen Sie das?«

»Er hat so ein trauriges Gesicht und sagt, es tut ihm wirklich leid, daß er mir wehgetan hat, und ich glaube, er meint das auch so. Das heißt, einen Moment lang glaube ich das. Naja, ich glaube, ich bin nicht wirklich überzeugt, aber er klingt so ehrlich. Vielleicht will ich es auch einfach glauben. Aber ich kann mir nicht vorstellen, warum ich ihm überhaupt je wieder etwas glauben soll. Jedenfalls, er sieht aus ... Aber es ist so schwer, irgendwas aus dem Aussehen zu schließen.«

»Jennifer, Ihre Mutter hat wieder so viel dazwischengeredet, daß ich nicht mehr weiß, was Sie mir sagen wollen. Sie sind wirklich eine brave Tochter, daß Sie zulassen, daß sie unsere Zeit - und Ihr Leben - auf diese Art blockiert.«

»Was? Meine Mutter? Ach!« Sie bricht ab, verdutzt, weiß nicht, ob sie wütend sein soll. Ich warte stumm.

»Ich weiß,« spricht sie dann weiter, »aber ich kann nichts dagegen machen. Na, vielleicht versuche ich es nicht ernsthaft. Es war mir wirklich nicht klar, wie oft ich das tue, bis Sie mich darauf hingewiesen haben.« Sie hält inne, spürt der Art nach, wie sie eben gesprochen hat.

»Sie können sich anscheinend selber nicht trauen.«

»Ja, ich ... ich meine, nein, ich kann mir nicht trauen. Ich weiß es einfach nicht. Das war so schön, als Sie mal gesagt haben, man könnte mir trauen. Aber ... was ich Ihnen wirklich erzählen wollte, war, wie Bert mich anlügt.« Wie sie sich selbst zerfleischt! Es muß eine subtile Qual für sie sein.

Ich überlege mir, ob ich noch einmal klarstellen soll, wie sie sich selbst unterbricht, aber da dies das erste Mal ist, will ich nicht so sehr darauf bestehen, daß sie sich unbewußt veranlaßt sieht, den Effekt abzublocken.

»Erzählen Sie.«

»Also, er sagt, es tut ihm leid, daß mir seine Affäre mit Ellen so weh getan hat, und dann im nächsten Satz sagt er, daß es ihm nicht wirklich leid tun kann, daß er diese Affäre gehabt hat! Wie kann ich jemandem glauben, der so doppelzüngig ist? Wie kann ich überhaupt irgendjemandem wieder glauben?« Ich stelle im Stillen fest, daß sie sich dieses Mal nicht selbst unterbrochen hat.

»Es ist schwer, sich vorzustellen, daß er seine Affäre mit Ellen positiv sehen kann und es ihm trotzdem weh tut, was er Ihnen damit angetan hat, ist es das?«

»Ja, natürlich.« (Zornig, erregt.) »Was hat mir denn wehgetan? Ellen zu bumsen ist ihm wichtiger als meine Gefühle! Es macht mich immer noch so wütend. Und dann erzählt er mir, meine Gefühle wären ihm wichtig! Ich sehe doch, daß sie ihm völlig egal sind. Warum lügt er mich an?«

»Sie müssen darauf bestehen, daß Bert lügt, wie ich sehe.«

»Was! Warum sagen Sie das? 'Ich muß darauf bestehen'? Das tut er doch, oder?«

»Nein.«

»Nein?« Ihre Stimme wird lauter, sie setzt sich aufrecht hin, starrt mich verwirrt und zornig an. »Was meinen Sie damit? Versuchen Sie, ihn zu entschuldigen? Ist es nicht seine Schuld, daß ich so verletzt bin?«

»Sie werden wirklich wütend, wenn ich Ihrer Sicht der Dinge nicht gleich zustimme.«

»Was heißt das denn?« Die Stimme wird schrill; ihr Gesicht rötet sich. »Ich versteh Sie wirklich nicht. Ich weiß, daß Sie nicht versuchen, mich in Wut zu bringen, aber es klingt so, als wollten Sie mir sagen, es wäre nicht seine Schuld, daß ich so verletzt bin.«

»Das habe ich nicht gesagt. Ich habe gar nichts von Schuld gesagt. Aber Ihnen ist es so wichtig, ihn zu beschuldigen, daß Sie damit zwangsläufig nicht mehr so gut hören können, was er Ihnen sagt.«

»Ich kann sehr gut hören, was er sagt. Er versucht bloß, alles zu haben. Er versucht, mir zu sagen, daß es in Ordnung war, mit Ellen ins Bett zu gehen, weil er sich dafür entschuldigt, daß er mir weh getan hat. Also, darauf falle ich einfach nicht rein!« Sie setzt sich auf, stellt die Füße auf den Boden, starrt mich an. »Und Sie, Sie sagen anscheinend auch, er hätte keine Schuld. Also, wer denn dann, wenn nicht er? Ich vielleicht? Jetzt bin ich wohl schuld, daß Bert und Ellen miteinander ins Bett gegangen sind. Wollen Sie darauf hinaus?«

»Sie sind wirklich wütend, weil ich Ihnen nicht zustimme.«

»Also, 'wütend' würde ich nicht sagen - mehr enttäuscht. Es ist einfach nicht fair. Nicht, daß Sie nicht fair wären. Naja, es klang so, als ob Sie es vielleicht wären, aber ... ich weiß, daß Sie versuchen, mir zu helfen ... « Sie verliert den Faden, überlegt, dann nimmt das Tempo spürbar wieder zu. »Aber was ich wirklich wissen will, ist: wollen Sie sagen, daß ich schuld daran bin, daß Bert mit Ellen ins Bett gegangen ist?«

Wenn ich darauf direkt antworte, vertue ich die Chance, Jennifer mehr in den gegenwärtigen Augenblick zu versetzen - endlich. Also, Bugental, jetzt gilt's.

»Na, und sind Sie schuld?« Herausfordernd, intensiv, mit fordernder Stimme.

»Nein!« Das ist fast ein Schrei. »Nein, natürlich nicht! Wie können Sie das sagen! Warum sollte ich ... «

»Wer hat das gesagt?« Drängend, hart.

»Sie! Und kommen Sie mir jetzt nicht mit Ihren Tricks. Ich habe Sie gehört.« Sie ist rasend, wehrt sich wie wild.

»Hui! Sie sind wirklich wütend. Jetzt wehren Sie sich gegen mich oder gegen jeden, der sich Ihnen in den Weg stellt.« Ich spreche mit Nachdruck, versuche aber, sie weder aufzustacheln noch zu besänftigen.

»Ich bin was?« Sie kommt nicht auf mich zu.

»Im Moment schieben Sie mich gerade verzweifelt weg, drängen sich an dem vorbei, was wir gerade tun wollten, und sind einfach nur auf Kampf eingestellt.«

»Was tue ich?« (Schrill, wütend) »Sie sind doch schuld an diesem Durcheinander. Sie sagen, ich bin schuld daran, daß Bert mit Ellen ins Bett gegangen ist. Warum denn ich? ...« Die Stimme verliert sich in einem Wimmern.

»Schuld daran, schuld daran, schuld daran! Das ist wohl das einzige, worauf es Ihnen ankommt: aufzurechnen. Sie denken anscheinend nur darüber nach, wer schuld ist. Das ist Ihnen wichtiger als das, was mit Ihrem Leben, Ihrer Ehe, Ihrer Therapie passiert. 'Wenn bloß die Schuldabrechnung in dem großen Anschreibebuch im Himmel stimmt'. Gibt es vielleicht etwas anderes als 'Wer ist schuld'?« Hart, fordernd.

»Jetzt geben Sie mir die Schuld! Es ist so unfair! Sie sind so unfair! Es ist ihre Schuld, daß jetzt alles durcheinander geht. Na, hoffentlich sind Sie jetzt zufrieden!« Ihre Stimme zittert.

Zeit für eine Pause, es in ihr weiterkochen zu lassen. Plötzlich wird mir klar, was da abläuft; kann ich ihr helfen, es auch zu sehen?

»Sie klingen gerade so, als beschuldigten Sie Bert.«

»Aber Sie ... Sie ... « Ihre Gedanken arbeiten rasch; ihr Mund arbeitet sich, schneidet mehrmals eine Antwort ab, dann: »Das stimmt! Ich benehme mich genauso wie ... mit Bert!« Sie hat einen erstaunlichen und wichtigen Schritt getan - einen, der großen Mut erfordert.

»Es ist Ihnen so wichtig, einen Schuldigen zu finden.« Sanft jetzt, diese Erkenntnis ist schmerzhaft und sehr zerbrechlich.

»Das ist doch alles, was mir bleibt.« Tränen in den Augen. »Alles andere hat er mir genommen.« Und jetzt stürzen die Tränen wie ein Wasserfall.

*Jim*

Als Jennifer gegangen ist und ich in meinem Zimmer wieder allein bin, bin ich emotional völlig ausgelaugt. Ich bin nicht besonders gut mit der Situation umgegangen, bin zu sehr dem Inhalt ihrer Worte verhaftet geblieben. Trotzdem hat es geklappt. Sie mußte genau jetzt mit mir ihr Beschuldigungsmuster agieren, und ich habe genügend Distanz gewahrt, daß ich sie nicht überwältigen mußte. Deswegen konnte sie riskieren, dieses Bewußtsein durchkommen zu lassen. Für sie fühlt es sich wirklich so an, als sei der einzige Wert, der ihr noch bleibt, die Identität als ungerecht behandeltes Opfer. Was für ein elender Trost!

Wie oft begnügt sich jemand, der sich in solche Beschuldigungen verstrickt, mit dieser ärmlichen Rolle und gibt damit die Kontrolle über sein Leben auf. Ebenso wie für Jennifer scheint die Alternative für das Opfer entweder völlige eigene Verantwortung oder völlige Beschuldigung des anderen zu sein. Natürlich ist sie nicht die Ursache dafür, daß Bert und Ellen sich für Untreue entschieden haben; aber wenn Jennifer herausfinden kann, wie sie dazu beigetragen hat, daß ihre Beziehung mit Bert ihn für eine Affäre empfänglich machte, wird sie (Jennifer) anfangen, eine gewisse Macht zu spüren. Dann braucht sie sich nicht mehr sinnlos auf die Aufrechnung von Schuld zu konzentrieren.

Als sie in ihrem emotionalen Aufgewühltsein die Fassung verlor, ergab sich ein erstaunlicher Hinweis auf das, was unterhalb der Bewußtseinsschwelle in ihr vorgeht. Es äußerte sich als Projektion auf mich, aber es weist auf etwas hin, was anzusehen sie sich noch weigert: wie sie die Bühne für seine Untreue mit vorbereitet hat. Das muß sie nach außen wie nach innen niederschreien. Aber es ist ein gutes Zeichen und ermutigt mich zur Geduld mit ihrem Bedürfnis, langsam vorzugehen. (Eine Gefahr besteht allerdings: Wenn ich zu überzeugt bin, daß dieser Gedanke unbewußt bei ihr vorhanden ist, kann mich das für andere Möglichkeiten blind machen.)

*Jim*

»Warum hast du das getan?« fragt die Mutter, wobei sie selten wirklich den Grund wissen will. Folglich haben wir beizeiten gelernt, daß die Frage in Wirklichkeit bedeutet: »Du hast wieder etwas getan, was du nicht tun solltest!« So lernen wir, Tadel und Verantwortung zu meiden. Aber auch in dieser Pseudofrage gibt es ein Element von »Warum«, wenn wir es uns nur rasch zunutzemachen: »Das sind die Regeln«, oder irgendeine andere Antwort, die von uns selbst weg verweist, kann ein Ausweg sein.

Antworten, mit denen man bestimmt nicht durchkommt, sind zum Beispiel »Weil ich wollte« oder »Ich hatte einfach Lust darauf.« Damit fordert man die Schwierigkeiten geradezu heraus. Nichts, was den Grund auf etwas in unserem Inneren verlegt, nützt in dieser Situation. Etwas von außen, etwas Öffentliches - noch besser etwas Offizielles; damit gewinnt man. Natürlich ist die Autorität immer da draußen, nie hier drinnen, niemals in uns selbst oder unseren Gefühlen. So lernen wir, daß Verantwortung eigentlich eine unangenehme Last ist. Die Vorstellung, daß das Wort Verantwortung eine Chance bezeichnen könnte - und nicht ausschließlich Ärger - kommt uns erst viel später.

Um meine Gedanken über diesen ganzen Bereich zu klären, fand ich es hilfreich, zwei Worten, die oft wie Synonyme verwendet werden, unterschiedliche Bedeutungen zu geben: »Schuldhaben« und »Schuldsein«. Das ist lediglich mein eigener Sprachgebrauch, aber er hat sich sowohl in meiner klinischen Arbeit als auch für mich persönlich als nützlich erwiesen.

Für mich weisen diese beiden Begriffe psychologisch in entgegengesetzte Richtungen. Das Bedürfnis, der Verantwortung zu entfliehen, kommt daher, daß wir sie mit der Vorstellung des Schuldhabens (von etwas/jemand anderem) verquicken. Die Vorstellung des Schuldhabens leugnet die eigene subjektive Macht (»Du hast Schuld, daß ich ... «). Selbst wenn ich sage, daß ich selbst die Schuld habe (»Es war egoistisch von mir zu vergessen ...«), verlege ich den eigentlichen Grund immer noch auf eine angebliche Eigenschaft von mir (meinen »Egoismus«), statt wahrhaft die Verantwortung zu übernehmen.

Schuldsein andererseits akzeptiert zumindest einen Teil der Verantwortung und behält die Handlung und ihr Ergebnis im Mittelpunkt. (»Ja, das habe ich wirklich getan. Es tut mir leid, daß du deswegen verletzt bist. Wie können wir zusammen versuchen, daß es dir wieder besser geht?«). Die Vorstellung des Schuldseins und Verantwortung schauen also nach vorn, besagen, daß wir immer noch die Macht haben, weiterhin zu handeln und weitere Ergebnisse zu bewirken. So betrachtet ist die Möglichkeit die Kehrseite der Verantwortung.

Wenn wir uns hauptsächlich auf die Vorstellung des Schuldhabens konzentrieren, so wie Jennifer das tut, verlieren wir unseren inneren Sinn. Wenn wir Verantwortung übernehmen, übernehmen wir eine bestimmende Rolle in unserer eigenen Erfahrung. Jennifer und andere Klienten lehren mich, daß ich, um wirklich lebendig zu sein und meine eigene Kraft in meinem Leben wirklich zu kennen, akzeptieren muß, daß ich immer ein Mindestmaß an Verantwortung für das habe, was ich tue.

Wenn ich diese Verantwortung meide, werde ich frustriert und zornig. Regeln, Gesetze, Traditionen, die Meinung anderer Leute oder was auch sonst immer können mir Entscheidungshilfen geben; aber eine Entscheidung *treffen* kann letztlich nur ich selbst.

*Louise*

Es ist verblüffend, wie Louises ungewöhnlich direkte und intensive Aufmerksamkeit auf mein Gesicht und meine Worte gleichzeitig beunruhigend, faszinierend, nützlich für unsere Arbeit und doch letztlich Louises Fortschritt hinderlich ist. Wenn wir unsere Arbeit tun sollen, muß sie ihrem eigenen inneren Lebendigsein mehr Aufmerksamkeit geben können. Davon ist sie immer noch weit entfernt.

»Sie beobachten mich mit Argusaugen, Louise.«

»Schon wieder?« Sie ist verwirrt. »Ja, wahrscheinlich. Ich tu das einfach ohne nachzudenken. Es tut mir leid.« Sie sitzt in aufmerksamer Haltung auf der Couch, mit leicht aufwärts gewandtem Gesicht. Sie trägt ein sommerliches, leichtes Kleid.

»Bitten Sie mich um Entschuldigung?«

»Nein« (beleidigt). Pause. »Doch, das habe ich wohl. Na ja, es ist wohl ärgerlich, daß ich das immer wieder mache, trotz allem, was wir hier zu tun versucht haben.«

»Wenn es für mich ärgerlich ist, werden Sie versuchen, damit aufzuhören. Ist das richtig?«

»Ach, das meine ich nicht.« Sie ist verwirrt, und ich bin zu schnell. Sie muß den Verlust spüren, den diese Verschiebung ihrer Mitte auf andere mit sich bringt. So werde ich nur erreichen, daß sie lernt, die Dinge anders auszudrücken, aber es wird immer noch eine Methode sein, es dem anderen recht zu machen. Warum bin ich Louise gegenüber strenger als anderen? Widerwillig gebe ich mir Rechenschaft über die Antwort auf diese Frage: Es ist ein verdeckter erotischer Kontakt. Also, dazu sind wir nicht hier; halte es unter Kontrolle.

Louise wird allmählich klar, wie sehr ihr eine echte innere Vision und das damit verbundene Gefühl der Identität fehlen. Soweit ist das gut. Ganz offensichtlich muß auch ich das lernen.

Sie seufzt, schüttelt die Schuhe von den Füßen und legt sich zurück auf die Couch. Dadurch wird es ihr erschwert, mich zu beobachten. Dadurch werde ich mir allerdings auch ihres Körpers stärker bewußt. Darüber muß ich noch mehr nachdenken - und zwar bald.

»Ich weiß eigentlich nicht, wer ich bin. Fast würde ich sagen, ich weiß nicht, ob ich bin. Ich meine, ich bin bloß dann sicher, daß ich existiere, wenn ich mit jemandem zusammen bin, besonders mit jemandem, der mich braucht.«

»Aber für Sie selbst?«

»Für mich selbst weiß ich es gar nicht. In letzter Zeit, seit ich mit Ihnen rede, frage ich mich manchmal: Wenn mich niemand brauchen würde, würde ich dann einfach verschwinden?«

Später bringt Louise das Gespräch auf die letzte Gruppensitzung. »Wenn ich in der Gruppe bin, weiß ich wirklich nicht mehr, wer ich bin. Ich weiß, die Leute mögen mich wohl, und das finde ich schön. Aber ich bin gar nicht sicher, wer das ist, den sie mögen. Bin ich bloß eine Wärmemaschine, die es ihnen angenehm macht, oder bin ich eine wirkliche Person?«

»Die Frage verfolgt Sie, nicht wahr?«

»Ja (mit nassen Augen), ja. Ich fühle mich wirklich innerlich so unsicher, daß ... daß ich nicht weiß, was oder wie ich sein sollte. Ich beobachte Hal und sehe, wie ruhig und fest er ist. Ich glaube nicht, daß ihm je die Frage käme, wer er eigentlich ist. Vielleicht sollte ich so sein wie er. Aber dann haben Sie darauf hingewiesen, daß er selber eigentlich gar nicht da war, sondern nur anderen hilft. Das hat mich gewundert. Vielleicht ist Hal genau wie ich. Aber das kommt mir einfach unmöglich vor.«

»Hal könnte sich innerlich gar nicht so verloren fühlen wie Sie.«

»Na, vielleicht doch (Pause). Aber es ist schwer vorstellbar. Aber jedenfalls, dann sehe ich gleich darauf Kitty, die so verspielt ist und ... flirtet. Das sieht aus, als machte es Spaß. Ich wünschte, ich könnte das auch ... aber ich glaube, ich würde albern wirken oder so, als sollte ich das nicht und die Leute würden das nicht mögen, oder vielleicht würde sich Billie ausgeschlossen fühlen.«

*Jim*

Louise ist typisch für so viele »gute« Menschen in unserer Kultur, die sich darüber Gedanken machen, was andere denken und wollen, die bereit sind, sich selbst zur Seite zu schieben, und die nur Leere vorfinden, wenn sie in sich hineinschauen. Ich kenne das aus meinem eigenen Leben ebenso gut wie aus den Lehren, die meine Klienten mir immer wieder erteilen. Dennoch habe ich das Gefühl, als nähme bei mir langsam die Erfahrung meines »Ichseins« zu.

Was ist also «Ich-sein«, in Anführungsstrichen? Es ist einer dieser subjektiven Zustände, die so elend schwer in Worte zu fassen sind. Bei dem Versuch kommt meistens eine Einkaufsliste guter Dinge zusammen, die so idealistisch klingt, daß es selbst mich anekelt. Trotzdem versuche ich es wieder einmal:

Ich habe das Gefühl, lebendig beteiligt zu sein, wenn ich bei mir selbst die Erfahrung meiner Emotionen und Wünsche zulasse; wenn ich meine Gedanken fließen lasse, ohne sie aus irgendeinem Grunde von vornherein zurechtzustutzen; wenn ich spontan in meinem Körper bin; wenn ich wirklich offen bin mit jemandem, der genauso mit mir ist; oder wenn ich meine Tiefen erkunde, für mich allein oder in dem Prozeß, den wir Tiefenpsychotherapie nennen.

So ausgedrückt klingt das wie ein unmöglich anspruchsvolles Rezept. Das ist es aber nur, wenn man es in dieser Weise auflistet und eine Dimension nach der anderen hinzufügt, statt - wie es tatsächlich der Wirklichkeit entspricht - eine Einheit zum Ausdruck zu bringen.

Diese Beschreibungen des ganz Gegenwärtigseins klingen so, als wollte ich allein mein Leben und meine Handlungen bestimmen. Das wäre sowohl naiv als auch unmöglich. Zu den vielen Aspekten meiner selbst, die ich in jeden Augenblick einzubringen suche, gehört mein Interesse am Wohlergehen anderer, an meinen moralischen und ethischen Werten, meine Sorge um die Zukunft und um meine eigene Begrenztheit inmitten der Unbegrenztheit.

Menschen können unglaublich viele Dinge aus den verschiedensten Quellen aufnehmen und sie auf subtile und unbewußte Weise zu einer starken Einheit zusammenschweißen. Darin, daß unsere Spezies diese Einheit nicht anerkennt und würdigt, liegt eine wichtige Wurzel der Tragödien, die wir über uns bringen. Zu oft ergreifen wir für eine Seite Partei - Verstand gegen Sinne, Verhalten gegen Erleben, Intellekt gegen Gefühl, überlegt gegen spontan - statt die Einheit zu verwirklichen, deren wir fähig sind.

Na! Ich habe mich weit von dem Thema entfernt, das ich in dieser Pause zwischen Klienten bearbeiten wollte: der Wirkung von Louises erotischer Anziehung auf mich und unsere gemeinsame Arbeit. Es ist Zeit, sich stärker damit zu befassen. Ich liebe das Erotische, Sexuelle, Sinnliche. Immer schon. Ich bin schon immer mit einem lebhaften Interesse an diesem gesamten Bereich geplagt und gesegnet gewesen. In meiner Erinnerung finden sich Schnappschüsse von Entzücken, Schuld, Scham, Ekstase, Abenteuer, Zwiespältigkeit. Allmählich scheinen solche Erlebnisse seltener zu werden. Sie fehlen mir.

Die alten Erinnerungen und die damit verbundene Scham kommen wieder, wenn ich an meine Reaktion auf Louises sexuelle Anziehung denke. So viele Stunden lang war ich derjenige, der da auf der Couch an diesen Gefühlen arbeitete. Und natürlich sind die Gefühle und Gedanken nicht verschwunden - werden es nie sein. Aber jedenfalls sind sie mir stärker bewußt und wirken nicht im Verborgenen. Ich hoffe, daß dieses gewachsene Bewußtsein bedeutet, daß sich weniger in mir und vor mir verbirgt. Es ist wichtig, alles ins Bewußtsein zu bringen, was mit Louise in mir aufgewühlt wird.

Nur ein kurzes Gespräch, und ich sitze hier völlig benommen. Wie gerne hätte ich jetzt eine Zigarette oder einen Highball! Ich fühle mich wie erschlagen. Gut, daß ich mindestens eine Stunde lang keinen Klienten habe. Besser nachschauen, ob das stimmt. Ja, nichts bis zwei Uhr.

Laß uns das alles noch mal Revue passieren. Gerade hatte ich Besuch von Fred, dem jungen Mann aus dem Staate New York, dem mein Buch und meine Ansichten so viel bedeuteten. Er war ein bebrillter, ernsthafter, studentischer Typ, der mich sofort mit seiner Begeisterung über den Inhalt meines Buches, das er fest umklammert hielt, überschwemmte. Dann wollte er ein Autogramm auf dem Deckblatt. Welche Erfüllung!

Als wir uns wieder hinsetzten, verkündete er, daß er daran dächte, seine Stelle aufzugeben, damit er nach Los Angeles ziehen und eine Therapie bei mir anfangen könnte. Er war begeistert und wollte ganz offensichtlich, daß ich mich an dieser Begeisterung beteiligte.

Irgendwie verlor ich meine eigene Mitte, je länger er darüber sprach. Ich fühlte mich steif und unwohl. Als ich versuchte, ihm zu antworten, klang es mir selber ungeschickt und gezwungen. Ich war beunruhigt, daß er sein Leben so auf den Kopf stellen wollte in dem Glauben, alles würde meinetwegen wie durch Zauberei hier anders sein. Ich versuchte, meinen Einwänden Ausdruck zu geben, aber sie klangen förmlich, gekünstelt.

Wir hatten kaum ein Viertelstunde miteinander gesprochen, da fing Fred an zu weinen! Ich konnte es nicht glauben. Ich versuchte, meiner Anteilnahme Ausdruck zu geben, aber er zog sich emotional genauso stark zurück, wie er vor wenigen Minuten noch offen gewesen war.

Er sagte bitter: »Sie sind so unecht. Sie sind überhaupt nicht wie Ihr Buch. Warum können Sie nicht so sein, wie Sie über das Sein schreiben?« Ich weiß nicht mehr, was ich geantwortet habe.

Es war eine solche Enttäuschung. Ich weiß nicht, was ich eigentlich erwartet hatte. Es war klar, daß ich nicht war, was er erwartet hatte. Er war so enttäuscht von mir, von mir als Person!

Ich stürzte aus den Höhen seiner Begeisterung in die Tiefen seiner Enttäuschung. Ich ermutigte ihn, aufrichtig zu sein; er sagte mir, wieviel weniger authentisch er mich fand, wieviel weniger die Persönlichkeit, die er aufgrund dessen erwartet hatte, was ich schrieb; auf die er gehofft hatte bei seinen Plänen, sein Leben tiefgreifend zu verändern.

Natürlich hatte er recht.

Mehr als einmal habe ich selbst über eben diese traurige, nicht auszuräumende Diskrepanz in mir selbst geweint. Meine Vision meines Lebens steht in so strahlendem Gegensatz zu der Gewöhnlichkeit, den Kompromissen und den raffinierten und nur halb bewußten Selbsttäuschungen, die ich immer noch praktiziere. Ein gewisser Trost liegt in den echten Fortschritten, die ich im Laufe der Jahre gemacht habe, aber ich weiß nur zu gut, wie partiell sie sind.

Natürlich hat diese Medaille auch eine andere Seite: dieser junge Mann mit dem so beunruhigend feinen Gespür weinte auch um sich selbst - wenn es ihm auch nicht bewußt sein mochte. In unserer kurzen Begegnung war unsere Beziehung nicht so stark, daß ich ihm das hätte zeigen können. Ich wünschte, wir könnten noch einmal miteinander sprechen. Er würde immer noch finden, daß ich seinem Ideal nicht entspreche, aber vielleicht würde er seine eigene Unvollkommenheit eher akzeptieren und damit vielleicht auch meine Grenzen.

Ich sinke in den Stuhl zurück, schließe die Augen und erinnere mich daran, daß die Vision, die ich für mich habe - und auch für die, mit denen ich arbeite - immer noch gültig ist, immer noch inspirierend, mir immer noch teuer. Diese Vision gründet sich aus einer tieferen und letztlich nicht in Worte faßbaren Intuition davon, was es bedeutet, Mensch zu sein.

Aber zum Schluß, als all das Darübernachdenken beendet ist, bleibt echte Trauer, daß Freds leuchtende Hoffnungen und die leuchtende Hoffnung, die er in mir weckte, so ein trauriges Ende fanden.

# 5.

# »Und niemand kam. Niemand!«

**Donnerstag, 19. Mai**

*Hal*

Es ist kalt für Mitte Mai in Südkalifornien, aber das Wetter schert sich nicht um die Prospekte der Handelskammer. Beim Hereinkommen bin ich froh über die Wärme im Büro, aber es stinkt nach Tabak, so daß ich die Klimaanlage wenigstens für kurze Zeit anstellen muß. Hal merkt das natürlich, kaum daß er eingetreten ist.

»Meine Güte, Jim, du solltest wirklich deine Miete bezahlen, damit sie dir nicht so die Heizung abdrehen.«

»Ich hätte nicht gedacht, daß ein so gut bepackter Typ wie du das bißchen Kühle überhaupt spürt.«

Er grinst und läßt sich in einen Stuhl fallen. Diese Art spielerischen Scharmützels ist unser vertrauter Eröffnungszug. Dennoch mache ich mir im Geist eine Notiz, daß es zum Ritual werden könnte; wenn das so wäre, wird damit vielleicht etwas verdeckt, was der Aufmerksamkeit bedarf.

Ich habe vorher über Hals Therapie nachgedacht und bin zu einem Entschluß gekommen. Nachdem wir es uns also beide in unseren Stühlen bequem gemacht haben, fange ich an - was üblicherweise nicht meine Methode ist.

»Hal, wir arbeiten jetzt seit einem halben Jahr miteinander, und wir sollten uns darüber Rechenschaft geben, wie die Arbeit läuft. Wie siehst du das?«

»Die Idee ist gut, Jim. Laß mich ein bißchen nachdenken, ja?«

Ich nicke, und wir schweigen beide kurze Zeit. Innerlich mustere ich meine Argumente für das, was ich vorschlagen will, plane Erwiderungen auf das, was er vielleicht dazu sagen könnte. Das bringt nichts; es verursacht nur Anspannung in mir. Ich hole langsam und tief Atem, lasse ihn wieder hinaus und ein Teil der Anspannung bewußt mit ihm.

»Also, Jim, ich glaube, wir machen Fortschritte, aber offengestanden nicht annähernd so schnell, wie ich möchte. Ich habe Angst, daß ich mir Tim wirklich entfremden könnte.« Er hält inne, seine Augen werden feucht. »Und das ist mehr, als ich ertragen kann.«

»Es ist schrecklich, ihn so zu lieben und dennoch immer wieder zu merken, daß du dich mit ihm streiten mußt.«

»Verdammt noch mal, ja!« Er haut mit der Hand auf die Armlehne. »Ja, es ist verdammt scheußlich. Ich muß mich einfach unter Kontrolle bekommen.« Er hält inne, wendet sich zu mir um, sein Gesicht ist angespannt. »Kannst du mir nicht helfen, das schneller zu schaffen, Jim?« Er fällt in den Stuhl zurück, mit leicht gesenktem Kopf.

»Ich möchte wirklich gern, Hal.« Meine Stimme ist fest und liebevoll.

»Das weiß ich. Das weiß ich, Jim. Es ist nicht fair, dir das so anzuhängen, aber ich habe wirklich Angst. Ich weiß nicht, was ich machen soll.«

»Hal, ich habe auch darüber nachgedacht, und ich will dir einen Vorschlag machen.«

Er hebt den Kopf und sieht mich unverwandt an.

»Wir hatten vor fast einer Woche die letzte Sitzung, und am Ende sah es so aus, als wärest du dir selbst näher gekommen. Erinnerst du dich?«

»Ja, wahrscheinlich.« Teilnahmslos, entmutigt.

»Jetzt haben wir fast eine Woche Pause gehabt. Wir werden heute wieder ein Stückchen weiterkommen; dann haben wir in zwei Tagen wieder eine Sitzung und kommen wieder ein bißchen weiter. Dann warten wir wieder fast eine Woche, und - naja, den Rest weißt du.«

»Ja, ich weiß, aber ich kann mir wirklich nicht vorstellen, daß es so einen Unterschied machen würde, ob ich drei oder viermal die Woche komme oder zweimal.«

»Es ist, als gingen wir zusammen an den Strand und buddelten eine Stunde lang im Sand. Dann bleiben wir vier oder fünf Tage lang zuhause, bevor wir wiederkommen und an derselben Stelle weiterbuddelen. Wenn wir wieder da sind, graben wir größtenteils den gleichen Sand noch einmal um.«

»Mit anderen Worten, ich müßte wirklich öfter herkommen.«

»Was meinst du?«

»Es würde wahrscheinlich helfen. Aber ich hab so verdammt viel zu tun, Jim. Ich habe den Kurs am College zusätzlich zu ein paar Extraaufgaben am Institut, und ich will diesen Artikel für Western fertigkriegen ... Na ja, du weißt, wie das ist.«

»Ich weiß es und du weißt es; aber was heißt das?«

»Das heißt, daß ich mir einfach im Moment nicht mehr Zeit nehmen kann. Vielleicht in ein paar Monaten - nein, das ist Quatsch! Du und ich wissen, daß ich in ein paar Monaten genauso in der Arbeit stecken werde wie jetzt.«

»Und wirst mit Tim auch noch an derselben Stelle stehen?«

»Autsch! Du weißt wirklich, wo du zuschlagen mußt, was?«

»Du hast die Frage nicht beantwortet.«

»Nein, Tim und ich werden nicht an derselben Stelle stehen. Ich hoffe nur, wir wohnen noch im selben Haus.«

»Hal, sieh dir an, wie die Dinge in den letzten sechs Monaten gelaufen sind, seit wir miteinander arbeiten. Du hast gerade gesagt, du willst schneller vorankommen. Ich bitte dich jetzt dringend, dein Arbeitstempo zu steigern. Du weißt, daß du Probleme mit deiner Subjektivität hast, obwohl dieser Punkt entscheidend für unsere Arbeit ist. Es ist Zeit, daß du dich dieser Frage wirklich stellst. Kannst du dir leisten, fünf Tage zu warten, bis wir an dem weiterarbeiten können, was wir heute oder an den meisten Tagen hier tun?«

»Na, es ist ja nicht so schlimmm wie früher. Ich bin heute abend und jede Woche in der Gruppe.«

»Hal, du tust so, als ob wir hier in einem Basar wären. Ich spiele nicht mit. Du feilschst mit dir selber. Was brauchst du?«

»Es würde meinen Zeitplan total durcheinanderbringen.«

»Das glaube ich wohl.«

»Aber Tim ist wichtiger. Okay, laß uns noch einen Termin für nächste Woche ausmachen.«

»Tim ist wichtig, aber Hal ist es auch. Wenn du dich nur wegen Tim so entscheidest ... «

»Du läßt aber auch wirklich nicht locker, was?«

»Wenn es wichtig ist, nicht.«

»Es ist wichtig. Hast du morgen einen Termin frei?«

*Gruppentherapie*

Ich werde etwas riskieren und Kate, die endlich lernt, daß Vernunft und Gefühle Verbündete sein können, jetzt in die Gruppe hineinnehmen. In vieler Hinsicht ist sie dafür noch nicht weit genug; aber ich ahne, daß sich unter ihrem eisigen Äußeren eine echte Sehnsucht nach Gemeinschaft verbirgt. Die Gruppe ist zur Zeit nicht sehr konfrontativ und reif genug, sie nicht zu schikanieren.

Kate kommt pünktlich wie immer, aber steht mit einem bei ihr gänzlich ungewohnten Zögern an der Tür. Ich habe nach ihr Ausschau gehalten, so daß ich mit ihr zusammen in den Gruppenraum gehen kann. Ben, Billie,

Dave und Louise sitzen bereits. Sie blicken auf und lächeln uns an, grüßen mich und wenden sich dann an Kate, die unsicher neben mir steht.

Billie: »Hallo, ich heiße Billie.« Sie streckt die Hand aus. Kate ergreift sie etwas zögernd, aber erholt sich bald. Sie sieht Billie gerade ins Gesicht und lächelt ein wenig.

Kate: »Ich heiße Kate. Soll ich an einem bestimmten Platz sitzen?« Die Frage richtet sich an Billie und an mich, da ich mir schon einen Stuhl genommen habe.

Billie: »Setzen Sie sich her zu mir, Kate. Es macht es am Anfang leichter, neben jemand Freundlichem zu sitzen statt neben diesen Ungeheuern.« Sie grinst den Männern neckend zu, während Louise zu Kate herüberkommt.

Louise: »Hallo, Kate, ich heiße Louise. Und diese 'Ungeheuer' heißen Dave und Ben, und da kommt Hal. Eigentlich sind sie übrigens gar nicht solche Ungeheuer wie sie tun, Kate.«

Kate braucht eine Weile, um zu begreifen, daß dies alles scherzhaft gemeint war; aber jetzt hat sie verstanden. Als sie versucht, mitzumachen, kommt das etwas steif: »Ach, das freut mich aber zu hören.«

Die Sitzung geht langsam an. Billie nimmt Kate unter ihre Fittiche und erklärt ihr einiges. Sie merkt nicht, daß sie damit in Wirklichkeit Kate verärgert, die viel lieber still und unbemerkt bleiben würde.

Die Diskussion umkreist Daves Neuigkeit. Er hat ein ungewöhnlich gutes Angebot bekommen, in einem anderen Staat eine Oberarztstelle in der Psychiatrie zu übernehmen. Ich kenne dieses große Geheimnis schon seit einer Weile - denn er überlegte, ob er diese Verlegung seiner Praxis vornehmen und die Therapie aufgeben soll. Die Gruppe ist nicht einig, ob er das Angebot annehmen soll, und Dave gibt zu, daß er ebenfalls im Zwiespalt ist.

Dave sagt, er nähere sich den Fünfzig und meint deshalb, die Gelegenheit jetzt ergreifen zu müssen. Für die größere Veränderung in seinem Leben, die er sich wünscht, werden sich nicht mehr allzu viele andere Möglichkeiten bieten. Das bringt die Gruppe auf das Thema Altern, und jeder sagt, wie alt er oder sie ist. Ben und Dave sind beide siebenundvierzig, Louise ist siebenunddreißig, Hal ist sechsundvierzig, Billie ist zweiundsechzig und Kate, die als letzte antwortet, ist neununddreißig.

Ben fragt Billie, wie sie sich als Älteste in der Gruppe fühlt. Sie gibt zu, daß sie sich in der Hinsicht etwas als Außenseiterin vorkommt. Sie sagt, es täte ihr leid, daß sie einen so großen Teil ihres Lebens so besorgt gewesen sei, ob sie sich auch richtig benehme, daß sie viel verpaßt habe; und daß sie sich nach einem Lebensgefährten sehne, aber mittlerweile die Hoffnung eigentlich aufgegeben habe, jetzt noch einen zu finden.

Zu meinem Erstaunen höre ich Kate unaufgefordert sagen: »Das kann ich verstehen, Billie. Ich habe auch keinen Partner, und ich stelle immer deutlicher fest, daß ich gerne jemanden hätte.« Dann verstummt sie, verlegen über diese Bloßlegung, und in ihren Augen schwimmen Tränen.

Hal sagt Kate, wie sehr er ihre Bereitschaft zu würdigen weiß, daß sie dieses Gefühl mitteilt, und mehrere andere geben ebenfalls Unterstützung. Aber Kate hat sich wieder in sich zurückgezogen, und ich bin nicht sicher, wieviel von diesen Botschaften zu ihr durchdringt.

Die Diskussion über das Altern mündet in persönliche Geständnisse, mit welchen Gefühlen sie auf Veränderungen reagieren. Louise schildert ihre Angst, daß sie vielleicht verpassen könnte, Kinder zu haben, indem sie sagt, daß sie bei unregelmäßigen Perioden bereits den Schatten der Wechseljahre spürt. Dave beruhigt sie damit, daß diese Besorgnis verfrüht sei; aber, wie Ben Dave verdeutlicht, es ist klar, daß damit Louises Befürchtungen nicht wirklich ausgeräumt sind.

Gegen Ende der Sitzung übernimmt Louise die Initiative und stellt Kate Fragen über sie selbst. Kate antwortet sorgfältig auf Tatsachenfragen, macht aber unaufgefordert keinerlei Äußerungen, außer über ihr Unbehagen, im Mittelpunkt der Aufmerksamkeit zu stehen.

## Montag, 23. Mai

*Kate*

Wieder und wieder zeige ich Kate ihren Zwang, ihre Gefühle zu verleugnen, obwohl sie inzwischen widerwillig eingesteht, daß sie wichtig sind. Dieser Prozeß hilft ihr langsam aber deutlich, ihre Gefühle aus dem Exil zurückzuholen. Vorsichtig gibt sie zu, daß sie sich mancher Gedanken und Hinweise in ihrem Inneren bewußt sei, die sie früher streng verbannt hat. Aber die Arbeit kann nur sehr bedachtsam vorangetrieben werden, und ihre entschiedene Zurückhaltung schmilzt nur sehr langsam dahin.

Kates Gesicht ist traurig, und ihr Körper scheint starr, als sie ins Sprechzimmer kommt und sich auf - nicht in - den großen Sessel setzt. Sie hält sich fest unter Kontrolle, es ist nicht eindeutig, ob mir gegenüber oder gegenüber etwas in ihrem Inneren. Sie quittiert meine Begrüßung gerade mal mit einem Nicken und sitzt dann schweigend, preßt ihre Hände fest um ihre Handtasche zusammen.

»Es geht Ihnen nicht gut, Kate.« Vorsichtiger Ton. Dräng sie nicht. Es ist klar genug, daß sie sehr unglücklich ist.

»Die Gruppe ... « Tränen ersticken ihre Stimme, und sie sieht mit schmerzerfüllten Augen zu mir auf. Ich bin bestürzt. Soweit mir bewußt war, konnte nichts in der Gruppensitzung so schmerzhaft für sie gewesen sein.

»Die Gruppe? ... «

»Wie Louise über ihre Regel gesprochen hat ... und Billies Gefühle ... « Ihr Schluchzen bricht durch ihre Entschlossenheit, es zu ersticken. »Ich weiß nicht ... ich wußte nicht ... daß es so sein würde. Oh!« Ihr Schmerz ist so deutlich.

»Versuchen Sie es mir zu sagen, Kate. Das hilft.«

»Mir ist eine Erinnerung wiedergekommen.« Ihr Stimme ist fast ein Krächzen; so sehr schnürt es ihr den Hals zu. Sie sieht mich nicht an.

»Mm-hmm.« Ganz leise. Sie braucht von mir im Moment keinen Druck.

»Ich denke mir, das war es, wonach wir gesucht haben. Aber ich wußte nicht, daß es sich so anfühlen könnte.« Sie richtet sich etwas auf, schaut mir kurz in die Augen, holt heftig Atem, schlägt die Augen wieder nieder. Dann schiebt sie abrupt die Handtasche von ihrem Schoß auf den Sessel neben sich. Als ob sie sich entschlösse, sich nicht mehr damit zu schützen.

»In dem Frühjahr, als ich meinen elften Geburtstag hatte, bekam ich ... « Sie hält inne, um Luft zu holen. »In dem Frühjahr, als ich elf Jahre alt war, passierte etwas (Pause). Ich bekam meine ... meine Menarche. Meine Monatsregel fing an (erneute Pause). Ich war nicht darauf vorbereitet. Ich meine, ich wußte nichts. Wußte nicht, daß das kommen würde.« Sie versinkt erschöpft in Schweigen. Ich werde einfach still sein, ihr Raum lassen.

Sie atmet ein bißchen leichter, aber ist immer noch sehr angespannt. Jetzt nimmt sie sich zusammen und fährt fort. »Ich erinnere mich, daß ich ein bißchen später aufwachte als sonst, weil ich keine Schule hatte. Es war ein Samstag. Ich fühlte mich beim Aufwachen merkwürdig, entspannt und außerdem noch irgendwie merkwürdig anders. Das Entspanntsein war schön, weil ich wußte, daß ich vorher angespannt und reizbar gewesen war. Und trotzdem war mir unbehaglich. Dann ... dann merkte ich plötzlich, daß etwas nicht stimmte ... «

»Etwas stimmte nicht.«

»Ja, ich war naß ... naß da unten ... zwischen den Beinen ... und ... als ich nachsah, war da Blut. Ich hatte solche Angst. Ich wußte nicht, was da passierte. Ich überlegte, ob ich sterben würde. Ich hatte auch ein schlechtes Gewissen, aber ich wußte nicht, weswegen. Es war, als wäre da etwas, was ich tun oder wissen sollte, aber ich konnte mir einfach nicht denken, was (Pause). Ich weiß nicht, wie lang ich da gelegen habe, Angst hatte, mich zu bewegen oder einen Ton von mir zu geben, sogar zu weinen.

Schließlich hörte ich jemand im Flur vor meinem Zimmer. Ich hatte Angst, es wäre mein Bruder oder mein Vater. Ich konnte den Gedanken nicht ertragen, es könnte einer von ihnen sein. Aber dann klang es mehr nach meiner Mutter; also habe ich, so laut ich konnte, ihren Namen geflüstert. Aber sie hat mich wohl nicht gehört. Also lag ich einfach da. Oh, ich hatte solche Angst.« Sie wiegt ihren Körper leicht hin und her, mit gekreuzten Armen.

»Wie schrecklich für ein kleines Mädchen!«

»Ja,« Kate beginnt zu weinen. »Ja, es war schrecklich. Ich hatte solche Angst.« Wir schweigen mehrere Minuten lang.

»Nach langer Zeit hörte ich meinen Vater hinten im Garten arbeiten, und ich dachte, mein Bruder wäre sicher zu seinen Freunden gegangen. Er blieb nie gern zuhause, weil meine Mutter oder mein Vater ihm immer irgendetwas im Haus zu tun gaben (Pause). Ich dachte, daß nur Mutter im Haus wäre, also stand ich so vorsichtig wie möglich auf und zog meinen Bademantel an und ging hinunter in die Küche. Da stand meine Mutter und wusch ab.«

Das bringt einen neuen Ausbruch von Tränen, und zum ersten Mal schluchzt Kate wirklich. Sie gibt ihren Gefühlen nur kurz nach und reißt sich dann wieder zusammen, um weiter- zumachen mit dem, was sie sich vorgenommen hat. Ich denke daran, sie zu unterbrechen, ihr zu raten, sich mehr Zeit zu nehmen und ihr jetziges Elend mehr zu akzeptieren, aber ihr Verhalten macht deutlich, daß sie mit dieser Schilderung weitermachen muß.

»Mutter sah auf, als ich in die Küche kam, und wollte etwas sagen, aber wahrscheinlich hat sie an meinem Gesicht gesehen, daß etwas nicht stimmte. Stattdessen hielt sie plötzlich inne und fragte mich, was los wäre. Ich hatte Angst, es ihr zu sagen, aber ich wußte, daß ich es tun mußte. Sie schien überrascht zu sein, aber dann passierte etwas ganz Wunderbares: Sie streichelte meine Wange, sagte mir, das wäre nicht so schlimm, und sie hatte Tränen in den Augen. Sie hatte tatsächlich Tränen in den Augen!«

Wieder überwältigt Kate eine Welle des Elends. Sie gibt ihr kurz nach. »Also nahm mich Mutter ins Badezimmer und gab mir eine Binde und einen Gürtel und zeigte mir, wie man das benutzte. Dann brachte sie ein sauberes Handtuch und legte es über das schmutzige Laken und sagte mir, ich sollte wieder ins Bett gehen.« Kate schluchzt jetzt ganz offen. »Sie war so sanft, so sanft. In dem Moment hatte ich sie so lieb.«

»Wissen Sie, ich weiß gar nicht, ob ich meine Mutter je weinen gesehen hatte, außer wenn sie und Pappi sich stritten, und das war eine ganz andere Art Weinen.« Nach einer Pause spricht Kate weiter. »Ziemlich bald kam Mutter mit einem Tablett herein, mit Orangensaft und Ei und Toast und

Marmelade. Ich hatte sonst nie im Bett gefrühstückt, nur als ich die Masern hatte; und deswegen überlegte ich mir wieder, ob ich wohl sehr krank wäre, aber Mutter sagte, nein, alles wäre in Ordnung.

Dann sagte sie, ich könnte heute im Bett bleiben und könnte mir ein Spiel aussuchen, das ich spielen wollte, und sie würde bald kommen und es mit mir spielen.« Wieder ein Tränenstrom, und mir scheint, er ist irgendwie anders als vorher, obwohl ich den Unterschied nicht genau ausmachen kann.

»Meine Mutter spielte nie Spiele mit mir. Ich mochte Spiele sehr, und mein Vater und mein Bruder spielten oft mit mir, aber Mutter sagte immer, Spiele wären albern. Also war ich ... ich fand es einfach toll, könnte man wahrscheinlich sagen.« Ich höre jetzt Zorn in Kates Stimme, wenn auch sehr unterdrückt.

»Ich spielte unheimlich gern Monopoly, also holte ich das Brett und alles, was dazugehört, das Geld, die Hotels, all die Sachen, und stellte einen Spieltisch neben das Bett, damit es richtig hübsch wäre, wenn sie wiederkäme. Ich überlegte, ob ich gehen und ihr Tee machen sollte, aber sie hatte mir ja gesagt, ich sollte dableiben; also ging ich wieder ins Bett und wartete. Ich wartete ziemlich lange und überlegte mir, ob ich mein Buch lesen sollte - ich hatte immer Bücher aus der Leihbücherei - aber ich wollte nicht, daß ich nicht bereit wäre, wenn sie käme, also legte ich das Buch bloß zur Seite.«

Kates Stimme ist jetzt gleichmäßiger, aber sie steht ganz deutlich unter starkem emotionalem Druck. Wieder überlege ich, ob ich darauf drängen soll, daß sie diese Gefühle direkt ausdrückt. Ich werde einen Ansatzpunkt geben und sehen, ob sie ihn nutzen kann. »Kate, ich kann sehen, wieviel Gefühle im Moment in Ihnen sind. Vielleicht wäre es nützlich, wenn Sie jetzt anhalten würden und einfach diese Gefühle rausließen. Dann können Sie nachher wieder auf das zurückkommen, was Sie mir erzählen wollen - oder sogar in der nächsten Sitzung.«

»Nein!« Ihr entschiedener Ton scheint sie ebenso zu überraschen wie mich. Dann spricht sie leiser, drängender. »Nein, bitte. Bitte, ich muß das alles jetzt erzählen, sonst kann ich ... kann ich es nicht ... es nicht ertragen.«

»Ist gut, Kate. Sprechen Sie weiter.«

»Es dauerte lange, bis Mutter zurückkam. Ich vergaß zwischendurch, daß ich auf sie warten wollte, und begann mit den Monopolysteinen zu spielen, aber dann hörte ich Schritte und stellte alles wieder so schnell wie möglich an seinen Platz. Mutter steckte den Kopf durch die Tür und sagte, sie müßte kurz zu Mrs. Gantly gegenüber, und sie käme gleich zurück, und dann könnten wir spielen. Ich glaube, sie hatte noch ein bißchen geweint.

Die Zeit verging so langsam. Ich war unruhig und dachte, vielleicht sollte ich aufstehen und mich anziehen, aber dann dachte ich, vielleicht fände sie das nicht gut. Also beschloß ich, daß ich doch in mein Buch hineinschauen konnte, wenn ich es nur schnell weglegen könnte, wenn ich sie kommen hörte. Aber dann verstand ich sowieso nicht, worum es in dem Buch ging.«

»Sie waren ganz angespannt, haben gewartet und ... «

»Ja, so angespannt. Jetzt weiß ich, daß ich Angst hatte, darüber nachzudenken, warum Mutter so lange brauchte. Und ich fing wieder an, mir über das Blut Sorgen zu machen. Vielleicht hatte ich in Wirklichkeit irgendetwas ganz Schlimmes, und Mutter wollte nicht, daß ich es erfuhr. Als Oma Krebs hatte, hatten auch alle versucht, es ihr zu verheimlichen. Ich fing an, ein bißchen zu weinen, glaube ich, aber ich wollte nicht weinen, wenn Mutter kam, also zwang ich mich, aufzuhören.«

Kate hat jetzt zu weinen aufgehört; stattdessen wirkt sie plötzlich grimmig entschlossen. »Ich dachte immer wieder an das Blut und all das, und ich bekam solche Angst, daß ich dachte, ich kriegte gar keine Luft mehr. Dann ging ich raus in den Flur zum Telefon und rief bei Mrs. Gantly an. Als Mutter an den Apparat kam, klang ihre Stimme ein bißchen merkwürdig, aber sie sagte, sie käme in ein paar Minuten nach Hause, und ich sollte alles fertigmachen zum Spielen.

Ich hatte vorgehabt, Mutter noch mehr wegen des Bluts zu fragen, aber dann wollte ich doch nicht mehr. Also ging ich bloß in mein Zimmer zurück und stellte alles wieder richtig hin und wartete. Ich wartete lange. Diesmal weinte ich wirklich viel, und ich dachte, ich sollte vielleicht Pappi rufen, aber ich wußte, daß ich es nie fertigbringen würde, ihm von dem Blut zu erzählen. Ich muß dann wohl eingedöst sein, denn es war etwa zwei Uhr, als ich nachsah. Ich war ein bißchen hungrig.

Ich brachte mein Frühstückstablett in die Küche hinunter und schaute im Kühlschrank nach etwas zu essen, aber nichts machte mir Appetit, also beschloß ich, daß ich doch lieber nichts essen wollte. Stattdessen ging ich wieder ans Telefon und rief Mutter an. Diesmal war ihre Stimme so anders, daß ich einfach merken mußte, daß sie getrunken hatte. Sehen Sie, Mutter trank manchmal zu viel. Einmal, als sie wirklich betrunken war, schrie Pappi sie an, und sie waren wahnsinnig wütend aufeinander, und Pappi hat sie geschlagen. Als ich mich an das alles erinnerte, fing ich am Telefon an zu weinen und flehte Mutter an, nach Hause zu kommen.

Sie sagte, sie käme gleich, aber irgendwie glaubte ich das nicht. Ich stellte das Spiel so halb wieder richtig hin, aber ich wollte eigentlich gar nicht mehr spielen. Nach einer Weile hörte ich ein Geräusch, als ginge die Haustür; also stand ich rasch auf, knipste das Licht wieder an und stellte das Spiel wieder richtig hin. Aber niemand kam. Wahrscheinlich war es der Zeitungsjunge ... Und niemand kam. Niemand.« Sie weint wieder. »Ich rief noch ein- oder zweimal an, aber ich glaubte eigentlich schon nicht mehr, daß es etwas nützen würde. Ich weiß noch, daß ich weinte und Mutter sagte, wie lieb ich sie hatte und wie sehr ich mir wünschte, sie sollte nach Hause kommen. Sie sagte immer, sie käme gleich, aber sie kam nie.«

»Und so waren Sie den ganzen Tag furchtbar allein.«

»Ja, den ganzen Tag. Lange Zeit später hörte ich, wie Mutter und Pappi sich anschrieen; da wußte ich, daß sie nach Hause gekommen war, und dann hörte ich, wie ihre Schlafzimmertür zuknallte. Dann kam Pappi vorbei und fragte mich, ob alles in Ordnung wäre, und ich sagte ja. Er fragte mich, ob ich irgendetwas brauchte, und ich sagte, nein, ich brauchte nichts.«

Kate weint eine Weile leise, und ich sitze schweigend bei ihr und denke, daß Kate in den mehr als fünfundzwanzig Jahren seit jenem traurigen Samstag alles getan hat, was in ihrer Macht stand, um sicher zu sein, daß sie niemals wieder irgendjemanden braucht.

*Jim*

Ein Schmerz, wie ihn Kate empfindet, ist umso intensiver, als er sich auf ihr Inneres richtet und aus der Erkenntnis des Unabänderlichen herrührt. Kate weint wegen der Angst und Verlassenheit, die sie vor einem Vierteljahrhundert durchgemacht hat, aber der Schmerz ist nicht nur erinnerter Schmerz. Dieser Schmerz ist ganz entscheidend ein gegenwärtiger Schmerz.

Der gegenwärtige Schmerz setzt sich zusammen aus der Trauer um die Jahre, die sie verloren hat, die Jahre, in denen sie sich selbst am vollen Leben hinderte, um ein nochmaliges Verratenwerden zu vermeiden, und aus der Erkenntnis der unerbittlichen Wirklichkeit der Gegenwart. Sie hat und hatte nie die gute Mutter, die sie sich so wünschte (und die sie an jenem Samstag für kurze Zeit zu haben glaubte). Sie war nie eine junge Frau mit engen Freundschaften und Liebschaften, und auch heute hat sie die nicht. Sie weiß auf einer - noch nicht ganz bewußten - Ebene um die Verarmung ihres derzeitigen Lebens, als diese Erinnerung ein Schlaglicht darauf wirft.

Wäre es besser gewesen, ihr diese Qualen zu ersparen, diese Erinnerung nicht wieder heraufzuholen? Ganz und gar nicht! Nur durch die reinigende Katharsis kann sie den Zugang zu ihrem inneren Lebendigkeit wiedergewinnen. Diese einzige Episode wird nicht zu diesem Ergebnis führen, aber sie trägt sehr stark dazu bei, daß die erstarrten Gefühle auftauen, und vergrößert dadurch ihre Möglichkeiten, mit anderen in Beziehung zu treten. Diese Fähigkeit muß sie in die Tat umsetzen, wenn sie ihrem Leben eine neue Richtung geben will.

Der Sinn für unser Lebendigsein, der existentielle Sinn - das ist der einzige Weg, wie wir wirklich Entscheidungsfähigkeit und Kraft in unserem Leben gewinnen können. Wenn dieser Sinn solange geknebelt wurde wie bei Kate, ist es nötig, den vergrabenen Schatz des echten vitalen Gewahrseins langsam und behutsam zu heben. Dann wird es möglich, in geduldiger Arbeit das Leben in die fast verkümmerten Adern ihrer Gefühle zurückkehren zu lassen.

Kates Sitzung heute war für sie und für mich ungeheuer emotional. Und auch in einer anderen Hinsicht war sie wichtig. Ich habe wirklich gespürt, daß Kate in einem Maße hier anwesend war wie nie zuvor. Ihre Kindheitserlebnisse haben eine Seite in mir zum Klingen gebracht. Ich weinte mit ihr - obwohl ich kaum annehme, daß ihr das klar war - weil sie bei mir Erinnerungen an Zeiten heraufbeschwor, wo mein Vater mich und meine Familie im Stich ließ, weil er trank. Allerdings gab es da einen großen Unterschied. Ich wußte, daß er mich liebte, und zu vielen anderen Zeiten war er sehr für mich da.

So viele Menschen unterdrücken mit Alkohol Gefühle, mit denen sie anders nicht umgehen können. Mein Vater hatte das Unglück, zu einer Zeit das Alter von Erwachsensein und Verantwortung zu erreichen, wo seine Anstrengungen, dieser Verantwortung gerecht zu werden, ständig fehlschlagen mußten: der Wirtschaftskrise. Ich habe oft gedacht, wieviel mehr Glück ich hatte als er: ich wurde zu einer Zeit erwachsen, in der die Möglichkeiten zunahmen. Es ist nicht mein Verdienst, daß unsere Situation so unterschiedlich ist. Der Grund dafür liegt in dem, was Rollo May »Schicksal« nennt, die Zeit und Umstände, in die wir durch unsere Geburt geworfen werden.

Wenn ich über meinen Vater und mich nachdenke, preise ich mich glücklich, daß die Psychotherapie heutzutage ein immmer akzeptablerer und - und in dem Teil der Welt, in dem ich lebe - positiv geltender Weg ist, sich mit unseren Lebensfragen auseinanderzusetzen. Mein Vater hätte bei einem guten Therapeuten viel erreichen können. Er fand unweigerlich nach jeder Enttäuschung seinen Optimismus wieder, hatte immer wieder neue Ideen und Pläne, um die Familienfinanzen zu sanieren (und uns das Millionärsdasein zu ermöglichen, das er für uns erträumte).

Ganz sicher könnten wir auch mit der Geschichte von Kates Mutter mitfühlen, wenn wir sie nur kennen würden. Aber wir kennen sie nicht. Und es ist eine harte Wahrheit, daß auch Verständnis und Mitgefühl den Schmerz nicht ungeschehen machen können.

Bei meiner Arbeit höre ich viele Geschichten von Schmerz und Enttäuschung. Lias Vater kam bei einem Unfall ums Leben zu einer Zeit, als sie männliche Führung gebraucht hätte, um mit ihrer sich entwickelnden jugendlichen Sexualität zurechtzukommen. Sie betrauerte ihren Verlust und wählte die Freunde, die ihr helfen sollten, so zahlreich und so unüberlegt. Bobs Mutter starb an Krebs, als er zwölf Jahre alt war, und er beschloß, daß er nie wieder so sehr auf jemanden angewiesen sein wollte. Bei dem Versuch, sich vor Verletzungen zu schützen, verdammte er sich selbst zu einer langen Reihe gescheiterter Beziehungen. Es gibt viele solche Geschichten.

Aber meine Arbeit gibt mir auch die Freude und Ermutigung durch Menschen, die sich gegen anscheinend unüberwindliche Widerstände ihr Leben zu eigen machen. Timothy, einer der beiden Farbigen, mit denen ich sehr tiefgehend gearbeitet habe, stammte aus einem Ghetto, in dem viele zu Süchtigen, Kriminellen und Versagern wurden. Irgendwie erkämpfte sich Timothy seinen Weg durch die Schule, in einen akademischen Beruf und schließlich über die Vorurteile von Arbeitgebern hinweg in eine erfolgreiche Position. Leslie wurde als Kleinkind zum Krüppel, aber sie verkrüppelte nicht emotional und ist nun einer von den Menschen, die anderen Behinderten Mut und Beispiel geben.

Ich werde oft gefragt: »Wie können Sie es nur ertragen, soviel Schmerzhaftes und Trauriges zu hören?« Meistens antworte ich: »Der Preis lohnt sich dafür, daß ich so viel Mut, Entschlossenheit und freudige Selbstverwirklichung erlebe.«

## Montag, 30. Mai

*Kate*

Es ist neun Uhr, und Kate ist nicht da. Sie ist sonst immer pünktlich, immer. Was kann bloß mit ihr los sein? Als sie kommt, ist es fast zehn Minuten über die Zeit. Keine Bemerkung dazu, keine Erwiderung meiner Begrüßung. Ihr Gesicht ist so angespannt, wie es das seit mehr als einem Monat nicht mehr war. Tatsächlich hatte ich nach dem Durchbruch von letzter Woche, als sie die Erinnerung an ihre erste Monatsregel wiederentdeckte, nicht erwartet, sie wieder derartig verbarrikadiert zu sehen. In den beiden anderen Situngen der letzten Woche schien sie ruhig, präsent, offener zu sein, allerdings vorsichtig bei dem Gedanken, wieder in derartig intensive Gefühle hineinzugeraten. Das war zu erwarten für die Zeit, in der sie die

Erkenntnis über die verlorenen Jahre verdaut und sich unbewußt auf das vorbereitet, womit sie als nächstes fertigwerden muß.

Aber da ist sie nun, eigentlich genauso wie vor einem Monat oder mehr, sitzt steif auf dem großen Klientensessel, ihr Körper widerstrebt der Einladung des Sessels, sich zu entspannen. Irgendetwas beunruhigt sie ernstlich.

»Sie sehen sehr bedrohlich aus, Kate.«

Sie runzelt leicht die Stirn, schweigt. Ich warte, wir warten. Mehrere Minuten des Schweigens. Dann bewegt sie sich ein bißchen, holt tief Luft, umklammert die Handtasche in ihrem Schoß fester und spricht tonlos.

»Ich habe nichts zu sagen.«

»Nehmen Sie sich Zeit. Wenn Sie können, erzählen Sie mir, was gerade in Ihnen vorgeht.«

»Nichts.«

»Das ist schwer zu glauben. Ihr Körper, Ihr Gesicht, Ihre Haltung - alle schreien, daß etwas Mächtiges in Ihnen arbeitet, so daß Sie sich abschotten müssen.«

»Wenn dem so ist, dann ist es mir nicht bewußt. Sie scheinen alle möglichen Dinge in mich hinein zu interpretieren, die ich unbewußt tue. Wie wäre es, wenn Sie mir ganz einfach sagen würden, was in mir vorgeht« (herausfordernder Ton).

»Das weiß ich nicht. Ich kann Ihnen nur sagen, was Sie ohne Worte mitteilen. Ich würde vermuten, daß Sie sehr zornig sind oder große Angst haben.«

»Da ich nichts zu sagen habe,« sie ignoriert meine Antwort, »ist meine Anwesenheit hier offenkundig sinnlos für mich.« Plötzlich wird mir klar, daß sie sich bereit macht zu gehen, obwohl sie die Haltung nicht geändert hat.

Ich sage trocken: »Es gibt reichlich Gründe, hier zu sein, Kate.«

Sie sitzt noch angespannter. »Entweder können Sie nichts tun, um mir zu helfen, oder Sie wollen nicht, und ich habe Ihnen nichts mehr zu erzählen.« Sie setzt an, aufzustehen. »Also ist es nur vernünftig, dieses nutzlose ... «

»Setzen Sie sich, Kate« (eindringlich). Ich beuge mich etwas in ihre Richtung. »Ich glaube, Sie möchten mich zornig machen. Dann könnten Sie sich hinterher sagen, Sie wären gegangen, weil ich zornig war.«

»Ich habe wirklich nicht den leisesten Wunsch, Sie zornig zu machen, Herr Dr. Bugental.« Sie spricht meinen Namen aus, als wollte sie einen Fremden auf Distanz halten. »Ich möchte einfach wissen, ob Sie irgendetwas tun werden, um mir zu helfen.«

»Ich will Ihnen helfen, aber im Moment scheinen Sie gerade fest entschlossen, alles abzuwehren, was ich sagen könnte.«

»Ich werde jeglichen Vorschlag genau anhören, den Sie mir machen können. Mehr kann ich nicht tun.« Gleichmäßige Stimme, präzise Aussprache.

»Sie können sehr viel mehr tun, Kate.« Ich spreche sehr bestimmt. »Aber im Moment haben Sie Angst davor, offen zu sein, und das kann ich verstehen. Dennoch möchte ich Ihnen helfen, sich zu befreien, jedenfalls ein wenig. Versuchen Sie einen kleinen Schritt: Sie werden offensichtlich von starken Gefühlen bewegt. Wann hat das angefangen?«

»Ich weiß nicht, wovon Sie reden. Ich spüre diese starken Gefühle wirklich nicht, von denen Sie sprechen. Kann es sein, daß Sie sich irren?« Ihre Ironie zerreißt den Schleier der Höflichkeit.

»Ja, das kann sein. Ich habe mich schon oft geirrt. Aber jetzt gerade irre ich mich nicht. Ich glaube allerdings, daß Sie sich jetzt gerade dieser Gefühle nicht bewußt sind.« In meiner Stimme schwingt Anteilnahme.

»Ich fühle mich innerlich wie aus Granit oder Eis, sonst nichts.« Sie scheint sich noch gerader zu halten, als mein Gefühl deutlich wird.

»Ich glaube Ihnen.« Ich spreche mit bewußt neutraler Stimme. »Dabei haben Sie sich in letzter Zeit nicht mehr so stark so gefühlt. Wir müssen Veränderungen in Ihrem Gefühlszustand kennen. Bitte erzählen Sie mir, was Sie heute morgen bis jetzt erlebt haben.«

»Ich sehe wirklich nicht ein, was das nützen soll. Der Morgen war ganz normal.« Sie hält inne, ich warte. »Ich bin aufgewacht, habe gefrühstückt, habe einige Korrespondenz erledigt und bin hierhergekommen. Es gab nichts Außergewöhnliches.«

»Wie war Ihnen beim Aufwachen zumute?«

»Ach, das kommt mir so sinnlos vor.« Sie hält inne. »Also, wenn ich jetzt darüber nachdenke, ging es mir beim Aufwachen eigentlich recht gut. (Pause). Aber wir wollen keine Zeit auf diese Belanglosigkeiten verschwenden. Ich muß wissen, ob Sie mir helfen können.«

»Ich will Ihnen sehr gerne helfen, aber Sie müssen mit mir zusammenarbeiten, wenn ich es tun soll. Es ging Ihnen ziemlich gut beim Aufwachen; wie war es beim Frühstück?«

»Ich erinnere mich nicht mehr (ungeduldig). Sollte ich eine zeitliche Aufzeichnung meiner Gefühle machen?«

»Woran haben Sie beim Frühstück gedacht? Kommen Sie, Kate, arbeiten Sie mit.« Sie wird ein bißchen lockerer, ich muß erreichen, daß sie weiterspricht - ziemlich egal worüber, am besten über ihre Gefühle und Gedanken.

»Ach, ich kann ... Also, ich fing an, Zeitung zu lesen, und dann ...« Sie hält inne, ein kurzer Ausdruck des Erkennens blitzt auf.

»Ja? Kate?« Sanft, aber eindringlich. Spannung kommt in mir auf.

»Ich dachte darüber nach, daß ich hierher kommen würde, und darüber, daß mein Bruder sagte, Mutter müßte vielleicht operiert werden.« Sie verliert sich; Schmerz oder eine gewisse Qual erscheint langsam auf ihrem Gesicht.

»Ihre Mutter ist krank?«

»Ja, Terry sagt, es ist der Rücken. Ich glaube, sie ist letztes Jahr gestürzt. Ja, stimmt. Im November.« Die Spur ist kalt; Kate entgleitet mir.

»Und, Kate, was dachten Sie darüber, heute hierher zu kommen?«

»Ach, ich dachte an ein paar andere Sachen aus meiner Kindheit, die ich Ihnen erzählen könnte, und ich ... « Sie hört abrupt auf. Wieder spüre ich Spannung.

»Ja, Kate?«

»Nun, eigentlich ist es ganz einfach.« Ihr Ton ist wieder eisig. Ihre Hände umklammern die Handtasche so fest, daß die Finger weiß werden. »Ich habe herausgefunden, daß ich gewisse Gefühle hatte, die unsere Arbeit beeinträchtigen würden. 'Übertragung' heißen solche Gefühle, glaube ich, bei Ihrer Zunft.« Ihr Gesicht ist streng.

Natürlich! Darauf hätte ich gefaßt sein müssen. Sie ist so lange von Gefühlen und gefühlsmäßiger Beteiligung an anderen Menschen abgeschlossen gewesen; es war unvermeidlich, daß die Erfahrung in der Gruppe und dann der Ausbruch von Gefühlen in der letzten Woche ihr wie der Zusammenbruch des Schutzwalls vorkommen muß, den sie vor so langer Zeit aufgebaut hat. Wenn sie merkt, daß mehr emotionsgeladene Erinnerungen auftauchen, muß das ihre Befürchtungen verstärken, daß der Damm wirklich gebrochen ist und sie bald jegliche Kontrolle verlieren wird. Kein Wunder, daß sie die Granitmauer wieder aufgebaut hat. Ich muß sie stützen und zu verhindern versuchen, daß die Öffnung erneut verschlossen wird.

»Natürlich, Kate. Es ist beängstigend, wenn diese Gefühle hochkommen, die Sie nicht erwartet haben.«

»Ich habe diese Gefühle in den Griff bekommen, und jetzt möchte ich von Ihnen hören, wie die Arbeit hier mir helfen soll?«

»Ich werde versuchen, darauf zu antworten, aber jetzt ist nicht der Augenblick dafür. Wir müssen gleich an dem arbeiten, was Sie heute morgen so stark betroffen hat. Offensichtlich ist etwas Starkes in Ihnen am Werk.«

»Ich weiß nicht, wovon Sie reden, aber ich werde dafür sorgen, daß unsere Arbeit nicht durch diese unangemessenen Gefühle gestört wird.«

»Erzählen Sie mir von diesen Gefühlen, was Sie können.«

»Nun, ich merkte, daß ich mich darauf freute, herzukommen und Ihnen von meinem Leben zu erzählen. Natürlich ist das nicht der Sinn unserer Arbeit. Ich komme nicht hierher, um billige Befriedigung von einem bezahlten Zuhörer zu bekommen.« Es ist zu offensichtlich, daß der Stoß darauf berechnet ist, mich wegzuschieben.

»Was macht Ihnen an diesen Gefühlen solche Angst?«

»Das ist nicht wichtig. Ich habe sie in den Griff bekommen. Sie sind unnötig und unangemessen.« Das darf nicht ohne rasche und scharfe Antwort bleiben.

»Es ist vollkommen angemessen und durchaus nötig für unsere Arbeit, daß Sie Ihr Leben wichtig nehmen!« Ich muß ihre Ablehnung ihrer Emotionen durchbrechen. Sonst wird sie die Therapie abbrechen, weil es sie in Panik versetzt, sich auf den Prozeß und auf mich einzulassen.

Kates Gesicht wird unsicher, als die Schärfe meiner Antwort zu ihr durchdringt. Dann zögernd: »Ich hatte diese Gefühle nicht als Wichtignehmen meines Lebens betrachtet, wie Sie das nennen.«

»Ich denke mir, daß sie mehrere Seiten haben, aber für unsere Zwecke ist der wirklich wichtige Aspekt, daß Sie anfangen, mit Ihrer eigenen Motivation für Ihr Leben und dem, was sich darin abspielt, in Berührung zu kommen.«

Während sie hierüber nachdenkt, frage ich mich, ob ich sie in die Irre führe, wenn ich ihre Aufmerksamkeit von ihrer Beziehung zu mir ablenke. Das ist eine unterschwellige Gefahr, und früher oder später müssen wir uns damit befassen. Jetzt kann sie das nicht bewältigen, und wir müssen weitermachen, sonst wird sie nie Fortschritte machen. Diese Gefühle sind das, was in ihrer Arbeit und ihrem Leben gefehlt hat. Mehr als die Hälfte ihres Lebens hat sie solche Investitionen vermieden. Natürlich hat sie Angst.

Sie regt sich, und ihr Gesicht ist weniger streng.

»Nun gut, wahrscheinlich stimmt das. Aber jedenfalls werde ich versuchen, zu verhindern, daß meine Gefühle in unsere Arbeit eindringen. Was jetzt diese Kindheitserlebnisse angeht ... « Ich unterbreche sie, sie darf die Gefühle nicht so schnell unterdrücken.

»Warten Sie, Kate, sehen Sie die Sache mal so.« Langsam, Jim, halt es unpersönlich, sogar theoretisch. »Wir müssen versuchen, die emotionalen Ursprünge dieser Überschneidungen bei Ihrer Arbeit und anderen Aspekten Ihres Lebens zu finden. Stimmt's?« Sie nickt unbehaglich.

»Aber wir können das nicht, wenn Sie gerade die Gefühle unterdrücken, die wir an die Oberfläche bringen müssen. Sie können diese Gefühle eher steuern, wenn Sie sich ihrer bewußt sind.«

Das ist der entscheidende Punkt. Kann ich so viel Verständnis in ihr wecken, daß sie bereit ist, an der Erforschung ihrer Emotionen mitzuarbeiten? Sie will es nicht, weil sie spürt, daß sie das aus ihrer Isolierung herausbringen würde, und ihre Isolierung war ihre Zuflucht.

»Ich verstehe Sie nicht. Es klingt, als ob Sie mich absichtlich verwirren wollten.« Wieder steif, distanziert, aber diesmal klingt es anders; Tränen sind nah, der Zorn ist nur oberflächlich.

»Sie sind zornig, und ich vermute, daß Sie zornig sind, weil Sie allmählich verstehen.«

»Sie wollen sich anscheinend verschlüsselt ausdrücken und mich raten lassen, was Sie eigentlich meinen. Ist das nötig, oder ist es eine Marotte von Ihnen?«

»Beides wahrscheinlich, Kate; obwohl es bestimmt nicht meine Absicht ist, Sie zu verwirren.« Ich spreche genau so förmlich wie sie.

»Das freut mich zu hören, aber es bleibt dabei, daß Sie mich verwirren (Pause). Wie soll mir all das helfen?« Sie weint.

»Kate, es tut mir wirklich leid, daß Sie so unglücklich sind. Ich möchte Ihnen helfen, Gefühle in sich zu verstehen, die man nicht leicht explizit in Worte fassen kann und die Ihr Leben in einer Weise beeinflussen, die in unserer Alltagssprache nicht gut auszudrücken ist.«

»Wollen Sie sagen, daß Sie versuchen, in eine Art Telepathie mit mir einzutreten?« Oh Mann! Sie greift wirklich nach jedem Strohhalm, um die gefürchteten Gefühle von sich fernzuhalten.

»Ach nein, Kate, nein.« Ich bin amüsiert und bekümmert. »Es fühlt sich wirklich an, als ob ich für jeden Zentimeter, den ich bei Ihnen vorankomme, einen Meter zurückfalle, wenn ich versuche Ihnen zu helfen, sich über das klarzuwerden, was hier läuft.« Oh weh, sie hat mich getroffen. Ich kann hören, wie mein Zorn herauskommt. Vergiß nicht, Bugental, diese Frau versucht einen Schrecken abzuwehren, von dem sie glaubt, daß er sie buchstäblich zerstören kann.

»Das verstehe ich auch nicht, Herr Dr. Bugental.« Sie hat sich oberflächlich wieder gefaßt und ist wieder distanziert, und ich winde mich innerlich, komme mir vor wie ein tolpatschiger Einbrecher und frage mich, was aus all meiner vielgeübten therapeutischen Technik geworden ist.

»Kate, ich möchte Ihnen etwas über mich erzählen. Als ich über das Zurückfallen sprach, wollte ich bei Ihnen Schuldgefühle wecken, das wird mir jetzt klar. Ich finde das nicht gut, und ich hoffe, Sie haben sich nicht schuldig gefühlt. Kate, das ist die Art Offenheit, die wir für unsere Arbeit brauchen. Können Sie das verstehen?«

»Falls ich irgendetwas getan habe, was Sie getroffen hat, war das ganz bestimmt nicht meine Absicht, Herr Dr. Bugental, aber das sollte ja wohl wirklich nicht meine Sorge sein, nicht wahr?« Sie ist hoheitsvoll und geziert in dem Bestreben, meine Umgehungsmanöver um ihren Schutzwall abzuwehren. Jetzt steht sie, und ich stelle fest, daß unsere Zeit seit fast fünf Minuten vorbei ist. Ehrlich gesagt bin ich erleichtert.

Kate nimmt sich zusammen, sammelt ihre Sachen ein, nickt steif und geht ohne ein weiteres Wort. Ich sinke in meinen Stuhl zurück, knietief in einem unsichtbaren Trümmerhaufen von Worten, Absichten, Beobachtungen, halbformulierter Ideen und erfolgloser Interventionen. Ich brauche einen Drink oder einen Spaziergang in strammem Tempo oder zehn Minuten an einem wehrlosen Sandsack.

Kates Angst hat sich an der Oberfläche behauptet, aber sie wird bereits untergraben, weil Kate allmählich merkt, daß sie sich auf unsere Gespräche freut, sich Dinge überlegt, die sie sagen könnte - nicht nur, um fehlende Stücke in einem intellektuellen Puzzle zu suchen, sondern um sich in einem gemeinsamen Unternehmen zu engagieren.

*Jim*

Die Sitzung heute war so wichtig, und sie erforderte so feinfühlige Arbeit! Ich war bestimmt nicht so feinfühlig, wie es nötig gewesen wäre, aber wieder einmal hat die innere Kraft und die Entschlossenheit meiner Klientin meine Fehler aufgewogen.

Kate weiß es nicht, aber sie hat einen entscheidenden Punkt in ihrem Leben erreicht: Sie fängt an, Gefühle zu spüren und dies zu erkennen. Das führt außerdem zu einer Investition, die einen anderen Menschen betrifft - ja, sogar von ihm abhängt. Genau darin liegt der Schrecken.

Als sie begann, aus ihren Erinnerungen zu erzählen, war das wahrscheinlich für sie wie das Vorlesen aus einem Buch, das sie bereits gründlich kannte. Sie hat sicher nicht vorausgesehen, daß ihr Leben den Seiten der Erinnerung entfliehen, sich als etwas mehr als nur vergangene und unbewegliche Tasachen erweisen würde. Folglich überrascht es sie, daß sie sich auf das Erzählen dieser Erinnerungen freut - überrascht und ängstigt sie. Ängstigt, weil das Sprechen zu einem offenen, empfänglichen Zuhörer etwas völlig anderes ist als einsame Erinnerung, und weil wegen dieser Andersartigkeit Emotionen in der Gegenwart entstehen.

Während die meisten von uns lernen, ihren Emotionen und denen anderer Menschen mit Freude und gleichzeitig mit Vorsicht zu begegnen, steht Kate ihnen im Wesentlichen angstvoll gegenüber. Das schreckliche Erlebnis, die

»Wunde« ihrer ersten Menstruation war keineswegs der erste emotionale Schlag in ihrer Kindheit, und es bestand auch nicht nur darin, daß ihre Mutter sie im Stich ließ und Kate mit ihrer Angst alleinblieb. Die unerwartete (und vorher nie dagewesene) Zärtlichkeit und Fürsorglichkeit ihrer Mutter brachte Kate dazu, ihre üblichen Ängste und Wachsamkeit fallenzulassen, nur um dann in ihrer Verletzlichkeit ganz massiv verraten zu werden.

Zur Zeit bewegt sich Kate darauf zu, wieder verletzlich zu sein, und ihre Alarmglocken schrillen. Ich muß unbedingt verläßlich und aufnahmebereit sein und gleichzeitig eine allzu deutlich mitfühlende oder emotionale Reaktion vermeiden. Sie fühlt sich, als kämpfe sie darum, Kontrolle über ihre Gefühle zu behalten; eine zu deutlich emotionale Reaktion meinerseits wird ihr so vorkommen, als bedrohe sie ihre Fähigkeit, sich nicht fortreißen zu lassen.

Sie muß unter dem Druck ihrer eigenen Bedürfnisse und ihrer erwachenden Gemühlsmäßigkeit aus ihrer Zurückhaltung herauskommen, nicht weil ich an ihr zerre. Ich muß immer wieder ihren Impuls anerkennnen, sich zurückzuziehen, während sie sich innerlich vorwärtsdrängt. Sie braucht viel Zeit, sich in der neuen Situation zurechtzufinden, herauszufinden, daß sie Gefühle haben kann und nicht in ihnen untergehen oder um ihretwillen verletzt wird. In diesem Stadium hat sie weniger Angst vor mir als vor sich selbst; aber in den Kulissen wartet bereits das Gefühl der Bedrohung, das auftreten wird, wenn sie merkt, daß ihr an mir persönlich etwas liegt. Ich muß sanft und dennoch beharrlich sein.

Obwohl sie es nie direkt gesagt hat, hat Kate ihre Vorstellungen von dem, was in einer Psychotherapie passiert, vermutlich aus den Medien. Viele Menschen erwarten, daß die Arbeit der des Kommissars in Fernsehkrimi gleichen wird: Man sucht nach verdächtigen Anhaltspunkten, entwickelt eine Theorie, wer (oder was) der Täter (die Ursache des Leidens) war, und enthüllt dies dann in einem dramatischen Akt der Aufklärung, woraufhin das Problem gelöst ist. Das ist die oberflächliche Auffassung von »Einsicht« - die leider auch von einigen verantwortungslosen Therapeuten geteilt wird. Diese kriminologische Auffassung der Psychotherapie verkürzt die menschliche Erfahrung auf Objektives und verringert die Unermeßlichkeit der Subjektivität.

Um eine ganz grobe Analogie dafür zu geben, könnte man sagen, unsere Subjektivität ist wie die gesamte Sonntagsausgabe der New York Times. Der Therapeut, der dem Klienten Einsicht verschaffen will, bietet ihm die Schlagzeilen der Titelseite und geht davon aus, daß damit die ganze Ausgabe abgedeckt ist. So eine Einsicht aus zweiter Hand wird eher verwirren als

Verständnis schaffen. Ganz sicherlich wird sie nicht die erwünschten Veränderungen bewirken. Das Ergebnis einer solchen Art von Arbeit ist die »durchanalysierte«, aber im Grunde unveränderte Klientin, die auf sieben, zehn oder noch mehr Jahre der Tiefenpsychotherapie zurückblicken kann und bestens über sich informiert ist.

Es wird keinen plötzlichen, dramatischen Durchbruch geben, mit dem Kate ihre Gefühlsmäßigkeit angstfrei zu akzeptieren lernt. Das Alltagsgeschäft der lebensverändernden Psychotherapie ist voll von Wiederholungen und unspektakulär. Für einen unbeteiligten Beobachter wäre es langweilig und sogar für die beiden Beteiligten ist es oft von ermüdender Eintönigkeit.

Eine realistische Sicht der Psychotherapie betrachtet sie als Expedition in einen großen Kontinent, von dem nur die Küste und ein paar küstennahe Täler bekannt sind.

## Freitag, 3. Juni

*Frank*

Früher oder später muß ich etwas tun, wovor ich Angst habe. Demnächst muß ich Frank nach seinen Waschgewohnheiten befragen. Mann, wird da die Hölle los sein! Aber es ist wirklich mehr als lästig. Franks Schweißgeruch lenkt mich nicht nur ab, solange er hier ist, sondern hängt oft noch lange in den Räumen, scheint an dem großen Sessel und dem ganzen Zimmer zu kleben, wenn er schon längst gegangen ist. Ich habe mir angewöhnt, seine Termine so zu legen, daß ich gleich danach meine Pause mache und die Klimaanlage aufdrehen kann. Der Teufel soll Gebäude holen, in denen man die Fenster nicht aufmachen kann! Und Raumluftsprays hinterlassen einen Geruch, der fast so schlimm ist wie der, den sie überdecken sollen.

Als er hereinkommt, schlägt mir eine Wolke ins Gesicht, die mir sagt, daß ich heute noch mehr lüften muß als sonst. Bill, der am selben Strang der Klimaanlage hängt wie ich, wird vermutlich frieren.

»Ach, hallo!« Frank sackt in den großen Sessel, erwidert meinen Gruß von der Seite. Es ist, als müßte er Gesichtskontakt vermeiden, selbst wenn er angreift. Ich muß auf eine Gelegenheit achten, das mal anzusprechen.

»Wie geht's?«

»Immer dieselbe Scheiße,« knurrt er, aber sein Gesicht arbeitet auf eine Weise, die ich noch nicht gesehen habe.

»Nichts, woran Sie hier arbeiten wollen?«

»Das hab ich nicht gesagt. Ich muß bloß nachdenken, worüber ich reden soll.«

»Okay, lassen Sie sich Zeit.«

Er ist kurze Zeit still, dann explodiert er in Protest.

»Sie machen immer einen solchen Aufstand um alles, daß es mich ganz durcheinanderbringt.«

»Sind Sie jetzt durcheinander?«

»Nein (Pause). Na ja, doch. Ach, Scheiße! Ich weiß es nicht. Was meinen Sie, worüber ich sprechen soll? Sie sind der Doktor!«

»Kommt mir vor, als beschäftigte Sie etwas, aber Sie zögerten, darüber zu sprechen.«

»Quatsch, ich zögere nicht. Ich will bloß nicht unsere Zeit mit einem Haufen Mist verschwenden.«

»Aber dieser Mist, wie Sie es nennen, hält Sie so beschäftigt, daß Sie anscheinend an nichts anderes rankommen, woran wir arbeiten könnten.«

»Ich komme gerade vom Hotel, wissen Sie.« Innerlich stoße ich einen Seufzer aus. Frank hat viel Zeit damit verbracht, sich nur über das Hotel und dessen - seiner Ansicht nach - schreckliches Management und Gäste zu beklagen.

»Und?«

»Ist was Komisches passiert heute. Ich meine, ich will nicht viel Zeit damit verschwenden, aber, wie Sie sagen, es ist das Beste, diese Sachen loszuwerden, damit wir dann zu Wichtigerem kommen können.«

»Okay, also was ist das für eine Geschichte?«

»Es ist keine Geschichte. Bloß eine dumme Sache, die mir so einfiel.«

»Okay, und was war damit?«

»Na ja, da ist dieser Typ auf Zimmer 411, ein spitzbäuchiger Knabe, der alle vier bis sechs Wochen kommt. Vertreter für irgendeine Ersatzteilfirma, glaub ich. Jedenfalls, meistens bringt er irgendein Mädchen - Sie wissen schon, irgendeine Nutte - mit aufs Zimmer, damit er sich nicht so einsam fühlt.«

»Und?«

»Ich wünschte, Sie würden mit Ihren ständigen 'unds' aufhören.«

»Wollen wir diese Geschichte, von der Sie behaupten, sie wäre Mist, jetzt unterbrechen, damit wir uns darüber streiten können, wie ich 'und' sage?« Ich kann die Müdigkeit und den Sarkasmus in meiner Stimme jetzt schon hören. Na komm, Bugental, gib dem Mann eine Chance. Daß er dir im wahrsten Sinne des Wortes stinkt, gibt dir nicht das Recht, ihn als Zielscheibe für deine Ungeduld zu benutzen.

»Verdammt! Sie sind wirklich blendender Laune, was?«

Ich bin sehr versucht zu sagen: »Und?«, halte es aber zurück. »Sie haben recht, Frank, das war ungerecht. Möchten Sie fortfahren mit dem, was Sie gerade sagten?« Fast hätte ich »Ihrer Geschichte« gesagt. Seine Tricks und meine greifen so leicht ineinander.

»Also, was ist heute los mit Ihnen? Haben Sie irgendein Hühnchen mit mir zu rupfen?«

»Nein.« Das stimmt ganz und gar nicht, aber jetzt ist nicht der richtige Moment. »Was war mit diesem Vertreter und der Frau?«

»Also, jedenfalls, sie waren seit einer Stunde oder so oben, haben wahrscheinlich ordentlich gevögelt. Dann ruft er am Empfang an und sagt, sie sollen jemand raufschicken, und der Jemand bin ich. Als ich raufkomme, hat der Knabe nichts an außer der Unterhose, und die Nutte ist splitterfasernackt bis auf die Schuhe. Sie lächelt mich an, als wollte sie noch'n paar Kunden. Sie sind beide ziemlich blau von dem Jack Daniels, den ich vorher raufgebracht hatte, oder von irgendwas anderem. Ich habe keine Ahnung, ist mir auch egal. Also gibt mir der Typ einen Schein und sagt, ich soll ihnen ein paar Luckys besorgen und den Rest behalten. So'n ganz Großzügiger, hah!«

»Warum beschäftigt Sie diese Sache, Frank?« Ich weiß nicht viel über Franks Sexualleben, wenn er eins hat, und frage mich, warum diese Begebenheit ihm wichtig ist.

»Der Schein, den mir der Typ gegeben hat, war ein Zwanziger, kein Eindollarschein, wie er bestimmt gemeint hat.«

»Und - ich wollte sagen, was haben Sie gemacht?«

»Was ich gemacht habe? Ich hab schnell die rechte Hand darübergehalten und bin abgezogen und hab ihm seine lausigen Kippen besorgt und den Rest behalten, genau wie er gesagt hatte.«

Frank macht es sich in dem großen Sessel bequemer und sagt nichts mehr. Er wartet auf meine Reaktion auf sein neuestes Abenteuer auf dem Gebiet Bagatelldiebstahl. Ich sage nichts - zum Teil wahrscheinlich aus blankem Trotz. Das war einfach zu deutlich eingefädelt.

»Zum Teufel, warum denn nicht? (plötzlich) Der Armleuchter hat's doch herausgefordert.« Also will Frank mit mir streiten, ganz gleich ob ich ihm irgendetwas zum Streiten liefere oder nicht.

»Was wollen Sie, Frank?« Meine Stimme ist müde, das weiß ich. Vielleicht strafe ich ihn - er macht mir mehr zu schaffen, als ich wahrhaben will.

»Ich will überhaupt nichts.« Sein Ton ist zornig, aber das ist er meistens. »Ich erzähle Ihnen einfach alles, woran ich denke, genau wie Sie gesagt haben.« Soweit ich weiß, habe ich Frank nie gesagt, er sollte mir alles erzählen, woran er denkt, aber das ist auch nicht wichtig.

»Sie klingen zornig.«

»Ich bin nicht zornig. Ihr Typen wollt immer, daß die Leute zornig sein sollen oder weinen oder sonstwas. Ich erzähle Ihnen bloß von meiner miesen Arbeit und von den komischen Typen, mit denen ich umgehen muß. Wie dieser alte Kerl - Gandowsky heißt er - Dauergast im Hotel. Er ist eigentlich gar nicht so übel ... hat gedroht, er würde mich rausschmeißen lassen, wenn ich ihm nochmal frech käme. Ich habe keine Ahnung, was ihn so zur Weißglut gebracht hat, aber er hat geschrien und getobt und ... «

»Frank, ich find's allmählich langweilig, mir die *Abenteuer des Hoteldieners Frank Connelly* anzuhören.«

»Was, was soll ich denn machen? Sie sagen mir, ich soll mit Ihnen über das reden, was mir im Kopf herumgeht, und wenn ich das tue, dann erzählen Sie mir, daß Sie das langweilt.«

»Hören Sie, Frank, wahrscheinlich piesacke ich Sie ein bißchen. Irgendwie fordern Sie das heraus, und ... «

»Wie fordere ich das heraus? Herrgott, ich hab keine Lust auf diese Tour von Ihnen. Ich fordere so was überhaupt nicht heraus.«

»Schon gut, schon gut. Ich will da jetzt nicht drüber reden.«

»Also knallen Sie mir das einfach so hin und dann sagen Sie 'Kümmern Sie sich nicht drum'. Das kapier ich nicht.«

»Sie haben recht, Frank. Ich kann das Thema nicht einfach so fallenlassen.« Müde. »Also gut, Sie scheinen immer etwas zu suchen, weswegen Sie sich ungerecht behandelt fühlen können. Ich habe das Gefühl, daß ich auf jedes Wort doppelt aufpassen muß, sonst finden Sie etwas, worüber Sie meckern können - so wie jetzt gerade.«

»Was für ein Etwas? Sie geben mir recht, und im nächsten Augenblick erzählen Sie mir, daß ich Sie nerve, weil ich unrecht habe.«

»Frank ... (Halb lachend, halb ärgerlich) genau jetzt machen Sie es wieder. Was die Worte angeht, haben Sie wieder recht. Aber immer recht zu haben, ist eine ziemlich einsame Angelegenheit. Sie spielen um Kleinigkeiten, weil Sie nur ganz oberflächlich mit mir in Kontakt sind.«

»Jedesmal, wenn Sie mir recht geben, nehmen Sie's sofort wieder zurück. Ich weiß einfach nicht, was Sie hören wollen. Es kommt mir so vor, als stimmte es, was Sie sagen. Es macht Ihnen Spaß, mich zu piesacken.«

»Ich habe nie gesagt, daß es mir Spaß macht! Ach, vergessen Sie's.«

Und so gewinnt Frank wieder eine Runde, aber gleichzeitig verliert er auch. Überall, in jeder Situation, mit jedem Gesprächspartner muß Frank das ungerecht behandelte, zornige, enttäuschte Opfer herauskehren. Und dieses Verhaltensmuster sorgt dafür, daß er auch dazu wird. Es dauert nie lange, bis jeder, der mit Frank zu tun hat, merkt, daß er mitspielt - nörgelnd, stichelnd und kleinlich.

Als Frank gegangen ist, mache ich meine Pause. Ich hole mir einen Kaffee und ein paar Kekse, setze mich in mein Sprechzimmer und denke über unser Gespräch nach. Frank fordert mich heraus. Er ist so anders als die meisten Menschen, die zu mir kommen, und ich habe den echten Wunsch, mit ihm in Kontakt zu kommen auf eine Art, wie wir es bisher noch nicht geschafft haben. Aber meine Güte, was kann der Mensch einen nerven! Kleinlaut gebe ich zu, wie oft er mich überrumpelt. Und doch scheint er sich nie darüber zu freuen, daß er mich erwischt. Es ist bloß die einzige Art, die er kennt, mit anderen umzugehen.

# 6.

# »Wenn ich mein Elend aufgäbe ... «

**Montag, 13. Juni**

*Frank*

Um eine im Wesentlichen unsichtbare Bewegung zu erkennen, ist Intuition wichtiger als Beobachtungsgabe. Aber genau darin besteht die Aufgabe. Ich habe das Gefühl, daß sich in Franks betonter Querköpfigkeit eine Veränderung abspielt. Wie bei der ersten Andeutung von Grün an den Ästen eines Baums nach einem langen Winter glaube ich, daß sie da ist, aber ich bin nicht ganz sicher, ob es nicht nur meine Hoffnung ist, die die Astspitzen färbt.

Heute ist wieder Märchenstunde. »Ich war in der Bibliothek, wissen Sie, und dieser Typ - so 'ne Art Geschäftsmann mit Fettwanst - kommt zu mir und sagt: 'Baden Sie mal, Sie Penner!' Also hab ich ihm gesagt, er könnte mich mal am Arsch lecken, und er lief rot an und meinte, er würde mich verhaften lassen. Verhaften! Das müssen Sie sich mal vorstellen!«

»Und - was haben Sie getan?« Verdammt! Ich wollte mich doch nicht überrumpeln lassen.

»Was sollte ich denn tun? Er ging zum Telefon. Der Scheißkerl hätte es echt getan! Also hab ich gemacht, daß ich da rauskam.«

»Und? ... «

»Herrgott! Die Welt ist echt voller Scheißkerle. Wer hat ihn denn gebeten, seine Nase dareinzustecken, ob ich bade oder nicht?« Frank kocht, und ich verschlucke mein Lachen über seinen unfreiwilligen Humor. Wetten, daß es eben seine Nase war, die den »Scheißkerl« darauf aufmerksam machte, daß Frank ein Bad brauchen könnte? Ich frage mich, ob ich diesen Zwischenfall als Aufhänger benutzen kann, um anzuregen, daß er sich vielleicht öfter waschen könnte. Er duftet heute wieder. Aber jetzt ist nicht der richtige Moment (wird es jemals einen solchen geben?), und ich will nicht in dieselbe Schublade gesteckt werden wie der Scheißkerl.

»Und was ist an all dem so wichtig?«

»Wichtig? (wütend). Die sollten diese Spinner einsperren, statt sie frei rumlaufen zu lassen.«

»Ja, das weiß ich, aber was ist daran wichtig für Sie?«

»Wieso für mich? Ich hab Ihnen doch gesagt, der Typ ist verrückt.«

»Na gut, also ist er verrückt. Na und?«

»Also ist er gefährlich.«

»Na gut, also ist er gefährlich. Wen kümmert's?«

»Mich bestimmt nicht, zum Teufel.«

»Sie aber ganz bestimmt, zum Teufel. Sie haben gerade zehn Minuten darauf verwendet, mir von diesem Typen zu erzählen, der Ihnen angeblich egal ist.«

»Ich mach bloß, was Sie mir sagen.«

»Und was ist das?«

»Erzähle Ihnen alles, was mir einfällt. Und wenn ich das mache, meckern Sie. Ehrlich ... «

»Frank! Um Himmels Willen, wir müssen das jetzt mal klarstellen. Ich will nicht, daß Sie mir alles erzählen, was Ihnen einfällt. Erstens wäre das soviel, daß Sie das nie schaffen würden, und zweitens ist wahrscheinlich vieles davon für Sie trivial. Das ist es bei den meisten Leuten. Stattdessen müssen Sie herausfinden, was Ihnen wirklich im Moment wichtig ist, und mir das erzählen. Und wenn Sie über das sprechen, was Ihnen wirklich wichtig ist, sagen Sie mir, was Ihnen sonst noch einfällt.«

»Das sagen Sie mir zum ersten Mal« (gekränkt).

»Schon gut, schon gut, jetzt ist es aber gesagt. Also was ist Ihnen jetzt im Moment wichtig?«

»Wieso klingen Sie immer, als ob Sie mich bloß mit Mühe ertragen könnten?«

Rrumms! Das hab ich verdient. Aber außerdem, gut! Er bringt seine Art zu leben und deren Wirkung direkt zur Sprache. Der Mann hat Mut!

»Frank, jetzt haben Sie mich. Ich klinge wirklich so. Und es ist wichtig, daß wir uns zusammen ansehen, wie das kommt. Haben Sie irgendeine Idee dazu?«

»Wenn ich Sie über etwas frage, was Sie tun, wieso drehen Sie es dann um und verlangen eine Erklärung von mir?«

»Okay, jetzt gerade läuft es wieder so. Irgendwie fühle ich mich mehr dazu herausgefordert, mich mit Ihnen zu streiten, statt mit Ihnen zusammen über dieses Muster nachzudenken, daß Sie die Leute oft wütend machen.«

»Wer sagt denn, daß die Leute immer wütend auf mich sind?«

»Na, stimmt das oder nicht?«

»Es gibt 'nen Haufen Spinner, wie dieser Typ in der Bibliothek, wenn Sie das meinen.«

»Ich bin kein Spinner, und ich finde, daß Sie mich ziemlich häufig ärgern.«

»Ach, zum Teufel, ich will Ihnen doch das Leben nicht schwer machen. Mir geht's bloß meistens so beschissen, und ich muß in diesem Scheißjob arbeiten, und dann dreh ich im Kopf so'n bißchen durch; dann denk ich mir eben, was soll's, dann würg ich den Leuten eben eine rein, bevor sie mir eine reinwürgen.«

»Dann reizen Sie also andere Leute einfach, weil Sie sich selber so beschissen fühlen, hm?«

»Es gibt 'ne Menge Scheißer da draußen, die einem eine verpassen, wenn man nicht schneller ist.«

»Also müssen Sie für alles gewappnet sein, was vielleicht auf Sie zukommen könnte.«

»Ja, das geht nicht gegen Sie persönlich.«

»Klingt, als wäre das nicht der ganze Grund, warum es Ihnen so mies geht.«

»Wenn Sie soviel Scheiß schlucken müßten wie ich in diesem Scheißhotel und dann auch noch 'ja, der Herr' und 'nein, gnädige Frau' sagen müßten, hätten Sie auch die Schnauze voll.« Seine Stimme ist ausdruckslos, ohne Betonung, wiederholt eine bekannte Klage.

»Frank, irgendwas in der Art, wie Sie das alles sagen, klingt, als hätten Sie's schon sehr oft gesagt. Stimmt das?«

»Was soll das denn jetzt?« Seine Stimme hebt sich, anklagend. »Weil ich Ihnen von meinem Leben erzähle, und was für'n Scheißhaufen es ist, und mit was für Idioten ich es zu tun habe, kommen Sie mir damit, daß es immer dieselbe Leier ist. Was wollen Sie denn? Sie haben gesagt, ich soll Ihnen erzählen, was los ist. Jetzt tu ich das, und Sie meckern mich an.« Er ist wütend, aber es klingt, als sei das nur vordergründig. Ich glaube, er war offener, als er eigentlich verkraften konnte, und jetzt muß er den Schutzwall wieder aufbauen.

»Sie klingen, als hätte ich Ihnen irgendwelche Vorwürfe gemacht.«

»Naja, es hat sich für mich so angehört.« Da hat er auch recht; ich kann immer noch das Element des Vorwurfs in meiner Stimme hören. Verdammt! Ich habe bei seinem üblichen Muster mitgespielt.

»Ich werfe Ihnen vor« - das sage ich in gleichmäßigem Ton und mit der leisen Befürchtung, ich könnte vielleicht zu schnell vorgehen - »daß Sie Ihr Unglücklichsein brauchen, daß Sie Ihr Elend festhalten.«

»Aber warum sollte ich das denn machen? Ich bin nicht gerne unglücklich. Es ist überhaupt nicht komisch, wenn man sieht, wie andere Leute all den Spaß haben und ich bin ganz allein und hänge bloß die ganze Zeit in derselben beschissenen Tretmühle.«

»Nehmen Sie sich eine Minute Zeit, Frank, und versuchen Sie mal was anderes, aber Wichtiges.«

»Also was wollen Sie jetzt ... «

»Nein, warten Sie mal. Das lohnt jetzt wirklich die Mühe. Sie machen heute wirklich wichtige Sachen. Versuchen sie noch eine.«

»Was für 'wichtige Sachen'?« Ich antworte nicht, und nach kurzer Zeit faßt er innerlich einen Entschluß. »Okay, okay. Ich versuch es also, ganz gleich, was das ist.«

»Versuchen Sie, ob Sie spüren können, wie das wäre, wenn Sie nicht unglücklich wären.«

»Es wäre eine große Erleichterung.« Schnell, ausdruckslos.

»Nein, Frank. Das war zu schnell. Sie haben es nicht wirklich innerlich ausprobiert.« Ich spreche selber langsamer und mit sehr ernster und bedächtiger Stimme. »Geben Sie sich jetzt mal wirklich eine Chance. Machen Sie langsam, und fühlen Sie diesmal ganz tief da hinein, wie wäre es, nicht dieses Gefühl zu haben, unglücklich und allein zu sein?«

Er will etwas sagen, hält dann inne. Er versucht es ernsthaft. Es dauert fast eine ganze Minute - das ist unter diesen Umständen eine lange Zeit - bis er aufblickt, mit intensivem Gesichtsausdruck. Dann bricht er zornig aus: »Wenn ich mein Elend je aufgäbe, wäre ich nie wieder glücklich!«

*Jim*

Nachdem Frank gegangen ist, sitze ich an meinem Schreibtisch, immer noch gewissermaßen betäubt von der bemerkenswerten und nur zum Teil bewußten Erkenntnis und der Kraft in Franks Äußerung. Das ist es. Das ist das ganze Problem, genau das. Ohne Zweifel gehört dies zu dem halben Dutzend wichtigster Sachen, die mir je ein Klient im Laufe all dieser Tausende von Stunden des Zuhörens gesagt hat.

Er zeigt klar auf, daß sie für ihn notwendig ist, die Art, wie er gelernt hat, mit dem Leben fertigzuwerden. Sie macht nicht wirklich »glücklich«, und Franks Elend ist sehr real. Aber diese zentrale Art des Lebens in der Welt aufzugeben, wäre so furchterregend, daß sein gegenwärtiges Elend im Vergleich dazu ein Glück wäre.

Die Geschichte von Karl Wallenda illustriert lebhaft, was ich damit meine: Er war der Patriarch der »Fliegenden Wallendas«, einer der bemerkenswertesten Hochseiltruppen in der Zirkusgeschichte. Der Höhepunkt ihrer Vorstellung war eine dreistöckige Sieben-Mann-Pyramide, in der sich die ganze Truppe auf Seilen hoch über der Manege die Gesamtlänge des Zirkuszelts entlangbewegte. Da sie wie immer ohne Netz arbeiteten, war diese Nummer wirklich todesmutig.

Eines Abends machte Dieter Schepp, ein Neffe, bei der Nummer mit. Als sie ein Stück auf das Seil hinausgekommen waren, verlor er den Halt, und die ganze Pyramide brach in der Luft auseinander. Dieter und ein anderer starben auf dem Zementfußboden; ein weiterer Mann wurde querschnittsgelähmt. Die »Fliegenden Wallendas« waren nicht mehr.

Nach einer Weile trat Karl Wallenda wieder auf, entgegen den Bitten seiner Familie und anderer. Als man ihn drängte, sagte er: »Das bin ich.«

Viele Jahre später war Karl die Attraktion eines Karnevals in San Juan in Puerto Rico. Dort sollte er neunzig Meter über ein Seil in Höhe des zehnten Stockwerks gehen. Anfangs ging er sicher, in den Händen die fast fünf Meter lange Balancierstange, mit der Hochseiltänzer das Gleichgewicht halten. Als er das Seil etwa zur Hälfte überquert hatte, packte ihn ein plötzlicher Windstoß. Er fiel nach vorn und versuchte, das Hilfsseil zu fassen, das zu dem Seil, auf dem er stand, parallel verlief, aber er konnte keinen festen Halt daran finden. Er konnte nicht richtig zupacken, weil er noch die Balancierstange in der Hand hatte. Diese Stange, die ihm so oft das Leben gerettet hatte, kostete ihn jetzt das Leben. Er stürzte auf die Straße und verletzte sich tödlich - und während des ganzen entsetzlichen Sturzes in die Tiefe umklammerte er immer noch die Stange.

Franks Stange ist sein Elend, seine ständigen Klagen, seine aufreizende Art, mit anderen in Beziehung zu treten. Nicht gut? Natürlich nicht, aber besser, als sich ganz ohne irgendetwas auf das Hochseil des Lebens hinauszuwagen.

Bilder von Hungernden, die den Abfall nach etwas Eßbarem durchstöbern oder nach etwas, was ein paar Pfennige einbringen könnte, zeigen dieselbe Hartnäckigkeit, mit der wir das tun, was wir brauchen, um zu leben.

Was wir dazu brauchen, ist nicht immer angenehm oder befriedigend und manchmal nicht einmal effektiv, aber wenn wir nichts anderes haben ... Psychologische Schulen wie Verhaltenstheorie, die alles in die Begriffe von Belohnung und Bestrafung fassen, sind viel zu vereinfachend, als daß sie den Komplexitäten und Feinheiten des menschlichen Lebens Rechnung tragen könnten.

## Dienstag, 21. Juni

*Hal*

Das Tempo unserer Arbeit nimmt zu. Häufigere Sitzungen bewirken, daß die Fortschritte, die wir machen, nicht mehr so stark abbröckeln, und Hal ist sich jetzt wirklich seiner Subjektivität bewußt, obwohl sein Zugang dazu und der Gebrauch, den er von ihr macht, immer noch wechselhaft ist. Wir verbringen weniger Zeit mit geselliger Unterhaltung und Diskussionen; mehr mit der Beschäftigung mit Hals seit langem praktizierten Muster, ohne wirkliches Gewahrsein zu funktionieren.

Als ich Hal heute im Wartezimmer begrüße, ist seine Stirn gerunzelt, aber er erwidert meinen Gruß mit Wärme. Er trägt eine alte Strickjacke mit Collegeinititialen und ein Paar Jeans, die offensichtlich schon einiges gesehen haben, und zwar sicher nicht nur Blütenreines.

Wir sitzen kaum, da stürzt er sich schon in seinen Ärger. »Ich hab's doch wieder gemacht! Eine Weile lang ging es besser mit Tim, und dann hab ich heute morgen doch wieder einen meiner alten Wutanfälle gekriegt.«

»Entmutigend, hm?«

»Das weißt du doch. Ich hab versucht, auf mein Inneres zu achten, so wie wir hier gearbeitet haben. Als Tim und ich anfingen, über seine Schule zu reden, habe ich mir selbst gesagt: 'Sachte. Du erreichst nichts, wenn du ihn anschreist. Tu so, als wäre er der Sohn von jemand anders.' Und dann machte er irgendeine abschätzige Bemerkung darüber, wie doof die Schule wäre, und ich fing an zu brüllen und ihm zu drohen! Ich weiß nicht, was da immer in mich fährt.«

»Das ist enttäuschend, Hal, ich weiß, aber schau mal, du hast versucht, mit der Situation fertigzuwerden, indem du dir zwei Lügen erzählt hast.«

»Was für 'zwei Lügen'? Ich hab nicht gelogen« (gekränkt).

»Erst hast du dir befohlen, Tim so zu behandeln, als wäre er nicht dein Sohn.«

»Also, hör mal, Jim, du weißt doch, was ... «

»Ich weiß, was du damit bezweckt hast, aber wieso mußt du dich selbst austricksen, um dich dazu zu bringen, sich so zu verhalten, wie du willst?«

»Ja, aber ich hab's versucht und versucht und ... Was soll die andere 'Lüge' gewesen sein?«

»Mit dir selbst zu reden, als wärst du jemand anderes. Wenn du dein Leben nur dadurch steuern kannst, indem du dich belügst oder dich selbst austrickst, heißt das, daß du nicht wirklich am Steuer sitzst.«

»Wenn du das so ausdrückdt, sehe ich es ein, aber das ist die Art, wie ich versuche, wirklich in mir drin zu sein. Manchmal glaube ich, ich krieg's hin, aber jetzt sagst du, ich mache mir nur was vor.« Er klingt entmutigt.

»Ich weiß, daß du dir Mühe gibst, aber du hast übersehen, daß du im Grunde genommen eine Einheit bist. Wenn du dich in Gedanken aufteilst, verlierst du die Gewalt über dich. Mit dem, was wir hier tun, wollen wir dich in dein Zentrum zurückbringen, dahin, wo du die Richtung bestimmen kannst.«

»Da bin ich sehr dafür, aber ich kann es anscheinend nicht. Ich dachte, ich wäre dem Kram in meinem Inneren etwas näher gekommen, wie wir besprochen haben, aber ... «

Er ist so ernsthaft, und dennoch frage ich mich, ob er wirklich mit sich innerlich Kontakt hat. »Hal, ich möchte, daß du etwas ausprobierst, damit ich sehen kann, was passiert, wenn du versuchst, dein inneres Selbst mehr ins Spiel zu bringen.«

»Okay, was soll ich tun?« Sein Gesicht leuchtet auf, erwartungsvoll.

»Versuch einfach laut zu denken, so gut du kannst, wieso du immer wieder bei Tim die Geduld verlierst, obwohl du das eigentlich gar nicht willst.«

»Ich weiß es wirklich nicht. Ich hab dir alles erzählt, was ich erzählen kann.«

»Ich weiß, aber du weißt mehr, als du in dein Bewußtsein hineinläßt; also versuch es nochmal, und vielleicht kann ich dir helfen zu sehen, was schiefläuft.«

»Soll ich wieder die Couch ausprobieren?« Halb grinsend, auch halb ernst.

»Gute Idee.«

Er schält sich aus seiner Jacke, macht es sich bereitwillig auf der Couch bequem. Vor kurzem hat er mir gesagt, daß er glaubt, alles gehört zu haben, was ich ihm an dem Tag gesagt habe, als er einschlief, und erst während der Stille, nachdem ich zu sprechen aufgehört hatte, weggedämmert sei.

»So, jetzt frag mich noch mal.« Schon ganz gut! Er erkennt den Unterschied zwischen der abstrakten Vorstellung und der unmittelbaren Erfahrung.

»Was fällt dir spontan ein, wenn du an dich selbst und an deine Wutanfälle gegenüber Tim denkst?«

»Hmmm. Warte mal. Naja, ich denke einfach bloß, was kann der Grund dafür sein und ... «

»Nein, warte. Erzähl mir nicht darüber. Tu es jetzt einfach.«

»Naja, ich frage mich, ob ich irgendeine ödipale Geschichte da laufen habe und vielleicht bin ich wütend auf Tim, weil er ein zweiter Mann im Haus ist, aber ehrlich gesagt, kommt mir das unsinnig vor. Dann ... ähm ... denke ich, daß ich selbst wahrscheinlich nie ein Chance hatte, meine jugendliche Rebellion auszuleben, wegen des Krieges und so weiter; aber falls das stimmt, klickt es trotzdem nicht.« Er hält inne, rückt sich zurecht. »Dann denke ich, ich sollte mal hingehen und ein bißchen Erikson lesen und sehen, ob mir dabei bessere Ideen kommen.«

»Wenn ich mir diese Gedanken anhöre, könnte ich mir vorstellen, daß du über Fritz Meier und seinen Sohn nachdenkst, aber nicht über dich selbst und Tim. Du erfindest nur irgendwelche Theorien über wildfremde Menschen.«

»Ja. Das stimmt wohl. Na, manchmal werde ich wütend und frage mich, was zum Teufel mit mir los ist. Wenn ich Tim weiter die Hölle heißmache, treib ich ihn wirklich aus dem Haus, oder es endet damit, daß einer oder beide ernsthaften Schaden anrichtet. Es macht mich so wütend, ich könnt mich selbst in den Hintern treten, daß ich ... «

»Hal« (ich unterbreche ihn mit drängender Stimme), »wenn du dich nicht selbst gerade wie ein Puzzle behandelst, das irgendwie zusammengesetzt werden muß, dann benimmst du dich wie ein Feldwebel auf dem Kasernenhof, der einen dämlichen Rekruten fertigmacht. Denkst du eigentlich nie deine eigenen Gedanken für dich, in denen du auf deiner Seite stehst?«

»Na, ja, wahrscheinlich doch.« Hal ist jetzt wirklich beunruhigt, spürt sein Problem stärker denn je. »Manchmal bin ich wirklich traurig und tue mir selber leid, aber ich versuche, mich damit nicht aufzuhalten. Es nützt nichts, und ich will damit keine Zeit verschwenden.«

»Mann! Wenn du kein dämlicher Rekrut bist, den man fertigmachen muß, bist du ein armer unfähiger bemitleidenswerter Schlappschwanz. Du hast wirklich kaum eine Chance, einfach Hal zu sein, der Mensch inmitten seines eigenen Lebens, der nach besten Kräften versucht, sein Leben zu führen und sich sehr stark emotional für die Menschen in seiner Familie und deren Leben engagiert. Kein Wunder, daß es dir so schwerfällt, die Dinge in die Richtung hin zu verändern, die du willst!«

»Uff! Das find ich nicht gut. Ich meine, ich glaube, ich habe dich diesmal wirklich verstanden, aber ich mag es gar nicht, daß du mich bemitleidest.«

»Ich dich bemitleiden!« Der Zorn etwas übertrieben, um den Punkt stärker ins Bewußtsein zu rücken. »Du dämlicher Muskelprotz, ich bemitleide dich überhaupt nicht, aber ich kann mich wahrhaftig in dich hineinversetzen. Du steckst ganz schön in der Klemme, ob es dir nun klar ist oder paßt oder nicht. Ich kann das beurteilen, weil ich selbst ein paar Mal drin gesteckt habe.«

Er schweigt mindestens eine Minute lang und denkt über diesen Kommentar und unsere Arbeit nach. Dann sagt er leise: »Ich habe es gehört. Und danke.«

*Jim*

Als ich in der Graduate School anfing, bevor wir in den Zweiten Weltkrieg eintraten - mit anderen Worten, kurz nach der Landung der Arche Noah - bestand die gängige Methode der Beratung (»Psychotherapie« gab es in unserem Wortschatz nicht) darin, möglichst viel Informationen über den Klienten zusammenzutragen, über sein Leben und seine äußere Situation, und dann arbeiteten wir eine Erklärung und eine Reihe von Empfehlungen aus. In vieler Hinsicht glich der Prozeß dem, was Hal heute mit sich zu tun versucht hat. Und gewöhnlich war es auch nicht produktiver.

Hal verwechselt die Kenntnis dieser verschiedenen Spekulationen über sich selbst mit echtem Gegenwärtigsein in seinem Inneren, mit Offenheit für das, was da vielleicht auftauchen wird, und damit, sich dessen dann anzunehmen. Wie unterscheidet sich das von dem, was ich als notwendig erklärt habe?

Der entscheidende Unterschied liegt darin, daß Hal in den Beobachter und das Beobachtete aufgespalten ist, den Problemlöser und das Problem - oder formaler ausgedrückt, in Subjekt und Objekt. Dieser Unterschied ist der wichtigste von allen. Solange er außerhalb seiner selbst und seiner Anliegen steht, hat er keine wirkliche Macht, irgendetwas daran zu ändern.

## Montag, 13. Juni

*Jim*

Es war ein intensiver Tag. Besonders Frank und Kate brauchen gerade, daß ich ganz akut für sie da bin. Beide zeigen so viel Mut und Entschlossenheit. Wenn das geschieht, schieben sie ihre eigenen Grenzen ein Stück weiter hinaus, und dann fordern sie mich auf einer tieferen Ebene - was meine eigenen Grenzen hinausschieben kann. Es ist anregend, lohnend und ... anstrengend.

Dennoch ermuntert es mich, zu sehen, wie sie sich auf Neuland vorwagen. Es stellt mich vor die Herausforderung, besser zu verstehen, was wir eigentlich tun und was Klienten dazu bringt, sich in Bewegung zu setzen, sich ihren Dämonen zu stellen und dadurch diese Fortschritte zu machen. Oft können sie selbst nicht verbalisieren, was sie tun; also ist es an mir, den festen Halt zu bewahren und mir der Stelle bewußt zu bleiben, an der wir stehen.

Ich behaupte immer, Psychotherapie sei keine Flickarbeit, sei kein medizinischer Prozeß, sondern sei irgendetwas anderes. Was? Manchmal sage ich »pädagogisch«, und dieses Wort trifft es gut. Auf folgendes kommt es an: Meine Klienten lehren mich, daß in jedem von uns die Fähigkeit wohnt, sich mit den Fragen unseres Lebens effektiver, befriedigender auseinanderzusetzen. Sie zeigen mir auch, wie schwierig es ist, diese Fähigkeiten wirklich zu nutzen.

Warum? Weil jene lebenswichtige Fähigkeit - das Lernen - zum Gefangenen der Objektifizierung geworden ist. Wir erwarten, daß alles, was wir wissen müssen, sichtbar und deutlich ist. Zu unserem Unglück ist jedoch die für eine bessere Beherrschung unseres Lebens unentbehrliche Erkenntnis weder das eine noch das andere. Meine Klienten wollen, daß ich ihnen sage, was sie tun müssen, und das ist unmöglich.

Kate hat mich eben gefragt, wie denn das, was ich ihr zu tun aufgetragen hatte, ihr helfen sollte, besser zu arbeiten. Hal protestiert, daß er nicht einsieht, was der Kontakt mit seiner Subjektivität mit seinen Wutanfällen gegenüber seinem Sohn zu tun hat. Frank argumentiert, daß meine Aufforderung, sich mit dem Geschehen in seinem Inneren zu befassen, ihm nicht beim Umgang mit den komischen Typen hilft, mit denen er arbeiten muß. Louise will nicht mehr von anderen abhängig sein, aber findet nichts als Leere, wenn ich ihr sage, daß sie mit sich selbst in Berührung kommen muß. Und Jennifer sucht nach einem Buch voller Regeln, das sie so macht, wie sie sein sollte. Alle suchen etwas anderes, und dennoch sage ich allen im Wesentlichen das Gleiche: Steigen Sie in sich selbst hinein, gewinnen Sie den Sinn für Ihr eigenes Lebendigsein zurück, das Sie verloren haben. Komme ich aus einem eingefahrenen Gleis nicht hinaus, oder gibt es einen gemeinsamen Weg für alle diese Menschen - und für mich?

Jeder Mensch ist so anders; und dennoch haben wir es alle so nötig, unsere Fähigkeiten besser zu nutzen, wenn wir unser Leben etwas mehr den Möglichkeiten entsprechend führen sollen, die wir spüren. Es gibt gemeinsame Schritte, die wir unternehmen müssen, um diesen besseren Zugang zu dem uns Möglichen zu bekommen. Ich werde versuchen, diese jetzt zu beschreiben, so daß ich sie weiter durchdenken kann.

Bei all diesen Menschen versuche ich zu erreichen, daß sie mehr in ihre eigene Mitte kommen, die verläßliche Anwendung ihres eigenen inneren (existentiellen) Gespürs wiedererlangen (oder erlangen, denn die meisten haben sie nie besessen), sich ihren eigenen Heilungs/Wachstumskräften öffnen. Jede dieser Formulierungen verweist auf dasselbe Potential, ein Potential, das jeder von uns hat.

Meine Arbeit zielt darauf ab, dem Klienten dabei zu helfen, in einer entscheidend wichtigen Weise in seiner Sitzung zu sein. Meine Arbeit verlangt von mir, daß ich mich immer wieder Versuchen entgegenstelle, dieser Art des Hierseins auszuweichen.

Manche Ausweichmanöver sind so offenkundig, daß sie leicht zu orten und anzusprechen sind. Als Ben die Therapie anfing, neigte er dazu, über sein Leben zu spotten und seine Gefühle als »dumm« abzutun. Ich weigerte mich, das mitzumachen, und bestand darauf, daß er sein Leben ernstnehmen müsse, wenn er die gewünschten Veränderungen erzielen wollte - in der Hauptsache, seine schriftstellerische Begabung freizusetzen. Kitty spielte das fröhliche Kind und schmollte, wenn ich sie mit dem konfrontieren wollte, was sie mit ihrer Ehe machte. Anscheinend wollte sie sich nur über ihren Mann beklagen, aber sie weigerte sich, die Konsequenzen, die eine Scheidung für sie haben würde, wirklich abzuwägen. Ich verweigerte Kittys Kind-Ich meine väterliche Sympathie und forderte den darunter verborgenen Erwachsenen auf, die Führung zu übernehmen.

Andere Arten des Ausweichens vor dem wirklichen Anwesendsein in der therapeutischen Arbeit sind weniger leicht auszumachen, und es ist schwerer, sie dem Klienten auf eine Weise so nahezubringen, die ihn motiviert, eine Veränderung zu versuchen. Hals rationale Bewältigungsstrategie ist seine Art, sich mit seinem Problem auseinanderzusetzen, gleichzeitig ist sie aber auch ein Mittel, sich davon zu distanzieren. Kates steife Förmlichkeit und Jennifers selbstkritische Verwirrung erfüllen denselben Zweck.

Was ist also diese Art des Seins, zu der ich meinen Klienten verhelfen will? So wie ich es in diesem Augenblick sehe, hat sie drei Hauptaspekte: Gegenwart, Offenheit und Anliegen. Für mich bedeuten diese Worte folgendes:

Erstens müssen wir im unmittelbaren Augenblick gegenwärtig sein. Oha, schon gehen die Schwierigkeiten los. Was bedeutet das? Naja, Frank ist das deutlichste Beispiel. Er läßt nicht wirklich los, so daß er bei dem mitmachen könnte, was ich zu tun versuche. Er ist unruhig, streitsüchtig, weicht aus, wenn es darum geht, sich wirklich in der Stunde ansprechen zu lassen. Kate, die in vieler Hinsicht so anders ist, teilt das mit ihm. Sie möchte ihre Persönlichkeit gereinigt und gebügelt haben, während sie von der ganzen Operation Distanz hält.

Louise zeigt uns die Frage der Gegenwart aus einem anderen Blickwinkel. Sie ist so sehr daran interessiert, was ich - und andere - von ihr wollen oder halten, daß sie buchstäblich ins Leere blickt, wenn sie in sich hineinschaut. Aber wer ist es, der Louise zu den Therapiesitzungen bringt? Wer ist so unglücklich darüber, daß sie »hohl« ist?

Zweitens (ich weiß, daß ich »Erstens« noch nicht ganz klargemacht habe, aber vielleicht hilft es, wenn ich ein bißchen weitermache) müssen wir uns dem Leben öffnen, so wie es jetzt gerade abläuft. Gegenwärtigsein ist der grundlegende Schritt, wenn man versuchen will, das innere Geschwätz zu verringern und dafür offen zu sein, unser Lebendigsein genau in diesem Augenblick zu erfahren. Das ist keine Bestandsaufnahme von Plus und Minus; es ist ein organisches Spüren unseres gesamten Seins. Spezifisches mag dabei vorkommen, aber das Zentrum ist die Gesamtsicht. Als Frank erkannte, wie sehr er von seinem Elend abhängig ist, öffnete ihm das sein Leben. Sie war präziser und stärker emotional besetzt als das üblicherweise der Fall ist, aber sie war die Art von umfassender Erkenntnis, wie wir sie ständig anstreben müssen.

Aus dem eben Gesagten wird nun klar, daß wir uns nicht einfach auf Knopfdruck unserem Leben öffnen können. Offensein ist ein Zustand, der immer nur teilweise erreicht wird. Wer Jahre mit Meditation verbringt, erreicht diesen Zustand vermutlich am häufigsten. Aber jeder von uns, der bereit ist, bis zu einem gewissen Grade das endlose Geschäft des Funktionierens in der Welt und das ebenso endlose innere Geschwätz beiseitezuschieben, kann durchaus Fortschritte in dieser Richtung machen.

Drittens werden wir, wenn wir in unserem Leben und in dieser Minute gegenwärtig und offen sind, wahrscheinlich eines oder mehrere Anliegen finden, die auf unsere Aufmerksamkeit drängen. Ein Anliegen ist eine Lebensfrage, hinsichtlich derer wir einerseits ein Gemisch von Besorgnis, Vorahnung oder Befürchtungen hegen, andererseits die Erkenntnis, daß wir eine Rolle dabei spielen, wie sich die Angelegenheit entwickelt. Diese Konstellation subjektiver Gefühle rückt Lebensfragen in den Vordergrund unseres Bewußtseins, die unsere Aufmerksamkeit erfordern, und bewirkt entscheidende Veränderungen, wenn man richtig damit umgeht. Hal ist besorgt über seine Beziehung zu seinem Sohn, und nachdem er sein eigenes Repertoire möglicher Lösungsansätze für dieses Problem erschöpft hat, sucht er meine Hilfe. Jennifer ist besorgt, daß sie ihre Wut auf ihren Mann wegen seiner Affäre zu Gewalttätigkeiten hinreißen könnte, und sie wendet sich an mich. Frank ist darüber besorgt, daß sein Leben eine sinnlose Tretmühle sei und bittet um Hilfe bei der Suche nach neuen Wegen. Ein Anliegen bringt die Menschen in die Therapie, gibt den Antrieb für ihre Arbeit in der Therapie und leitet diese Arbeit, wenn alles gut geht.

## Dienstag, 21. Juni

*Kate*

Eine Überraschung: Kate trägt ein helles Kleid - das erste Mal, wenn ich mich richtig erinnere. Sie begrüßt mich sogar mit einem kurzen Lächeln - und Freude? Ihre Haltung ist weniger reserviert, als sie sich in den Sessel setzt, und sie sieht mich mit einer gewissen Offenheit im Ausdruck an.

»Ich glaube, die Gruppe hilft mir, Herr Dr. Bugental. Ach, ich ... ich ... ich weiß nicht, wie ich das sagen soll.« Sie ist verlegen.

»Was möchten Sie sagen, Kate?«

»Eigentlich ist es nicht wichtig, aber ... aber ich habe gemerkt, daß alle in der Gruppe Sie beim Vornamen nennen, und ... «

»Und Sie trauen sich nicht?«

»Ja. Ich möchte nicht zu persönlich werden, und wahrscheinlich kennen Sie die anderen schon viel länger, und ... «

»Ich würde mich freuen, wenn Sie mich 'Jim' nennen würden, Kate.«

Sie nickt sehr ernst. »Ja, also, danke ... ämh ... Jim.« Das Wort ist fast geflüstert.

»Gern geschehen, Kate, und ich danke Ihnen.« Wir sind immer noch sehr vorsichtig, verlassen uns auf Förmlichkeiten, um die Grenzen nicht zu verletzen.

Dennoch wagt sie allmählich, ein wenig aus ihrer Granitfestung herauszutreten. An manchen Tagen, wie heute, spüren wir die Verheißung, daß sie wirklich ihr Leben zurückgewinnen wird; dann wieder, so wie letzte Woche oder auch an anderen Tagen scheint all der Fortschritt, den wir gemacht zu haben glaubten, nur eine Täuschung gewesen zu sein, und wir sind mutlos. Aber wir machen weiter - durch tote Zeiten, Gleichförmigkeit, scheinbare Bedeutungslosigkeit, durch das Wiedergewinnen verlorenen Terrains, durch die endlosen Einzelheiten, in denen man sein Leben lebt.

Ich bestehe weiterhin darauf, daß Kates emotionale Reaktionen auf unsere Arbeit absolut wesentlich sind. Sie muß ihre Angst vor diesen Reaktionen erkennen und akzeptieren, statt sie zu leugnen oder zu unterdrücken. Ich bestehe auch darauf, daß man Emotionen haben kann, ohne sich von ihnen beherrschen zu lassen, und manchmal biete ich ihr (in vorsichtigen Dosen) ein Modell dafür, indem ich meine eigenen Gefühle zeige.

Sie beginnt schüchterne, winzige Enthüllungen von Gefühlen hinsichtlich von Ereignissen, von denen sie erzählt. Da es sich dabei um Emotionen handelt, die sie im Augenblick des Erzählens erlebt, ist dies ein gewaltiger Schritt. Bisher hat sie immer nur über vergangene Emotionen gesprochen.

Obwohl in ihrer Bitte, mich beim Vornamen nennen zu dürfen, ein persönliches Gefühl enthalten ist, muß sie etwaige Gefühle mir gegenüber noch in Worte fassen. Sie versucht, sich an die Vorstellung zu klammern, wir seien zwei objektive Techniker, die an einer intellektuellen Aufgabe arbeiten.

Es ist noch nicht lange her, da sagte Kate, sie wäre innen aus Granit. Sie versuchte, zu einem aus kaltem, unveränderlichem Stein gehauenen Gegenstand zu werden statt zu einer Kreatur aus weichem, sehr verwundbarem, sich stets veränderndem Fleisch. Da sie Angst hatte, ihre Veränderlichkeit anzuerkennen, versuchte sie, sie rücksichtslos zu verneinen, indem sie emotionales Verstricktsein mit anderen Menschen mied, denn sie spürte, daß es unweigerlich zu Veränderungen führen würde. Einer der stärksten Einflüsse auf einen Menschen ist eine liebevolle Beziehung zu einem anderen. Die Bitte, »Jim« sagen zu dürfen, war ein mutiger Schritt dahin, sich von diesem Einfluß erreichen zu lassen.

*Hal*

Als Kate gegangen ist, fühle ich mich voll Schwung, im Gleichgewicht. Um so besser; Hal wird in ein paar Minuten hier sein, und obwohl wir besser arbeiten, seitdem er häufiger kommt, braucht er mehr Druck von mir.

Mit Hal rutsche ich leicht in angenehm gesellige Gespräche ab. Er ist gescheit, interessant, teilt viele meiner Sorgen. Manchmal werden wir zu Komplizen darin, über etwas zu reden, statt in sein unmittelbares Erleben einzusteigen. Wenn ich kann, möchte ich die Energie aus der Sitzung mit Kate dazu nutzen, Hal wirklich zu fordern.

Die Zielperson meiner Pläne wirkt ernst und gedankenverloren, als wir uns begrüßen, und er läßt sich mit einem Seufzer in den großen Sessel fallen.

»Ein tiefer Seufzer, Hal. Was ist los?«

»Ach ja (Pause). Weißt du, Jim, ich frage mich seit einer Weile, ob ich diese subjektive Geschichte tatsächlich machen kann, von der du immer redest. Ich weiß, du findest das wichtig, aber ... «

»Aber?«

»Aber vielleicht bin ich einfach nicht der Typ dafür. Du weißt schon, wie die Jungschen Typen und so weiter.«

»Vielleicht kannst du einfach von deiner Natur her nicht mit deinem Inneren in Berührung sein, meinst du das?«

»Also, so wie du das eben gesagt hast, gefällt es mir nicht. Sagen wir einfach, es ist eine andere Art zu denken, als ich immer praktiziert habe, und vielleicht bin ich einfach zu alt, um diese neuen Tricks zu lernen.«

»Sag den letzten Satz noch mal, Hal.«

Er ist etwas erstaunt, versucht aber achselzuckend und mit gerunzelter Stirn, meinem Wunsch nachzukommen. »Hmh, mal sehen. Ich frage mich, ob ich zu alt bin, um eine andere Denkweise zu lernen. Ich glaube, das ist es so ziemlich. Warum?«

»Das ist im Wesentlichen der Sinn, das stimmt schon, aber es ist nicht der Satz, den du vorhin gesagt hast.«

»Nein. Wortwörtlich dasselbe ist es natürlich nicht. Na und?«

»Warum hat es sich verändert?«

»Ach, ich weiß nicht. Es kam einfach irgendwie anders heraus, weißt du.«

»Was heißt das - 'es kam irgendwie anders heraus'?«

»Also, ich weiß nicht. Die Idee war die gleiche ... im Ganzen, und irgendwie habe ich andere Worte gebraucht. Worauf willst du hinaus? Ich verstehe nicht.«

»Hal, tu jetzt in diesem Moment etwas, ja?«

»Ämh, ja, ist gut.«

»Schildere mir noch einmal diese Idee, die, wie du sagtest, im Großen und Ganzen dieselbe war.«

Kurze Pause, Nachdenken, dann: »Also, du sagtest etwas darüber, daß ich nicht mit dem in Berührung kommen will, was sich in mir abspielt, und das gefiel mir nicht, und deshalb ... ich meine, ich dachte ... das heißt, ich sagte etwas, daß vielleicht meine früheren Erfahrungen mich versaut hätten, so daß ich das nicht lernen könnte, was du für mich für wichtig hältst. Also, das ist es so ungefähr, oder?«

»'So ungefähr' ist eine ganz gute Beschreibung, aber wie du wohl gemerkt hast, hat sich das, was du gesagt hast, wieder verändert und diesmal sogar noch stärker. Traust du dich, es mir noch einmal zu sagen?« Wichtig, so weit wie möglich die Motivation bei ihm zu lassen.

»Klar.« Allmählich findet er es interessant. »Ich versuche mal, es einfach schnell rauskommem zu lassen: Okay, ich hab gesagt, es war schwierig für mich, an diese inneren Geschichten ranzukommen, weil ich so lange überwiegend in der realen Welt, der äußeren Welt gearbeitet habe. Also krieg ich's irgendwie mit der Angst, daß ich vielleicht nie so in mich hineinkommen werde, wie du das willst ... meinst, daß ich sollte.« Er hält inne. »Ich höre es, Jim, es verändert sich wirklich, nicht? (aufgeregt). Laß mich nochmal: Das Leben in meinem Inneren muß mir wichtig sein, nicht? Natürlich, aber ich kann echt nicht drankommen - obwohl, jetzt gerade kommt es mir vor, als ob ich es wenigstens ein bißchen täte! Also ... Verdammt! Wo war ich? Ich hab den Faden verloren.«

»Was geht jetzt gerade in Ihnen vor, Hal?« Ich bin auch aufgeregt. Kann er den nächsten Schritt machen? Ich möchte ihn drängen, es ist so deutlich zu erkennen, daß er endlich versteht, worum es geht. Sachte, Jim.

»Ähm, ich hab immer noch so eine Art aufgewühltes Gefühl, aber es schwindet auch ziemlich schnell, und ich hab Angst, daß mir das Ganze wieder wegrutscht.«

»Mach langsam. Bleib einfach bei dem, was da ist. Versuch nicht, es wieder herauszuziehen. Bleib dabei, daß du Angst hast, wenn das da ist.«

»Ich hatte so ein Gefühl, aber jetzt ist es weg. Nein, nicht ganz weg.«

»Es ist nie ganz weg, Hal, und es ist nie gleich. Du hast einen kurzen Einblick in das Leben in deinem Inneren gewonnen, das die ganze Zeit da stattfindet, aber das du nicht kennst, und deshalb wolltest du einen Schritt zurückgehen und darüber nachdenken. Und damit hast du es zu etwas gemacht, das du ansiehst und worüber du in der dir vertrauten Art nachdenkst.«

»Ja, das versteh ich, aber ich weiß nicht, wie man das vermeiden kann, sobald wir darüber sprechen.«

»Man kann es natürlich nicht. Wenn man über das Subjektive spricht, wird es zum Objektiven, zum Objekt unseres Gesprächs. Aber erst dann, wenn man nur das Objektive hat, kommt man bei der Bestimmung über sich selbst in Schwierigkeiten. Man braucht beides.«

»Ja, ich verstehe.« Aber Hals Stimme zeigt deutlich, daß er nur teilweise begreift, was es bedeutet.

»Objektiv 'verstehst' du jetzt, aber der Klang deiner Stimme sagt, daß du nicht so sicher bist, daß du es als 'für dich bedeutsam verstehst'«.

Seine Stimmung bessert sich ein bißchen. »Ja. Da hast du recht. Obwohl es sich im Moment auch etwas besser anfühlt.«

»Okay, gut. Du hast einen wichtigen Einstieg bekommen, eine Erkenntnis, daß in dir ein ständiger Fluß ist und daß dieser Fluß viel mit dem zu tun hat, was du außen fühlst und tust.«

»Ja, ja. Das habe ich. Was können wir damit anfangen?«

Ich denke rasch nach und beschließe, daß es am besten ist, jetzt lockerzulassen. Es drängt ihn immer, alles, was geschieht, in Worten zu objektifizieren. Es wird leichter sein, ihm zu helfen, darüber hinauszukommen, wenn wir die Dinge langsam angehen.

»Zwing es jetzt nicht, Hal. Wir wollen versuchen, nächstes Mal weiterzukommen.« Er nickt, und ich fühle mich in meiner Entscheidung bestätigt. Wie haben schon wieder ziemlich viel Distanz nach diesem kurzen Eintauchen in die lebendige Erfahrung. Aber sie gibt uns einen Orientierungspunkt, zu dem wir später zurückkommen können.

*Jim*

Ich sitze wieder an meinem Schreibtisch und gehe ein Manuskript durch, das ich schon »zehntausendmal« überarbeitet habe (in Wirklichkeit eher fünf- oder sechsmal). Plötzlich wird mir klar, daß bei meinem Schreiben genau das Gleiche passiert wie das, was Hal und ich eben erlebt haben. Jedes Überprüfen dessen, was ich geschrieben habe, eröffnete neue Möglichkeiten, bessere Ausdrucksweisen, tiefere Bedeutungen; und so schreibe ich es noch einmal um.

Wenn zwei Absolventen erstklassiger Promotionsstudiengänge in Psychologie - Hal und ich - erst Jahre später von einem derartig universalen und wichtigen Prozess des menschlichen Denkens erfahren, dann ist irgendetwas überhaupt nicht in Ordnung.

Während meiner Doktorandenzeit hatte ich einen Professor, der den größten Teil seines Lebens an einer sehr originellen Theorie gearbeitet hatte. Er lehrte uns Teile davon, und er schrieb das maßgebliche Buch über das Thema. Von anderen hörte ich, daß er seit über zwanzig Jahren an diesem Buch arbeitete, es schrieb und umschrieb. Immer wieder versuchte er, die abschließende Aussage zu formulieren, und die lockte ihn weiter und weiter. Letztes Jahr starb er, das Buch ist nie veröffentlicht worden.

## Donnerstag, 7. Juli

*Jennifer*

Der Nationalfeiertag ist vorbeigegangen, fast ohne Spuren zu hinterlassen. In meiner Jugend sah man die Überreste der Feiern in Straßen und Gärten mindestens eine Woche lang. Ausgebrannte Feuerwerkskörper, erloschene Wunderkerzen, zerknittertes grellrotes Geschenkpapier, Metallhülsen, die kurz zum Himmel aufgestiegen und als Müll zurückgekehrt waren, exkrementgleiche Überbleibsel der Feuerschlangen - alle diese ließen den vergangenen *Tag der Erinnerung* noch einmal lebendig werden.

Heute besteht die einzige Erinnerung in den leergeräumten Schaufenstern, in denen bald ein letztes Mal die Sommersonderangebote von Bademoden, Picknickausrüstungen und Taucherbrillen an die Kauflustigen appellieren dürfen, bevor die Pullover, Fußballhelme und Bommeln des Frühherbstes an ihre Stelle treten.

Jennifer, halbliegend, kämpft mit einem immer wiederkehrenden Thema: wie sie ein fairer und gleichzeitig fester *Dean of Women* sein kann. In diesen Zeiten der Unruhe und sogar offener Rebellion unter den Studenten besteht der Präsident ihres College auf einer Veschärfung, nicht einer Verringerung der Disziplin. Jetzt übertreffen die Teilnehmer der Sommerkurse die regulären Studenten an Renitenz.

Nachdem sie ihre Zwiespältigkeit hinsichtlich der Durchsetzng dieser Politik beschrieben hat, hält sie inne und bietet mir damit eine Gelegenheit, sie in eine hoffentlich produktivere Richtung zu lenken.

»Jennifer, sagen Sie mir noch einmal, was Sie zum Schluß dieser Studentin, von der Sie gerade gesprochen haben, gesagt haben.«

»Also, es war etwa: 'Ich freue mich, daß Sie mir erzählt haben, warum Sie tun mußten, was Sie getan haben, aber ich habe keine Wahl. Die Vorschriften sind klar.' Das war etwa, was ich gesagt habe. Warum?« Sie ist unruhig, defensiv, auf Kritik gefaßt - von mir (ihrer Mutter).

»Was heißt das im Grunde? Sagen Sie es in ganz wenigen Worten.«

»Ach, das heißt ... das heißt ... warten Sie, lassen Sie mich nachdenken. Wahrscheinlich heißt das im Grunde 'Pech, Mädchen, aber in den Vorschriften steht nichts über Gründe irgendwelcher Art. Da steht einfach nur: 'Du machst dies oder das und dann passiert dir das oder jenes.' Ich versuche, ihr begreiflich zu machen, daß es nichts mit ihr persönlich zu tun hat.«

»Haben Sie gemerkt, wie hart Ihre Stimme wurde, als Sie sagten 'Du machst dies oder das und dann passiert dir das oder jenes'?«

»Es ist mir nicht aufgefallen, aber es wundert mich nicht. Ich hasse es, Leute hart anfassen zu müssen, die nicht mutwillig Schwierigkeiten gemacht haben.«

»Warum tun Sie's dann?«

»Nun machen Sie aber mal 'nen Punkt!« Sie setzt sich auf der Couch auf und starrt mich an. »Jetzt fangen Sie bloß nicht auch noch an, es mir schwer zu machen. Sie wissen, daß ich es nicht tue, weil ich es möchte. Die Vorschriften sind sehr deutlich und unser Präsident ist es auch.«

»Also sind Sie eigentlich überflüssig.«

»Was! Was wollen Sie damit sagen?« Die Stimme hebt sich, wütender Protest.

»Sie sind bloß solange nötig, bis ein Computer die Vorschriften anwendet, ohne daß Sie überhaupt da sind. Die Vorschriften fällen das Urteil über die Studentin und teilen ihr ihre Strafe zu; Sie sind bloß eine Mittelsperson.«

Sie runzelt gewaltig die Stirn, und ich sehe, wie sie mit dem Versuch beginnt, dies alles auseinanderzunehmen, es in ein intellektuelles Puzzle zu verwandeln. Das kann sie nicht gebrauchen.

»Schauen Sie, Jennifer, ich verurteile Sie nicht oder sage Ihnen nicht, daß Sie etwas falsch gemacht haben.« Sie blickt auf, ihr Gesicht hellt sich etwas auf, ist aber immer noch vorsichtig.

»Na, was hätte ich denn tun sollen?«

»Offen gestanden, ich weiß es nicht. Höchstwahrscheinlich hätte ich das Gleiche getan wie Sie. Worum es jetzt geht, ist Ihre Erkenntnis über das, was Sie tun müssen und was sie bei Ihnen bewirkt.«

»Es ist widerlich.«

»Das kann ich mir vorstellen. Trotzdem möchte ich, daß Sie noch ein wenig dabeibleiben. Können Sie das?«

»Ja, wahrscheinlich, aber es gefällt mir überhaupt nicht.«

»Das weiß ich, aber wir wollen es mal bis zu Ende denken. Sie haben versucht, verständnisvoll zu sein, aber was Sie sagten, lief etwa auf Folgendes hinaus: 'Mein Verständnis - menschliches Verständnis - dafür, was Sie getan haben und warum, ist eigentlich nicht wichtig. Wenn es wichtig wäre, könnte mein Verständnis Ihnen jetzt helfen. Aber die Vorschriften sind stärker als wir.' Das ist hart, ich weiß, aber ist es das nicht so ziemlich?«

Sie schweigt, starrt mich an, ihr Gesicht ist dem Zorn nah. Ein langer Atemzug, dann: »Wahrscheinlich. Ich sehe bloß nicht, was ich Ihrer Meinung nach hätte sagen sollen.«

»Ich auch nicht; aber im Moment wollen wir mal bei der Aussage bleiben, die Sie ihr vermittelt haben. Ich glaube, wir kommen an den Punkt, der Ihre Kopfschmerzen verursacht und der Sie so oft müde und zornig macht.«

»Ich bin tatsächlich gerade wütend, aber ich weiß nicht genau, warum.«

»Sie müssen sich ziemlich ähnlich fühlen, wie diese Studentin sich gefühlt hat. Obwohl meine Logik anscheinend stimmt, finden Sie das Ergebnis ungerecht.«

»Stimmt. Was Sie sagen, gefällt mir nicht, und ich komme mir vor, als würde ich verurteilt, ohne daß ich Ihnen beweisen kann, daß Ihr Urteil falsch ist. Was kann ich dennn machen, einfach die Vorschriften ignorieren?

Wissen Sie, was passieren würde, wenn ich sie für Fran beiseite schöbe, für diese Studentin?«

»So ziemlich das Gleiche haben Sie ihr gesagt, nicht wahr?«

»Klar. Ich mache also für sie eine Ausnahme, weil sie so gute Gründe hatte, und dann muß für alle anderen Ausnahmen machen, die gute Gründe haben. Da wären die Vorschriften bald sinnlos.«

»Was meinen Sie dazu?«

»Es ist einfach so. Ich darf niemanden vorziehen.«

»Wen ziehen Sie vor?«

»Ach, so meine ich das nicht. Ich meine, ich kann nicht einmal die Vorschriften so anwenden und das nächste Mal anders.«

»Warum nicht?«

»Wozu hätten wir denn dann Vorschriften?«

»Sie sagen also, der Sinn der Bestimmungen liegt darin, zu vermeiden, daß Menschen ihr eigenes Urteil fällen.«

»Nein! Naja, vielleicht ... in gewisser Weise. Wir müssen konsequent sein, wissen Sie.«

»Konsequenz ist wichtiger als menschliches Verständnis, ist es das? Wenn Sie die Entscheidung träfen, die Vorschriften beiseitezuschieben, würden Sie die Macht verlieren, in Zukunft Entscheidungen zu treffen. Ihre Person würde durch Präzedenzfälle ersetzt.«

»Ach, das gefällt mir nicht! Es gefällt mir wirklich nicht.« Sie hält inne, überlegt, in ihrem Gesicht arbeitet es. »Ich glaube nicht, daß das stimmt, was Sie sagen, aber ... wahrscheinlich stimmt es ... irgendwie. Ich bin wütend auf Sie und auf mich und auf das ganze verdammte System. Vielleicht sollte ich nicht *Dean* sein. Vielleicht sollte ich ... «

»Warten Sie, Jennifer, Ihnen gefallen die Einschätzungen von Menschen und Vorschriften nicht, die man Ihnen beigebracht hat. Den Job einfach hinzuschmeißen, würde nichts leichter machen, denn überall gibt es Bestimmungen und Gründe, um Ausnahmen von diesen Bestimmungen zu verlangen.«

»Also, mir gefällt das nicht, was Sie sagen. Ich finde, Sie helfen mir nicht. Ich glaube, Sie machen es sogar noch schlimmer. Jetzt werde ich bei Disziplinfragen unsicherer denn je sein.«

»Ich weiß, es ist schwer, aber lassen Sie sich mal in all diesen Gedanken so ein bißchen schmoren. Sie haben es da gar nicht mit etwas wirklich Neuem zu tun; wir machen nur etwas deutlich, womit Sie sich in Ihrer Stelle dauernd auseinandersetzen müssen.«

»Das stimmt! Und das ist auch der Grund, warum ich so unter Spannung stehe. Da fällt mir noch etwas ein, was ich Fran gesagt habe. Ich sagte ihr, sie dürfte zwei Wochen lang nicht vom Campus weg, und sie fing an zu weinen, weil sie nächste Woche eine wichtige Verabredung mit einem Jungen hatte. Also sagte ich, daß ich sie nicht gern bestrafte, aber daß wir beide zu einem System gehörten und uns anpassen müßten.«

»Sich dem System anpassen müßten.«

»Ich höre es. Ich höre es. Wissen Sie, das ist es! Genau das ist es. Ich habe ihr gesagt: 'Pech, Mädchen, aber wir sind beide Rädchen in dieser Maschine, und wir können nicht hergehen und die Maschine umbauen, weil sie nämlich größer als wir ist.' Ist das widerlich! Aber es stimmt!«

»Wie schmeckt das?«

»Scheußlich! Widerlich!« Sie kringelt ihre Beine unter sich zusammen, versucht, sich zu einer dichten kleinen Kugel zusammenzurollen. Spannung, immer noch arbeitet es in ihr. »Ich weiß nicht, was ich daran ändern kann. Mein Nacken tut mir weh, ich habe Kopfschmerzen, und ich bin total verspannt.«

»Klingt wie diese Kopfschmerzen und die Anspannung, die Sie in letzter Zeit hatten.«

»Tut es auch. Ist es auch. Was zum Teufel soll ich jetzt machen? Also, Bert ... ich wollte sagen, Jim! Haben Sie das gehört? Ich hab sie gerade 'Bert' genannt!«

»Der hat die Vorschriften auch verletzt.«

»Das kann man wohl sagen. Und mich auch.«

»Und Sie wollten ihm das Buch mit den Vorschriften ins Gesicht schmeißen.«

»Was meinen Sie damit?«

»Ihn umbringen.«

»Ach nein, nicht wirklich. (Pause). Naja, wahrscheinlich wollte ich doch. Aber er hat es wirklich herausgefordert. Diese Frau zu vögeln! Und er hat mich angelogen. Irgendwo sollte es Gerechtigkeit geben. Es ist einfach nicht fair.« Ihre Stimme verliert rapide an Kraft. »Ach, zum Teufel, ich weiß nicht, was ich damit sagen will.«

»Es ist schwer, zu wissen, was hier Gerechtigkeit und Fairness bedeutet.«

»Ja, ja, das ist es wirklich.« Sie weint leise, ihre Energie ist verbraucht.

Was für einen großen Schritt hat Jennifer heute gemacht! Sie hat sich hervorgewagt ohne den scheinbaren Schutz durch die Rolle des Opfers, des Projizierens aller Schuld auf andere. Sie hat sich von mir dazu führen lassen, die Vieldeutigkeit von Vorschriften, den Widerspruch zwischen absoluten Regeln und relativen menschlichen Bedürfnissen zu sehen.

Und während sie es riskiert, darüber nachzudenken, was Regeln ihr bedeuten, macht sie einen noch größeren Schritt - einen, der von ihrem großen Mut zeugt: Sie hat es geduldet, daß ich diese Erkenntnisse auf ihre traumatisierte Beziehung zu Bert anwende! Sie hätte so leicht in ihr bekanntes zorniges Bestehen auf seiner Schuld zurückfallen können. Aber sie tat es nicht.

Jennifer ist niedergeschlagen und traurig, als sie mich heute verläßt, aber in ihrer inneren Wende liegt eine große Verheißung.

*Jim*

Was sollte Jennifer tun, wenn die Bedürfnisse eines Einzelnen mit den Erfordernissen irgendeiner Gruppe in Konflikt geraten? Was sollten wir jeweils tun? Vor diesen Fragen steht unsere Gattung seit prähistorischer Zeit. Es sind Fragen, die wir noch immer nicht befriedigend beantworten können.

Konsequenz ist wichtig, aber wie wichtig ist sie? Menschliches Mitgefühl ist wichtig, aber wo liegen seine Grenzen? Liebende, Familien, Organisationen, Staaten, unsere Welt - alle menschlichen Instutitionen kämpfen mit dieser Frage und werden es vermutlich immer tun.

*Louise*

Nach der Arbeit mit Jennifer bietet Louises Stunde wahrlich interessante Parallelen und Gegensätze. Beide Frauen fangen an, sich mehr auf ihren inneren Sinn einzulassen; aber, und das ist kein Wunder, das bedeutet, daß sich beide im Konflikt mit äußeren Autoritäten finden. Für Jennifer liegt diese Autorität in objektiven Regeln und Verhaltensvorschriften; für Louise liegt sie in den Wünschen oder Bedürfnissen anderer Menschen.

Heute werden die Veränderungen bei Louise auf mehrfache Weise deutlich. Sie hat immer noch das Bedürfnis, freundlich und »nett« gegenüber anderen zu sein, aber trotzdem hat sich etwas geändert. Das wird mir sichtbar in der Art, wie sie sich hält und mit anderen spricht - nicht nur mit mir, sondern auch in der Gruppe. Sie beteiligt sich an dem Nehmen und Geben, ohne ständig auf die Billigung aller Anwesenden ausgerichtet zu sein. Wie sie sich jetzt kleidet, ist ein weiterer Hinweis auf ihr Hervortreten; leichte, rückenfreie Sommerkleider und nackte Beine - jugendlicher und leichtsinniger, als sie sich früher zu geben wagte.

Aber ihre gerunzelte Stirn ist es, die meine Aufmerksamkeit auf sich zieht; ich warte also.

»Ich mache eine Menge Counselling mit unseren Praktikanten, wissen Sie.«

»Deswegen runzeln Sie die Stirn?« Zu sehr an der Oberfläche; ich muß mal wieder kritzeln, um mein Bewußtsein treiben zu lassen.

»Nun ja, ich fühle, daß ihre Bedürfnisse an mir zerren, und ich habe so viele andere Aufgaben.«

»Hmh-mmh.«

»Es sind typische Collegemädchen. Sie kommen mir wie Kinder vor. Es fällt ihnen schwer, mit Menschen zu arbeiten, deren Leben so anders ist als ihr eigenes. Sie wollen mit jemandem darüber reden, wie sehr sie das mitnimmt, und der Jemand, den sie sich aussuchen, bin ich.«

»Überrascht Sie das?«

»Naja, ja und nein. Ich kann mich in sie hineinversetzen, und wahrscheinlich spüren sie das, obwohl ich ihre Supervisorin bin und ihnen Noten geben muß. Trotzdem bitten mich eine ganze Menge darum, über Persönliches mit mir sprechen zu dürfen.«

»Mmmmm. Und was bedeutet das für Sie gefühlsmäßig?«

»Nun ja, es gefällt mir, daß sie Vertrauen zu mir haben und wahrscheinlich finde ich ihre Geschichten interessant und bewegend.«

»Wieso wahrscheinlich?«

»Nein, nicht wahrscheinlich. Das Problem ist, daß ich mir nicht sicher bin, ob ich in persönlichen Fragen beraten soll oder nicht. Unser Direktor besteht darauf, daß wir mit unserer Zeit sparsam ungehen, weil die Wartelisten für unsere Einrichtung so lang sind. Ich glaube, daß man mir Vorwürfe machen würde, wenn bekannt würde, wieviel Zeit ich mit Beratungen der Praktikanten verbringe.«

»Ähm-hm.«

»Wahrscheinlich sollte ich mir die Erlaubnis des Direktors holen oder nicht mehr so viel Zeit mit den Studenten verbringen, aber ich ...«

»Sie klingen, als ob Sie sich in dieser Frage nicht sicher wären.«

»Ach, ich bin einfach nicht gerne in so einem Konflikt, für den ich keine Lösung weiß (gereizt)«.

»Sie stehen nicht gerne zwischen zwei Seiten, so daß Sie nicht wissen, ob Sie es dem Direktor oder den Studenten recht machen sollen, nicht wahr?«

»Natürlich nicht.« Sie hält inne und fährt dann widerwillig fort. »Ja, ich weiß. Ich sehe schon, das ist mein altes Problem, aber es ist trotzdem wirklich ein Problem.«

*Jim*

Louise erlebt, wie das nötige »Durcharbeiten« aussieht, das uns alle viele Sitzungen lang in Anspruch nimmt. Wir müssen wieder und wieder sehen, wie wir unsere Verhaltensmuster ausagieren, und wir müssen abwägen, was sie uns kosten und was sie uns bringen. Es gibt keine Umkleidekabine, in der wir unsere Art, in der Welt zu sein, vollkommen ablegen und solange neue Arten anprobieren können, bis wir eine gefunden haben, die uns besser paßt. Der typische Verlauf ist, daß wir realistische Kompromisse entwickeln, in denen wir die Verluste verringern und die Gewinne steigern.

Dieser ganze Prozeß ist nicht sauber oder ein für allemal abzuschließen. Das, was uns einschränkt, ist nicht ein gesonderter Teil unseres Lebens, wie ein entzündeter Blinddarm oder eine schmutzige Zündkerze; es hängt eng zusammen mit vielem anderen in unserem Leben, meistens mit anderen Aspekten, die uns wichtig sind und vielleicht gut funktionieren. Sich darüber klarzuwerden, wie und wo unsere Art, uns selbst und unsere Welt zu definieren, funktioniert oder uns einengt - das ist ein nie endender, lebenslanger Prozeß. Er heißt leben.

Das ist es, was der Vorgang des Durcharbeitens uns lehrt: Die meisten Situationen im Leben sind vieldeutig; die meisten Lebensentscheidungen sind unvollständig; die meisten Lebenswege ergeben zweideutige Resultate. Das ist nicht nur schlecht, es ist auch gut. Wir können die Dinge immer verbessern, wenn wir den Mut und den Willen dazu aufbringen.

# 7.

# »Ich bin nur eine Wärmemaschine«

**Dienstag, 23. August**

*Frank*

Ich glaube, Frank badet häufiger - oder vielleicht gewöhne ich mich bloß an seinen »Duft«. Auf jeden Fall ist seine Gegenwart nicht mehr ganz so durchdringend, und er wagt allmählich, über Dinge zu sprechen, die ihm wichtig sind.

»Ich hab diesen Typen Tschardin gelesen - oder wie man das ausspricht - und ich finde, er spinnt.« Frank ist ärgerlich - wie üblich. Er starrt mich zornig an, als hätte ich ihn herausgefordert, und ich merke, daß er das Gefühl hat, daß fast jeder, mit dem er zusammenkommt, ihn persönlich verletzen könnte. Langsam, so langsam nutze ich diese Erkenntnis, um mich davon abzuhalten, ihm Gleiches mit Gleichem zu vergelten.

»Mir ist nicht ganz klar, von wem Sie sprechen, Frank.«

»Och, dieser französische Priester, wissen Sie. Er hat *Das Phänomen des Menschen* geschrieben.«

Das gibt's doch nicht!

»Sie meinen Teilhard de Chardin?«

»Ja, den. Diese blöden französischen Namen. Also jedenfalls, ich hab seine Sachen gelesen, wie er meint, daß ein neuer Mensch sich entwickeln wird, und ... Sie kennen seine Theorie?«

Ich bin platt. Ich weiß, daß Frank viel liest, aber irgendwie war mir nicht klar, daß er derart anspruchvolle Bücher liest. »Ja, in großen Zügen, Frank. Ich hab aber nicht viel von Teilhard gelesen.« Ich mußte wohl unbedingt zeigen, daß ich weiß, daß der Autor meistens bei diesem Namen genannt wird, was? Ich glaube, ich bin eingeschnappt, weil Frank, der seinen Hauptschulabschluß in der Armee gemacht hat, mehr von diesem mir lieben Autor gelesen hat als ich selbst.

»Also jedenfalls, ich finde, er spinnt. Ich meine, das sind schöne Aussichten, daß der Mensch sich entwickelt - wissen Sie, daß die Evolution auf eine Verbesserung der Art hinarbeitet. Aber ich nehm's ihm einfach nicht ab. Ich finde, die meisten Leute sind widerwärtige Typen, und soweit ich sehen kann, werden sie schlechter und nicht besser. Wahrscheinlich muß er als Priester und so weiter daran glauben, daß Gott die Dinge besser macht, aber mir kommt's wirklich nicht so vor. Davon abgesehen allerdings finde ich seine Ideen von 'Konvergenz' und 'Divergenz' wirklich gut. Ich meine, wenn ich mir die Dinge so anschaue, dann ist das wirklich so, wie es abläuft. Wenn man sich den ganzen reaktionären Quatsch ansieht, der bei uns gerade so läuft ... «

Und so spinnt Frank weiter. Ich weiß nicht, ob ich ihn unterbrechen und ihn mehr auf sich selbst zurückbringen soll oder nicht. Ich glaube, indirekt sagt er viel mehr als ihm klar ist über seinen Hunger nach Gedanken, nach dem Mitteilen von Gedanken, seinen Wissensdurst und seinem Wunsch, von mir anerkannt zu sein. Er ist ein so vollkommen einsamer Mensch, daß er wahrscheinlich sonst niemanden hat, mit dem er so reden könnte, und außerdem ist dies wohl auch eine Art Friedensangebot, eine Demonstration, daß er zu mehr fähig ist als sich zu beklagen, daß er mit der Art von Ideen umgehen kann, die mich seiner Meinung nach interessieren. Ich werde mal eine Weile mitmachen. Er hat wirklich begriffen, was er gelesen hat; tatsächlich bringt er mich zu dem Entschluß, selber etwas mehr Teilhard zu lesen.

Nach einer Weile hält Frank inne. Er hat sich für sein Thema erwärmt und ist jetzt plötzlich verlegen wegen seines Interesses. »Ach Scheiße, ich weiß gar nicht, warum ich meine Zeit mit diesem Quatsch verschwende. Ist bloß intellektuelle Angeberei. Ich seh halt bloß sonst nichts als so Typen, die Captain Marvel für die höchste Form der Literatur halten.«

»Ich fand das wirklich interessant, was Sie gesagt haben, Frank.«

»Ja, toll, aber ich komme ja nicht hierher und bezahle Sie, damit Sie mein Gelaber über irgendwas, was für mein Leben gar nicht wichtig ist, interessant finden.«

»Ich glaube nicht, daß das so stimmt.«

»Was heißt das? Was macht es denn in meinem Scheißjob für einen Unterschied, ob ich die Ideen von diesem verrückten französischen Priester über die Zukunft des Menschen gut finde?«

»Ich glaube, es würde in Ihrem Leben einen gewaltigen Unterschied machen, wenn Sie nie so etwas lesen würden.«

»Ja? Weiß ich nicht. Vielleicht wäre ich besser dran, wenn ich das Ganze ins Klo schmisse und abzöge.«

»Sie wollen sich jetzt mit mir anlegen, weil Sie sich unbehaglich fühlen, daß Sie sich auf solche Ideen einlassen.«

»Was ist denn dabei, wenn ich mich darauf einlasse?«

»Jetzt müssen Sie aber wirklich Wirbel machen, was?«

»Ich weiß nicht, was Sie mit 'Wirbel machen' meinen. Wieso erzählen Sie mir eigentlich dauernd, daß ich irgendwas falsch mache?«

»Frank, ich will jetzt einfach nicht in eine von Ihren - unseren - Kreisdiskussionen reingezogen werden. Ich denke mir, auf irgendeiner Ebene wissen Sie verdammt genau, daß Sie einfach nur versuchen, uns abzulenken, und außerdem denke ich, daß wir endlich über diesen Blödsinn hinauskommen müssen.«

»Ich weiß nicht, was es mit dieser 'irgendeinen Ebene' auf sich hat, wo ich angeblich wissen soll, daß Sie immer Recht haben und ich immer Unrecht.«

»Sie hören nicht auf, was?«

»Womit?«

Und so weiter. Im Augenblick würde er überhaupt nichts zugeben.

Ich werde ihn nicht drängen. Heute ist er weit aus seiner Einsiedlerhöhle herausgekommen. Er hat gewagt, mir etwas zu zeigen, was ihm wirklich wichtig ist. Er hat gewagt, vielleicht ausgelacht oder überheblich behandelt zu werden, weil er sich auf ein Gebiet gewagt hat, das eher in mein Fach fällt als in das seine. Er hat es gewagt, auf andere Art zu mir in Beziehung zu treten als durch Zorn oder defensives Verhalten. Natürlich muß er langsam, vorsichtig vorgehen und sich nach einer Weile wieder zurückziehen.

*Hal*

Unser größeres Tempo macht sich bezahlt. Hal ist nicht mehr gezwungen, sich zu wehren, wenn ich darauf bestehe, daß seine subjektive Erfahrung wichtig sei. Parallel dazu verbessert sich seine Beziehung zu Tim allmählich; allerdings ist uns beiden klar, daß das eher an seiner größeren Selbstbeherrschung als an einer grundsätzlichen Veränderung liegt.

Sein Interesse an seiner Subjektivität wächst, aber er versucht, sie mit objektiven Händen zu greifen.

»Jim, ich glaube, ich verstehe jetzt besser, was es mit diesem In-mir-selbst-sein auf sich hat, aber ich kann es nicht richtig halten.«

»'Es halten', sagst du - wie man einen Gegenstand hält, ein Objekt. Darin liegt das Problem zum Teil, glaube ich.«

»Naja ... meine Idee zu halten ... mein In-mir-selbst-sein zu halten. Ich weiß einfach nicht, wie ich es ausdrücken soll.«

»Eine andere Formulierung wäre nur eine kosmetische Veränderung; sie öffnet dir keinen Zugang zu deinem Inneren und gibt dir keine größere Entscheidungsfreiheit über dein Leben.«

»Ja, das sehe ich ein. Aber trotzdem weiß ich nicht, wie ich in mich selbst kommen kann und nicht nach irgendwelchen 'Es' und so weiter suchen. Kannst du mir helfen?«

»Ich werd's versuchen. Fangen wir mal mit dem Schlüsselgedanken an, auf den es wirklich ankommt.« Ich mache eine Pause, vergewissere mich, daß er wirklich hört, wie wichtig diese Sache ist. »Nimm das jetzt ganz langsam, Hal. Es ist mächtig, aber es ist auch äußerst diffizil. Es ist eine einzige schlichte Wahrheit: In unserer Subjektivität gibt es kein 'Wie macht man's.'«

»Es gibt kein 'Wie macht man's'?« Er sieht verwirrt aus, nicht beeindruckt.

»Das ist schwer zu verstehen, ich weiß, und es klingt auch nicht nach viel nach all der Vorbereitung.«

»Ich höre, was du sagst, und würde auch gerne verstehen, was deiner Meinung nach so wichtig ist, aber es tut mir leid, ich versteh's nicht. Kannst du das nicht genauer erklären? Mir kommt es einfach nur logisch vor, daß man nichts tun kann, ohne zu wissen, wie man es tut.«

»Ich hab dir schon gesagt, daß es schwierig ist. Ich hätte dir außerdem sagen sollen, daß du den Schlüssel dazu schon hast und auch die ganze Zeit anwendest. Wenn du etwas sagst ... «

»Wie bitte? (erstaunt) Wie kann ich etwas tun, ohne daß ich weiß, wie ich es tue - und das auch noch die ganze Zeit?«

»Du hast es soeben getan. Mußtest du wissen, wie du mir jetzt gerade diese Frage stellen sollest?«

»Wie meinst du das? Warte mal.« Er hält inne und überlegt. Dann sagt er, und seine Stimme hebt sich: »Warte mal. Heh! Ich glaube, ich verstehe, was du meinst!«

Ich bin erstaunt. Ich wußte, daß Hal intelligent ist, aber so schnell hat noch nie jemand begriffen. »Sag's mir, Hal.«

»Ja, also ... warte. Das muß ich langsam machen.« Er macht eine Pause, überlegt intensiv. »Ja, ja. Also, ich habe etwas zu dir gesagt ... ich weiß nicht mal mehr, was; ist auch egal jetzt. Jedenfalls hab ich was zu dir gesagt, und ich mußte nicht wissen, wie ich dir etwas sage.« Er hält inne, ganz aufmerksam, horcht nach innen. »Es geschieht auch jetzt gerade. Nein, nicht 'es'. Ich geschehe gerade.«

Plötzlich wirft er den Kopf zurück und lacht lauf auf. »Ich geschehe gerade. Verstanden, Jim? Ich geschehe gerade. Verdammt noch mal! Ich hab es. Nein, ich bin es. Nein, nochmal, ich bin es!«

Ich lache mit ihm. »Das kann man wohl sagen. 'Und Jahwe sprach: »Ich bin, der ich bin'.«

»Heh, das stimmt! Das hab ich vorher nie verstanden.« Sein Tonfall ändert sich leicht, als er kurz nachdenkt. »Das erinnert mich an etwas, aber es ist zu schnell entwischt.« Wieder hält er inne, schüttelt dann den Kopf und blickt lächelnd hoch.

»Also, keine *Wie macht man's*, eh? Du hast verdammt recht, keine *Wie macht man's*. Ich weiß nicht, wie wir es machen, aber weiß Gott, wir machen's, was?« Er ist wieder aufgeregt, hingerissen.

»Das tun wir wahrhaftig.«

»Es ist ein komisches Gefühl. Ich gucke mir sozusagen zu und entdecke, was ich sagen will, während ich es sage, aber ganz so ist es auch wieder nicht. Irgendwie weiß ich, was ich sagen will, und dann kommt es in Worten heraus. Wie meinst du, daß das abläuft, Jim?«

»Ich weiß nur ein bißchen darüber. Die Hauptsache ist deine Intention. Wenn du deine Intention kennst und wirklich bei dir selber bist, dann gibt es kein *Wie macht man's*. Es kommt einfach raus. Natürlich muß man manchmal anhalten und darüber nachdenken, wie man möchte, daß es herauskommt, für bestimmte Leute, zu denen man spricht, oder wenn der Gedanke schwer zu vermitteln ist.«

»Ja, ja. Das verstehe ich.«

»Aber selbst dann kommt der Gedanke, den man ausdrücken will, direkt aus der Absicht, und die Erwägungen, die auf die Formulierung des Gedankens einwirken, kommen auch aus der Absicht.«

»Nicht so schnell.« Er macht eine Pause und denkt nach.

Langsam, sage ich mir. Ich habe mich von der Freude über seine Reaktion hinreißen lassen. Kipp ihm nicht die ganze Ladung auf einmal über den Kopf, sonst erstickst du das, was er erreicht hat.

»Eine Frage, Jim: Warum hast du mir das nicht alles schon früher gesagt?«

»Hal, im Grunde genommen ist das die gleiche Voraussetzung. Um etwas zu sagen, muß man wirklich in seiner Absicht sein, um es herauszubringen. Um etwas zu hören, muß deine Absicht darauf gestimmt sein, es aufzunehmen. Du hast dich durch einen Haufen Zeug gearbeitet, um heute den Punkt zu erreichen, wo du dies wirklich hören kannst.«

»Ja, ja.« Kopf gesenkt, arbeitet immer noch daran, wach, aber jetzt besinnlicher.

»Laß dir Zeit.«

»Ja, ich brauche Zeit. Da steckt so viel drin, und es kommt mir vor, als ob ich erst anfinge, hineinzuschauen.« Er hält wieder inne, ich warte ab, dann schaut er auf. »Aber ich möchte sehen, ob mir das bei meiner dummen Wut auf Tim etwas nützt.«

»Hal, mach langsam. Du gehst mit dieser Erkenntnis um wie mit einer in sich abgeschlossenen Angelegenheit, einem Zauberspruch oder so etwas, das du gerade bekommen hast. So läuft es aber nicht. Dies ist nur ein Fenster zu einem ungeheuren Gewebe von Bedeutungen in und über deine Subjektivität.«

»Ja, wahrscheinlich. Aber ich will durch dieses Fenster schauen und meine Beziehung zu Tim retten.«

»Ich weiß, und wenn du so weiter machst wie bisher, wirst du wahrscheinlich genau das tun. Trotzdem, laß dir Zeit, damit dein Bewußtsein sich stärker für diese Erkenntnis öffnen kann und für all das, wozu sie dich führen wird.«

»Ja, sicher, Jim.« Er stimmt zu, aber ich frage mich, ob er die leiseste Vorstellung davon hat, was ich meine. Nun ja, für heute ist die Sitzung vorbei. Wie immer ist noch viel zu tun übrig.

*Jim*

Wenn es einen einzelnen zentralen Schlüssel dazu gibt, das Gefühl größeren Einflusses auf das eigene Leben zu haben, dann liegt er hier. Und dabei scheint es so einfach, fast trivial. Viele, die es hören, nicken: »Hm, und was noch?« und überhören die subtile, aber entscheidende Bedeutung, die ihr Leben tiefgreifend verändern könnte.

Wir sind so an die objektive Denkweise gewöhnt, daß es unsinnig scheint, zu behaupten, es gäbe kein *Wie macht man's* bei irgendeinem Aspekt des Lebens. »Wie kann ich mich dazu bringen, mehr zu arbeiten? Wie kann ich aufhören, soviel zu trinken? Wie kann ich mit meinem inneren Sinn in Kontakt kommen, den du für so wichtig hältst? Wie kann ich es verstehen, wenn du sagst, es gibt kein *Wie macht man's*?« Unsere Sprechzimmer sind voll von diesen Fragen. Die Antwort ist immer die gleiche: »Es geht nicht darum, wie man es machen kann, sondern ob man es wirklich will.«

Natürlich können wir viel tun, um den Weg freizumachen, damit unsere Intention diese Kraft haben kann. Vieles, was ich als Therapeut tue, dient genau diesem Zweck. Ich weise darauf hin, wie die Klienten nicht wirklich in Kontakt mit ihrem Inneren sind, dem Sitz der Absicht, der Intention. Ich spiegele ihre Zwiespältigkeiten, ihre widerstreitenden Intentionen. Ich werfe ein Schlaglicht auf die Risiken, die sie davon abhalten, ihre Intentionen zu erkennen und nach ihnen zu handeln. Auf diese Art ist es häufig möglich, die natürliche Kraft freizusetzen, die wir alle haben. Aber wir können nicht - wir müssen nicht - den Prozeß der subjektiven Abläufe steuern.

Wenn wir das versuchen - und sowohl die Nichteingeweihten als auch die angeblich auf dem Gebiet der Psychologie Kompetenten sind in Versuchung, dies zu tun - objektifizieren wir etwas, was zutiefst subjektiv ist. Das Ergebnis ist mechanische Konformität, nicht Handeln aus vollem Herzen.

Hals neue Erkenntnis über die Rolle der Intention und ihre Bedeutung für die Selbststeuerung ist eine der wichtigsten, die wir beim Lernen über unser eigenes Leben erlangen können. Sie ist der Schlüssel dazu, mehr so zu leben, wie wir wirklich wollen. Sie hilft uns, sowohl mit inneren Problemen als auch mit äußeren Situationen umzugehen.

Ebenso wie Hal gerade erst beginnt, alle Verflechtungen dieser Perspektive zu entdecken, stehe auch ich noch am Anfang - und das, obwohl ich schon länger in diesen Bereich hineinspähe.

## Donnerstag, 25. August

*Louise*

Gelegentlich sehe ich Bilder vor mir, in denen die attraktive Louise in Wirklichkeit verkrüppelt ist. Weil sie so ungewöhnlich anziehend ist, fällt ihre Behinderung, kein echtes Gefühl der Mitte und Identität zu haben, umso stärker auf. Ich konfrontiere sie weiterhin damit, wie sehr ihr Zwang, es fast allen, die sie kennen, recht zu machen, sie der Möglichkeit beraubt, ihre eigenen Bedürfnisse, Entscheidungen und Meinungen wahrzunehmen. Manchmal reagiert sie darauf mit Verärgerung, manchmal mit Trauer. Und ich muß ständig meine eigene Motivation überprüfen, denn die Rolle des harten Konfrontators kann eine zusätzliche - und unangemessene - Verstärkung durch meine sexuelle Reaktion auf sie erhalten.

Heute liegt sie auf der Couch, den Arm übers Gesicht geworfen, die Hand fest zur Faust geballt. Sie ist zornig, als sie über ihre Abhängigkeit von anderen nachdenkt: »Ich bin nichts als eine hohle Schale. Mein einziger Sinn liegt in dem, was andere wünschen und erwarten. Es macht mich so verdammt wütend.«

»Es ist immer noch so wichtig, anderen zu geben, was sie wollen. So wichtig, daß sie den Kontakt mit sich selbst verlieren.«

»Genau! Ich bin nichts als eine Wärmemaschine. Ich habe nur dann einen Wert, wenn ich mich anderen gebe. Für mich allein bin ich nichts. Gar nichts!« Das Letzte ist ein Aufschrei unter Tränen.

*Jim*

Es ist ein solcher Schmerz festzustellen, wie wir uns unseres eigenen Lebens beraubt haben. Und doch liegt darin auch eine große Hoffnung.

*Hal*

Ich freue mich auf die heutige Sitzung mit Hal. Seine Freude und Begeisterung beim letzten Mal haben mich so angesteckt, daß ich damit rechne, daß wir heute wieder ein Stück weiter kommen. Aber als ich ins Wartezimmer komme und Hal dort zusammengesunken und eindeutig bedrückt sitzen sehe, bin ich überrascht - und enttäuscht.

Er kommt herein, mit einem schwachen Lächeln zur Begrüßung, und läßt sich in den großen Sessel fallen. »Scheiße, Jim, mir geht's mies, wie du sicher siehst.«

»Hm-mmh. Magst du mir sagen, wieso?«

»Ja, sicher. Ich ging am Dienstag nach Hause wie auf Wolken. Dachte, ich hätte den Schlüssel zum Universum oder sowas. Versuchte, Greta davon zu erzählen, aber sie begriff es einfach nicht. Tim kam rein, während wir sprachen, und fragte, worüber wir diskutierten, und ich versuchte, es ihm zu sagen. Er machte sich irgendwie drüber lustig, sagte was von 'spinnerten Psychologen' und ging raus.«

»Enttäuschend.«

»Das kann man wohl sagen! Ich hätte mich an das erinnern sollen, was du mir gesagt hattest, daß wir mit unseren Intentionen an der richtigen Stelle sein müssen, um zu hören, aber ich verstand einfach nicht, warum sie nicht wenigstens den Gedanken im allgemeinen begreifen konnten.«

»Du wolltest ihn so gern mit ihnen teilen. Das kann ich verstehen.«

»Ja, aber das Schlimmste habe ich dir noch nicht erzählt. Ich ging allein weg und versuchte herauszufinden, was ich fühlte oder wollte bei dieser ganzen Sache und dann gegenüber Tim und meinen Wutanfällen. Null! Absolut nichts. Ich beobachtete mich selbst so genau, um herauszufinden, was ich dachte, daß ich überhaupt nichts denken konnte.«

»Die alte Gewohnheit, sich selbst zum Objekt zu machen, war wieder da, hm?«

»Ja, wahrscheinlich. So habe ich das nicht gesehen, aber wahrscheinlich ist es das. Jedenfalls bin ich echt down, und das gerade, als ich das Gefühl hatte, wir hätten endlich was erreicht. Kannst du erkennen, was wir brauchen, Jim?«

»Naja, ich kann dir eine kleine Ermutigung geben, und dann werden wir sehen, was möglich ist, aber erwarte nicht, daß wir alles sofort geregelt kriegen.«

»Ja, wahrscheinlich war es ziemlich dumm von mir, so viel zu erwarten. Es schien bloß so eine phantastische Vorstellung .... oder Art, die Dinge anzugehen ... oder was auch immer. Was ist die Ermutigung? Ich kann heute echt eine brauchen.«

»Die Ermutigung mag nicht großartig aussehen. Das ist so beim Subjektiven: Wenn man die Dinge herausbringt in den Bereich des Objektiven, scheinen sie täuschend geringfügig.«

»Aha, genau wie der 'Schlüssel', den du mir am Dienstag gegeben hast. Dann plötzlich schien er riesig. Na, dann laß die Ermutigung mal sehen.«

»Die Ermutigung besteht darin, daß du noch hier bist, daß die Intention noch da ist, die du in dir brauchst, daß nur nur aus einer zu raschen Euphorie unsanft herausgerissen worden bist, nicht aus einer falschen Wahrnehmung des Möglichen.«

»Holla. Langsam. Ich glaube, ich verstehe das, aber ich bin nicht sicher. Kannst du das nochmal sagen?«

»Noch besser, du sagst es und läßt mich zuhören.«

»Du sagst, was wichtig ist, ist in mir, es ist nicht verloren. Stimmt's?« Seine Stimmung hellt sich auf.

»Stimmt.«

»Das macht Sinn, aber mein nächster Gedanke ist: 'Vorsichtig, laß es jetzt nicht wegrutschen'. Und damit zusammen denke ich dann: 'Los, wo bleibt dein Mut? Mach dich an die Arbeit an deinen Gefühlen gegenüber Tim'.«

»Hal, jetzt bist du wirklich dabei, dich darauf einzulassen. Das ist die Art der inneren Gewahrseins, mit dem du in Kontakt sein mußt.« Ich bin aufgeregter als er selbst - dies ist eine viel grundsätzlichere Öffnung, als ihm klar ist.

»Ja, toll. Aber ich habe wirklich irgendwie Angst, es zu versuchen.«

»Natürlich. Du hättest es schon längst getan, wenn da nicht irgendetwas für dich Bedrohliches wäre.«

»Ja, wahrscheinlich.« Er ist nicht überzeugt, aber er ist ungeduldig. Wir müssen eine Aufgabe vollbringen. »Wie fange ich an?«

»Du hast schon angefangen. Deine Intention kommt ins Spiel. Denk daran, das ist der wichtigste Schritt.«

Hal schweigt, denkt darüber nach, macht sich bereit. Er sitzt ziemlich angespannt da, der Körper entspannt sich nicht wirklich im Sessel, sein gutaussehendes Gesicht verzieht sich in eine komische, zusammengekniffene Grimasse, als er versucht, in seine eigenen Tiefen hinunterzureichen. Seine Stimme ist leiser, leicht rauh, als er mich ansieht.

»Ich weiß es nicht, aber ich will es herausfinden. Ich habe die Absicht, es herauszufinden. Aber in mir spielt sich jetzt so viel ab. Alle möglichen Gedanken und Gefühlen schwirren in mir herum. Vielleicht sollte ich auf die Couch.« Er steht auf, zieht das Jackett aus, lockert Schlips und Kragen und legt sich hin.

Er ist aufgedreht und spricht im Hinlegen weiter. »Ich bin ungeduldig, weil ich solange brauche, um in mich selbst hineinzukommen und eine echte Veränderung in meinem Verhalten zu Tim zu schaffen. Ich will dieses Problem anpacken und ... «

»Sachte, Hal. Du liegst noch nicht ganz richtig. Du machst Druck auf dich, jetzt sofort Ergebnisse zu erzielen, und das macht dich wieder zum Objekt. Intention ist nicht das Gleiche wie Befehle an sich selbst; in Wirklichkeit ist der Befehl der Ersatz dafür, wirklich seine eigenen Intention zu sein. Sei einfach mal innen und außen ganz still, und hör dir selbst zu. Versuch nicht, irgendetwas zu tun; hör dir einfach wirklich zu.«

»Okay, aber das fällt mir schwer.«

Er dreht sich auf der Couch um, stößt einen abgrundtiefen Seufzer aus und fängt ganz plötzlich an zu weinen. Ich bin überrascht, und ich wette, er auch. Die Tränen strömen einfach aus ihm heraus. Es rührt mich, diesen riesigen Mann da liegen zu sehen, der so leise und doch so voll deutlichem Schmerz weint. Er wehrt sich nicht dagegen, liegt einfach da und weint. Während ich ihm zusehe, füllen sich meine Augen ebenfalls mit Tränen.

Nach mehreren Minuten, seufzt Hal noch einmal tief, dreht sich wieder auf der Couch um und streckt die Hand nach den Taschentüchern aus, die ich neben ihn gelegt habe. »Ich glaube, ich habe seit Jahren nicht mehr geweint. Tatsächlich kann ich mich gar nicht erinnern, jemals so geweint zu haben wie eben - wie jetzt.« Die Tränen kommen wieder. »Und ich weiß nicht mal, worüber ich eigentlich weine.« Er gibt dem Weinen nach, und wir schweigen wieder eine Zeitlang.

Als er sich wieder die Augen wischt, sagt er: »Es fühlt sich gut an, zu weinen, als ob diese Tränen sich seit langem aufgestaut hätten. Aber es fühlt sich auch so traurig an. Wirklich traurig, und dabei weiß ich gar nicht, was so traurig ist.«

»Bleib einfach bei dir selber.«

»Ja. Ich weiß jetzt, was du meinst, Jim. Ich fange an, über mögliche Erklärungen nachzudenken - einen Multiple-Choice-Test mit mir selber zu machen, hast du es mal genannt.« Seine Stimme verändert sich, wird langsamer, tiefer. »Aber ich will gar nicht. Ich will nicht darüber nachdenken. Ich bin müde. Bin es müde, über Dinge nachzudenken. Ich fühle mich einfach traurig ... und schlecht. Das ist alles, was ich im Moment weiß.« Wieder Tränen und kurzes Schweigen.

»Ich sehe dauernd Tims Gesicht. Tim, als er noch jünger war. Wahrscheinlich vierzehn oder fünfzehn - nein, jünger, elf oder zwölf. Er war so ein wunderbares Kind. Es war so herrlich, mit ihm zelten oder fischen zu gehen. Ach, verdammt nochmal.« Das Weinen kommt wieder, stärker.

Als es nachläßt, sage ich: »So ein wunderbares Kind.«

»Das kann man wohl sagen! Du hättest ihn kennen sollen. Er war ein ganz toller kleiner Kerl. Wirklich mutig und gescheit, aber auch liebevoll. Ich hatte solche Träume, wie es sein würde, wenn er erwachsen würde.« Er hält inne, bringt offensichtlich diesen Gedanken in Verbindung mit seiner derzeitigen Beziehung zu Tim. Ich sage nichts; er tut seine Arbeit.

»Weißt du, ich hatte nie einen Freund, als ich klein war. Nachdem ich ins College gekommen und ein großer Sportler geworden war, dann ja. Viele Freunde. Auch manche sehr enge Freunde. Aber nicht, als ich acht, neun, zehn war. Wahrscheinlich sind wir zu oft umgezogen. Außerdem war ich so ein tolpatschiger Riese. Tim hätte gelacht, wenn er gesehen hätte, was für ein Trampel sein Alter damals war. Nein, wahrscheinlich nicht. Er war immer so mitfühlend für ein Kind. Wie einmal, als ... «

So kommt Hal heim zu seiner eigenen Mitte, seinem eigenen Leben. Er fängt an, seine eigenen Hoffnungen und Enttäuschungen, seine eigenen Bedürfnisse und Frustrationen kennenzulernen. Es ist nur ein Anfang, aber so ein wichtiger Anfang.

*Jim*

In seiner eigenen Mitte zu sein, klingt so einfach. Sind wir das nicht alle? Außer ein paar Leuten, die psychische Probleme haben oder im Kopf nicht richtig sind. Die Antwort ist schlicht: Nein.

Die meisten Menschen in unserer Kultur haben nur einen begrenzten Zugang zu ihrer eigenen Mitte. Sie denken über sich nach, dirigieren und tadeln, ermutigen und belohnen sich, aber echtes inneres Gewahrsein kennen Sie nur in allzu seltenen Augenblicken der Reflexion - vor dem Einschlafen, wenn sie sich von einem größeren Trauma erholen, oder vielleicht in den Bergen, in der Wüste oder am Meer.

Hal hat schwer gearbeitet, um an diesen Punkt zu kommen, und er hat sein Ziel noch nicht erreicht. Aber er ist endlich auf dem richtigen Weg. Er weiß das, aber ich fürchte, er meint, von jetzt ab würde alles einfach sein.

In Wahrheit ist das Leben immer einfach, aber es zu leben nicht.

*Jim*

Ein heißer Tag im August. Ich kann kaum glauben, daß der Sommer fast vorüber ist. Unsere zwei Urlaubswochen im Juli sind viel zu schnell vorbeigegangen; deswegen freue ich mich auf zwei weitere im September. Ich habe Glück, daß ich meine Arbeit so einteilen und so viel freinehmen kann. (Offenbar habe ich ein etwas schlechtes Gewissen bei diesem Privileg, denn mein nächster Gedanke klingt defensiv: »Nicht so viel wie die traditionellen Analytiker, die fast den ganzen Sommer nehmen - oder nahmen.«) Manchmal sinniere ich, wie herrlich es sein müßte, nicht mehr zu arbeiten, keine Verpflichtungen oder festen Zeitpläne zu haben. Aber realistisch gesehen glaube ich, daß ich ohne meine Arbeit die Wände hochgehen würde - jedenfalls ohne manche Aspekte der Arbeit. Bin ich zu abhängig von ihr? Füllt sie Lücken, die in anderen, privateren Lebensbereichen bestehen?

Diese Frage bringt mich wieder dazu, darüber nachzudenken, wie sich meine Arbeitsweise mit den Klienten entwickelt, über die Art von Problemen, mit denen wir uns heutzutage befassen, und besonders über die Art, wie wir uns gefühlsmäßig in unserer Arbeit engagieren - und füreinander.

Was ist aus der »therapeutischen Distanz« geworden? Meine Klienten und ich verwickeln uns in das, was mit uns in diesem Augenblick in diesem Raum geschieht. Früher entdeckte nur der Klient alte Emotionen wieder. Heute sind wir beide in vielen Dimensionen beteiligt: Ich werde verstrickt auf eine Art, die mich in Beziehungen zu anderen auf neues und unbekanntes Terrain bringt, in dem Versuch, offen und echt zu sein, anderen neue Perspektiven zu vermitteln, in dem Bestreben, in stärkerem Maße ein Heiler zu sein, als das ein einziger Mensch für den anderen sein kann oder sollte; und (verborgen im Hintergrund) bei dem Versuch, die Spaltung in mir selbst zu heilen (indem ich die heile, die ich bei meinen Klienten finde?).

Wieder dieses Thema. Ich hatte nicht vor, jetzt gerade in mich selbst hineinzuschauen. Das ist so typisch für die Art, wie dieser Prozeß funktioniert: Ich kann über meine Klienten nicht isoliert von mir nachdenken. Wenn ich über ihre Fragen und Schwierigkeiten nachdenke, bringt mich das zum Nachdenken über meine eigenen.

Das ist ein entscheidender Aspekt dessen, was neu ist: Wir, die wir versuchen, anderen Menschen dabei zu helfen, ihr Leben entscheidend zu verändern, können nicht als kühle Unbeteiligte dabeistehen, Asepsis vortäuschen, auf emotionale Distanz hoffen, uns verhalten, als ginge es nur um die Themen des Klienten. Diese Arbeit zieht uns mit der ganzen Person hinein.

Während die traditionellen Unterschiede zwischen »Arzt« und »Patient« sich verringern werden, werden andere wichtiger denn je. Drei der wichtigsten: die Verpflichtung und der Ansporn, uns über unser eigenes Gefühlsleben immer wieder von neuem im klaren zu sein; die Verpflichtung, die langfristigen Interessen des Klienten vor unsere eigenen zu stellen; und die Einhaltung der alten Maxime: »Vor allem richte keinen Schaden an.«

Wirklich lebensverändernde Psychotherapie ist - und muß sein - ein lebendiges Engagement zwischen zwei Menschen, die sich miteinander auseinandersetzen und mit jenen Kräften in beiden, die das Leben leugnen, das Gewahrsein einengen und das Wachstum beschränken. Sie ist unscharf, die Abgrenzungen sind nicht zu erkennen und verschieben sich häufig, und ihre Prozesse sind in ständiger Entwicklung.

Die Klienten bringen in die therapeutische Beziehung ihre eigene Art ein, mit dem Leben und mit anderen Menschen umzugehen; dies geschieht nur zum Teil bewußt und zielt häufig darauf ab, beim Therapeuten unangemessene Reaktionen hervorzurufen. Diese Antriebe seitens des Klienten treffen auf ebenso gemischte Impulse seitens des Therapeuten - auch diese wiederum nur teilweise bewußt und oft auf unangemessene Reaktionen beim Klienten abzielend.

So beschuldigt mich Jennifer, daß ich sie in Schwierigkeiten bringe, und ich merke, daß ich ihr ihr Eingeengtsein durch Regeln vorwerfe; Frank beklagt sich dauernd, daß ich ihn kritisiere, und ich gerate in die Defensive und schlage zurück; Louise versucht, mir zu gefallen, indem sie das tut, was ich ihrer Meinung nach möchte, und ich stelle mir vor, mit ihr zu schlafen, während ich sie zu früh fordere; Hal stellt meine psychologische Perspektive in Frage, und ich stürze mich in eine Diskussion; und Kate besteht auf einem formellen und unpersönlichen Umgangston, und ich demonstriere meine akademische Korrektheit.

Und in all diesen Beispielen ist nichts fehlgelaufen. In allererster Linie sind dies Leben, die gelebt werden. Zweitens sind es Begegnungen, in denen beide Beteiligten um größeren Wert, größere Fülle und größere Kraft kämpfen. Drittens haben sie zum Erreichen dieser Ziele nur ihre eigene Art, zu sein. Und genau diese wird immer wieder und notwendigerweise in Frage gestellt.

Kurz, dies ist in seiner Quintessenz ein menschliches Unterfangen. Wenn es im Gange ist und diese vieldimensionalen, nur zum Teil bewußten, oft bedrohlichen und häufig wirren Wechselbeziehungen ablaufen, hat der Therapeut maximale Möglichkeiten, zu enthüllen, welches Zerrbild er selbst und die Klienten von der Beziehung haben, und was die wahre Funktion dieser Zerrbilder ist. Aus solchen Enthüllungen, die im lebendigen Augenblick gemacht werden, können echte Lebensveränderungen entstehen.

*Gruppentherapie*

Die Gruppe hat eine Sommerflaute. Das kommt häufig vor, aber dennoch zerrt die gedämpfte, träge Atmosphäre an mir, die Dinge in Bewegung zu bringen. Im allgemeinen mache ich keine Übungen, um Einzelne oder Gruppen aus ihrer Apathie zu holen. Die Verantwortung dafür müssen sie selbst übernehmen und sich der unter der Trägheit verborgenen Verzweiflung und Sucht nach dem Aufgeben stellen. Aber heute abend lassen ein Zusammentreffen von Umständen - Leute in Urlaub, das Dazukommen von Neuen, das bevorstehende Ausscheiden von anderen - eine solche Übung angemessen erscheinen.

Eine Art halbherziges Plaudern läuft, das in Wirklichkeit ein »Fang-du-an«-Zögern vor irgendeinem bedeutungsvolleren Gespräch ist. Es ist besser, das zu unterbrechen. »Okay, Leute, laßt uns mal was versuchen.« Sie schauen mich erwartungsvoll an. Genau das hatte ich vermeiden wollen: Pappi ist da, um die Sache in Ordnung zu bringen. Zu spät.

»Jeder von euch soll mal in sich hineinfühlen und ein Wort dafür finden, das ausdrückt, wo jeder gerade steht. Nur ein Wort, keine Reden oder Erklärungen. Nehmt das erste Wort, das euch wahrscheinlich schon eingefallen ist. Ben?«

»Dumm.« Ich nicke und schaue Billie an, die neben Ben sitzt.

Billie: »Traurig.«

Louise: »Wütend, eh, verwirrt.«

Ben: »Heh, Herr Lehrer, die hat zwei genommen, und ich hab nur eins gekriegt.«

Louise: »Entschuldigung, ich ... «

Hal: »Zuhören. Nein, Lernen ist besser.«

Bob: »Bedauern.«

Kate: »Interessiert.«

Jim: »Wartend.«

Alle schweigen kurz, sehen sich um, vergewissern sich, ob jeder ein Wort gesagt hat. Dann fangen mehrere gleichzeitig zu sprechen an, aber Hal setzt sich durch.

Hal: »Warum 'traurig', Billie?«

Billie: »Heute ist mein letztes Mal hier (ihre Augen füllen sich mit Tränen), und ich dachte gerade, wie lieb ihr mir alle geworden seid.«

Das ruft einen Wirrwarr von Antworten hervor, Fragen nach Billies weiteren Plänen, Bedauern über ihren Abschied, und den Wunsch, sie sollte es sich noch mal überlegen. Sie sieht mich mit nassen Augen an, denn in der Einzelsitzung haben wir darüber gesprochen, daß es Zeit für sie sei, zu gehen, und wie die Gruppe darauf reagieren werde. Sie war sicher, es würde ihnen kaum auffallen, und ich hatte darauf bestanden, daß sie selber sehen sollte.

Erst als es wieder etwas ruhiger geworden ist, macht Bob seine Mitteilung. »Auch ich bin heute das letzte Mal hier, Billie. Ich habe gerade heute nachmittag die Mitteilung bekommen, daß ich für die postdoktorale Ausbildung in einer Klinik bei San Francisco angenommen bin. Und weil der Posten überraschend freigeworden ist, muß ich praktisch sofort anfangen.« Er wendet sich zu mir. »Ich hab versucht, Sie anzurufen, als ich den Brief bekam, aber ich kam nicht durch. Tut mir leid.«

Jim: »Ich wußte, daß Sie darauf gehofft haben, und es ist eine gute Nachricht, daß Sie's bekommen haben. Herzlichen Glückwunsch!«

Die Gruppe spricht jetzt über die Veränderungen, die sich abspielen, und über das Gefühl eines Verlusts. Auf ihre Frage hin sage ich ihnen, daß bald ein Neuer dazukommen wird, aber ich gebe keine weiteren Informationen, weil ich glaube, das ist das Recht des jeweils Dazukommenden.

Ich höre zu und denke, daß meine Übung sehr wenig bewirkt hat. Die Wirkung der Ankündigung von zwei Leuten, daß sie die Gruppe verlassen werden, hat die Gruppe sicherlich belebt, aber diese Belebung ist eher gesellig als therapeutisch - jedenfalls bis kurz vor Schluß, als sie, mit etwas Nachhilfe von mir, persönliche Gefühle gegenüber Billie und Bob und Reaktionen hinsichtlich ihrer eigenen Arbeit in der Therapie zum Ausdruck bringen. Trotzdem ist es immer noch oberflächlicher, als mir recht ist.

*Jim*

Der Abschied der Gruppe von Billie und Bob ist bewegend; er erinnert mich an eine ähnliche Situation in einer Gruppe, die ein Freund von mir in seiner Praxis leitet. Als eines der weiblichen Gruppenmitglieder ausschied, zog sich die ganze Gruppe aus und nahm sie zum Abschied nackt in die Arme. Er sagte, es sei eine sehr bewegende Zeremonie gewesen, und fast alle hätten geweint.

Die Arbeitsweise in dieser Gruppe muß sehr anders sein als meine! Ich kann sehen, daß sie einiges für sich hat, aber ich würde zögern, so ein Ereignis zu ermutigen. Tatsächlich würde ich es wohl unterbinden. Der Grund? Ich nehme ernst, was die Therapie uns über das Brechen der Regeln unser Kultur lehrt. Ich glaube nicht, daß diese Regeln für die Ewigkeit gemacht sind; manchmal ist es wichtig, sich über sie hinwegzusetzen. Aber ich halte mich nicht für fähig, all die Bedeutungen im Auge zu behalten, die eine Gruppe einer solchen kollektiven Ablehnung dessen beilegen würde, was als Moral gilt. Und ich würde glauben, daß ich sie im Auge behalten sollte. Mein Freund behauptet, das läge an meiner übertriebenen Besorgnis. Ich weiß nicht recht.

Nacktheit in Gruppen in Esalen oder anderen Orten, wo der Rahmen keinerlei Zwang beinhaltet (was eine Therapiegruppe meines Erachtens tut), wäre bzw. ist herrlich, erfrischend und für mich immer noch ein bißchen an der Grenze.

Nun ja, die sechziger Jahre helfen uns allen, unsere Grenzen etwas weiter hinauszuschieben. Das ist nur gut, wenn das Tempo auf individuelle Unterschiede Rücksicht nimmt.

## Montag, 3. Oktober

*Frank*

Der Regen kommt dieses Jahr früh. Graue, bewölkte Tage bringen Patienten oft in trübe Stimmung. Wir hier in Südkalifornien sind durch den ständigen Sonnenschein verwöhnt, aber wir zahlen Jahr für Jahr einen höheren Preis dafür mit dem scheußlichen Smog, den wir ertragen müssen.

Frank kommt herein mit einem triefenden Armeeregenmantel über dem Arm und blickt sich nach einer Stelle um, wo er ihn loswerden kann. Ich deute auf die Haken im Flur gleich vor meiner Tür und stelle im Stillen fest, daß er es sich leichter leisten kann als früher, auf andere Rücksicht zu nehmen. Veränderungen gehen vor, scheinbar geringfügig, aber in ihrer Gesamtheit bedeutsam. Als er sich setzt, wirkt er sehr angespannt, aber weniger zornig als sonst.

In der Vergangenheit habe ich Franks Geschichten oft unterbrochen; aber inzwischen ist mir klargeworden, daß sie für ihn die sicherste Art sind, das auszudrücken, was ihm emotional wichtig ist. Indem er es im angeblich neutralen Rahmen eines Ereignisses außerhalb des Sprechzimmers ansiedelt, gibt er ein indirektes Bild dessen, was ihm wichtig ist. Ich würde lieber mit der unmittelbaren Erfahrung und am liebsten mit den Konflikten in Frank selbst arbeiten. Er kann das nicht, und ich muß die Methode respektieren, die er gefunden hat.

»Ich habe gerade die Scheißschicht. Fange um elf Uhr nachts an und höre um sieben Uhr morgens auf. Meistens sind nur ich und der Nachtportier und der Techniker im Nachtdienst da. Mann, kriegen wir komische Typen! Zum Beispiel letzte Nacht. So um halb zwölf kommt diese alte Schlampe - ich meine, sie war ziemlich abgerissen - zum Schreibtisch mit der Nachtglocke rein, wo ich saß und las. Sie sagt: 'Könnte ich mich wohl ein Weilchen auf einen von den Stühlen da setzen, Sir?' Sir nennt sie mich, das müssen Sie sich mal vorstellen! Ich achte nicht weiter auf sie, weil ich lese, und sage bloß, sicher, gerne.

Und schon klingelt dieser alte Idiot Berman, der Nachtportier, mit seiner verdammten Klingel. Ich leg mein Buch hin und geh rüber, um zu sehen, was er für'n Problem hat. 'Wer ist die alte Frau da?' sagt er. 'Keine Ahnung', sage ich. 'Sie ist dreckig, und ihre Kleider sind klatschnaß, und sie wird die Möbel versauen', sagt er. 'Gehen Sie hin und finden Sie heraus, ob sie mit irgendjemandem im Hotel zu tun hat', sagt er, und natürlich hat sie nicht. 'Dann sagen Sie ihr, daß sie raus muß', sagt er, großzügig, wie er ist. 'Himmel', sag ich, 'draußen regnet's wie verrückt.' Er sagt, ich soll ihr ein Taxi rufen, wenn sie will. Der hat vielleicht bescheuerte Ideen! Es ist sonnenklar, daß sie keine Knete hat. Also sag ich ihr, daß es mir leid tut, aber der Chef sagt, sie kann nicht bleiben. Sie sagt, ist schon gut, und bedankt sich bei mir. Sie bedankt sich bei mir! Ist das die Möglichkeit?«

»Was denken Sie über die ganze Sache?«

»Ach, zum Teufel, kratzt mich nicht. Jedenfalls, nach einer Weile, vielleicht so um halb eins, eins rum bin ich ganz allein im Foyer, während Berman eine Pause macht zum Pinkeln oder was auch immer, und plötzlich seh ich dieses Gesicht am Fenster. Natürlich ist es wieder die Alte. Ich schaue, und sie geht um die Ecke Richtung Nebeneingang. Ich denke mir 'Was soll's?' und sause rüber zum Nebeneingang und erwische sie, als sie gerade vorbeikommt. Ich bring sie runter in den Heizkeller und sage dem alten Foley, dem Techniker, der Nachtschicht hat, er soll sie sich trocknen und ein bißchen ausruhen lassen. Klar, sagt er und gibt ihr eine Tasse von seinem grausigen Kaffee.

Ich mache, daß ich wieder nach oben komme, und natürlich ist seine Hoheit da und spuckt große Töne, daß immer einer von uns da sein muß und wo ich gewesen wäre. Ich sage ihm, ich hätte scheißen müssen. Er sagt, er hätte mich auf dem Angestelltenklo nicht gesehn, und ich sage, ich bin unten gewesen. Also hält er mir eine Predigt, weil ich die Toilette für Hotelgäste benutzt habe. Vermutlich hat Foley die Alte gut rausgebracht, jedenfalls hab ich sie nicht mehr gesehen.«

»Was für ein mieses Leben.«

»Das können Sie laut sagen.«

»Was rührt das in Ihnen auf?« Ich habe eine vage Idee, daß er sich aus seinen eigenen jungen Jahren, in denen er etwas zumindest ähnliches gekannt haben muß, irgendwie mit dieser Frau identifiziert.

»Was meinen Sie mit 'aufrühren'?«

»Kommen Sie, Frank, lassen Sie uns das hier nutzen statt unser übliches Schattenboxen zu betreiben.«

»Was für'n 'Schattenboxen'? Ich weiß nicht, was Sie meinen.«

»Himmelherrgott nochmal, Frank.« Jetzt bin ich wirklich wütend, und es ist mir egal, ob er es merkt. Ich glaube, es ärgert mich, daß er sich so großzügig verhalten und dann geradewegs in seine Feindstellung zurückrutschen kann. »Sie sind so jämmerlich verbohrt in Ihrer Entschlossenheit, nicht auf mich zuzugehen, daß Sie ständig die Chancen vertun, an genau den Sachen zu arbeiten, die Sie eigentlich hierhergebracht haben.«

»Ich verstehe nicht, wieso Sie so wütend auf mich sind, wenn ich nicht verstehe, was Sie sagen.«

»Halt mal. Strengen wir uns mal beide an, den andern zu verstehen. Ich weiß, ich habe Sie überrumpelt, aber können Sie es riskieren zuzugeben, daß Sie auch vermeiden müssen, mich zu verstehen?« Drängend, entschieden, vorsichtig mit Nähe. So sehr er, glaube ich, nach einer Beziehung hungert, so eine panische Angst hat er, in eine verwickelt zu werden.

»Ich will Sie nicht mißverstehen. Ich wäre ja schön blöd, wenn ...« Er hält inne, unsicher, begibt sich auf Neuland.

»Nein, Frank, ich glaube schon, daß Sie mich nicht bewußt mißverstehen wollen, aber ich denke doch, daß Sie immer noch das Bedürfnis haben, eine Distanz zwischen uns aufrechtzuerhalten, wenn ich Sie bitte, mit mir zusammenzuarbeiten. Sie werden gereizt.« Er wehrt sich nicht so stark gegen mich wie üblich. Komm, Jim, erkenn doch mal an, daß er sich Mühe gibt.

»Was meinen Sie mit 'gereizt'? Ich meine, ich verstehe so etwa, was Sie meinen, aber ich bin nicht ganz sicher.«

Ein großer Schritt! Er fing an, über Worte zu streiten, wie so oft, aber dann hat er es abgeschwächt. Ich will versuchen, auf ihn zuzugehen. »Naja, vielleicht ist das nicht das richtige Wort. Es kommt mir vor, als ob es Ihnen unbehaglich wird, wenn ich versuche, mich auf Sie einzustellen, und Sie sich dann ein bißchen zurückziehen müssen.«

»Ja, vielleicht. Ich weiß nicht. Aber was haben Sie gemeint, als Sie sagten, daß ich Chancen vertue?«

Er versucht jetzt wirklich, mir entgegenzukommen. Sachte, ganz sachte. »Ich hatte das Gefühl, Sie hätten gestern abend etwas für einen Wildfremden riskiert, und daß wir vielleicht einige Ihrer Anliegen besser verstehen könnten, wenn wir mehr darüber sprechen würden. Wenn wir uns angiften, verpassen wir diese Chance.«

»Ja, das verstehe ich. Aber gestern abend war gar nichts so Wichtiges. Wir sollten was Besseres finden.«

Er macht große Zugeständnisse. Natürlich muß er sich ein bißchen wehren. Wohin jetzt? Ich würde gerne bei seiner sich gerade hervorwagenden Erkenntnis bleiben, daß er mich auf Abstand halten muß, aber ich will nicht, daß er sich in die Enge getrieben fühlt oder den Eindruck hat, ich verwendete seine Zugeständnisse »gegen« ihn.

»Wir können uns auch mit etwas anderem beschäftigen, wenn Sie wollen, aber ich war einfach beeindruckt von Ihrem Mut, daß Sie gestern abend etwas getan haben, wofür Sie in Schwierigkeiten kommen konnten und wovon Sie nichts haben.«

»Ach, Scheiße! Sie machen ein solches Melodrama aus allem, daß ich am liebsten gar nicht mehr darüber reden will.«

»Irgendetwas habe ich gesagt, was Sie zwingt, uns wieder auseinanderzubringen. Was war das?«

»Es ist einfach, daß Sie aus dem geringsten Mist eine Riesengeschichte machen müssen.«

»Ich will Sie nicht piesacken, Frank. Ich fange gerade erst an zu erkennen, wie schwer es für Sie ist, überhaupt zu riskieren, mit mir zu arbeiten. Es scheint schon schwer zu sein, überhaupt bei einem Thema zu bleiben. Ich glaube, ich habe eine kleine Ahnung davon bekommen, was für einen schweren, einsamen Kampf Sie ständig innerlich führen.«

Er schweigt eine Minute oder noch länger, was an sich schon eine Seltenheit ist. Er starrt steinern geradeaus auf die Wand. Plötzlich bricht er aus: »Scheiße, genau das ist die Krücke, die ich tragen muß!«

Hat er das wirklich gesagt? Natürlich hat er, aber ich bezweifle, ob er es selbst gehört hat. »Frank, können Sie wiederholen, was Sie gerade gesagt haben?«

»Ich sagte, ich muß mich wahrscheinlich damit abfinden, daß ich so bin.«

»Können Sie sich an die genauen Worte erinnern?«

»Machen wir jetzt wieder Wortspielchen? Ich dachte, Sie hätten gesagt, Sie hätten diesen Scheiß satt.«

»Sie haben recht, Frank, das habe ich auch.«

Wieder einmal haben sich Franks unbewußte Erkenntnis und Humor in einer bemerkenswerten Formulierung geäußert. Das ist wirklich die Krücke/das Kreuz, das er glaubt, tragen zu müssen. Ich wollte, ich könnte ihm diesen Teil seiner selbst zeigen, aber es ist zu früh. Dennoch bezeichnet der heutige Tag eine wirklich wichtige Bewegung in Franks Therapie. Er hat es gewagt, sein Bedürfnis, sich zu entziehen, einzugestehen, und er mußte auch nicht offen gegen mein Spiegeln seines inneren Kampfes und Elends kämpfen.

# 8.

# »Zeigen Sie mir Ihre Beine!«

**Donnerstag, 6. Oktober**

*Frank*

Der Regen hält an, und Frank hängt seinen Mantel bereitwillig in der Halle auf, kommt fast lächelnd herein - aber ganz so extrem ist es doch nicht. Lassen wir mal stehen, daß er heute keinen Zorn zeigt; sein Gesicht ist eher ernst und relativ offen.

»Letztes Mal sagten Sie, ich würde hier meine Chancen vertun, und als ich Sie fragte, was Sie damit meinen, sagten Sie so etwa, hinter der Geschichte mit der alten Dame stecke mehr, als ich gesagt hätte. Also, ich hab darüber nachgedacht, und bin die ganze Sache nochmal durchgegangen, aber ich kann sonst nichts finden.« Langsam, Bugental. Wie üblich sagt er, du irrst dich, aber er hat auch gesagt, daß er dich gehört und versucht hat, das anzuwenden, was du gesagt hast. Laß dich nicht von seinen Defensivmanövern einfangen.

»Es schien nichts sonst drinzustecken, was Sie sehen konnten, hm?«

»Nein, ich meine, ich bin die ganze Sache im Kopf nochmal so durchgegangen, und ich glaube, ich habe Ihnen alles erzählt, was daran wichtig war, und ich kann auch keine dramatischen Lehren finden, die ich daraus ziehen müßte, oder sowas.« Seine Ausdrucksweise ist anders als sonst - weniger Flüche, mehr Substanz. Er legt immer noch Köder für mich aus: Das mit den »dramatischen Lehren« soll uns schlichtweg in Streit verwikkeln. Er hat wirklich panische Angst vor Nähe.

»Na gut, mag sein. Wenn Sie jetzt auf diese ganze Sache mit der alten Dame zurückblicken, was meinen Sie, was da in Ihnen am Werk war und Sie dazu gebracht hat, so zu handeln?« Ist das zu viel? Es ist ungeschickt formuliert, ich bin so bemüht, ihn nicht in die Flucht zu jagen.

»Was meinen Sie mit 'auf diese ganze Sache zurückblicken'?« Auch er ist vorsichtig, aber er macht sich noch nicht davon.

»Einfach wie es Ihnen vorkommt, warum Sie beschlossen, das für die alte Dame zu tun, was Sie dann taten.«

»Ach Scheiße, draußen goß es in Strömen, und dieser dämliche Berman nervt mich sowieso. Also dachte ich mir, was kann es schon schaden, wenn ich die Alte sich trocknen und aufwärmen lasse? Ich weiß nicht, warum Sie da so eine große Sache draus machen wollen.«

»Ist irgendwie normal, hm?«

»Ja, klar. Sehen Sie da etwas anderes? Ich meine, wenn Sie eine von den großen Chancen drin sehen, von denen Sie dauernd reden, dann schießen Sie los.« Dieser Mann ist wie jemand mit Verbrennungen am ganzen Körper. Ganz gleich, wie ich versuche, ihn zu berühren, um ihm zu helfen, es tut ihm weh, und der Schmerz läßt ihn wegzucken.

»Nein, im Moment sehe ich nichts Wichtiges.«

»Na, sehen Sie irgend etwas anderes, als das, was ich gesagt habe?« Hmmm. Das fühlt sich schon anders an. Er kommt ein bißchen aus sich heraus und mir entgegen.

»Eigentlich nicht, Frank. Wahrscheinlich ist das Wichtigste, was mir bewußt ist, die Tatsache, daß Sie für einen Wildfremden etwas riskiert haben.«

»Ach, Scheiße! Was ist das schon für ein Risiko. Der Scheißjob stinkt mir sowieso. Berman kann ihn sich meinethalben jederzeit in den Arsch schieben.«

»Ich glaube, es macht Sie wütend, wenn ich andeute, daß Sie irgendwelche altruistischen Motive haben könnten.«

»Was für 'altruistische Motive?' Die Alte ist mir scheißegal. Himmel nochmal, Sie machen wirklich aus der mickrigsten Mücke einen riesigen Elefanten.«

»Mannomann! Sie müssen aber wirklich powern, um diese ganz schwache Andeutung abzustreiten, die ich da gemacht habe.«

»Hören Sie mal, jetzt setzen Sie sich bloß nicht in den Kopf, daß ich was auf irgendwelche dämlichen alten Weiber oder sowas gebe.«

»Das scheint Ihnen sehr wichtig zu sein.«

»Naja, ich denke mir, es ist besser, wenn Sie nicht irgendwelche verrückten Ideen über meine Motive kriegen, wenn Sie mir helfen wollen.«

»Okay, das heißt also: Frank hat keine altruistischen Motive gegenüber alten Weibern. Richtig?« Ojeh. Zu viel Sarkasmus: mußte ich jetzt zurückschlagen? Ich sollte der Versuchung nicht so nachgeben. Er weiß wirklich, wie er mich fertigmachen kann.

»Sie verdrehen absichtlich, was ich gesagt habe. Das heißt es nicht, und Sie wissen es auch. Ich kann durchaus altruistische Motive haben, wo es was bedeutet. Warum zum ... «

»Sie haben recht, Frank.« Ich unterbreche ihn, dringlich. »Ich habe Ihnen tatsächlich die Worte verdreht. Es tut mir leid. Ich glaube, Sie hatten mich gerade etwas getroffen, und ich habe zurückgeschlagen.«

»Ach, Scheiße, ist ja schon gut. Machen Sie doch nicht so'n Riesending draus.«

»Vielleicht verstehen Sie das mit ... Nein, ich will das jetzt nicht so machen. Frank, versuchen Sie bitte, zu hören, was ich jetzt sage: Ich hatte eine Parallele ziehen wollen zwischen der Art, wie ich Ihnen gerade die Worte verdrehen mußte, und der Art, wie Sie anscheinend manchmal meine verdrehen müssen. Ich hatte angefangen, das auf einfache Weise zu tun, so daß es eine Art Stichelei gewesen wäre. Das will ich aber nicht. Wir haben das beide viel zu oft getan, und ich glaube, wir würden beide unsere Zeit lieber zur Arbeit an Ihren tieferliegenden Problemen zu nutzen. Können Sie verstehen, was ich sagen will, Frank?«

»Ja, ja, ich versteh schon.« Pause. »Wissen Sie, ich hasse das, wenn Sie so intensiv und gefühlsmäßig werden. Warum können Sie Sachen nicht einfach so sagen?«

»Einen Augenblick lang haben wir uns gerade getroffen, aber ich glaube, dann wurde es Ihnen zu viel, und Sie müssen etwas finden, weswegen Sie sich beklagen und mich wegstoßen müssen.«

»Nein, ich mag bloß dieses ganze Melodrama nicht, das Sie anscheinend so toll finden.«

»Ich fühl mich jetzt etwas verletzt, und ein Teil von mir möchte zurückschlagen und sich wehren. Ein anderer Teil sagt: 'Frank muß Melodrama in allem sehen, was mit emotionaler Nähe zu tun hat.'«

»Warum sollte ich das tun? Ich mag bloß einfach nicht mit großen Worten ... «

»Warten Sie, Frank, lassen Sie mich antworten.« Ich mache eine Pause, er hält inne und hört zu. Er kommt voran, und es rührt mich, das zu sehen. »Ich glaube, Sie müssen tatsächlich jegliche emotionale Nähe wegstoßen, weil Sie sie eigentlich kaum je erlebt haben ... es sei denn, als Verletztwerden. Das bißchen, was Sie mir über Ihre Kindheit erzählt haben, war meistens über Enttäuschungen oder Verletzungen durch Ihre Mutter und vielleicht auch durch Ihre Geschwister - und fast jeden anderen, mit dem Sie zu tun hatten.«

»Ja, das meiste war ziemlich beschissen.«

»Ja, den Eindruck hab ich allerdings. Und wenn das wirklich so war, dann ist es kein Wunder, daß es Ihnen ungemütlich wird, wenn jemand den Eindruck macht, als wollte er Ihnen nahekommen.«

»Naja, es gab ein paar gute Sachen mit meiner großen Schwester, die, die sozusagen für mich gesorgt hat, nachdem meine Mutter in die Klinik gesteckt wurde.«

»Mögen Sie mir davon erzählen? Ich weiß eigentlich kaum etwas über diese frühen Jahre.«

»Sicher. Ich dachte bloß, Sie wollten sich nicht mit der Geschichte des Altertums befassen.«

Natürlich muß er einen Hieb austeilen, aber er verfolgt ihn nicht weiter. Stattdessen wartet er, glaube ich, darauf, daß ich ihn ermutige! Das hat er bisher noch nie gebraucht. Wenn er einmal seine feindselige Haltung aufgibt, ist er nicht sicher, wie er fortfahren soll.

»Ich würde gerne etwas darüber hören, wie es mit Ihrer Schwester war. Wie hieß sie eigentlich?« Das sollte ihm helfen anzufangen.

»Nancy. Naja, meistens war es beschissen für uns, aber ab und zu hatten wir ein bißchen Geld extra. Mehr als wir brauchten, um was zu essen zu kriegen, verstehen Sie.«

»Hm-hmm.«

»Naja, jedenfalls ... also, wir haben geklaut. Nicht viel. Bloß das Kleingeld aus dem Zeitungskasten oder aus dem Zigarettenautomaten.«

Er testet mich mit diesem Geständnis, riskiert jetzt wirklich etwas.

»Ah ja.« Neutraler Tonfall.

»Dieses eine Mal hatten wir was extra und gingen auf diese alberne Kirmes. Haben alles für das dämliche Karussell und so weiter ausgegeben. Ich hab eine verrückte Kewpiepuppe gewonnen, beim Bälleschmeißen auf Milchflaschen. Wir waren beide wie besoffen, weil wir mit dem Geld nur so um uns schmeißen konnten. Ich hab sie nie so viel lachen gesehen, und ... wahrscheinlich hab ich auch selber nie so viel gelacht.«

Frank spricht weiter mit ein bißchen Hilfe von mir, spricht weniger vorwurfsvoll und läßt mich mehr teilhaben. Wieder hat sich etwas verändert heute. Jetzt muß ich sehr vorsichtig vorgehen, ihn nicht zu rasch drängen, aber auch nicht zulassen, daß das Tempo wieder nachläßt - wenn das geht.

Kurz bevor unsere Zeit um ist, finde ich eine Gelegenheit, Frank zu empfehlen, in die Therapiegruppe zu kommen. Seine Fortschritte ermutigen mich zu der Annahme, daß die Gruppe für ihn gut wäre. Andererseits ist mir klar, daß es ihn wieder wegtreiben könnte. In dieser Arbeit gibt es leider keinerlei Sicherheit.

»Sie meinen also, ich sollte Ihre anderen Spinner kennenlernen, eh?« Das ist ja mehr neckend als feindselig! Ich glaube, er freut sich. Er wußte, daß ich eine Gruppe habe, und ich hatte vorher nie vorgeschlagen, daß er daran teilnehmen sollte.

»Ich glaube, das wird Ihnen einen Ort geben, wo Sie verschiedene Arten ausprobieren können, mit Leuten umzugehen. Was Sie mir heute über Ihr Leben erzählt haben, zeigt deutlich, daß Sie in der Vergangenheit nicht viel Gelegenheit gehabt haben, mit Beziehungen herumzuexperimentieren.«

»Das Ganze war ein einziges großes Experiment - und meistens war es ein riesiger Fehlschlag.«

»Nicht ganz, Frank. Sie sind hier, Sie wachsen, und Sie sind bereit für die nächste Phase.« Ojeh, das ist mir rausgerutscht. Zu viel, zu viel.

»Was für eine nächste Phase? Sie haben doch was, was ich tun soll, sagen Sie's mir. Seien Sie nicht so geheimnisvoll.«

»Frank, ich will nicht in eine Keilerei mit Ihnen kommen. Was die nächste Phase ist, ist nicht etwas, was ich weiß, sondern etwas, was wir zusammen herausfinden müssen. Die Gruppe wird der Ort dafür sein.«

»Ja, na gut, okay. Ich probier's mal.«

»Nicht nur einmal, Frank. Wenn Sie hinkommen, verpflichten Sie sich für mindestens sechs Sitzungen.«

»Himmel, Sie haben noch ein paar kleine Regeln, was? Okay, okay, ich muß jetzt los.«

Ich dachte, wir würden Streit kriegen. Erstaunlicherweise hat er die Chance nicht genutzt. Nun, er wird eine interessante weitere Zutat in der Mischung der Gruppe sein.

*Jim*

In dem Maße, wie Frank riskiert, seine zornige Abwehr abzubauen, wird mir deutlicher, wie wesentlich sie für ihn war. Er hat das einzige Mittel genutzt, das er kannte, um sich davor zu schützen, von einer feindlichen Welt gefangengenommen und zerstört zu werden. Nur durch seine ständige Kampfbereitschaft gegen alles, was ihn zu überwältigen droht, kann er das Gefühl haben, überhaupt Macht zu haben. Allerdings ist das eine traurige, widersinnige Art der Macht, denn sie ist abhängig vom Anderen - wer oder was auch immer das sein mag. Sie ist niemals völlig frei und eigenständig. Derjenige, der Zorn braucht, um sich sicher zu fühlen, ahnt höchstwahrscheinlich, wie abhängig er vom Objekt seines Zorns ist. Folglich verdoppelt er ständig seinen Zorn in der Hoffnung, sich zu befreien.

Zorn als Abwehr, als Lebensform ist ein Weg furchtbarer Verletzlichkeit und beruht meistens auf der Überzeugung, letztlich schwach zu sein. Für uns alle ist Zorn die Emotion, die ausgelöst wird, wenn wir das Gefühl haben, hilflos gemacht worden zu sein, wenn uns eine Entscheidungsmöglichkeit - und damit Macht - genommen wurde. Je umfassender unser Ohnmachtsgefühl ist, desto größer ist unser Zorn. Gerade der, der sich völlig machtlos fühlt, ist derjenige, der zu schrecklichen, sinnlosen Gewaltakten neigt, wie zum Beispiel einem ziellosen Amoklauf des Tötens.

Frank hatte solche Angst vor der Macht anderer über ihn, daß er versuchte, sich durch eine Mauer von ihnen abzuschirmen. Frank brauchte es ebenso nötig, niemandem zu gefallen, wie Louise es braucht zu gefallen. Ich hege eine widerstrebende Bewunderung für Franks perverse Fähigkeit, alles abzuwehren, was ihm entgegenkommt. Natürlich ist Frank sehr einsam in dem engen, kleinen Ein-Mann-Leben, das er sich selbst gebaut hat. Er hat es mit Büchern und Gedanken möbliert und versucht, in der Gesellschaft ferner Autoren zu überleben. Aber Gedanken haben die Tendenz, zu wachsen und die Fesseln zu sprengen, die Einzelne (oder Regierungen) ihnen umzulegen versuchen. Durch seine Lektüre kam Frank in die Therapie und so zu einer neuen und weitergespannten Art zu leben. Jetzt wagt er es, noch weiter aus sich herauszugehen. Natürlich hat er das Gefühl der Gefahr.

Die Erkenntnis, wie sein Leben bisher verlaufen ist, weckt in mir Bewunderung für den Mut und die Entschlossenheit dieses Mannes. Auf irgendeine Weise ist es ihm gelungen, eine kleine Hoffnungsflamme am Leben zu erhalten; er liest unablässig und denkt allein über Philosophie, Psychologie, Ethik und Religion nach. Er liest, anfangs kaum verstehend, er liest weiter, und sein Verständnis wächst, und er liest noch mehr, bis er wirklich nachdenkt.

*Gruppentherapie*

Es ist nicht überraschend, daß Frank als letzter in der Gruppe ankommt. Die Gruppe weiß lediglich, daß jemand Neues kommt, und das Gespräch ist lustlos, während man auf ihn wartet. Es ist ebenso traurig wie typisch, daß Frank es sich durch sein Zuspätkommen selber schwermacht! Als er kommt, sehe ich, daß er es sich sogar doppelt schwergemacht hat. Er hat es sich in den Kopf gesetzt, noch ungepflegter als sonst zu erscheinen. Ich habe den Verdacht, daß er das genaue Gegenteil tun mußte als »sich fein zu machen«, um schon durch seine äußere Erscheinung klarzumachen, daß es ihm total unwichtig ist, was andere Leute von ihm halten - was bedeutet, daß es ihm so wichtig ist, daß er nicht wagen kann, sich merken zu lassen, daß es ihn überhaupt kümmert.

Zudem sind Franks Gesichtszüge in einem sauren Ausdruck versteinert. Als Hal Frank sieht, bildet sein eigener Gesichtsausdruck ein grimmiges Gegenstück zu Franks. Die Zeichen stehen auf Sturm!

Falls Frank Hals Reaktion bemerkt, läßt er es sich nicht anmerken. Er nickt ziemlich kurz als Antwort auf die Vorstellung der anderen, sagt seinen Namen, was ihm deutlich Schwierigkeiten macht. Dann zieht er seinen Stuhl ein bißchen aus der Runde zurück und flegelt sich betont lässig darin herum. Dem in der Gruppe beginnenden Gespräch folgt er mit scheinbar intensiver Aufmerksamkeit, indem er jeweils den anschaut, der gerade spricht. Es scheint, als gäbe er eine »Vorstellung des Zuhörens«, statt *wirklich* zuzuhören. Ich habe den Verdacht, daß er innerlich so voller Panik ist, daß er kaum klar hören kann. Deshalb beschließe ich, ihn nicht zu drängen, falls er nicht erkennen läßt, daß er bereit ist, sich zu aktiverer Teilnahme helfen zu lassen.

Die Gruppe spürt sein Unbehagen und macht weit mehr als eine halbe Stunde lang keinerei Versuch, Frank mit einzubeziehen, vielleicht auch durch sein zorniges Gesicht abgeschreckt. Als dann eine Gesprächspause eintritt, wendet sich Louise ihm zu.

Louise: »Sind Sie schon lange in Therapie, Frank?«

Frank: »Nein, das heißt, ja. Ich ... Was zum Teufel heißt 'lange'? Ich hab vor sieben oder acht Monaten angefangen. Was interessiert Sie das überhaupt?«

Louise: »Ach, nur so. Bloße Neugier. Ich komme schon seit etwa einem Jahr.«

Kate: »Sie klingen, als wären Sie wütend auf sie, Frank. Stimmt das?«

Frank: (beunruhigt, ängstlich und deshalb zornig) »Nein, warum sollte ich? Überhaupt, warum muß man eine Haupt- und Staatsangelegenheit aus allem machen? Himmel!«

Kate: »Jetzt klingen Sie, als wären Sie zornig auf mich.«

Frank schaut in eine entfernte Ecke des Raums, auf seinem Gesicht malt sich Verwirrung über diese sonderbaren Wesen, mit denen ich ihn zusammengesteckt habe. Hal beobachtet ihn scharf. Es entsteht eine unbehagliche Pause, die von Ben beendet wird.

Ben: »Mir klingen Sie einfach nur saugrob.«

Frank wirbelt herum, schaut den anderen an: »Wer hat Sie eigentlich gefragt?«

Ben: »Ich hab's nicht nötig, von jemand gefragt zu werden. Ich glaube bloß, daß Sie sowieso jeden, der mit Ihnen spricht, anmotzen, also kann ich mich auch gleich auf Ihre schwarze Liste setzen.«

Frank: »Na toll.« Seine Augen wandern wieder in die Ecke.

Kate: »Frank, Sie scheinen bereit zu sein, auf jeden wütend zu sein. Gibt es dafür einen Grund? Ich bin selber oft wütend, ich zeige es nur nicht. Aber ich kann mit jedem anderen mitfühlen, der solche Gefühle hat.«

Frank: »Wer braucht eigentlich Ihr Mitgefühl?«

Ben: »Heh, Sie haben vergessen, sie zu beschimpfen, Sie starker Mann.«

Frank (zu niemandem speziell): »Scheißer!«

Ben: »Er ist einfach eine einzige riesige Kugel aus Zorn, der Junge.«

Louise: »Ben, warum machen Sie ihn so fertig?«

Ben: »Ach, Louise, Sie sind so ein liebes mitleidiges Wesen. Sehen Sie denn nicht, daß er bloß einer von diesen Hängern ist, die die Gegenkultur in Verruf bringen? Er benutzt bloß ekelhaftes Benehmen als Ersatz für echte Parteinahme gegen all das, was in unserer Welt beschissen ist. Ich hab die Sorte schon oft gesehen, und sie verdient unsere Sympathie nicht.«

Frank wendet sich Ben zu, versucht offensichtlich abzuschätzen, wer stärker ist. Ich will gerade eingreifen, weil ich das Gefühl habe, er fühlt sich zu irgendeiner Art von Kraftprobe getrieben, als Hal, der bisher kein Wort gesagt hat, herausplatzt.

Hal: »Himmel nochmal, Ben, und ihr anderen auch! Könnt ihr denn nicht sehen, daß der Mann eine Todesangst hat? Hatten wir nicht alle Angst, als wir das erste Mal in die Gruppe kamen? Ich ganz bestimmt. Warum müssen wir denn von ihm verlangen, daß er sofort unsere Spiele mitspielt?«

Ich bin platt. Ich hatte gedacht, Hal sähe in Frank seinen Sohn und würde sich dem Angriff anschließen. Stattdessen scheint er das verängstigte Kind unter dem prahlerischen Äußeren erkannt zu haben. Seine Worte wirken sofort auf die Anderen.

Louise: »Sie haben recht, Hal. Frank, es tut mir leid, daß wir Sie gepiesackt haben.«

Frank: »Naja, Sie haben ja nicht ... Und außerdem, ach Scheiße, ich ... «

Ben: »Na gut, also hat er Angst. Die hatten wir alle, und trotzdem haben wir nicht so ordinär und dreckig mit allen anderen geredet. (Er dreht sich zu Frank um) Hören Sie zu, Frank, ich mag Leute nicht, die sich nicht waschen und so reden wie Sie die ganze Zeit. Ich werde das auch nicht vortäuschen, aber ich gebe zu, daß ich ziemlich plötzlich auf Sie losgegangen bin.«

Frank: »Sie brauchen sich nicht bei mir lieb Kind zu machen, Sie Idiot.«

Ben: »Paß bloß auf, Freund, ich laß mir kein freches Gelaber von Grünschnäbeln bieten.«

Hal: »Laßt das, ihr zwei. Hören Sie, Frank, ich verstehe, daß Sie Angst haben, aber versuchen Sie, langsam zu machen, ja? Und Sie, Ben, wir wollen hier in der Gruppe versuchen, unsere Macken in den Griff zu kriegen, nicht sie rauszulassen. Wenn ihr zwei euch hier prügelt, hindert ihr bloß euch selbst und uns daran, die Gruppe dazu zu nutzen, wozu wir hier sind. Also, redet, so viel ihr wollt, aber hört auf, euch wie Zwölfjährige zu benehmen, die rauskriegen wollen, wer mehr Angst hat.«

Hals Vernunft - und vermutlich auch seine Größe - scheint Ben und Frank zu überzeugen, ihre Feindseligkeiten zu dämpfen. Beide grollen der Form halber, aber überlassen bereitwillig anderen in der Gruppe das Gespräch. Ich spekuliere im Stillen, ob ein direkteres Durcharbeiten der Feindseligkeit zwischen den beiden besser gewesen wäre und komme zu dem Schluß, daß Frank dazu noch nicht weit genug ist. Ben ist so selbstgerecht, daß er erst einmal Hilfe braucht, um die dahinter verborgene Selbsttäuschung zu erkennen, aber dafür ist jetzt auch nicht der richtige Zeitpunkt. Ich verspüre eine Mischung von Verdruß und Erleichterung: Verdruß, daß Hal ganz ohne meine Hilfe die Situation so sauber gemeistert hat, Erleichterung, daß ich mich nicht mit meiner Autorität einschalten mußte. Wenn der Therapeut das tut, führt das fast immer dazu, daß die Gruppe seine Absicht zu sehr verallgemeinert, so daß es eine ganze Weile dauert, bis die Gruppenmitglieder überhaupt wieder eine Konfrontation wagen.

## Dienstag, 18. Oktober

*Louise*

»Ich muß dauernd an Cynthia denken, eine Studentin, die gestern zur Beratung zu mir kam.« Louise richtet sich mit einer geübten Vertrautheit auf der Couch ein, die in gewaltigem Gegensatz zu ihren ersten schüchternen und verlegenen Versuchen auf diesem merkwürdigen Gerät steht. »Ich möchte Ihnen von ihr erzählen, und gleichzeitig möchte ich nicht mal an sie denken, geschweige denn, die ganze Sache zur Sprache bringen.« Sie legt das Kissen zurecht und streicht ihren züchtigen Rock sorgfältig über den Knien glatt (ich habe in letzter Zeit den Eindruck, als ob ihre Röcke kürzer wären als früher, aber ich bin nicht sicher).

»Sie möchten über sie sprechen und gleichzeitig das verbergen, was sie in Ihnen aufgewühlt hat?«

Sie bewegt sich hin und her, versucht, eine bequeme Lage zu finden, aber ihr Körper will sich heute nicht entspannen. Wieder streicht sie ihren Rock glatt, stützt sich dann auf einem Ellbogen hoch und schüttelt die Schuhe von den Füßen. »Ja, ich weiß nicht, ob es sich lohnt, unsere Zeit auf etwas zu verwenden, was nicht wirklich zu meinem eigenen Leben gehört.« Während des Sprechens legt sie sich wieder zurück und geht noch einmal das ganze Ritual des Sich-Einrichtens durch. »Wahrscheinlich ist es nicht wichtig.«

»All die Mühe, die Sie damit haben, hier zur Ruhe zu kommen, und Ihre Zwiespältigkeit zu sprechen weisen daraufhin, daß es vielleicht doch zu Ihrem Leben gehört. Schauen Sie besser mal nach.«

»Ach, jetzt ist es schon gut«, sagt sie (höflich?) lächelnd und legt sich wieder einmal zurecht. »Ich habe gestern nacht etwas geträumt, von dem ich ganz sicher war, daß ich mich daran erinnern würde, weil es so lebendig war. Ich bin davon aufgewacht, und ich bin es im Geiste durchgegangen, damit ich es behalte. Aber jetzt ist es völlig weg.«

»Louise, Sie sind immer noch unruhig, und Sie haben eben das Thema gewechselt. Ich glaube, es wäre besser, wenn Sie eine Minute schweigen und in sich hineinhorchen würden und herausfänden, was in Ihnen vorgeht.«

Sie wird ruhiger, schließt die Augen und schweigt kurz. »Wahrscheinlich weiß ich sehr gut, was da vorgeht, aber ich ... Also, ich fühle mich einfach unwohl ... verlegen, wenn ich darüber reden soll.«

»Mm-hmm.«

»Cynthia hatte ein kleines Abenteuer mit einem Medizinstudenten, und sie hat mir davon erzählt, und es sind ... es sind die Gedanken, die mir dabei kommen, und ... « Sie hält inne, wartet (glaube ich), daß ich etwas sage; also warte ich auch.

»Ja. Also, Cynthia und dieser Junge - junge Mann eigentlich - sind seit einer Weile befreundet und neulich bat er sie, in seine Wohnung zu kommen (Pause, tiefes Atemholen). Dann bat er sie, ihm Modell zu stehen - er ist Amateurphotograph. Das gefiel ihr, aber als er wollte, daß sie ... sich ausziehen sollte, wurde es ihr ungemütlich, aber ... Na, jedenfalls (jetzt spricht sie rasch) hat sie es getan und nach einer Weile haben sie sich geliebt.« Sie hört auf, wartet wieder.

»Mm-hmm. Und was passiert jetzt gerade in Ihnen?«

»Nichts (Pause). Ich hab bloß gerade über Cynthias kleines Erlebnis nachgedacht. Ich meine ... das würde ich lieber nicht sagen.« Sie wartet wieder.

»Mm-hmm. Würden am liebsten alles fallenlassen und weglaufen, hm?«

»Wenn ich könnte, ja (Pause). Aber Sie lassen mich nicht, ich weiß.«

»Sie werden nur an dem arbeiten, was in Ihnen aufgewühlt worden ist, weil ich drauf bestehe. Wollen Sie das sagen?«

»Ach, verdammt. Nein! Ich weiß, daß ich daran arbeiten muß. Ich bin bloß verlegen, und wagen Sie es bloß nicht, noch einmal so 'hmmm-mm' zu mir zu sagen!«

Ich bin mächtig in Versuchung, gerade jetzt »hmm-mm« zu sagen, aber das würde uns in eine andere Richtung bringen.

»Daß Sie sich jetzt kokett und verspielt geben, ist bloß eine andere Art Ablenkungsmanöver.«

»Igitt!« Sie schweigt, bringt noch einmal ihre Lage und ihre Kleidung in Ordnung. »Wahrscheinlich. Jedenfalls hat Cynthias kleine Geschichte eine Menge ... eine Menge von sexuellen Gefühlen in mir aufgerührt. Bitte sehr! Sind Sie jetzt zufrieden?«

»Sind Sie es?«

»Nein! Ich benehme mich wie eine schüchterne Jungfrau, und das bin ich nicht! Also jedenfalls nicht Jungfrau. Ich habe Ihnen von meiner Affäre mit Ralph erzählt; ich weiß also nicht, warum mir bei solchen Gefühlen so ungemütlich wird. Es gibt einfach keinen Sinn.«

»Wollen Sie sich ausheulen, so daß Sie sich nicht wirklich mit diesen Gefühlen auseinandersetzen müssen?«

»Ohhh! Es gefällt mir einfach nicht, daß Cynthias kleine Geschichte mich so aufregt.«

»Es ist nicht 'Cynthias kleine Geschichte'- wie Sie es so gerne nennen - was Sie aufregt. Es sind Louises Gefühle und Gedanken.«

»Jim, ich fühle mich dabei wirklich unwohl, und ich wollte, das wäre anders. Ich wäre gern erwachsener. So wie Kitty in der Gruppe war. Als die Gruppe über Sex sprach, konnte sie mitreden und auch über sich sprechen ... so mühelos anscheinend. Und ich saß bloß da und kriegte kein Wort heraus.«

»Darüber zu reden, was vor ein paar Monaten in der Gruppe passierte, ist einfacher, als über das zu reden, was jetzt gerade in Louise passiert.«

»Na gut!« Sie hält inne, zieht noch einmal an ihrem Rock, rückt die Bluse zurecht. »Cynthia hat sich ausgezogen und ihm Modell gestanden, und dann hat er angefangen, sie zu berühren und - Wissen Sie, ich merke gerade, was ich da tat. Ich fing an, Ihnen über Cynthia zu erzählen, damit ich mich nicht wirklich auf diese Gefühle einlassen müßte. Aber es hat nicht geklappt. Ach, verdammt.«

»Es macht Ihnen große Angst, sich jetzt und hier zu fühlen. Sie versuchen, das auf jede nur mögliche Art zu vermeiden.«

»Ja, tue ich auch.« Sie ist den Tränen nahe. »Aber ich will es doch versuchen.« Der Mut, mit dem sie und andere sich ihren eigenen Dämonen stellen! Er rührt mich immer wieder.

»Machen Sie langsam, aber versuchen Sie, mit allem zu sein, was Sie auch immer in sich finden.« Das hätte ich eigentlich nicht zu sagen brauchen, aber ich wollte sie stützen.

»Cynthia ... Cynthia sagte ... «

»Erzählen Sie mir von Louise, nicht von Cynthia.«

»Louise hat niemanden, der sie berührt - außer sich selbst - schon so lange nicht (traurig). Ich bin so hungrig nach dieser Nähe, und ich frage mich, ob es das je wieder für mich geben wird.« Sie ist still, die Tränen laufen ihr leise über die Wangen.

»So hungrig ... wird es das je geben?« (Meine Stimme ist leise).

»Ja. Es tat so gut, wenn Ralph und ich uns im Arm hielten.« Ihre linke Hand spielt mit den Knöpfen an ihrer Bluse. »Einfach nebeneinander zu liegen, ganz nackt. Einfach diese Nähe zu spüren.« Sie klingt träumerisch, erinnert sich. Ihre Hand wandert von Knopf zu Knopf, berührt und spielt mit jedem einzelnen.

»Es tat so gut ... « Mit siebenunddreißig spricht Louise, als lägen die Tage romantischer Möglichkeiten hinter ihr. Dabei ist sie keineswegs die graue alte Dame, die sie schildert.

»Ja, und obwohl ich mich selbst berühre ... masturbiere, bitte!« Sie spricht das harte Wort aus, sie will, daß ich es weiß. »Obwohl ich manchmal masturbiere, ist es nicht dasselbe. Ach, es ist überhaupt nicht dasselbe. Jetzt schiebt ihre Hand einen Knopf ein Stückweit durch das Knopfloch und zieht ihn dann wieder heraus.

»Sie sehnen sich nach jemandem, der bei Ihnen ist.«

»Ja, oh ja (Pause). Das ist so hart auszusprechen ... so hart anzuerkennen. Nachdem Cynthia mit mir gesprochen hatte, wollte ich die ganze Zeit eigentlich nur mich gehenlassen und mir vorstellen, ich wäre an Cynthias Stelle, und vielleicht mich berühren, aber ich sagte mir dauernd: 'Du mußt Jim alles erzählen, was du denkst und tust, also sei vorsichtig.' Und wahrscheinlich bin ich immer noch vorsichtig.« Ein kleines, klägliches Lachen.

Wir warten ruhig, aber ich kann eine große Spannung in ihr spüren. Ihre Hand hat tatsächlich den obersten Blusenknopf geöffnet, jetzt knöpft sie ihn wieder zu.

»Können Sie diese Gedanken jetzt durchkommen lassen, Louise? So wie Sie es wollten?«

»Ach, ich glaube nicht ... ich weiß nicht, ob ... da wäre ich so ... so ... nackt. Das ist das Gefühl. Es wäre, als ob ich nackt vor Ihnen wäre.«

»Wäre das ein schlechtes Gefühl?«

»Oh! Oh, meine Güte, Sie machen es wirklich schwierig, wie?« Sie zögert. Ihre Hand läßt von der Bluse ab, beginnt, den Rock zurechtzurücken, hält an. »Nein, und ja. Ich meine, größtenteils ja ... glaube ich. Es klingt schön ... und es klingt sehr beängstigend.«

»Ihre linke Hand hat fast die ganze Sitzung heute versucht, Ihre Bluse aufzuknöpfen.« Inzwischen ist die Hand tatsächlich wieder an die Arbeit gegangen und hat einen Knopf halb durch das Knopfloch geschoben. Bei meinen Worten erstarrt sie. Louise liegt sehr still. Ich warte. Sie scheint den Atem anzuhalten.

»Ich ... ich weiß nicht ... «

»Louise, Sie sind dazu erzogen worden - genau wie ich und die meisten von uns - Ihren Körper und die Gefühle und Wünsche, die mit ihm zusammenhängen, als irgendwie beschämend, schmutzig, schlecht zu betrachten. Obwohl diese Erziehung gut gemeint war, hat sie uns viele Stunden der Scham, des Elends und der Frustration gekostet. Wir sollten nicht alle Grenzen überschreiten, die wir dem Gebrauch unseres Körpers gesetzt haben, wie manche Leute uns heute so dringend raten, aber wir sollten auch den alten Lehren nicht blind folgen. In diesem Moment stehen Sie vor dieser Frage.« Was für eine Rede! Ich wollte ihr helfen, die Dinge im rechten Licht zu sehen, aber ich glaube, ich habe ihr vielleicht nur verholfen, Distanz von ihren Gefühlen zu bekommen. Verdammt! Wie kann ich ihr jetzt helfen, wieder zu ihnen zurückzufinden?

Sie hat schweigend, unbeweglich zugehört. Jetzt regt sie sich sehr vorsichtig. »Ja, ich kann spüren, wie ich es vermeide, mich hier gehen zu lassen, wie ich Angst habe, daß Sie sein werden wie Mrs. Colten, wie ich es vermeide, mich warm zu fühlen. Ach verdammt, ich bin doch kein Kind: ich vermeide es, scharf zu werden ... geil - oh, das Wort habe ich noch nie ausgesprochen. Ich würde über all das gerne akademisch mit Ihnen diskutieren (Pause), und ich weiß, daß das nicht geht.«

»Knöpfen Sie die Bluse auf, Louise.« Innerlich schlucke ich entsetzt, und ein Teil von mir brüllt entsetzt: »Was zum Teufel machst du da, Bugental? Willst du vor die Ethikkommission oder vor den Kadi gezerrt werden oder was?« Ich stoppe diese Gedanken, schiebe all das zur Seite, versuche, auf diesen Augenblick konzentriert zu bleiben. Dies ist ein Poker mit hohem Einsatz, aber jetzt »anständig« zu sein, hieße, sowohl Louise als auch mich selbst im Stich zu lassen.

Sie hat nicht gesprochen. Sie liegt sehr still, die Hand reglos, während sie innerlich mit sich kämpft. Dann berühren ihre Hände die Bluse und öffnen langsam, bedächtig den ersten Knopf, Pause, dann den zweiten, wieder eine Pause, dann bewegen sie sich auf den dritten zu und kommen zum Stillstand. »Alle?«

»Es geht um Ihre Bluse, Ihre Hände, Ihr Leben. Sie wissen, was wir hier tun wollen.« Ich warte.

Die beiden übrigen Knöpfe werden geöffnet, und ihre Hände haben ihre Taille erreicht. Sie zögert erneut, und ich bleibe stumm. Ich denke mir, sie erwägt, ob sie noch einen Schritt weitergehen soll, und bedeutsamerweise ist dies einer, zu dem ich sie nicht angeregt habe. Überlegt sie, ob sie ihren Rock aufmachen soll? Wie weit kann ich sie gehen lassen? Unbehagliche Gefühle. Ich wollte, sie ginge weiter. Ich wollte, sie hörte auf und knöpfte sich wieder zu. Ich wollte, wir hätten nie damit angefangen. Halt den Mund!

Jetzt öffnet Louise die Bluse weit und legt dann die Hände offen neben sich, die Bewegung und Haltung sind geradezu flehentlich! Ihr schlichter weißer Büstenhalter bedeckt ihre Brüste züchtiger als die meisten Badeanzüge heutzutage. Dennoch sind ihre vollen Brüste deutlich sichtbar ... und sehr anziehend.

»Ich möchte mich wieder zuknöpfen und wegrennen.« Stimme gespannt, Atem flach. »Ich habe plötzlich das furchtbare Gefühl, als hätten Sie irgendeinen Test mit mir gemacht und ich hätte nicht bestanden, als hätten Sie nie wirklich gemeint, daß ich diese Bluse wirklich so aufmachen sollte.« Bei diesen Worten knöpft sie sie zu. »Ich habe Angst, daß ich mich lächerlich gemacht habe, und das schöne warme Gefühl, das ich vor einer halben Minute hatte, ist ganz weg. Mir ist so kalt, daß ich anfange zu zittern.« Tatsächlich zittert sie und weint. Sie hält die Arme um sich geschlagen und die Knie angezogen.

»Was Sie eben getan haben, macht Ihnen große Angst, Louise. Sie haben eine Erklärung über sich abgegeben, vor der Sie bisher immer Angst gehabt haben - es sei denn, Sie waren sicher, der andere war so beteiligt, daß er sich nicht distanzieren und Sie verurteilen konnte. Aber jetzt sind Sie es selbst, die sich distanziert und verurteilt.«

»Ach, es macht mich so wahnsinnig wütend. Ich weiß, daß Sie mich nicht verurteilen, aber in meinem Kopf sind Sie all die Leute, die schockiert wären, wenn sie sähen, was ich getan habe.« Immer noch kommen die Tränen, aber jetzt hat sie sich langsam wieder im Griff.

»Sagen Sie mir, was jetzt gerade in Ihnen geschieht.« Stimme sanft, stützend.

»Ach, das ist schwer ... ich tue so viel auf einmal. Ich versuche, mir bewußt zu bleiben, wo ich bin, und ... mir bewußt zu bleiben, warum ich ... vor Ihnen halbausgezogen bin ... war ... Aber trotzdem rutscht alles dauernd weg, und dann will ich von hier weglaufen, von all dem ... oder wütend auf Sie sein ... oder auf mich. Dann schwingt es wieder zurück, und ich möchte auf mich wütend sein, weil ich mich schlecht fühle oder schäme. Schließlich habe ich doch gar nichts Schreckliches getan. Ich bin sicher, Sie haben schon mal eine Frau im Büstenhalter gesehen. Eigentlich ist es einfach lächerlich, daß ich mich so anstelle.«

»Sie stellen sich nicht deshalb an, weil Sie sich mir im Büstenhalter gezeigt haben. Wenn Sie das so sagen, bleiben Sie sich nicht selber treu. Sie haben Angst, weil Sie sich bewußt dafür entschieden haben, weil Sie mich wissen ließen, daß Sie sich erregt fühlen, weil Sie alle die Tabus verletzt haben, die Ihnen seit Ihrer frühesten Jugend beigebracht worden sind.«

»Ja, das stimmt! Und das macht mich noch wütender. Ich würde mir am liebsten die Kleider vom Leib reißen und die Straße runter rennen und dabei die ganze dumme Welt 'Spinner' nennen.«

»Da würden Sie's ihnen aber zeigen, was?« Dann bemerken wir beide meinen unfreiwilligen Witz und lachen - wahrscheinlich mehr, als der Witz es verdient, aber es ermöglicht ein Ablassen der Spannung, die wir beide spüren.

»Es ist wirklich merkwürdig, wie das bloße Öffnen meiner Bluse einen solchen Sturm von Gefühlen hervorbringen kann.« Sie öffnet sie wieder, testet das Gefühl. »Das ist komisch. Jetzt passiert es nicht.«

»Sie sehen sich mechanisch, als ob das Öffnen der Bluse selbst die Ursache Ihrer Gefühle gewesen wäre.«

»Ja, natürlich. Es passiert, wenn ich es riskiere, etwas Verbotenes zu tun. Es ist genauso, wie als Mrs. Colten dauernd sagte: 'Zieh den Rock herunter. Halt die Knie zusammen und zeig deine Beine nicht.' Das war anscheinend einer der wichtigsten Punkte, an denen sich anständige Mädchen von unanständigen unterschieden, daß man seine Beine nicht zeigte.«

»Zeigen Sie mir Ihre Beine, Louise.« Wenn schon, denn schon. Wie weit willst du gehen, Bugental?

Als sie meine Worte hört, verschwindet Louises Lebhaftigkeit blitzartig. Sie hält den Atem an. Jetzt nimmt sie ihren Rock mit beiden Händen und zieht ihn mehrere Zoll hoch. Sie ist immer noch verhalten, angespannt.

»Sie sind sehr hübsch, soweit ich sehen kann.« Oh weh, hier spricht nicht der Therapeut, hier spricht der Mann, der mehr sehen will. Bleib wachsam!

»Nicht so ungeduldig.« Sie fängt Feuer. Jetzt geht der Rocksaum allmählich nach oben, bis ihre Oberschenkel fast ganz entblößt sind. Dann bewegen sich ihre Arme nach oben und bedecken ihre Brust.

»Ist das die richtige Stelle?« Doppelte Motivation hierin, das merke ich. Ein Teil spielt, verlangt nach mehr; der andere befiehlt ihr, selber die Verantwortung zu übernehmen. Ich bin nicht überzeugt, daß der zweite Teil ganz real ist.

»Ach, was weiß ich!« Sie ist verärgert, spürt wahrscheinlich einen ähnlichen Konflikt. »Sie wissen genausogut wie ich, daß es keine 'richtige Stelle' gibt. Warum stellen Sie mir so eine Frage? Ich zeig Ihnen bestimmt nichts, was Sie nicht schon mal gesehen haben.«

»Da irren Sie.«

»Ich weiß, ich weiß. Sie brauchen es mir nicht zu sagen.« Sie ist jetzt lebhafter. »Was Sie noch nicht gesehen haben, ist die Tatsache, daß ich mich dafür entscheide, so in mir selber zu sein, und Ihnen nicht nur meine Beine, sondern auch meine Erregung dabei zeige.«

»Ja, Louise, so ist es.«

»Jim, ich würde gerne all meine Kleider ausziehen und mich Ihnen ganz zeigen. Ich glaube nicht, daß ich das heute kann, obwohl ich es gerne tun würde. Aber eines Tages werde ich es vielleicht können.«

»Ich höre Sie, und es geht mir ebenso.«

Und die Stunde ist vorbei.

*Jim*

Nachdem Louise gegeangen ist, fühle ich mich emotional - sogar körperlich - erschöpft. Jetzt merke ich, wie angespannt ich war, während der Stunde ist mir das gar nicht so klar gewesen. Ich bin immer noch angespannt bei dem Gedanken an das, was ich eben getan habe. Mein Verteidiger springt auf: »Du hast sie nicht angefaßt. Du hast sie nicht verletzt.« Aber die Anklage sagt: »Aber es hat dir Spaß gemacht, sie zu ermutigen, ihre Kleidung zu öffnen. Nicht in dem, was du gesehen hast, besteht dein Verbrechen, sondern darin, daß es dir Spaß gemacht hat.«

Die Mitte der sechziger Jahre ist eine Zeit des Experimentierens mit dem Umstoßen kultureller Tabus. Typisch für unsere Zeit ist das »Flitzen«, wo Männer und Frauen unterschiedlichsten Alters nackt über öffentliche Plätze rennen, manchmal einzeln, manchmal in großen Gruppen. Ebenso nimmt auch das gemischte Nacktbaden in Schwimmbädern und heißen Bädern zu. Nacktheit live auf der Bühne und in Filmen wird immer mehr akzeptiert.

Auch ist Nacktheit nicht das einzige Gebiet, auf das man sich vorwagt. Voreheliche Sex ist immer offenkundiger und selbstverständlicher; Homosexualität ist nicht länger ein verpöntes Wort; gemischte Studentenheime - sogar gemischte Toiletten! - werden in Universitäten im ganzen Land verlangt; über Empfängnisverhütung darf nicht mehr nur im Flüsterton gesprochen werden. Miniröcke nähern sich dem absoluten Minimum dessen, was noch als Rock bezeichnet werden kann, durchsichtige Blusen werden ohne Büstenhalter getragen, und Nacktbadestrände wurden eingeführt.

So etwas verläuft in Wellen. In den Zwanziger- und Dreißigerjahren gab es eine allgemeine Lockerung der Sitten in dieser Hinsicht, in den Vierzigern und Fünfzigern einen Umschwung zu mehr Konservativismus, jetzt eröffnen die Sechziger neue Grenzen der Permissivität. Vermutlich wird in zukünftigen Jahrzehnten das Pendel wieder zurückschwingen. Ich bin froh, daß ich in dieser Zeit lebe.

## Donnerstag, 20. Oktober

*Louise*

Louise meidet beim Eintreten meinen Blick und ist gedrückt und distanziert. Sie legt sich auf der Couch zurecht, sieht mich immer noch nicht direkt an; dann liegt sie da und schweigt.

»Was denken Sie?« Mein Ton ist neutral.

»Nichts. Das heißt, ich möchte es lieber nicht sagen.«

»Können Sie mir sagen, warum Sie es mir nicht sagen wollen?«

»Ich möchte einfach zu einer wichtigen Sache kommen und keine Zeit mit Lappalien verlieren. Ich glaube, ich sollte mit Ihnen darüber reden, ob ich noch mal zurück an die Uni gehen soll oder weiter in der Dienststelle arbeiten soll. Ich müßte mich bald anmelden, wenn ich das wollte. Ich dachte mir, ich könnte vielleicht irgendein Stipendium oder einen Tutorenposten kriegen. Dr. Clifton würde mir sehr gute Empfehlungen schreiben, da bin ich ziemlich sicher, und ... « Sie macht eine Pause, scheint den Schwung zu verlieren. Ich sage nichts, und eine Minute später fängt sie wieder an.

»Ich meine, ich glaube, in meinem Alter sollte man langsam mit Studieren fertig sein. Wenn ich an die UCLA ginge könnte ich wahrscheinlich in zwei, vielleicht drei Jahren meinen Doktor in Sozialarbeit machen. Dann könnte ich gut irgendwo lehren oder vielleicht irgendwann einmal Leiterin einer Dienststelle werden, einer von den kleineren, und ... « Und wieder eine Pause. Sie zwingt sich offensichtlich zum Sprechen, aber sie ist anscheinend nicht sehr begeistert von dem Thema. Immer noch schweige ich.

»Bloß bin ich nicht sicher, ob ich zwei oder drei Jahre darauf verwenden soll, obwohl es wirklich lohnt.« Sie hält an.

»Louise.« Ruhig. Sie spannt sich an, sobald sie meine Stimme hört. »Sagen Sie mir, was letztes Mal geschehen ist, als Sie hier waren.«

»Ach, das war dumm. Wir sollten keine Zeit verschwenden. Ich brauche wirklich Ihre Hilfe für diese Entscheidung. Wenn ich in einer anderen Stadt einen Studienplatz bekomme, wäre ich dann im September soweit, daß ich mit der Therapie aufhören könnte?«

»Sie sind sehr darauf bedacht, Ihre Aufmerksamkeit von dem fernzuhalten, was hier letztes Mal geschehen ist. Sie versuchen, sich selbst und mich mit aller Gewalt auf diese Frage zu bringen, obwohl es Ihnen schwerfiel, sich darauf zu konzentrieren.« Beharrlich, etwas herausfordernd.

»Ich möchte nicht darüber reden. Ich hab mich sehr dumm benommen, das wissen Sie sehr gut. Und Sie haben es auch zugelassen, daß wir uns von dem abbringen ließen, was unsere Aufgabe hier ist. Also sollten wir einfach ... «

Ich unterbreche scharf. »Wir haben uns nicht von unseren Aufgaben hier abbringen lassen. Sie versuchen das heute.« Ich bin ärgerlich auf sie, weil sie leugnet, was wir geteilt haben, und ich erkenne an, daß ich wegen meiner Freude an ihr auch ein wenig schuldbewußt bin. Also möchte ich dringend beweisen, daß das, was wir getan haben, ihr Vertrauen zu mir nicht verletzt hat.

»Ich muß wirklich irgendeine Entscheidung treffen, ob ich weiterstudieren soll oder nicht, Jim; ganz gleich, was Sie sagen, und ganz gleich, was neulich passiert ist. Also bitte helfen Sie mir, mich auf das zu konzentrieren, was heute wirklich wichtig ist.«

»Louise, wenn Sie so an mich appellieren, dann lasse ich mich dazu bewegen, das zu tun, was Sie möchten. Aber wenn Sie sagen, Sie wollten sich auf das konzentrieren, 'was wirklich wichtig ist', dann weiß ich, daß das ihre Gefühle über die letzte Sitzung sind und nicht die nette, unverfängliche Frage, ob Sie nächsten Herbst wieder an die Uni gehen sollen.«

Plötzlich merke ich, daß sie leise weint, nicht direkt reagiert. Ich spüre ein Woge von Zärtlichkeit und dann einen scharfen Schmerz darüber, daß unser Experiment mit sexuellen Gefühlen sie zurückgeworfen hat. Schon während ich das denke, weiß ich, daß es nicht stimmt, aber wieder zeigt sich mir deutlich mein Schuldgefühl angesichts meines eigenen Genusses. (Ich muß das noch mehr durcharbeiten, besonders, wenn ich jemals jemand anderen dazu ermutigen will, Tabuverletzungen zu begehen, die auch für mich befriedigend sind. Irgendetwas in mir reagiert schockiert! Habe ich vor, das nochmal zu tun?)

»Ich weiß nicht, was Sie wollen, daß ich über das letzte Mal sage.« Sie weint immer noch leise, aber es ist klar, daß sie meiner Deutung vertraut und versucht, mitzumachen. Ihr Vertrauen gibt mir ein warmes Gefühl, und ich beschließe im Stillen, sie niemals im Stich zu lassen. Und mir wird klar, daß ich sie nicht nur durch zu großen Wagemut, sondern auch durch übergroße Vorsicht im Stich lassen kann.

»Warum erzählen Sie mir nicht einfach, was beim letzten Mal passiert ist?«

»Ich werd's versuchen. Ich habe Ihnen erzählt, wie Cynthias romantisches, sexuelles Erlebnis mich erregt hatte. Dann fiel uns auf, daß ich an meiner Kleidung herumspielte und also haben wir ... habe ich ... Sie haben vorgeschlagen, ich sollte ... Na, Sie wissen doch, was passiert ist. Warum muß ich es sagen?«

»Louise, Sie können in diesem Augenblick spüren, wie schwer es Ihnen fällt, über das zu reden, was hier passiert ist. Das ist eine schlichte Tatsache. Und diese schlichte Tatsache weist auf den Konflikt in Ihnen hin. Und dieser Konflikt ist das, was wir stärker herausarbeiten müssen - genau in diesem Moment, wo er in Ihnen tobt.«

»Nun, es ist mir wahrscheinlich peinlich und ich schäme mich irgendwie, und ... «

»Und?«

»Naja, ich laufe normalerweise nicht herum und mache meine Kleider auf und zeige fremden Männern meinen Körper.«

»Was hat denn das damit zu tun?« Meine Stimme ist wieder scharf.

»Ach, ich weiß nicht. Wahrscheinlich bin ich nur irgendwie unglücklich.«

»Und Sie sind auch ein bißchen böse auf mich, aber scheuen sich auch irgendwie, das zu sagen.«

»Ja, schon, aber ich habe eigentlich gar keinen richtigen Grund, Ihnen böse zu sein. Sie haben mich nicht gezwungen, irgendetwas zu tun. Ich hab's getan. Sie haben mir nichts getan.«

»Ich habe vorgeschlagen, Sie sollten Ihre Bluse aufknöpfen und den Rock hochziehen.«

»Ja, ich weiß. Aber Sie ...«

»Louise, Sie benehmen sich, als hätten wir hier neulich ein furchtbares Verbrechen begangen, und jetzt spielen Sie die Edelmütige und nehmen die ganze Schuld auf sich.«

»Ach, ich weiß. Ich weiß, daß ich mich albern benehme. Deswegen wollte ich ja gar nicht drüber reden.«

»Verdammt nochmal! Louise! Sie bestehen darauf, Ihre emotionalen Reaktionen auf dieses Erlebnis wie eine Lappalie zu behandeln, die so schnell wie möglich aus dem Weg geräumt werden muß. Es ist ganz deutlich, daß Sie eine starke Reaktion haben, die Ihre Arbeit hier beeinträchtigt. Das ist keine Lappalie.«

Plötzlich seufzt sie schwer. »Es tut mir leid, Jim. Nein, tut es nicht! Ich meine, es ist eine große Erleichterung, daß Sie das sagen. Wahrscheinlich dachte ich, Sie würden mich jetzt ganz ekelhaft finden, daß Sie eigentlich gar nicht gemeint hätten, ich sollte tun, was ich dann getan habe, daß Sie mich nur auf die Probe gestellt hätten, und deshalb ...«

»Louise, Sie haben sich selber beschummelt und erwartet, daß ich das auch tun würde. Sie wissen auch, daß wir hier am Dienstag echte Nähe erlebt und wichtige therapeutische Arbeit geleistet haben. Und dennoch haben Sie solche Angst, Ihrem eigenen Wissen zu trauen, daß Sie es leugnen.«

»Ja,« weint sie leise. »Ja, ich beschummele mich (wird zornig), und das tu ich so oft. Wenn ich meine, jemand könnte auf mich zornig sein oder mich kritisieren, ergreife ich sofort die Partei des anderen gegen mich selbst. Es macht mich so wütend, wenn ich sehe, wie ich das mache.«

Den Rest der Sitzung arbeitet Louise gut, befaßt sich mit ihrer Scham und Angst im Zusammenhang mit ihrer Sexualität, erkennt, wie sehr sie sich noch von der engen Moral ihrer Pflegeeltern beherrschen läßt, und kommt dann zurück auf ihre Sehnsucht nach Liebe - und etwas zögernd, nach einer sexuellen Beziehung. Immer wiederkehrendes Motiv ist, wie sie gelernt hat, daß sie anderen dann am besten gefiel, wenn sie das innere Gewahrsein ihrer eigenen Bedürfnisse und Wünsche abblockte.

Beim Gehen umarmt mich Louise kurz an der Tür. Das hat sie schon manchmal getan, aber nicht mit dieser Andeutung von Sinnlichkeit, die ich diesmal zu entdecken meine.

*Jim*

In unserem westlichen, im Grunde genommen gutbürgerlichen, religiös bestimmten Moral- und Wertsystem räumen wir dem Erotischen eine einzigartige Stellung ein. Obwohl wir das kaum ausdrücklich feststellen, zeigen wir immer noch, daß wir es als etwas mit besonderen, vielleicht sogar magischen, Kräften betrachten. Und ich meine, wir tun recht daran.

Diese instinktive und magnetische Anziehung, diese Verbindung mit der göttlichen Tätigkeit, Leben zu schaffen, hat nicht ihresgleichen in ihrer Macht, unser Leben, unsere Beziehungen, unsere Selbstachtung, den Gebrauch unserer Fähigkeiten zu beeinflussen. In unserer Kultur fürchten wir diese Macht, denn wir wissen, daß sie hehre Absichten vereiteln und uns zu niederen Handlungen inspirieren kann. Aus dieser Furcht heraus suchen wir, die Erotik einzusperren, sie in die Zwangsjacke der Konvention zu zwingen und sie auf ein eng begrenztes Gebiet zu beschränken. Daß die Erotik diese Grenzen ständig sprengt, sollte niemand verwundern.

Tatsächlich sind keineswegs alle Menschen wirklich verwundert, die oft schockiert tun. Wir müssen uns den öffentlichen, ausdrücklichen Moralvorstellungen gegenüber in Worten und Taten loyal verhalten, ungeachtet unserer privaten Meinung, und zahlen dafür häufig mit einen hohen Preis von Elend und Frustration. Dennoch kennen wir keine andere Möglichkeit, mit diesem explosiven Potential umzugehen.

Diese Art der Arbeit mit Louise gleicht einem Seiltanz. Ich balanciere zwischen ihren therapeutischen Bedürfnissen und unseren sexuellen Reaktionen aufeinander; zwischen dem ethisch und gesellschaftlich Akzeptablen und dem therapeutisch Notwendigen; zwischen der Nutzung ihres Bedürfnisses, durch rasche Zustimmung zu gefallen und der Möglichkeit, dieses Bedürfnis dazu verwenden, daß ich ihr zeige, wie es die Realität des von uns Erlebten und seiner Konsequenzen für unsere Arbeit verzerrt.

Und ich habe mich damit abgefunden, daß ich diese Aufgabe nicht ohne Fehltritte erfüllen kann. Diese Fehltritte können fast tödlich sein - buchstäblich und im übertragenen Sinne, was unsere Therapieziele angeht. Aber bisher waren sie nur geringfügig, und ich bin fest entschlossen, daß sie nicht größer werden sollen - um Louises und um meiner selbst willen. Glücklicherweise sind dies keine sich widersprechenden Rücksichten.

Die Frage geht mir in diesen Tagen immer wieder in meinem Kopf herum, zu allen möglichen Zeiten - beim Autofahren, beim Einschlafen, beim Warten auf irgendetwas oder irgendjemand - was sind die angemessenen Grenzen für therapeutisches Handeln? Was ist eindeutig jenseits der Grenze? Paul Bindrim, über dessen Arbeit ich sehr wenig weiß, hat Nackttherapie durchgeführt, normalerweise in Gruppen. Er verbietet offene sexuelle Handlungen aufs Strengste, ermutigt aber die Teilnehmer, nach Herzenslust ihre Körper zu zeigen und andere Körper zu sehen. Ich glaube nicht, daß ich bereit wäre, das mit meinen Gruppen zu tun. Warum nicht?

Wo liegen meine Grenzen? Würde ich mit Louise schlafen, wenn ich das Gefühl hätte, es wäre ihren Bedürfnissen wirklich angemessen? Uff! Das ist wohl eindeutig die 64000-Dollar-Frage. Würde ich sie schlagen? Fest zuschlagen? Bewußtlos? Würde ich meine berufliche Zukunft aufs Spiel setzen? Würde ich sie zu mir nach Hause mitnehmen, um ihr zu helfen? Tausend Fragen wie diese. Und dann die Erkenntnis: Wenn ich wirklich ehrlich mit mir bin, kann ich sie nicht abstrakt beantworten, keine einzige.

Autsch! Das ist beängstigend. Ich meine buchstäblich, es macht mir Angst. Es wäre so viel einfacher, weniger beunruhigend, irgendwelche von vornherein festgelegten Grenzen zu haben. Nun ja, umbringen würde ich sie nicht. Na toll! Das ist keine große Hilfe. Dann eine andere Stimme in mir: Es gibt viele andere Arten des Todes als den endgültigen körperlichen.

Wenn ich ihr nicht helfe, ihr Leben wirklich zu gewinnen, ist das auch Töten. Nein! Stimmt nicht. Wenn ich ihr nicht helfe, ihr Leben wirklich zu gewinnen, lasse ich höchstens zu, daß sie sich selber tötet.

Ach, aber all dies Gerede von »töten« ist doch Wortspielerei, ein künstliches Melodram, um etwas zu verdeutlichen, oder? Wirklich?

Was ist mit dem persönlichen, subtilen Drama hinter all dem? Ein Teil meiner Impulse zieht Befriedigung aus dem Bild des einsamen, mutigen Streiters gegen gesellschaftliche Beschränkungen und das Abtöten von Möglichkeiten. Na! Damit wäre das erledigt.

Nein, wäre es nicht. Ein menschliches Leben ist viel mehr als die Spanne der körperlichen Existenz. Louise lebt nur einen Teil ihres Lebens - ein hohles Leben, um es mit ihren Worten auszudrücken. Vieles von dem, was wirklich Louise ist, ist scheintot und wird aller Wahrscheinlichkeit nach wirklich tot sein, falls es ihr nicht gelingt, diesen Bereichen ihrer selbst Leben einzuhauchen. Sie hat mich dafür zur Hilfe gerufen. Wo soll ich die Grenze ziehen, bis zu der ich bereit bin, dieses Vertrauen zu erfüllen?

Jetzt in den sechziger Jahren sind wir Zeugen dessen, wie auf vielerlei Weise die Regeln in Frage gestellt werden, nach denen die Dinge schon immer getan wurden, die Regeln des Richtigen und Schicklichen, des guten Geschmacks und »angemessenen« Verhaltens. Darin liegt zweifelsohne in vielen Fällen eine überzogene Reaktion gegen diese Sitten und Gebräuche. Das ist typisch für jeden Wandel; wir brauchen so viel Energie, um aus der Vergangenheit auszubrechen, daß wir nach erfolgtem Durchbruch über das ursprüngliche Ziel hinausgetragen werden.

Bin ich mit Louise über das Ziel hinausgeschossen? Zweifelsohne wären viele Leute dieser Meinung. Ich hoffe, daß ich recht habe, wenn ich behaupte, dem ist nicht so.

# 9.

# »Ich hatte Muttergefühle«

### Donnerstag, 27. Oktober

*Kate*

Die Andeutung von Rauch, die auf dem Weg hierher heute morgen in der Luft lag, bringt so widersprüchliche Assoziationen. Zunächst einmal ist sie bedrohlich. Vor fünf Jahren haben Brände in unseren Hügeln über sechshundert Häuser in meiner Nachbarschaft zerstört, und an meinem eigenen erhebliche Rauchschäden verursacht. Riecht es danach? Aber dann bringt der Geruch brennender Blätter mir Kinderfreuden aus dem mittleren Westen in Erinnerung, wie wir in große Blätterhaufen hineinrannten oder sprangen, uns darunter begruben und vollständig (so dachten wir) darin verschwanden, und wie köstlich sie dufteten, wenn sie brannten.

»Hallo, Kate.« Ich lasse sie ins Sprechzimmer vorgehen.

»Guten Morgen, Jim.« Sie spricht meinen Namen ein bißchen hölzern aus und tritt ein, eine Einkaufstasche zusammen mit der Handtasche in der Hand. Beides stellt sie neben ihrem Stuhl ab. Dann, ohne die für die meisten Klienten typischen Präliminarien, spricht sie in sachlichem Ton.

»Sie haben mir gesagt, ich müßte herausfinden, was emotional für mich wichtig ist, und ...«

Ich nicke, voller Neugier darauf, was dieses Vorspiel bringen wird. Sie scheint heute mehr »hier zu sein«, wirklich ein gutes Zeichen.

»Nun, ich habe viel darüber nachgedacht, seitdem wir das letzte Mal darüber gesprochen haben, und mir ist aufgefallen, daß ich Ihnen noch nie von meiner Arbeit erzählt habe. Sie ist wirklich sehr interessant - obwohl vielleicht weniger für jemandem, der nicht vom Fach ist?«

Sie fragt mich um Erlaubnis. Soll ich ihre Aufmerksamkeit darauf lenken? Nein, das würde uns von dem abbringen, was sie in unsere Arbeit einbringen möchte. Ich möchte dafür offen sein, und ich hoffe, ich verstehe genug davon, daß ich uns nicht durch meine Unkenntnis ablenke.

»Ich wüßte gerne, was Sie interessiert, Kate.«

»Ja.« Sie freut sich, aber läßt das kaum merken. »Ja, also, ich arbeite über die Eigenschaften von Karotin. Sie wissen, diese isomerischen roten Kohlenwasserstoffe finden sich in vielen unserer Nahrungsmittel, ganz besonders in Möhren, und ...«

Kate spricht einige Minuten lang weiter und beschreibt ihre Arbeit. Vieles von dem, was sie sagt, geht über mein Verständnis; obwohl sie sich große Mühe gibt, sich so auszudrücken, daß ich verstehe. Normalerweise würde ich eine Klientin unterbrechen, die von Dingen spricht, die ihrer inneren Erfahrung so fernliegen, aber ich kann sehen, daß Kate trotz der abstrakten Worte wirklich etwas mit mir zu teilen versucht, das ihr wichtig ist.

Nach einigen Minuten macht sie eine Pause, und ich merke, daß sie verlegen ist. »Ich hoffe, ich langweile Sie nicht. Ich vergesse manchmal, wie spezialisiert unsere Arbeit ist, auch wenn sie viel mit den Nahrungsmitteln zu tun hat, die wir alle essen.« Ihre Hände wandern zur Handtasche und berühren die Einkaufstasche.

»Ich habe nicht alles verstanden, Kate, aber ich glaube, ich weiß etwa, worum es geht. Ich verstehe, warum dieses Projekt so interessant ist. Und ich habe mich wirklich gefreut, daß Sie das mit mir geteilt haben.«

»Ja, hmmm.« Sie wägt das ab, ist nicht sicher, wie sie darauf reagieren soll. Sie streift ihre Handtasche und die Tasche daneben mit einem Blick, schaut dann auf. »Also, wie ich schon sagte, Karotin ist sehr wertvoll. Ich verstehe einfach nicht, wieso die Leute nicht mehr Möhren und Tomaten und andere rote und gelbe Gemüse essen. Es ist wirklich wichtig für das Sehvermögen, und ...«

»Ich möchte Sie gerne unterbrechen und etwas fragen.«

»Ja?«

»Mir ist aufgefallen, daß Sie mehrmals Ihre Sachen dort auf dem Boden angefaßt haben. Ist damit irgendetwas Wichtiges?«

»Ach, ich hatte gar nicht gemerkt -.« Sie hält an, verlegen.

»Können Sie mir sagen, was damit ist?«

»Also, es ist wirklich unwichtig, ich hatte nur gedacht... Ich habe auf dem Herweg angehalten, um ...«

»Es ist schwer zu sagen, was Sie sagen wollen.« Stimme vorsichtig, ohne besondere Betonung, offen.

»Ja, und natürlich ist das albern von mir.« Sie rutscht auf dem Stuhl hin und her, holt Luft. »Ich habe ein paar Bund von der Möhrensorte eingekauft, die besonders viele von diesen Nährstoffen enthält, von denen ich Ihnen erzählt habe, und ...«

»Hm-hmm?«

Sie macht eine kleine Grimasse. »Und ich dachte, Sie möchten sie vielleicht gerne haben.« Das kommt in einem Schwall heraus.

»Kate, das ist sehr aufmerksam von Ihnen. Ja, natürlich möchte ich sie gerne haben. Vielen Dank.«

Sie lächelt ein kleines vorsichtiges Lächeln, greift nach unten, und gibt mir die Einkaufstüte so, daß ihre Hand fast sofort losläßt, als ich zugefaßt habe. Sie scheint zu fürchten, wir könnten die Tüte beide zur gleichen Zeit halten.

Was für ein gewagter Schritt für Kate, und wie sehr ist er Ausdruck einer wachsenden Bandes zwischen uns - eines Bandes, das sie sicherlich immer noch leugnen und fliehen würde, wenn man es in Worten ausdrücken würde.

Der Rest der Stunde vergeht rasch, indem wir miteinander jeder auf seine eigene Weise arbeiten. Kate fürchtet das aufdämmernde Engagement, das mit unseren Bemühungen untrennbar verbunden ist, denn sie spürt ganz richtig, daß es neue Teile ihres Lebens eröffnen wird, und das hat sie seit langem gemieden. Ihre Sicherheit lag scheinbar immer darin, daß sie jeden Aspekt ihres Lebens verschlossen hielt, abgeschlossen, keiner Veränderung bedürftig.

*Jim*

Die heutige Sitzung mit Kate ist typisch für das gegenwärtige Stadium ihrer Therapie: Sie erkennt vorsichtig an, daß ihre Emotionen und andere Teile ihres inneren Lebens einen Einfluß darauf haben müssen, wie sie lebt und arbeitet. Nach diesem Zugeständnis ist sie dann allerdings entschlossen, dem kein weiteres Terrain zu überlassen, was sie seit langem als ihren inneren Feind ansieht. Darum zwingt sie sich dazu, mir über Gefühle zu berichten, die sie über Dinge außerhalb ihrer selbst empfindet, Möhren und Wissenschaft - je weiter weg von diesem Raum, desto besser - aber sie unterdrückt resolut jegliche emotionalen Hinweise, die hier auftauchen und sich auf mich beziehen könnten.

Kate ist wie ein Bergwanderer, dessen Route ihn unerwartet an einer senkrechten Felswand entlangführt, auf einem beängstigend schmalen Pfad, über einem gähnenden Abgrund, der nach ihren Füße greift. Sie bewegt sich unendlich langsam vorwärts, klammert sich an der Sicherheit spendenden Wand fest, obwohl diese ihre Hände verletzt und ab und zu erschreckend über den Abgrund hervorspringt. Dennoch geht sie weiter, hofft auf eine breitere Stelle auf dem Pfad, wo sie sich ausruhen könnte, aber immer wieder erweist er sich als zu schmal, so daß sie wieder einen Fuß weiter nach vorne schieben muß, dann den anderen. Sie weiß, wie schwer der Rucksack der

Vermeidungen ist, den sie trägt, und daß deren ständig zunehmendes Gewicht sie dem Zusammenbruch immer näher bringt. Aber sie kann es nicht wagen, loszulassen.

Und dennoch geht sie weiter auf dem Pfad! Darin besteht das Wunder von Kates Mut. Sie fürchtet sich wahrhaftig vor der Aufgabe, die sie mit dieser Art von Therapie in Angriff genommen hat, wie ihr jetzt klar wird. Sie ist ständig von dem Wunsch besessen, damit aufzuhören. Und doch macht sie weiter!

Kate hat versucht, in ihrem Leben Sicherheit zu erlangen, indem sie einen unwandelbaren Ruheplatz einer fixierten Lebensweise fand. Sie hat den höchsten akademischen Grad erlangt, den unsere Kultur auf einem ungeheuer anspruchsvollen Fachgebiet zu vergeben hat, in dem man allerdings alle wichtigen Phänomene auf sachliche Begriffe reduzieren kann. Sie hat niemals irgendwelche Herzensbeziehungen gehabt, denn die könnten Unruhe bringen. Ihre kurze Ehe war als »Vernunftbeziehung« konzipiert, nicht als Liebesheirat. Sie hat wenig Freunde, meistens aus ihrem beruflichen Umfeld, und sie verbringt einen großen Teil ihrer Freizeit mit Lektüre - entweder von Fachliteratur oder von Romanen aus dem neunzehnten Jahrhundert, die das geordnete Leben der viktorianischen Zeit verherrlichen.

Das Wort »Veränderung« hat für Kate eine negative Bedeutung. »Unvorhersagbarkeit« steht auf der gleichen Stufe wie jene unanständigen Ausdrükke, die sie niemals in den Mund nehmen würde. »Zweideutigkeit« ist eine Sünde wider das Wissen und »Unvollständigkeit« moralisches Versagen. Kate möchte das Gefühl haben, eine Lebensweise gefunden zu haben, die den Rest ihres Lebens andauern wird. Wo sie Elemente solcher Endgültigkeit gefunden hat, hat sie ihnen einen geradezu sakralem Stellenwert eingeräumt.

Kate ist voller Angst, der Panik nahe, möchte das ganze beängstigende Unternehmen Therapie aufgeben; aber Kate ist auch zäh, versucht, die gefürchteten Dinge zu tun, sich den Ängsten zu stellen, die sie ihr ganzes Leben lang begleitet haben. Allmählich kämpft sie sich zu einem Felsabsatz durch, wo sie etwas mehr Raum hat und nicht bei jedem Schritt von einer Katastrophe bedroht ist.

Ich bin beeindruckt davon, wie sie weitergeht, wie so viele meiner Klienten mitten durch ihre persönliche Hölle hindurch weitergehen, um mehr von den Reichtümern zu gewinnen, die in ihnen schlummern.

Was für ein Mut! Wie mutig wir alle sind. Los, es soll gesagt sein: Was für eine großartige Gattung ist der Mensch!

Kriegen Sie dabei eine Gänsehaut? Ist das sentimental? Gewäsch? Die neue Innerlichkeit? Albern? Nicht wahr? Oberflächlich?

Oder ist es wahr, aber nur eine Teilwahrheit?

Es ist heutzutage nicht Mode, uns und unsere Möglichkeiten zu feiern. Das war viktorianisch, provinziell und grenzt mit Sicherheit an Rassismus - denn die Lebensbedingungen vieler Menschen sind alles andere als großartig. Es ist schon fast obszön, dieses Wort auf eine Spezies anzuwenden, die eine solche Erniedrigung ihrer Angehörigen zuläßt.

Aber vielleicht ist unser Unwillen, uns zu unseren Errungenschaften zu bekennen, nur die Kehrseite der Tatsache, daß wir die Erkenntnis unseres Versagens unterdrücken. Bei Pascal heißt es an einer Stelle: »Es ist gefährlich, dem Menschen zu oft zu zeigen, daß er den Tieren gleicht, ohne ihm auch seine Größe zu zeigen. Es ist gefährlich, ihm zu oft seine Größe ohne seine Niedrigkeit zu zeigen. Noch gefährlicher ist es, ihn über beide in Unkenntnis zu lassen. Sehr wünschenswert ist es jedoch, ihm beides zusammen vor Augen zu führen.«

Warum sollten wir nicht stolz darauf sein, daß wir unsere Raumfahrzeuge auf den Mond geschickt haben und bald auch Menschen dorthin senden können, daß wir das Geheimnis der DNA entdeckt, oder z.B. Beethoven, Mozart, Mahler, Martin Luther King, Einstein, Schweitzer, Byron, Yeats und unendlich viele andere Große hervorgebracht haben?

Wenn wir uns dazu bekennen, kommen wir vielleicht auch allmählich dahin, die Verantwortung für Äthiopien, Hiroshima, Auschwitz, Duvalier, Lee Harvey Oswald, für die Ausrottung so vieler Arten und für all das zu übernehmen, was uns verzweifeln läßt.

Nach der Sitzung mit Kate bin ich sehr von starken Gefühlen bewegt. Der Zynismus, der zur Zeit in Mode ist, wird so leicht zu einer Prophezeiung, die ihre Erfüllung in sich tragen muß! Gelegentlich erfüllt mich eine Sitzung mit heiligem Zorn, dem Bedürfnis, mich an die Straßenecke oder auf einen Berggipfel zu stellen und wie ein alttestamentarischer Prophet des Untergangs zu rufen.

Das Buch, das ich letztes Jahr schrieb, bringt einiges davon zum Ausdruck; aber immer noch habe ich es nicht deutlich genug, laut genug gesagt, daß ich genügend Menschen damit erreichen könnte. Verdammt, die von unserer Kultur sanktionierte, uns verkrüppelnde Sicht des Menschen kostet menschliches Leben.

Meine gerufene Botschaft hat verschiedene Themen, aber der Kern der Botschaft ist einfach: Wir wissen nicht, wer wir sind. Wir wissen unsere eigenen Möglichkeiten nicht zu würdigen. Wir verderben uns selbst, anderen und der ganzen wundervollen Welt alles, weil wir es nicht wissen.

Und wieso denke ich dann, ich wäre derjenige, der wirklich weiß, wer wir sind? Bist du ein bißchen eingebildet, Bugental? Auf dem Messias-Trip? Mag sein, aber ich glaube es nicht - hauptsächlich deshalb, weil ich nicht herausfinde, wie ich meine Botschaft verständlich machen soll. (Das Problem hat fast jeder Messias). Ach herrje.

Worauf es herausläuft, ist Paul Tillichs Aussage: »Der Mensch widersetzt sich der Verdinglichung, und wenn der Widerstand des Menschen gebrochen wird, ist der Mensch selbst gebrochen.« Wir sind uns unserer selbst nicht bewußt, wir wissen nicht. Wir sind unserer eigenen Natur gegenüber blind und taub. Wie die gebrochenen und eingebundenen Füße chinesischer Frauen in früheren Zeiten sind unsere Blindheit und Taubheit eine Verformung, die in unserem Jahrhundert große Mode ist.

Es geht um den Versuch, mehr Lebendigkeit und weniger Totsein in unserem Leben zuzulassen. Aber bei diesem Versuch sind wir durch unsere allzu verengte, schäbige Sicht unserer Möglichkeiten behindert, und wir haben es nicht verstanden, das Leben für uns einzufordern, das uns zusteht. Da wir uns als Objekte sehen, als ohnmächtige Fliegengewichte in einer Welt riesenhafter Kräfte, herumgeschoben von achtlosen äußeren Mächten und getrieben von blinden inneren Kräften, haben wir gelernt, das Leben in unserem eigenen Inneren zu ignorieren, und damit die Verbindung zu den wahren Quellen unseres Lebendigseins verloren.

Wir machen uns zu Objekten. Objekte haben keine eigene Macht, keine eigenen Wertvorstellungen, keine eigenen Ziele. Macht, Werte, Ziele werden auf Objekte angewandt, sie werden nicht in ihnen entdeckt. Das ist nichts Neues.

Neu ist die Erkenntnis, daß Objekte erst durch uns Macht, Wertvorstellungen, Ziele erhalten. Macht, Wertvorstellungen, Ziele sind menschliche Attribute. Warum zum Teufel tun wir, als wäre dem nicht so?

Antwort: Weil wir nicht wissen, was wir mit den Milliarden von gleichzeitig freischwebenden Einheiten von Macht-Wert-Ziel anfangen sollen.

Also tun wir so, als sei jede dieser menschlichen Einheiten ein Objekt, und nur einige wenige von ihnen seien befugt, Macht, Wert und Ziel tatsächlich einzusetzen. Wissen Sie denn eine bessere Möglichkeit? Nein, verdammt, weiß ich nicht. Aber ganz sicher sollten wir nach einer suchen. Das ist wichtiger als all die anderen »Makroprobleme der Welt«, die es schaffen, in die Schlagzeilen zu kommen.

*Gruppentherapie*

Bei seiner vierten Gruppensitzung nimmt Frank zum ersten Mal wirklich an der Diskussion teil.

Kate: »Frank, Sie haben nicht viel gesagt in der Zeit, in der Sie jetzt bei uns mitmachen. Tatsächlich weiß ich so gut wie nichts von Ihnen.«

Louise: »Ja, das stimmt. Ich hab Sie beobachtet und gemerkt, daß ich kaum eine Vorstellung habe von dem, was in Ihnen vorgeht. Sie schauen mich - uns - auf eine Art an, die mich irgendwie scheu und verlegen macht, aber ich kann nicht herauskriegen, ob Sie uns für Spinner halten oder was sonst.«

Frank: »Ach nein, das tu ich nicht. Ich meine, ich hab einfach nichts zu sagen. Ich höre einfach so zu, wissen Sie. Es ist mir alles irgendwie neu, und wenn ich ... « Er hält an, unbehaglich, weiß nicht, was er sagen soll.

Kate: »Frank, ich wollte Sie nicht unter Druck setzen. Ich wüßte bloß einfach gern mehr von Ihnen - wenn Sie etwas sagen wollen, heißt das.«

Frank: »Schon verstanden. Was wollen Sie wissen?« Mürrischer Ton.

Louise: »Sie klingen, als wären Sie wütend auf Kate.«

Frank: »Zum Teufel, warum sollte ich wütend auf sie sein?«

Kate: »Ich weiß nicht, aber es klingt wirklich, als wären Sie wütend. Sind Sie das?«

Frank: »Herrgott, Sie drängen mich dauernd, und natürlich stinkt mir das. Oh, Entschuldigung, das hätte ich nicht sagen sollen.«

Louise: »Sie brauchen sich nicht zu entschuldigen, daß es Ihnen so geht. Aber ich glaube nicht, daß Kate Sie drängen wollte.«

Kate: »Ist schon gut. Ich weiß, wie es ist, wenn man innerlich wütend ist und das unabsichtlich rauskommt.«

Frank: »Ich fühle mich einfach die ganze Zeit beschissen, und wahrscheinlich sollte ich nicht mal versuchen, mit Leuten zusammen zu sein und ...« Wieder gehen ihm vor Verlegenheit über seine Selbstenthüllung die Worte aus.

Hal: »Was meinen Sie, Sie fühlen sich beschissen - körperlich oder seelisch?«

Frank: »Ach, ich weiß nicht. Wahrscheinlich beides. Warum?«

Hal: »Die Frage kam mir bloß so.«

Ich spüre eine erhöhte Wachsamkeit, während ich zuhöre, wie Frank seine ersten zögernden, ungeschickten Schritte auf eine Beziehung zu anderen hin macht, ohne sich dabei auf das Schutzschild seines Zorns zu verlassen. Ich weiß, daß ich an diesem Punkt auf meine Neigung zum übertriebenen Beschützen achten muß, aber er wirkt so verletzlich - als ob er leicht wieder soviel Angst bekommen könnte, daß er jede Möglichkeit eines Austauschs mit anderen ablehnt.

## Freitag, 11. November

*Louise*

»Ich dachte, daß ich nach mehreren Gesprächen darüber diese Sitzung loslassen könnte, in der wir mit ... mit dem Ausziehen experimentiert haben.« Unbehaglich sucht Louise Ermutigung. Ich bin still.

»Aber, naja, es kommt mir immer wieder in den Kopf (Pause). Wissen Sie, es wäre mir lieber, nicht darüber zu sprechen, und Sie machen es mir nicht leichter dadurch, daß Sie den starken Schweiger spielen.«

»Sie wollen Hilfe, damit Sie über das sprechen können, was Sie angeht?«

»Nein, verdammt, ich will überhaupt nicht, daß Sie etwas für mich tun!« Die Worte stürzen aus ihr heraus, scheinen sie genauso zu überraschen wie mich. »Oh, ähm, ich meine ... (Pause, Schlucken) ich meine, nicht das. Also, nicht 'überhaupt nichts', aber nicht das.«

»Was? ... « Ich bremse mich selber, ihr eine Frage zu stellen, die ihr helfen könnte. Durch das Bremsen habe ich jetzt das Wasser getrübt. Mist.

»Sie sind jetzt mal einfach still und ... hören zu.« Sie setzt sich auf, schaut mich gerade an. »Ich denke immer wieder daran, wie ich meine Kleidung aufgemacht habe. Ich ... ähm, es hat mir gefallen. Ich würde mich gern ganz bei Ihnen ausziehen ... ähm, vor Ihnen: Ich werde es jetzt nicht tun, aber ich will geradeaus sagen, daß es mir gefallen hat und ich mich daran erinnere. Das ist alles. Jetzt können Sie reden.«

»Sie tun Ihre Arbeit. Ich muß gar nichts hinzufügen.«

## Freitag, 18. November

*Kate*

Graue Wolken und trüber Sonnenschein streiten sich um den Tag, aber gemeinsam verringern sie wenigstens den berüchtigten Smog von Los Angeles. Bei diesem unruhigen Wind fühle ich mich immer unbehaglich, ohne einen Grund nennen zu können. Ich glaube auch, daß er die Stimmung der Patienten beeinflußt, aber vielleicht projiziere ich das auch nur auf sie. Ich muß diese Möglichkeit im Auge behalten.

Als Kate mit stark angespanntem Gesicht eintritt, nicke ich mir bestätigend zu. Hatte ich mir's doch gerade gedacht. Nun ja, vielleicht; aber Vorsicht, vielleicht ist nicht bestimmt.

»Ich möchte ... ich muß über etwas sprechen, was gestern passiert ist,« sagt sie von ihrem üblichen Platz am Ende der Couch, so weit weg von mir, wie sie nur kann. Ich habe den Eindruck, daß sie in letzter Zeit manchmal etwas näher zur Mitte gekommen ist. Aber sie hat sich nie hingelegt, obwohl ich es mehrmals vorgeschlagen habe. Ganz offensichtlich kann sie die Intimität und den Verlust bewußter Kontrolle nicht riskieren, die ein Hinlegen bedeuten würde - und genau diese sprächen dafür.

»Kate, ich möchte gern alles hören, worüber Sie auch immer sprechen müssen, aber am nützlichsten ist es, wenn Sie so oft wie möglich über das sprechen, was Sie gerade hier in sich entdecken.»

»Ja, ich weiß. Aber das, was ich Ihnen zu erzählen versuche, hat einen Einfluß auf das, was ich 'gerade hier' erlebe. Gestern«, und ihre entschlossene Stimme zeigt an, daß sie vor hat fortzufahren, »mußte ich auf die Kinderstation des Kreiskrankenhauses, um einige Daten zu sammeln, die wir brauchen. Ich arbeitete in einem Schwesternzimmer und ging Krankenblätter durch, als ein Kind in einem Rollstuhl angefahren kam und anfing, sich mit mir zu unterhalten.«

»Hm-mmh.«

»Sie müssen wissen, daß ich Kinder im allgemeinen nicht mag, und wahrscheinlich kann ich ebensogut zugeben, daß ich mich in ihrer Gesellschaft nicht wohlfühle. Als dieses kleine Mädchen in ihrem Rollstuhl ins Schwesternzimmer kam, war mein erster Gedanke Ärger. Ich hatte viel zu tun, und ich wollte keine Unterbrechung. Ach, wahrscheinlich klinge ich wie die Hexe aus dem Märchen, aber ich finde nun mal Kinder nicht besonders reizend und interessant. Meistens ist ihr Verstand unentwickelt; sie interessieren sich nur für ihre eigene Welt; und sie sind oft rücksichtlos und machen Dreck. Normalerweise mache ich nicht so viele Worte darum, aber Sie müssen verstehen, daß ich so fühle, um zu begreifen, was für eine ungewöhnliche Erfahrung das gestern war.«

»Kate, Sie klingen, als hielten Sie einen Vortrag über irgendein seltsames Wesen, das Sie seziert haben, nicht als sprächen Sie über Ihre eigene Erfahrung.«

»So etwas sagen Sie mir ständig, und wahrscheinlich halten Sie das für Ihre Aufgabe, aber ich sehe nicht, wie mir das helfen soll. Wie auch immer, ich will mich jetzt nicht ablenken lassen.« Sie macht weiter, schiebt meine Einmischung kühl beiseite. »Ich war dabei, Ihnen von diesem Kind zu erzählen, und ... «

»Ich will nicht von diesem Kind hören. Ich will über Ihre Erfahrung hören,« falle ich ihr ins Wort. Ich fühle mich herausgefordert. Los, Bugental, Mut.

»Ja, ja, natürlich. Ich erzähle Ihnen von meiner Erfahrung, so gut ich es unter den Umständen kann. Und jetzt, würden Sie mir bitte zuhören?« Kates bissiger Ton ist für sie nichts Ungewöhnliches, aber heute scheint eine zusätzliche Schärfe darin.

»Machen Sie weiter, Kate.« Ein Zugeständnis. Ich bin herausgefordert, das weiß ich, und in Versuchung, auf meiner Absicht zu bestehen, aber das wäre mehr zur Befriedigung meiner als ihrer Bedürfnisse.

»Nun gut, dieses Kind - sie hieß Tanya, ein lächerlicher Name für eine Neunjährige - verwickelte mich irgendwie in ein Gespräch. Und stellen Sie sich vor, ich war einfach bezaubert! Ich fand sie wirklich reizend und hochintelligent. Nach ganz kurzer Zeit erklärte ich ihr unser Forschungsprogramm - stellen Sie sich vor, das einer Neunjährigen zu erklären! Aber ich glaube wirklich, sie hat es verstanden! Sie wirkte so viel älter als sie tatsächlich war, aber das stimmt auch wieder nicht ganz ... « Sie hält inne, nachdenklich. Ich spüre eine Veränderung in ihrer Stimmung. Unglaublich, aber einen Moment lang scheint sie verletzlich.

»Sie wirkte in macher Hinsicht älter, aber in anderer wiederum ...« Ich lasse meine Stimme sich verlieren, das Satzende ist offen.

»Ja, in anderer Hinsicht ... « Immer noch vertieft in das Gefühl in ihr. »In anderer Hinsicht wirkte sie sogar noch jünger als ihre neun Jahre. Ich meine, vielleicht weil sie so verkrüppelt und hilflos war. Irgendwie konnte ich ihre Hilflosigkeit körperlich spüren. Und sie gab mir das Gefühl ... « Plötzlich bricht sie ab, und ich bemerke völlig überrascht, daß sie den Tränen nahe ist. Kate hat bisher nur ein oder zweimal geweint, und da war mehr Bitterkeit als Schmerz in ihrem Gefühl. Dies ist eindeutig eine andere Kate.

»Sie gab Ihnen das Gefühl?« Sachte, ganz sachte.

»Ach, ich weiß nicht.« Die Tränen sind nah, aber Zorn droht, sie zu verdrängen. Jetzt aber vorsichtig!

»Es wäre leichter für Sie, jetzt zornig zu sein, als Ihre wirklichen Gefühle durchzulassen, Kate.« Stimme gleichmäßig, keine Herausforderung.

»Ich hatte Muttergefühle! Da, jetzt habe ich es gesagt. Sind Sie zufrieden?« Sie reckt den Kopf hoch und starrt mich trotzig an. Ich blicke ihr in die heißen, schmerzerfüllten Augen, meine eigenen stetig, sehend, nicht ausweichend.

»Sie wollen immer noch Ihren Zorn dazu nutzen, Ihren zärtlichen Gefühlen zu entkommen.« Eine feine Veränderung spielt sich in ihr ab.

»Ach, was sind sie denn überhaupt nütze!« Aber sie erweicht sich, und die Tränen treten ihr aus den Augenwinkeln. »Das wird mir viel nützen, jetzt über Kinder zu weinen! Ich bin zu alt. Zu alt, und Sie wissen es. Also warum so ein Theater darum machen?« Der Zorn ist dünn, und der Schmerz scheint deutlich hindurch.

»Sie versuchen, sich selbst zu sagen, daß Sie zu alt sind, eigene Kinder zu haben, warum also Trauer spüren: Ist es das?« Keine Stichworte jetzt. Sie ist bei sich.

»Ja, ja.« Die Tränen kommen jetzt rascher, und der Zorn wird schwächer. »Ach, das nützt einfach gar nichts.«

»Kate, Sie tun genau das, was Sie brauchen. Hören Sie auf, sich selbst in die Quere zu kommen.« Fest, aber warm. Ich würde sie gern trösten, aber ich weiß, daß zuviel Sanftheit sie vor Angst zum totalen Rückzug bringen kann.

»Ich hatte die lächerliche Idee, daß ich dieses Kind vielleicht adoptieren könnte! Ach, es macht mich so wütend, wenn ich mich so benehme!« Jetzt schluchzt sie.

»Es fällt Ihnen so schwer, nur bei Ihren Gefühlen zu sein und sich nicht zu befehlen, Sie sollten vernünftig und nicht gefühlsbetont sein.«

»Ja, ja. Ach Gott.« Sie hört auf zu sprechen und überläßt sich ihrem Schluchzen. Ich sitze schweigend, während das Schluchzen sie schüttelt. Sie weint einige Minuten lang, dann schaut sie auf, scheu, der Zorn ist aus ihrem Verhalten verschwunden. Mit erstaunter Stimme sagt sie: »Es fühlt sich so an, als ob ich ein Kind oder Kinder gehabt hätte, und sie wären tot.« Meine Augen werden heiß, füllen sich mit Tränen.

»Ja, Kate, die Kinder, die Sie gehabt hätten, sind tot. Geradeso, als hätten Sie sie wirklich gehabt und dann verloren. Und Sie tun das, was Sie tun müssen - Sie trauern um sie.« Das löst eine ganze neue Welle von Schluchzen aus, und sie scheint so voller Schmerz, daß meine eigenen heißen Tränen sich nicht mehr zurückhalten lassen. Ich nehme mir ein Taschentuch aus der Schachtel, die sie benutzt, und sie blickt plötzlich auf und sieht mich weinen. Das verstärkt ihr Weinen. Sie hat auf der Kante der Couch gesessen, und jetzt gehe ich hinüber und setze mich neben sie. Sie lehnt sich an mich, eine unglaubliche Tat für die steife, förmliche Kate. Ich lege meinen Arm um sie, und sie bricht bitterlich weinend an meiner Brust zusammen, während mir selber die Tränen über die Wangen laufen.

*Jim*

Kate kommt schon seit einiger Zeit allmählich aus ihrer Granithülle heraus, aber der heutige Tag ist eine erhebliche Veränderung. Es ist nicht so, als hätte das kleine Mädchen einen lange aufgestauten Schmerz in Kate ausgelöst. Tatsache ist, daß Kate die schwere, emotional anstrengende Arbeit getan hat, ihr Leben weit genug zu öffnen, daß das Kind für sie all die verlorenen Jahre und niemals zu verwirklichenden Mutterimpulse darstellen konnte. Wäre sie vor ein oder zwei Monaten dem gleichen Kind unter den gleichen Umständen begegnet, so hätte es höchstwahrscheinlich nur eine irritierende Unterbrechung bedeutet.

Das ist ein wichtiger Unterschied, der von Ruckzuck-Therapeuten oft übersehen wird. Nur wenn das Innere des Patienten bereit dafür ist, wird irgendeine äußere Form der Erfahrung ein Freiwerden von Gefühlen oder Veränderung der Wahrnehmung der eigenen Person oder deren Welt hervorrufen. Der Einsatz von Hypnose, Rollenspiel, Gestalttechniken, Urschrei oder irgendwelchen anderen Maßnahmen, um Gefühle zu erzwingen, bevor der Patient dafür bereit ist, führt gewöhnlich nur zu oberflächlicher Erleichterung und seichter Vertiefung des Gewahrseins. Nicht selten resultiert aus solchen Überfällen größerer Widerstand gegen eine echte Öffnung des inneren Lebens beim Klienten. Natürlich kennen wirklich therapeutische Praktiker all dieser Methoden jene Wahrheit und beachten sie. Sie wenden ihre Techniken mit maßvoller Geduld an, bis die Klienten bereit sind, aus sich herauszutreten. Nur Anfänger und diejenigen, die - aus welchen eigenen Beweggründen auch immer - das Bedürfnis haben, rasche und dramatische Veränderungen zu bewirken, mißbrauchen den Klienten mit ihrem achtlosen Drängen.

Kate hat versucht, sich gegen Schmerz und Enttäuschung abzusichern, indem sie innerlich wie aus Granit oder Eis war. In ihrer wissenschaftlichen Arbeit konnte sie der Erkenntnis ihrer verringerten Effizienz nicht entkommen. Dies war für sie inakzeptabel. Also kam sie in die Therapie, um diesen Teil ihres Lebens reparieren zu lassen, so daß sie wieder steinern und »sicher« sein konnte. Sie hatte keineswegs den Wunsch, in anderer Hinsicht verändert zu werden. Aber das Leben ist eine Einheit, und eine Veränderung isolierter Aspekte gibt es nicht.

Heute also fängt der Granit - das Eis an zu schmelzen. Das überrascht mich nicht. Was mich überrascht und ermutigt, ist die Tatsache, daß Kate dieser Veränderung so vertrauensvoll nachgibt.

*Jennifer*

Jennifer wirkt müde, als sie ins Sprechzimmer kommt. Ihre Kleidung winkt wie immer mit leuchtenden Farben in überraschenden Kombinationen, aber ihre Stimmung nimmt die Einladung nicht an. Stattdessen sinkt sie auf die Couch, streift geistesabwesend ihre Schuhe ab und legt sich mit einem Seufzer zurück. Sie trägt hohe Absätze, und wieder einmal fallen mir ihre hübschen Beine auf. Ach, die ewige Freude an Frauen!

»Ein tiefer Seufzer«, bemerke ich.

Sie reißt sich zusammen wie eine brave Schülerin, die man beim Träumen erwischt hat; dann ruft sie sich offensichtlich ins Gedächtnis, daß sie hier keine brave Schülerin zu sein braucht, und fällt wieder zusammen. »Ja, wahrscheinlich,« tonlos.

»Wahrscheinlich?«

»Hm-mmh; (Pause). 'Wahrscheinlich' heißt, daß ich nicht weiß, was ich fühle oder worüber ich reden soll.«

»Und Sie klingen nicht so, als versuchten Sie, es herauszufinden.« In meiner Stimme ist Tadel, merke ich mit Kummer. Wie leicht fordert sie das heraus, und wie rasch erfülle ich diese Forderung!

Sie bewegt sich leicht gereizt und ändert ihre Lage auf der Couch, um bequemer zu liegen. »Da haben Sie wohl recht. Ich suche nicht wirklich nach etwas, worüber ich reden könnte. Ich weiß, ich sollte, aber ich habe einfach keine Lust. Das sollte ich nicht sagen, aber ...«

»Das ist es, was im Moment real ist, nicht wahr?«

»Wahrscheinlich.«

»Immer noch wahrscheinlich, hm? So wollen Sie's im Moment?«

»Wahr ... ähm, wahr ...« Sie bricht in ein kurzes, echt amüsiertes Lachen aus. »Jetzt hätte ich fast gesagt 'wahrscheinlich nicht.'« Wieder lacht sie, und sie scheint aus ihrer Lethargie erwacht zu sein.

«Klingt, als hingen Sie irgendwie fest.«

»Tat ich - tu ich auch - nein (Pause). Jetzt nicht. Es zu merken und darüber zu lachen, hat mir herausgeholfen.«

»Schön, daß Sie jetzt ein bißchen mehr hier sind.«

Sie setzt sich auf und sieht mich direkt an. »Jim, können Sie mir etwas ganz ehrlich sagen?« Sie hält an, sehr überrascht, dann: »Oh, so hab ich es nicht gemeint, wie es jetzt klang. Ich weiß, daß Sie mir die Wahrheit sagen werden, aber ich ... ich meine ... ich meine ich brauche Ihren ... Ihren ehrlichen Rat.«

Ruhig, fest: »Ich werde Ihnen meinen ehrlichen Rat geben, wenn ich der Meinung bin, daß das in diesem Augenblick das Richtige ist, oder ich werde Ihnen ehrlich sagen, daß ich die Frage jetzt nicht beantworte. Bevor ich weiß, was Sie wissen möchten, kann ich keine bessere Antwort geben.«

»Ach, ich weiß nicht, ich ...« Sie hält an, unsicher.

»Es ist schwer, die Frage zustellen. Wie ist das für Sie?«

»Nein, das ist in Ordnung. Ich meine, ich kann sie stellen. Ich habe bloß Probleme, weil ich Sie nicht in Verlegenheit bringen möchte.«

»Mhm-hm.«

»Was ich wissen möchte, ist folgendes: Glauben Sie wirklich, daß Sie mir helfen können? Ich meine, glauben Sie, ich kann mir selber helfen - die Therapie nutzen, heißt das? Ich komme mir so festgefahren vor, und ...«

»Es kommt Ihnen vor, als kämen Sie nicht vorwärts, hm?« Es ist ihr so unbehaglich. Soll ich jetzt daran arbeiten oder an ihrer Frage? Mal sehen, wohin Jennifer uns führt.

»Ja. Ich meine, nein. Ich komme so durcheinander. Ich möchte mich nicht beklagen oder sowas, aber es kommt mir vor, als wäre ich immer noch an genau derselben Stelle wie damals, als ich zu Ihnen kam. Ich meine, ich komme jetzt schon fünf Monate zu Ihnen, und nichts ... Naja, nicht ganz 'nichts'. Ganz bestimmt werde ich jetzt nicht mehr losgehen und Bert umbringen - oder mich. Das ist ein großer Unterschied. Und ich glaube, ich verstehe ein bißchen besser, wie ich mich selbst damit verwirre, daß ich so streng bin. Das ist gut, aber ich tu es immer noch. Naja, nicht ganz so viel wie früher, glaube ich. Aber ich bin nicht sicher (Pause). Ach, verdammt, gerade jetzt tue ich es, nicht wahr?« Sie ist nicht belustigt, sondern bekümmert.

»Es ist schwer, Ihrer Mutter zu sagen, sie sollte Sie die Methoden ändern lassen, die Sie so lange benutzt haben, nicht wahr?«

»Ja! Es ist so verdammt schwer. Und dennoch ... Na! Darüber rede ich ja, ich will die Art ändern, wie ich gewesen bin, und ich bin unglücklich, weil das so schwer ist, weil es so lange dauert.«

»Mmmm.«

»Wahrscheinlich ... ach, da ist schon wieder ein 'wahrscheinlich', und die will ich auch ändern. Auf jeden Fall, ich sagte gerade, daß wir noch gar nicht so lange zusammen arbeiten. Wenigstens nicht, wenn ich bedenke, was wir getan haben und was ich tun will.«

»Was wollen Sie tun, Jennifer?« Sachte. Sie hat ihre Richtung gefunden; behindere sie nicht.

»Ich weiß nicht (Pause). Ich meine, ich weiß, daß ich aufhören will ... oder jedenfalls einschränken will, mich selber immer so fertigzumachen, und ...«

»Und?«

»Und ich möchte Bert gegenüber anders fühlen.« Überrascht zieht sie den Atem ein. »Nein! Ich kann nicht anders fühlen bei dem, was er getan hat. Ich gebe nicht nach! Nie!«

*Jim*

Jennifer hat mehr erreicht, als sie bisher erkennen kann. Aber sie kämpft einen schwierigen Kampf, und sie ist noch nicht weit genug für den angsterregenden Schritt, ihr Recht aufzugeben, Bert Vorwürfe zu machen -

obwohl sie bemerkenswerterweise einen kurzen Augenblick sogar das erwogen hat. Die Muster, die wir ausbilden, um mit Enttäuschungen fertigzuwerden, sind meistens ziemlich fest verankert. Sie geben uns eine scheinbar feste Grundlage, wo andere wichtige Teile unserer Welt erschüttert wurden. Je zentraler der Teil unseres Lebensmusters ist, der frustriert wurde, um so entschlossener klammern wir uns an den vertrauten Verfahren fest, mit denen wir mit dem Fehlschlagen unserer Erwartungen fertigwerden.

Wie so oft fällt mir Karl Wallenda mit seiner Balancierstange ein. Karl Wallendas Geschichte ist Jennifers Geschichte, ist meine Geschichte, ist jedermanns Geschichte. Gerade die Art zu leben, die das Leben ermöglicht hat, die uns vielleicht sogar einmal das Leben gerettet hat, muß manchmal aufgegeben werden, wenn wir überleben und unser eigenes Leben wirklich in Besitz nehmen wollen. Aber in einer Krise lassen wir sie nicht los, sondern neigen eher dazu, sie noch fester zu umklammern.

Jennifer hat immer versucht, absolut recht zu behalten, alle Regeln zu kennen und zu befolgen, zu beweisen, daß sie nicht schuld war, wenn die Dinge nicht so gingen, wie sie sollten. Mit seiner Affäre hat Bert die Regeln gebrochen, Jennifers Welt bedroht. Sie mußte ihm die gesamte Schuld zuschieben, und das machte sie zum Opfer. Je stärker sie den Schmerz der Trennung spürte und je weniger sie dagegen tun konnte, desto fester mußte sie sich an ihre Balancierstange klammern, an die Anklage. Als sie in die Therapie kam, war dies buchstäblich im Begriff, sie umzubringen, ebenso, wie Karl Wallendas Stange ihm den Tod brachte.

## Freitag, 25. November

*Hal*

Als Hal vor drei Monaten endlich mit seinen Tränen und seinem Schmerz in Berührung kam, bedeutete das für ihn ein Heraustreten in die Erkenntnis seiner Existenz und der Bedeutung seines inneren Sinnes. Erst glaubte er, dies sei der Höhepunkt unserer Arbeit. Dann, als er versuchte die neue Perspektive in lebendige Praxis umzusetzen, erkannte er, daß es sich nur um eine Station auf dem Wege handelte, nicht um das Ende des Weges.

Seitdem hat Hal entschlossen versucht, mit seinem inneren Gespür in Kontakt zu kommen, und festgestellt, daß es nicht einfach darum geht, irgendeinen subjektiven Schalter umzulegen. Es gibt Tage, wo er ein klareres Bewußtsein seiner Intentionen, Gefühle und Befürchtungen hat als je zuvor. Dann ist er optimistisch und begeistert. Aber es gibt auch Tage, an denen er skeptisch ist, ob er dieses Wissen jemals wirklich bewahren oder es verläßlich in seinem eigenen Leben nutzen kann.

»Weißt du, Jim,« sagt er, als er sich auf der Couch einrichtet (in diesen Tagen sein bevorzugter Arbeitsplatz), »Tim nervt mich einfach nicht mehr so wie früher. Er spinnt immer noch ziemlich, aber vieles von dem, was mich früher auf die Palme gebracht hat - seine Frisur zum Beispiel - amüsiert mich jetzt einfach bloß ein bißchen. Naja, manchmal ist es etwas unangenehm, wenn ich ihn einem meiner biederen Kollegen vorstellen muß. Aber selbst dann amüsiere ich mich, wenn ich sehe, wie die auf sein Aussehen reagieren.«

»Mm-hmmm.«

»Wir sind uns nicht mehr wirklich nahe, so wie das früher war. Aber vielleicht kann man älteren Teenagern nicht mehr wirklich nahe sein.« Er lächelt ein bißchen schief und verliert sich in Gedanken.

»Hal, du hast in einem Ton angefangen, der auf ein gewisses Unbehagen schließen läßt. Was ist daraus geworden?«

»Ach, ich weiß nicht. Ich fühle mich bloß irgendwie ... irgendwie unsicher, was wir jetzt tun können. Aber das stimmt auch nicht ganz. Es gibt vieles, woran ich hier arbeiten müßte, aber irgendwie habe ich keine große Energie dazu.«

»Dann ist es das, was deine Aufmerksamkeit erfordert.«

»Hm? Ach? Ich glaube, ich verstehe, was du meinst. Ja, ja, wahrscheinlich.« Sein Ton ist mutlos.

»Nicht viel Energie.«

»Nein. Eigentlich nicht. Es kommt mir einfach so vor, als wäre es zu mühsam.«

»Ist das wichtig?«

»Ja, ich glaube schon.«

»Klingt nicht so.«

»Doch. Es ist, als wolltest du mich wachrütteln, und ich möchte weiterschlafen.«

»Und?«

»Lieber Gott, Jim, ich weiß es nicht«, aber in seiner Stimme ist mehr Energie.

»Und?«

»Und dann muß ich's wahrscheinlich herausbekommen. Oh weh, das 'wahrscheinlich' habe ich gehört, und es heißt wohl, daß ich eigentlich nicht will. Warum kriege ich meinen Hintern nicht hoch?«

»Was würdest du darauf antworten?«

»Ach, Scheiße, ich habe vergessen, was ich sagen wollte. Weißt du, irgendwas geht in mir vor, und ich weiß wirklich nicht, was, aber ich bin nicht in mir drin. So viel weiß ich.«

»Und?«

»Du hast dich festgefahren, Jim.«

»Nein du, Hal.«

»Du hast recht. Und es fängt an, mich zu ärgern. Warte mal. Mal sehen, ob ich ein bißchen mehr da reinkomme.«

Er schweigt, schließt die Augen, atmet tiefer. Was für ein Gegensatz zu seinem früheren Bedürfnis, sich dagegen zu wehren, nach innen zu gehen.

Er fängt an, mit träumerischer Stimme. »Jim, da ist so viel ... so viel angehäuft, was ich wirklich genauer ansehen möchte (Pause). So viel. Ich kann gar nicht anfangen, all die Konsequenzen durchzudenken - in meiner Praxis, zuhause, in meiner Beziehung zu Greta und zu Tim. In meinen Vorlesungen ... oh, Mann! ... in meinen Vorlesungen. Meine Güte!« Er öffnet die Augen und setzt sich auf.

»Kein Wunder, daß ich nicht hier arbeiten will. Ich meine, in mancher Hinsicht will ich nie mehr an irgendetwas arbeiten, was mit diesem Kram zusammenhängt. Weißt du eigentlich, mein Freund (er wendet sich mir zu), wo du mich hingeführt hast? Du Hundesohn, du hast mich gerade an einen Punkt gebracht, der mein ganzes Leben auf den Kopf stellt. Vielen Dank, Kumpel.« Er spricht sarkastisch, aber gleichzeitig meint er es ernst.

»Erzählen mir davon, Hal.«

»Also, du hast mir geholfen, diese ganze Geschichte mit der subjektiven Erfahrung zu entdecken, diese ganze Welt in mir selbst. Was zum Teufel soll ich damit anfangen, wenn ich die Art Forschung betreibe, für die ich bezahlt werde? Wenn ich die Vorlesungen halte, die ich halte? Einfach als Einstieg, sag mir das mal. Und das sind erst die einfachen Fragen.«

»Ich verstehe, was du meinst.«

»Nochmal, danke,« sagt er ironisch und hält dann inne. »Nein, ich meine es ernst, Jim, ich danke dir wirklich. Und genauso ernsthaft, ich bin überwältigt von dem, was das für mein Leben bedeutet. Wie kann ich unsere Forschungen weiterführen, wenn mir doch klar ist, daß wir bloß an der Oberfläche des Problems herumkratzen? Wie kann ich lehren, was ich immer gelehrt habe, wenn sich meine Sicht der Psychologie völlig verändert hat?«

»Ich habe keine Antworten, Hal, aber ich bin hier, um dir zu helfen, diese Fragen zu durchdenken. Einen Vorschlag möchte ich dazu allerdings noch machen: du bist gerade in die Welt deiner Subjektivität eingetreten. Wahrscheinlich wird es dir vorkommen, als gäbe es nur Schwarz-Weiß-Gegensätze. Nimm keine drastischen Veränderungen vor, bevor wir nicht darüber gesprochen haben, wenigstens nicht in den nächsten ein bis zwei Monaten.«

»Mh-hm. Das ist interessant, und es ist beruhigend. Und trotzden, weißt du was, das ist seltsam, es ist auch ein bißchen enttäuschend.«

Da Hal nie ein Mensch der kleinen Schritte ist, überwältigt er sich mit seinem Drängen, diese neue Einsicht für eine Revision seines ganzen Lebens zu nutzen. Es ist eine seiner großen Stärken, daß er selten halbe Sachen macht. Es ist auch eine seiner Schwächen. Unsere Aufgabe liegt vor uns.

*Jim*

Nur noch ein Monat bis Weihnachten! Die Jahre vergehen jetzt so schnell. Ich wünschte, ich könnte die freudige Erregung noch spüren, die ich früher zu Weihnachten verspürt habe. Stattdessen fühle ich mich zuhause zu oft teilnahmslos und träge. Ich glaube, ich erwarte von meiner Arbeit Belebung. Schlecht!

Ich muß meine eigenen emotionalen Anliegen deutlich als die meinen kennzeichnen ... wenn das geht. Immer wieder habe ich gesehen, wie die Anliegen meiner Klienten sich scheinbar gruppierten, ähnlich schienen. In solchen Fällen beziehen sich diese Gruppierungen häufig auf einen Punkt in meinem eigenen Leben. Unbewußt versuche ich, bestimmte Themen oder Emotionen zu finden, und diejenigen meiner Klienten, bei denen diese Themen oder Emotionen gerade leichter zugänglich sind, fördern sie wahrscheinlich auch zutage. Umgekehrt funktioniert es auch; die Themen, an denen sie arbeiten, rufen Parallelen in mir hervor.

Dieser Tage bin ich mir sehr stark bewußt, wie unser Leben von einer ganzen Reihe von Einflüssen eingeschränkt ist - besonders von Sitten und Gebräuchen und dem ständigen Kampf, »recht« zu haben. Es befriedigt mich, wie meine Klienten mit ihren Beschränkungen ringen und sich allmählich befreien. Ganz offensichtlich fühle ich meine eigenen Beschränkungen und mein eigenes Drängen, Veränderungen vorzunehmen, freier zu werden. Das verneint nicht das, was sie tun; es macht mich aufmerksam für die Dinge, die wahrzunehmen und zu ermutigen ich am meisten eingestimmt bin. Alles gut und schön, aber man sollte die Kontrolle darüber behalten, damit ich nicht versuche, meine Klienten zu den Schritten zu bewegen, die zu tun ich selber mich fürchte.

Gestern war *Thanksgiving Day*. Ich komme gewöhnlich nicht am Tag nach einem Feiertag in die Praxis, aber ich habe das Bedürfnis, mit Hal und Jennifer und, in geringerem Maße, mit Kate in Kontakt zu bleiben. Obwohl wir jetzt in der mittleren Phase unserer Arbeit sind, in der große Erleichterung oder dramatische Durchbrüche seltener sind, weiß ich, wie die Gefahr plötzlich explodieren kann, wenn wir es am allerwenigsten erwarten. All dies hängt mit den sogenannten »Flitterwochen« der Therapie zusammen. Am Anfang einer Tiefenpsychotherapie steht meist eine Zeit der Vorsicht, die typischerweise bald von einem plötzlichen Emporsprudeln von Produktivität abgelöst wird. Wenn Therapeut, Ort und Arbeit erst einmal vertraut sind, macht das anfängliche Zögern einem Drängen nach der Befreiung aufgestauter Emotionen, geheimer Gedanken und Schamgefühle und liebgewonnener, aber unterdrückter Hoffnungen Platz.

Die Flitterwochen sind eine Zeit, wo sehr viel auftaucht, was vorher in unserer Subjektivität vorhanden, aber nicht dem Licht des vollen Bewußtseins ausgesetzt war. Wenn dieser aufgestaute Vorrat erschöpft ist, hören manche Therapeuten und Klienten auf. Man hat eine bedeutende Gefühlserleichterung erreicht, einige Einsichten gewonnen und eine hoffnungsvollere Einstellung zum Leben erlangt.

Alles gut und schön, aber allzu oft zerfallen diese Fortschritte in den nächsten Monaten oder Jahren wieder. Die wirkliche Arbeit tiefer, lebensverändernder Therapie fängt erst nach den »Flitterwochen« an. Ebenso, wie die wirkliche Arbeit, eine dauerhafte Beziehung zu aufzubauen, eine echte Ehe, erst nach den Flitterwochen beginnt.

Zu dieser »wirklichen Arbeit« - dem Durcharbeiten - gehört es, zu entdekken und wirklich zu akzeptieren, mit welchen immer wiederkehrenden Mustern wir unser Leben führen, Enttäuschungen bewältigen, Beziehungen zu anderen unterhalten, zu unseren Fehlschlägen und Verletzungen beitragen. Dann müssen wir diese Muster immer wieder identifizieren, in so vielen Lebensbereichen wie möglich. Die Wahrheit zu erkennen, ist der erste Schritt, aber diese Wahrheit anzuwenden, mit dieser Wahrheit zu arbeiten, der notwendige zweite Schritt. Und der bedeutet Schwerarbeit, demütigende, schmerzhafte und letztlich wachstumsfördernde Arbeit.

Wie es bei Carl Rogers und Barry Stevens heißt: »Ihr werdet die Wahrheit kennen und die Wahrheit wird euch freimachen, aber zuerst wird sie euch unglücklich machen.«

# 10.

# »Was ist der Tod?«

### Montag, 5. Dezember

*Jennifer*

»Jim, ich hoffe, Sie wissen, daß Sie mir bei meiner Arbeit eine riesige Hilfe waren. Jetzt fällt es mir noch mal so schwer, eine Entscheidung zu treffen.« Sie liegt auf der Couch in ihrer Lieblingsposition, ein behostes Bein über eine Seitenlehne gehakt und die Hände fest hinter dem Kopf verschränkt. Was sie für kleine Brüste hat! Ihr Sarkasmus ist eine Methode, mich um Hilfe zu bitten, ohne daß sie dafür die Verantwortung übernehmen muß.

»Sie sind gegenüber diesen größeren Schwierigkeiten ziemlich gelassen.«

Das Bein senkt sich, und ihre Stimme wird nüchterner. »In Wirklichkeit bin ich gar nicht gelassen. Ich glaube, wir sind dem Grund für meiner Reizbarkeit und meinen Kopfschmerzen auf der Spur. Ich glaube, mir tut weh, daß ich Studenten disziplinieren muß. Daran muß ich arbeiten. Okay, versuchen wir's mal anders.« Dann macht Jennifer einen Schritt, zu dem ich sie oft gedrängt habe, aber diesmal tut sie ihn unaufgefordert: sie legt sich hin und entspannt sich. Sie schweigt etwa eine Minute lang.

»Mh-hmm (Pause). Ich denke an Molly, die Ärger hat, weil sie ihr Chemielaborpraktikum zu oft geschwänzt hat. Sie möchte, daß ich ihr helfe, daß sie bei Professor Young wieder gut angeschrieben ist. Sie hat jede Menge gute Gründe, aber die laufen alle auf die Tatsache hinaus, daß das Chemiepraktikum zu der Zeit stattfindet, wo ihr Freund freihat, und die beiden sich zusammen in seinem Auto amüsieren, wenn sie eigentlich im Labor sein sollte.«

»Und was bedeutet das alles für Sie?«

»Also, ganz ehrlich«, sie ist schon auf den Ellbogen, »ich bin ganz auf Mollys Seite. Ich würde mich allemal lieber mit einem gutaussehenden Mann amüsieren als mit einem Bunsenbrenner und einem Reagenzglas. Aber das kann ich Molly nicht sagen, und ...«

»Warum nicht?«

»Na, was wäre das wohl für eine Äußerung für eine *Dean of Women*?« Sie kichert, freut sich an der Vorstellung. »Andererseits, warum nicht? Aber wenn ich so etwas sagen würde, wie könnte ich dann Disziplin aufrechterhalten? Hmmm ...« Sie verliert sich in Gedanken, schweigt.

»Mmmmm?«

»Ach, wahrscheinlich könnte ich schon. Aber trotzdem, wenn ich nicht eine gewisse ... Zurückhaltung wahre, könnte man wohl sagen, wenn ich nicht eine gewisse Zurückhaltung wahre, wie sollen die Studenten mich respektieren? Naja, es geht nicht um Respekt, sondern sie müssen wissen, daß es Grenzen gibt, und daß ich ... Wenn ich bloß daran denke, was einige Leute im Lehrkörper sagen würden, wenn sie hörten, ich hätte einer Studentin gesagt, ich ginge mich lieber amüsieren ...« Sie kichert wieder. Dann ruft sie sich wieder zur Ordnung.

»Der *Dean of Students* ist absolut eisern, daß wir bei absichtlichen Verstößen hart durchgreifen, und Mollys waren ganz bestimmt absichtlich. Ich weiß nicht, warum ich nicht einfach ... früher kam mir das alles so einfach vor, aber jetzt ... Ich glaube, ich sollte wieder selber lehren oder mir irgendeine andere Arbeit suchen. Ich bin nicht der Typ, um Disziplin durchzusetzen.« Sie windet sich bei ihren Gedanken.

»Was für ein Typ sollte denn auf so einem Posten sein?«

»Also, eins ist sicher. Sie sollte einen klaren Kopf haben, damit sie ihre persönlichen Gefühle nicht total mit der Politik des College vermischt und dann nach Hause geht und am liebsten ihrem Mann den Kopf abreißen würde, wie ich das mit Bert tue ... äh, getan habe.«

»Bert ist in manchen Ihrer Gefühle immer noch zuhause.«

»Oh! Nein, ist er nicht. Ich will ihn da nicht haben.« Sie hält an, zieht sich wieder auf die Ellenbogen hoch. »Ach verdammt, ich weiß es nicht. Ich wünschte, er hätte nie diese verdammte Ellen gebumst. Ich wünschte ... Ach, ist egal. Jetzt ist es sowieso zu spät.« Sie fällt wieder zurück, mit angespanntem Gesicht.

»Wollen Sie dem nachgehen?«

»Nein!« Sie hält inne, in ihrem Gesicht arbeitet es, ihre Augen scheinen sich beinahe mit Tränen zu füllen. Dann sagt sie ruhiger: »Nein, Jim, ich bin noch nicht soweit.«

»Wann?«

»Ich weiß nicht. Ich muß mich selbst erst auf die Reihe kriegen. Diese ganze verdammte Geschichte im Büro macht mir Kopfzerbrechen - ja, ich hör schon, und ich mein's auch so. Wenn ich mehr so wäre, wie ich sein sollte, würde ich nicht dauernd solche Verwirrung in mir spüren. Ich weiß, meine Mutter war so. Sie hatte alles unter Kontrolle, war so gelassen und durch nichts aus der Fassung zu bringen (Pause). Ich hab sie deswegen gehaßt! (Noch eine Pause.) Und ich habe sie deswegen geliebt und bewundert. Aber es gab nichts, was ihr je wirklich hätte nahegehen können.«

»Auch Sie nicht.«

»Auch ich nicht«, sagt sie traurig.

*Louise*

Nach dem mexikanischen General Santa Ana heißen bei uns die heißen und staubigen Winde, die von der Wüste kommen und die Luftfeuchtigkeit auf drei bis vier Prozent senken können. Es heißt, dann könnte man in den Hügeln micht mit dem Fuß aufstampfen, wenn man nicht einen Funken auslösen will, der zu einem Feuersturm werden kann. Der »Santana« weht in diesen Tagen wieder, und wir ziehen prüfend die Luft ein und zucken zusammen, wenn wir eine Sirene hören.

Louise kommt windzerzaust und etwas atemlos an. Mit wirrem Haar und verwehten Kleidern tritt sie ein. Ich bin über mich selbst verärgert und über sie, daß ich auch das erregend finde!

Sie entschuldigt sich flüchtig, dann hält sie ein. »Ja, ich seh fürchterlich aus. Wenn es Ihnen nicht recht ist, ist das Pech.« Sie macht eine Pause, grinst dann ein bißchen dümmlich. »Ich weiß, daß es Ihnen recht ist ... vermutlich ... aber ich wollte Ihnen zeigen, daß ich nicht versuche, es Ihnen recht zu machen.« Sie macht wieder eine Pause, zuckt ironisch die Schultern. »Aber wenn ich Ihnen sage, daß ich nicht versuche, es Ihnen recht zu machen, ist das natürlich auch eine Art, es Ihnen recht zu machen. Es ist alles so verdammt verwirrend.«

»So wie jetzt gerade?«

»Äh, ja, wahrscheinlich (Pause). Ich weiß nicht genau, wie Sie das meinen?«

»Wie meinen Sie es?«

»Also, ich ... ich weiß nicht. Ich weiß nicht, wie Sie es meinen, und also weiß ich nicht, wie ich es meine! Da ist es wieder. Ehrlich, es macht mich so wütend. Zur Zeit sehe ich dauernd, wie ich mir mein Stichwort von anderen geben lasse. Im Laden sind es die Verkäufer; bei Freunden ist es das, was die wollen; im Dienst das, was die Studenten, die Kollegen, der Direktor wollen (Pause, die Stimme wird lauter). Was will ich?« Das ist keine Frage, es ist ein Protestschrei.

»Jetzt gerade scheinen Sie etwas zu wollen.«

»Ja doch! Ich will wissen, was ich will. Nicht was Verkäufer, Freunde, die Leute im Dienst oder ... oder sogar Sie wollen.« Sie hält inne, lauscht auf den Widerhall dessen, was sie gerade gesagt hat. Dann fällt ihr Gesicht, das aufmerksam, fast zornig gewesen ist, in sich zusammen, und ihre Stimme verändert sich.

»Ich frage mich, was Sie über mich denken und über das, was ich eben gesagt habe!«

»Warum sollten Sie hier anders sein?«

»Warum sollte ich (zornig, ironisch)? Wahrscheinlich mache ich es hier genauso.«

»Das ist die richtige Antwort. Das macht es mir recht, eh?«

»Ach, hören Sie doch auf damit!« Das kommt zornig heraus. Jetzt hält sie an, horcht dem Klang ihrer Stimme nach. »Ich weiß wirklich nicht, was ich sagen soll, wenn Sie das machen. Ich meine, ich weiß, was Sie damit bezwecken, aber ... « Sie hält inne, ihre Verwirrung ist deutlich.

»Louise, sie drehen sich jetzt wie rasend im Kreise, völlig außerhalb Ihrer selbst, finden nur Gedanken über das, was ich gesagt habe, testen, was die für Sie bedeuten könnten, versuchen, meine Gedanken zu lesen, wollen die richtige Antwort geben, aber versuchen gleichzeitig, diesen Zwang abzuschütteln. Und da herrscht eine solche Geschäftigkeit, daß Sie Ihre eigene innere Stimme gar nicht hören können.«

»Ja! Ja, das tue ich.« Sie weint zornig und scheint betäubt. Ich warte ruhig, aber konzentriere meine Aufmerksamkeit auf sie in einer Weise, die eine Reaktion erfordert.

»Es hat mich überrascht, daß Sie das hier mit hineingebracht haben, aber natürlich muß ich es hier auch tun. Und ich hasse das. Ich hasse es einfach!« Das Letzte schreit sie mir entgegen.

Ich antworte nicht. Sie hält inne, unsicher.

»Und?«

»Also (Pause), ich ... ich hasse es wirklich, und ...« Sie hält wieder inne, zögert.

»Jetzt haben Sie gesagt, wie sehr Sie das hassen, aber danach wissen Sie nicht, was Sie als nächstes sagen sollen.«

»Äh. Ja. Wahrscheinlich.«

»Warten Sie darauf, daß ich etwas sage, damit Sie wissen, was Sie als nächstes sagen sollen?«

»Arrgh!« Ein Schrei des Zorns und der Qual.

»Soweit ich sehen kann, haben Sie sich nicht die Zeit genommen, in sich hineinzufühlen, herauszufinden, wie eigentlich Ihre eigenen Gedanken und

Gefühle aussehen könnten. Sie richten sich völlig auf das aus, was ich tue und erwarte das Sie tun sollen. Kein Wunder, daß Sie total verknotet sind.« Es ist ganz wichtig für sie, den Verlust zu spüren, den ihr Wunsch, es anderen recht zumachen, ihr abfordert. Sie ist jetzt weit genug, das auf eine Weise zu nutzen, wie sie es früher nicht gekonnt hätte.

»Ohhh! Das stimmt!« Sie ist wütend, merkt, wie sehr sie in ihrer Haut des nach außen Ausgerichtetseins gefangen ist. Sie will sich daraus losreißen, aber kann nicht einmal das. »Sie stimmen mir zu. Was ist die Motivation für diese Zustimmung? Sie sind zornig. Soll mir das beweisen, was für eine gute Schülerin Sie sind?«

»Warten Sie! Lassen Sie mich nachdenken. Habe ich Ihnen eben zugestimmt, weil ich wirklich derselben Meinung bin, oder weil ich wollte, daß Sie sehen, daß ich verstanden habe? Warten Sie! Warten Sie! Ach, ich weiß - ich weiß den Unterschied wirklich nicht. Schließlich versuchen Sie ja, mir zu helfen, also warum sollten Sie mir was anderes sagen ... Nein, ich sehe, wo mich das hinbringt. Ich weiß es nicht, Jim. Ich weiß es nicht!« Das Letzte ist ein Schmerzensschrei, die Tränen laufen ihr die Wangen herunter. Sie sieht todunglücklich aus.

»Louise.« Ruhige, aber beharrliche Stimme. »Louise, sagen Sie mir, wie es jetzt in Ihnen aussieht, genau jetzt, wo Sie so unglücklich sind.«

»Ach, furchtbar. Ich drehe mich innerlich wie rasend im Kreise. Es ist, als wäre mir schwindlig. Ja, als ob ich mein Gleichgewicht nicht finden könnte. Wenn Sie so drängen, ist es, als ob ich nicht ... ich nicht ... Es ist, als kippte der Fußboden weg und ich fiele, aber dann, ehe ich lande, kippt er wieder nach einer anderen Seite und ich falle nach einer anderen Seite , und ... Ach, verdammt, Jim! Es macht mich so wütend!«

»Glauben Sie, daß diese Beschreibung Ihrer Gefühle das ist, was ich wollte?«

»Wie? Oh! Da tun Sie es wieder. Also ehrlich gesagt, im Augenblick ist mir das gerade scheißegal!« Erschrockenes Luftholen. »Ach, du liebe Güte!« Sie hält inne, ihr Gesicht verzerrt sich. Sie schießt rasche Blicke zu mir herüber, reißt sich wieder zurück. Plötzlich steht sie auf, die Tränen laufen ihr über das Gesicht. »Oh, Gott!« Sie ringt nach Luft. »Ich halte das nicht aus! Ich will rennen, einfach hier wegrennen. Ich will vor Ihnen wegrennen und vor mir selber.«

»Sagen Sie es mir, Louise.« Immer noch ruhig, ruhig. Wichtig, ihr durch mein Verhalten zu vermitteln, daß das, was sie tut, richtig ist, notwendig. Heißt das aber nicht, ihre Abhängigkeit zu verstärken? Ich glaube nicht, daß es eine andere Möglichkeit gibt. Sie muß da durch.

»Einen Moment lang wußte ich, wo ich war. Als ich dieses Kippen und den Schwindel in meinem Inneren beschrieb ... da wußte ich es. Ich hab nicht darüber nachgedacht, was Sie davon hielten, oder von mir. Dann, als Sie nachgefragt haben, war es ein gutes Gefühl, Ihnen zu sagen, daß es mir egal war, was Sie dachten. Aber plötzlich kriegte ich solche Angst. Ich war sicher, Sie würden wütend auf mich sein, und gleichzeitig wußte ich doch, daß Sie das nicht sein würden. Und doch habe ich gleichzeitig gedacht, es würde Sie freuen, daß ich wußte, Sie würden nicht wütend werden, und dann war mir klar, daß es Ihnen nicht gefallen würde, wenn ich denke, daß Sie sich freuen würden, und dann ... Und es kam mir vor, als würde ich ersticken. Ich meine wirklich ersticken, als könnte ich nicht atmen. Also mußte ich aufstehen, und ich wollte wegrennen, und auch jetzt will ein Teil von mir immer noch einfach hier rausrennen. Oh bitte, machen Sie damit jetzt nicht weiter.« Sie sinkt zusammen und sitzt auf der Couch, die Hand an der Kehle und versucht, zu Atem zu kommen.

Okay, das reicht, sage ich mir. »Ich höre Sie, Louise.« Sie ist so erschüttert, daß sie buchstäblich keucht. Mache ich das hier als etwas Erotisches? Die Antwort ist eindeutig: Nicht im Geringsten. Was wir eben getan haben, hat keinerlei sinnliche Qualität.

»Jim ... Jim, ich weiß, daß wir das früher oder später wieder machen müssen. Ich hasse es, und ich hasse Sie, wenn Sie mich so schwindelig machen und mir solche Angst einjagen, aber wir müssen es so oft tun, wie ich es brauche, um aus meiner Zwangsjacke des Gefallenmüssens rauszukommen. Das hasse ich noch mehr.«

Im Stillen erweise ich ihrem Mut und ihrer Entschlossenheit meine Ehrerbietung.

## Montag, 19. Dezember

*Hal*

Mir fehlt der herzhafte, frotzelnde Hal, auf dessen Sitzungen ich mich früher gefreut habe. Jetzt ist er nüchterner, kämpft mit den Veränderungen, die er durchmacht, nicht sicher, wie sehr er sie eigentlich wünscht, aber auch gewiß, daß er nicht in seine alte Art zurück kann. Jetzt, als Hal still hereinkommt und sich schwer auf die Couch setzt, spüre ich wieder die Beklommenheit, die seit Wochen unterschwellig bei unseren Sitzungen mitschwingt.

»Hallo, Jim«, seiner Begrüßung fehlt der Schwung von früher.

»Hallo, Hal. Du klingst irgendwie niedergedrückt.«

»Oh«, er scheint sich zusammenzureißen. »Nein, nein, ich denke bloß viel. Hab über meine Praxis nachgedacht. Seit wir miteinander arbeiten, hat sie sich ziemlich verändert, aber trotzdem bin ich nicht ganz überzeugt, daß ich wirklich von meinem früheren Ansatz zu dem überwechseln kann, was ich jetzt wirklich möchte. Ich wünschte, ich könnte zu dir zur Supervision kommen, aber ich weiß, daß das nicht funktionieren würde. Aber ich bin nicht zufrieden oder ... (er seufzt) ich weiß nicht.«

»Verwirrt.«

»Ja, verwirrt. Ich habe daran gedacht, vielleicht wieder ans *Post-Graduate Center* zu gehen und eine wirklich erstklassige Ausbildung in Gruppentherapie zu machen. Ich hab nie viel mit Gruppen gearbeitet, und mir gefällt die Art, wie deine Gruppe läuft. Aber ich weiß nicht, ob das das Richtige für mich ist oder ...« Er hört wieder mitten im Satz auf, blickt ins Leere.

»Du bist dir nicht sicher, was das Richtige für dich ist, hm?«

»Nein, bin ich nicht. Ich hab gestern abend in einer der Zeitschriften gelesen, und da ist ein Haufen Zeug, mit dem ich mich nie befaßt habe, und das ich vermutlich nacharbeiten muß, aber trotzdem ... «

Hal fährt auf diese stolpernde Art fort, fängt ein Thema an, verliert dann den Schwung, und kommt nach einer Pause auf ein anderes. Er berichtet von seinem Drang, Bücher und Zeitschriften zu durchforsten, seinen Plänen zur Teilnahme an Workshops und Veranstaltungen von Forschungsinstituten, dem Versuch, dem Gefühl der Unvollständigkeit und Frustration ein Ende zu setzen. Seine Arbeit befriedigt ihn in diesen Tagen nicht; stattdessen scheint sie ihm ständig zu demonstrieren, was ihm fehlt, und ihn aufzufordern, Lebensmuster zu verändern, die früher einmal festgelegt erschienen und ihm eine sichere Zukunft versprachen.

Spät in der Sitzung seufzt er tief auf und sagt: »Also habe ich daran gedacht, ganz in die Lehre oder die Forschung überzuwechseln, oder manchmal ... ich hatte diese Vorstellungen, daß ... naja, vielleicht, wenn ich in die Lehre ginge .. ich meine, ich habe einen ziemlich guten Posten am College, und ich glaube, ich könnte da voll einsteigen, und dann ... vielleicht wäre es ganz schön, ein paar Stunden zu unterrichten und ein bißchen Zeit zum Nachdenken übrig zu haben und ...«

»Hal, was geht mit dir vor? Du kannst anscheinend deine Gedanken nicht laufen lassen. Du läufst immer wieder auf oder brichst ab, oder sonst etwas.«

»Nein. Ich meine, ich weiß nicht. Wahrscheinlich bin ich bloß irgendwie unsicher oder so. Ich meine, ich frage mich so ein bißchen, ob ...« Er verliert sich, läßt den Satz unvollendet.

»Gibt es etwas, was du nicht gerne sagen willst?«

»Hm? Äh, nein, eigentlich nicht. Ich lasse meine Gedanken einfach nur spazierengehen. Jedenfalls war es mir nicht wirklich ernst damit; also wollen wir keine Zeit damit vertun. Außerdem möchte ich mit dir über diese Idee sprechen, ganz in die Lehre überzuwechseln. Ich weiß, daß du früher an der UCLA warst, und frage mich, warum ...«

Aber seine Art veranlaßt mich, ihn wieder zu unterbrechen: »Hal, ich habe den Eindruck, daß dir bei dieser Idee, über die du nicht sprechen willst, sehr unwohl ist, obwohl du sagst, daß es dir noch nicht einmal ernst ist damit.«

Diesmal dauert es sehr lange, bis er antwortet. Offensichtlich kämpft er mit sich, und als er spricht, kommen die Worte langsam und mit großer Anstrengung. »Na gut. Ich werde ehrlich mit dir sein, aber ich möchte, daß du weißt, daß es nur einer dieser Phantasiegedanken ist, die jeder mal hat. Ich habe einfach daran gedacht, aufzuhören, das ist alles. Es ist nichts weiter, wirklich.«

»Aufzuhören, Hal?« (beharrlich.)

Da ist eine Schärfe wie von Zorn - oder ist es Verzweiflung - in seiner Stimme, als er antwortet. »Ja, aufzuhören, verstehst du? Aufzuhören mit der Praxis, aufzuhören mit der Psychologie, aufzuhören mit - äh - was auch immer.«

»Was auch immer?«

Seine Stimme ist diesmal ganz leise. Die kämpferische Stimmung scheint so schnell verflogen zu sein, wie sie aufgeflammt war. »Was auch immer oder alles - aufzuhören zu leben.«

Es ist sehr still in meinem Sprechzimmer.

Die Gedanken in mir sind seltsam gelassen. Nicht, daß ich die Aufrichtigkeit von Hals Selbstmordimpuls bezweifle. Wenn ich darüber nachdenke, bin ich am Rande der Angst deswegen. Er meint es ernst. Er könnte es durchaus tun. Das kann ich nicht beiseiteschieben. Nein, die merkwürdige Reaktion ist die eines Abschlusses. Während der vergangenen zwei Wochen habe ich immer wieder gespürt, daß in ihm eine Bedrohung vorhanden war, und doch konnte ich nie herausfinden, was es war, oder auch nur Hinweise in dem finden, worüber er sprach, mit denen ich intuitiv hätte arbeiten können. Jetzt ist es offen ausgesprochen. Hal denkt daran, sich umzubringen. Und er denkt sehr ernsthaft daran.

Ich bleibe stumm, mit meinen eigenen Gedanken beschäftigt. Jetzt rafft Hal sich auf.

»Das soll keine Drohung sein, Jim. Ich werde jetzt im Moment nichts tun. Wenn es je passiert, werde ich dir keine Schwierigkeiten machen ... oder meiner Familie ... oder irgendjemandem sonst, wenn ich es verhindern kann. Ich weiß, was es für einen Therapeuten bedeuten kann, wenn ein Patient Selbstmord begeht. Ich hatte es dir auch gar nicht erzählen wollen. Du hast bloß die Anzeichen zu schnell entdeckt.«

»Vielleicht hast du die Anzeichen nicht verborgen, weil du wolltest, daß ich es weiß.«

»Na gut, ja, das könnte sein, aber ...«

»Du bist ziemlich allein mit dieser Situation.«

»Ja, bin ich. Aber ich kann damit umgehen.« Sein Kinn bebt, aber er kämpft darum, die ruhige, traurige Fassade zu wahren, die er die ganze Zeit gezeigt hat.

»Aus irgendeinem Grunde mußt du deine Einsamkeit und deinen Schmerz sogar jetzt noch unterdrücken.«

»Jim, Jim, es bringt nichts. Ich weiß, Mann, ich weiß doch. Laß all die Gefühle raus, eh? Ja, das hilft, aber nur, wenn es für den Betreffenden noch etwas anderes gibt. Es ist zu spät, oder ich bin zu durcheinander, oder was auch immer. Ich weiß nicht, was ich sage. Es nützt einfach nichts, gar nichts.« Jetzt drängen die Tränen aus seinen zusammengekniffenen Augen. Plötzlich entspannt er sich und sitzt schlaff da, überläßt sich dem Schmerz. Er macht keinen Versuch, die Taschentuchschachtel neben seiner Hand zu erreichen, sondern weint einfach ohne Schluchzen, der große Körper in sich zusammengesunken, das Gesicht völlig ausdruckslos.

Ich warte still, verspüre ein Gemisch von Angst, Zuneigung und Entschlossenheit. Ich muß Hal jetzt auf eine Art die Treue halten, gegen die er sich vielleicht wehren wird.

Als Hal tief seufzt, mehrere Taschentücher nimmt und sich die Augen wischt und die Nase putzt, lehne ich mich zu ihm hinüber, lege meine Hand fest auf sein Knie und schaue ihm in die Augen. Er versucht ein ironisches Lächeln, aber es klappt nicht. Als er etwas sagen will, unterbreche ich.

»Hör zu, mein Freund, wir müssen jetzt sehr ehrlich miteinander reden. Das weißt du doch, oder?«

»Ist schon gut, Jim, ich werde jetzt nichts tun. Mit Weihnachten und allem. Du brauchst dir keine Sorgen zu machen.«

»Verdammt noch mal, Hal!« Ich bin wütend und will ihn das auch merken lassen. »Was ist denn das für ein Scheiß? Ich 'brauche mir keine Sorgen zu machen'. Ich mache mir aber verdammt wohl Sorgen, und du kannst das nicht einfach abtun. Ich will, daß du wirklich ehrlich mit mir bist und nicht versuchst, die Dinge zu glätten oder sich vor dem zu drücken, was wir tun müssen.«

»Ja, sicher, das versteh ich. Aber ich sagte ja schon, ich werde bestimmt nicht gleich irgendetwas tun. Ich hatte bloß diese dummen Gedanken, und du hast es gemerkt, und ...«

»Hal, das interessiert mich alles nicht. Ich will, daß du eine absolut gültige, ganz klare Vereinbarung mit mir triffst. Du mußt mir versprechen, daß du nichts hinsichtlich eines Selbstmords unternimmst oder auch nur irgendeine radikale Veränderung in deinem Leben vornehmen wirst, bevor wir es gründlich durchgesprochen haben.«

»Klar, Jim. Es wird schon gehen.«

»Himmelherrgottnochmal, Hal, du bist nicht ehrlich mit mir. Wir haben in diesem Raum eine ganze Menge zusammen erlebt, und du schuldest mir etwas. Was du tust oder tun möchtest, ist sehr wichtig für mich - nicht nur beruflich, sondern auch persönlich. Das bist du mir schuldig, und ich will, daß du dich dem mit mir zusammen stellst. Du darfst nichts Radikales unternehmen, in keinerlei Hinsicht, ohne daß wir mindestens fünf Mal darüber gesprochen haben.« Meine Stimme ist laut, zornig, fordernd. Ich muß seine lethargische Distanz durchbrechen. Vielleicht muß ich ihn dazu in Wut bringen, aber sei's drum.

»Du bist wirklich wütend, nicht?« Er nimmt mehr wahr.

»Du hast verdammt recht, daß ich wütend bin, und ich verlange, was du mir schuldest.«

»Ich habe es gehört, Jim. Okay. Ich erkläre mich bereit, vorläufig nichts zu tun, bis wir darüber gesprochen haben.«

»Mindestens fünf Mal.«

»Mindestens fünf Mal.«

»Und morgen bist du verdammt noch mal hier.«

»Ich werde hier sein.«

Ich stehe auf und strecke die Hand aus. Im Stehen nimmt er sie. Ich halte seine Hand fest und schaue ihm in die Augen. »Du bist wichtig für mich, Hal, vergiß das nicht.«

Er erwidert den Blick und den festen Händedruck. »Ich habe es gehört, Jim. Und ich halte mich daran.«

## Dienstag, 20. Dezember

*Hal*

Hal ist immer noch bedrückt und in sich gekehrt. Er ist nicht wirklich depressiv, soweit ich spüren kann, aber er scheint resigniert zu haben, seine Energie oder seinen üblichen Vorwärtsdrang verloren zu haben. Als ich ihn beobachte, spüre ich eine erhöhte Sensibilität, nicht ängstlich, aber wachsam.

»Ich hätte fast abgesagt heute, aber mir fiel ein, was du gesagt hast, also bin ich hier.« Er lächelt schwach. »Mir ist heute wirklich nicht nach viel Arbeit zumute. Es ist, als wäre ich zu müde oder sowas.«

»Zu müde, um hier viel zu tun, hm?«

»So als hätte ich mich verausgabt, als hätte ich überhaupt keine Energie.«

»Ich bin jedenfalls froh, daß du gekommen bist. Du hast recht, ich hätte mir Sorgen gemacht. Habe ich im Moment Grund dazu?«

»Nein, ich glaube nicht, Jim. Ich fühle mich nicht danach, es zu tun, mich umzubringen. Sogar das würde zuviel Energie kosten. Außerdem habe ich dir ja versprochen: Wenn es dazu kommt, werde ich vorher mit dir sprechen.«

»Dieses Versprechen ist sehr wichtig für mich.«

»Das weiß ich. Für mich auch.« Wir schweigen mehrere Minuten lang. Er scheint seltsam leer. Ich hindere eine ganze Horde von Gedanken daran, in die offene Sensibilität einzudringen, die ich erhalten muß. Ich wünschte, er gäbe mir mehr, worauf ich mich einstimmen kann, um ihn und seine Bedürfnisse besser zu entziffern. »Wie sieht es im Moment gerade in dir aus?«

»Ich weiß es nicht ... es ist, als würde ich warten ... aber ich weiß nicht worauf.«

»Warten?«

»Ja. Vielleicht, daß irgendetwas mich losläßt. Ich weiß nicht mal, was ich damit sagen will. Vielleicht, es zu tun, die Dinge zu beenden. Vielleicht etwas, was mich von dem Bedürfnis befreien wird, das zu tun. Ich weiß nicht. Ich weiß es einfach nicht, Jim, ich warte einfach.«

»Ich warte mit dir.«

»Ja, ich weiß, daß du das tust. Das bedeutet mir sehr viel.«

»Mir auch.« Wir schweigen ein wenig miteinander.

Die Stunde vergeht langsam, gedämpft. Hals Schwere bildet einen Gegensatz zu der festlichen Zeit.

Weihnachten/Hanukkah ist eine harte Zeit für Klienten, wenn die allgemeine Fröhlichkeit im Widerspruch zu ihrem Unglücklichsein steht.

Ich bin besorgt über Hals große Niedergeschlagenheit, aber ich habe nicht das Gefühl, daß unmittelbare Gefahr besteht, er könnte etwas unternehmen, sich das Leben zu nehmen. Ich möchte wirklich verstehen, so gut ich kann, was in ihm vorgeht.

Die Entdeckung seiner Subjektivität, ihrer Reichweite und Macht fordert ihn heraus, die Perspektive zu ändern und teilweise aufzugeben, in der er ausgebildet wurde und der er einen großen Teil seines Erwachsenenlebens gewidmet hat. Ohne Zweifel ist das eine weitreichende Konfrontation.

Dennoch sagt mir meine Intuition, daß bei Hals derzeitiger Situation mehr im Spiel ist als eine Veränderung seiner theoretischen Perspektive und Arbeitsausrichtung. Sie sind ihm jetzt bewußt, und er hat bereits begonnen, die nötigen Veränderungen durchzustehen. Wenn sie auch durchaus erhebliche Anstrengungen von ihm fordern, scheinen sie ihn doch nicht so zentral getroffen zu haben, daß er sich fragen müßte, ob er weiterleben will.

Bei einigen Klienten, die ungewöhnlich weit in die Tiefe gearbeitet haben, gehören Zeiten der Bewegungslosigkeit und Vagheit zu einem Übergangsritus. Vereinfacht ausgedrückt sind das Zeiten, in denen man sich der Notwendigkeit stellt, daß etwas aufgegeben werden muß, und über den unabänderlichen Verlust trauert.

Wenn ich damit recht habe - und je mehr ich darüber nachdenke, desto mehr scheint es zu passen - dann sieht sich Hal einem sehr realen Tod gegenüber. Eine Art des Seins geht zu Ende. Es ist keine übertriebene Dramatik, dies als Tod zu bezeichen. Wenn man eine wichtige Veränderung in seinem Lebensprogramm vornimmt, dann wird das Selbst, das möglich gewesen wäre - das Leben, mit dem man implizit jahrelang gerechnet hat - dieses Selbst wird getötet. Die alte Art muß sterben, um der neuen Platz zu machen. Dieser Tod erfordert Trauer, und ich glaube, Hal trauert jetzt.

Wahrscheinlich ist Hal dabei, subtile und grundlegende Aspekte seines Selbst- und Weltbildes aufzugeben. Wenn man dem einen Namen geben wollte, könnte man sagen, er befindet sich in einer existentiellen Krise, der Krise der Existenz. Er gibt eine Art zu leben auf und ist noch nicht fähig, eine andere für sich zu schaffen oder zu entdecken.

Im Moment spekuliert er, es könnte das Leben selbst sein, das er aufgeben muß; aber bisher ist das lediglich Spekulation, kein Impuls. Allerdings muß ich in Kontakt mit ihm bleiben; das kann sich ändern. Ich weiß. daß nicht das physische Leben enden muß, aber ich weiß auch, daß es sich so anfühlt, und daß diese falsche Wahrnehmung zur Tat führen kann, wenn sie nicht entschlüsselt wird. Ich werde mich bereithalten.

*Jim*

Weihnachten allüberall. Meine Kinder, die inzwischen erwachsen sind, werden nach Hause kommen. Wir werden groß feiern. Inzwischen ist mir mehr danach zumute als letzte Woche. Ich brauche jedes Jahr iänger, mich von der Stimmung erfassen zu lassen. Im Hintergrund ist jetzt der Gedanke an Hal. Ich glaube nicht, daß ich um ihn Angst zu haben brauche - noch nicht - aber dennoch bewegen mich Gedanken an ihn, Sorge, Mitgefühl.

Ich habe am Weihnachtstag Geburtstag. Als Kind habe ich mich deswegen betrogen gefühlt, denn ich hatte nur einen Tag im Jahr, an dem es Geschenke gab, während alle anderen zwei hatten. Meine Lieblingstante fand die Lösung, indem sie den vierten Juli zu meinem »zweiten Geburtstag« erklärte. Kein Wunder, daß sie meine Lieblingstante war.

Ich werde einundfünfzig. Wer ist das, der einundfünfzig wird? Hal ist jünger als ich und hat den Eindruck, er habe vielleicht mit dem Leben abgeschlossen! Ich habe niemals ernsthaft an Selbstmord als eine Möglichkeit für mich gedacht. Ich habe die Hoffnung für mich selbst nie gänzlich aufgegeben. Ich war durchaus manchmal unten, ganz tief unten sogar. Aber es hat mich nie gereizt, meinem Leben ein Ende zu setzen.

Während der Wirtschaftskrise, als ich verzweifelt versuchte, genug Geld zu verdienen, um heiraten zu können, hatte ich Glück. Ich bekam eine bezahlte Stelle als Büromaschinenverkäufer in der Ausbildung! Zwölfeinhalb Dollar pro Woche war nicht genug, um den Hochzeitstag festzusetzen, aber mir wurde eine Gehaltserhöhung versprochen, wenn ich erst einmal Umsätze machte, und ich war sicher, daß mir das gelingen würde. Schließlich hatte ich im Sommer davor mit Erfolg zwei Monate lang Zeitschriftenabonnements verkauft.

Nach drei Tagen Schulung ging ich in einem Geschäftsviertel von Tür zu Tür: Fragen nach dem kaufmännischen Leiter oder Eigentümer, Vorstellen meiner Ware, Abgewiesenwerden, weiter zur nächsten Firma. Wieder und wieder. In vier Monaten habe ich eine einzige billige Maschine verkauft. Wie habe ich diesen Job gehaßt! Ich verzweifelte an mir selbst, weil ich jeden Besuch so fürchtete. Ich saß dann in meinem Auto, den Tränen nahe, nahm alle Entschlossenheit zusammen für den nächsten Besuch. Manchmal fuhr ich einfach aus meinem Bezirk weg und setzte mich in den Park und leistete meiner Trübsal Gesellschaft. Ich hatte Angst, ich würde verrückt werden, aber nicht mal da kam mir der Gedanke an Selbstmord als Lösung.

Wenn ich an diese Zeit zurückdenke, ist mir inzwischen klar, daß es nicht nur der Schmerz dieser vielen Ablehnungen war, der mich quälte. Es war die Entdeckung, daß ich nicht der war, für den ich mich gehalten hatte. Als ich meine Stelle bei der Büromaschinenfirma antrat, war ich nicht einfach einer von sechs neuen Verkäufern in der Ausbildung, ich war der Star: derjenige, von dem sich der Manager am meisten versprach. Ich war natürlich völlig seiner Meinung. Ich war etwas Besonderes. Das war zwar ein Geheimnis, aber ich wußte es. Ich hatte alle Ehrenabzeichen bei den Pfadfindern erworben. Ich war der Herausgeber des Highschool-Jahrbuchs gewesen. Ich war Mitglied der Debattiermannschaft und Mitherausgeber der Schulzeitung am Junior Collge. Ich mußte doch etwas Besonderes sein.

Ich erinnere mich, daß auch die anderen Verkäufer in der Ausbildung aufgaben - 1938 war ein schlechtes Jahr für Verkäufe jeder Art. Aber für mich zählte nur mein Versagen. Ich hatte gedacht, ich könnte es schaffen, ich wäre anders. Dieser Job hielt mir einen Vergrößerungsspiegel vor, der mich zu der Erkenntnis zwang, daß ich doch nichts Besonderes war. Wie die meisten Menschen, die mit dieser Erkenntnis konfrontiert werden, wurde ich in meiner Selbsteinschätzung von jemand besonders Gutem zu jemand besonders Unfähigem. Ich konnte eigentlich gar nichts und würde nie etwas können. Ich mußte etwas Besonderes sein, oder ich war gar nichts. Dieser Job hatte nun bewiesen, daß ich tatsächlich ein Nichts war.

In der Erinnerung an all das und beim Nachdenken über Hal und fast jeden, den ich kenne, frappiert es mich wieder, wie sehr wir alle unsere Identität, unseren Wert an das koppeln, was wir tun, was wir leisten.

Wer und was bin ich? Ich habe versucht, mit meinen Ängsten - vor dem Tod, vor dem Nichts-Sein - fertigzuwerden, indem ich Titel, Leistungen, Anerkennung sammle. Es hat nicht funktioniert. Und doch strebe ich immer noch nach dieser Art Ersatz. Ersatz wofür? Für das, was ich bin. Was bin ich?

Ich lebe nur im Prozeß meines Seins. Ich kann mein Leben nicht in dem finden, was ich tue, was ich leiste, welche Titel ich führe, was andere über mich denken oder sagen. Nur in dem unmittelbaren Augenblick des Gewahrseins, des Erlebens, des Entscheidens, des Handelns existiere ich wirklich. Deshalb kann ich mein eigenes Sein nicht sehen, denn ich bin das Sehen, und was immer ich sehe, kann nicht ich sein. Ich bin das Sehen, das Bewegen, das Gewahrsein.

Aber das ist doch so vage, so dünn, so substanzlos. Stimmt.

Wenn ich zulasse, daß meine Identität in objektiver Dinglichkeit gefangen ist, bin ich äußeren Umständen und Zwängen hoffnungslos ausgeliefert. Eine Identität, die sich darauf gründet, was ich getan habe, wie ich gesehen wurde, was andere von mir halten, ist eine der Vergangenheit verhaftete Identität. Sie führt zu fadem, monotonem Leben. Nur wenn man in dem lebendigen Augenblick identisch ist, sind die schrecklichen Fragen beantwortet. Hal hat das noch nicht herausgefunden, und es gibt eigentlich auch keine Möglichkeit für mich oder irgendjemand anderen, es ihm mitzuteilen. Ich selbst weiß es, aber ich weiß es immer nur unvollständig, muß es immer und immer wieder neu lernen.

## Donnerstag, 12. Januar

*Frank*

Frank kommt herein, und der Zorn geht in Wellen von ihm aus wie die Hitze von einer heißen Maschine. Er fällt in den großen Stuhl, starrt bitter auf seinen gewohnten Fleck an der Wand.

»Also, ich häng in der Scheiße! Aber echt! Scheiße! Scheiße! Scheiße! Ich weiß nicht, wie ich weiter hierherkommen kann. Sie sind ebenso auf Geld aus wie alle anderen. Aber was zum Teufel macht das schon? Ich glaube sowieso nicht, daß wir irgendwas erreichen. Ach, verdammt noch mal! Ich seh echt nicht, was ...«

»Heh! Wie wär es denn, wenn Sie mir mal sagten, was passiert ist?«

»Ich bin entlassen worden, rausgeschmissen, gekündigt, sitze mit dem nackten Arsch auf der Straße, habe erfahren, daß das feine Cosmopolitan Hotel ohne meine Dienste weiterbestehen kann.«

»Warum?«

»Urrrh! Es ist zum Kotzen. Weil Berman ein Arschloch ist, darum! Weil Gambel, der Manager, ein noch größeres Arschloch ist, darum! Weil ...«

»Was war denn?«

Ein neuer Ausdruck erscheint einen Moment lang auf Franks Gesicht. Ich kann ihn nicht deuten, aber er paßt nicht zu all dem lauten Zorn, den er heraussprudelt.

»Gestern abend kommen dieser Typ und die Frau, ne? Sie haben bloß einen Koffer, und schwer ist er auch nicht. Ich denke mir, sie wollen bloß mal die Nacht miteinander. Nichts Neues. Außer daß die Puppe wirklich was drauf hat. Ich meine, sie ist total zu! Er sieht aus wie aus der Anzeige für Oberhemden gesprungen, geschniegelt-und-gebügelter braver junger Amerikaner. Sie sind beide high von irgendwas, kümmern sich nicht die Bohne um mich. Der große Playboy gibt mir mickrige zwei Dollar Trinkgeld und sagt, ich soll verschwinden, und grabscht schon nach ihr, bevor ich überhaupt zur Tür raus bin.

Also, ich geh zurück zur Klingelzentrale, aber ich kann nicht lesen oder irgendwas, muß dauernd daran denken, wie die zwei da oben bumsen. Es ist Wochen her, daß ich 'ne Nummer gemacht hab. Dann, nach 'ner Stunde oder so, geht die Aufzugtür auf und der Typ kommt raus, das Gesicht irgendwie benebelt, betäubt. Ja? Er sagt keinen Ton, geht bloß zur Vordertür raus.«

Frank macht eine Pause, und ich sehe wieder diese rasche Veränderung auf seinem Gesicht. Ich glaube, es macht ihm Spaß, seine Geschichte zu erzählen. Ich frage mich, ob ich ihn dazu bringen kann, das zu erkennen. Während ich versuche mich zu entschließen, was ich als nächstes sagen soll, spricht er weiter.

»Dann fange ich an, an die Frau da oben zu denken. Erst denke ich, sie ist ganz allein in dem Bett, und dann plötzlich kommt mir der Gedanke, ob der Typ ihr vielleicht irgendwas angetan hat. Ich meine, er war so daneben, er hätte sie glatt in Stücke geschnitten haben können oder sowas. Je mehr ich daran denke, desto unruhiger werde ich, halb will ich nach oben gehen, um mehr von ihr zu sehen ohne den Typen dabei, und halb hab ich Angst vor dem, was ich vielleicht sehen werde, wenn ich wirklich raufgehe.

Also geh ich schließlich einfach nach oben und klopfe an die Tür. Sie antwortet erst nach ein paar Mal. Und da steht sie dann, lehnt sich an die Tür, weil sie selbst ziemlich weg ist, und ist splitterfasernackt. Ich meine, da gab's schon was zu sehen. Ich steh da bloß dämlich, starre sie bloß an. Nach einer Weile macht sie die Tür frei und sagt, ich soll reinkommen.

Also geh ich rein, und sie fällt irgendwie aufs Bett und sieht mich bloß an, aber ihre Augen verschwimmen ziemlich. Sie streckt die Hand aus, und eins kommt zum anderen, und ziemlich bald bin ich genauso nackt wie sie und bei ihr auf dem Bett. Und dann, als wir gerade richtig schön dabei sind, kommt der Typ rein! Mein Gott! Was für'n Moment um zurückzukommen! Das Mädchen sieht ihn erst nicht, aber ich. Er steht bloß da und guckt uns zu, und dann fängt er an zu lachen und sagt, ich soll mich zum Teufel scheren. Also schnapp ich mir meine Klamotten, zieh mich draußen an und geh wieder runter.

Als ich da ankomme, sitzt da das alte Arschloch selbst und bläht sich auf, als wäre er der Liebe Gott persönlich. 'Machen Sie, daß Sie aus dieser Uniform und aus diesem Hotel rauskommen,' sagt er. 'Ihren Scheck kriegen Sie per Post, aber wagen Sie es nicht, sich hier nochmal sehen zu lassen.' Also fang ich an, ihm zu erzählen, was er mit seinem Scheißjob machen kann, und er sagt, er gibt mir zehn Minuten, aus dem Haus zu kommen, oder er ruft die Polizei. Damit ist das gelaufen, und ich hab keinen Job, und es ist mir doch sowieso scheißegal.«

»Mein lieber Mann, Frank, Sie haben echt was erlebt heute nacht!«

Eine Sekunde lang blitzt das Lächeln auf, und ich weiß, daß er sich insgeheim über dieses Abenteuer und seine Geschichte freut. Dann grunzt er, und der gewohnte mürrische Ausdruck kehrt zurück. »Ja, wahrscheinlich. Aber was zum Teufel mach ich jetzt? Sie werden ihr Geld von mir haben wollen, und einen Job findet man nicht so leicht.«

»Frank, Sie haben mehrmals gesagt, daß ich bezahlt werden möchte; also werde ich ehrlich mit Ihnen sein. Ja, natürlich will ich bezahlt werden. Und ich habe nicht die Rücklagen, daß ich mir allzu große Außenstände leisten könnte. Also ...«

»Ist ja schon gut. Ich hab doch gesagt, ich weiß, daß Sie Geld wollen. Jetzt regen Sie sich bloß nicht auf und halten mir 'ne Riesenpredigt.«

»Mal langsam. Ich möchte Ihnen sagen, daß es in Ordnung ist, wenn Sie mit Ihrem Honorar einen Monat oder so in Rückstand sind, aber sehr viel länger kann ich das nicht machen. Wenn Sie ihre Situation klarer sehen, sagen Sie mir Bescheid, und dann machen wir zusammen einen Plan, mit dem wir beide zurechtkommen.«

»Sicher, sicher. Keine Sorge. Ich find schon was.«

Ich habe gemischte Gefühle über diese Sitzung. Ich habe nicht viel getan, damit Frank seine Gefühle hinsichtlich des Geschehenen und des Erzählens darüber erkennt. Dennoch war es eine Art Teilen, die meines Erachtens in Franks Leben ungewöhnlich ist. Er ist so allein gewesen, daß es wahrscheinlich sonst niemanden gibt, dem er sowohl das Abenteuer als auch dessen böse Folgen erzählen könnte. Ich stelle fest, daß er in seinen Bericht viele subjektive Gefühle ohne seine üblichen abwertenden oder distanzierenden Schutzmechnanismen hineingebracht hat. Sein wachsendes Vertrauen in mich und in das, was wir tun, wird deutlicher.

Und natürlich habe ich Spaß an einer saftigen Geschichte.

*Hal*

Hal kommt regelmäßig und pünktlich - jedenfalls ist er physisch anwesend. Es ist schwer, seinen subjektiven Gefühlszustand zu benennen. Er wechselt zwischen Zeiten wortloser innerer Betrachtung, die melancholisch, aber nicht wirklich unglücklich ist, und Zeiten einer bedrückten Rückschau auf Ereignisse, Beziehungen und Lebensfragen, die offen geblieben sind.

Heute ist er damit beschäftigt, und deshalb frage ich: »Hal, wie ist das, wenn du so verschiedene Teile deines Lebens betrachtest?«

»Weiß nicht, Jim. Es ist, als wäre mein Schreibtisch voller Dinge, um die ich mich kümmern muß, und ich brächte meine Angelegenheiten in Ordnung. Ist nicht eilig, aber es muß gemacht werden.«

»Du weißt doch, der Ausdruck 'seine Angelegenheiten in Ordnung bringen' wird oft in einem ganz bestimmten Zusammenhang verwendet.«

»Ja? Ach. Ach, wenn der Patient stirbt, nicht wahr? Naja, vielleicht ist das mit drin, aber ich fühle mich nicht wie ein Sterbender - jedenfalls jetzt noch nicht.«

Das 'Jedenfalls jetzt noch nicht' hallt in meinen Gedanken wider. Laß dich nicht einlullen, Jim. Er ist nicht unmittelbar im Begriff, es zu tun, aber die Möglichkeit besteht durchaus weiter.

*Jim*

Hal hat einen Vertrag mit mir, sich nicht umzubringen, wenn wir nicht mindestens fünf Mal darüber gesprochen haben. Er könnte Vertragsbruch begehen und es heute abend oder heute nacht oder irgendwann doch tun. Ich glaube nicht, daß er es tun wird. Ich glaube, er wird unseren Vertrag einhalten.

Ich habe einen impliziten Vertrag mit ... mit wem? Vermutlich mit der Gesellschaft. Einen Vertrag, ihn davon abzuhalten, sich umzubringen, falls es mir möglich ist. Auch ich könnte das ignorieren und ihn laufen lassen, ihn sogar durch Passivität dabei unterstützen. Ich werde es nicht tun. Auch ich werde meinen Vertrag einhalten.

Warum dieser fast einstimmige Konsens, daß wir alles tun müssen, um den Tod zu verhindern, nein, abzuwenden oder hinauszuzögern? Ich bin gleichzeitig Mitglied der Hemlock-Gesellschaft, die für das Recht auf Selbstmord und das Recht auf Hilfe zum Selbstmord für Todkranke unter großem Leiden wirbt. Viele Menschen in unserer Kultur betrachten das als Ungeheuerlichkeit oder schlichtweg als Sünde. Ich betrachte es als obszön, Leiden unnötig zu verlängern oder das physische Leben durch heldenhaften Aufwand auszudehnen, wenn die Person schon gar nicht mehr existiert.

Was ist der Tod? Sagen Sie mir doch erst einmal, was das Leben ist, dann werde ich den Versuch machen, Ihnen zu sagen, was der Tod ist. Wie auch immer Ihre Antwort ausfallen mag, meine wird das Ende Ihrer Definition des Lebens sein, das wir kennen. Was auch immer der Tod sonst noch sein mag, es scheint ziemlich klar, daß er zumindest das Ende für unsere vertraute Seinserfahrung bedeutet.

Aber halt, nicht unbedingt. Diese Gedanken bringen mich auf *Outward Bound*, einen Film, der mich als jungen Mann sehr beeindruckte, als die Vorstellung des Todes mich (noch) mit entsetzlicher Angst erfüllte. In diesem Film wird den Passagieren eines Schiffes, während sie ihren üblichen Tätigkeiten und Vergnügungen nachgehen, allmählich klar, daß sie alle gestorben sind, als ihr Schiff in einem Sturm sank. Jetzt erkennen sie, daß sie im Leben nach dem Tode und immer noch auf dem Schiff sind. Diese

Geschichte war so beruhigend, daß ich nach Hause ging und noch eine Geschichte mit fast identischer Handlung schrieb. Von den vielen in jenen Tagen begonnenen schriftstellerischen Vorhaben war dies eines der wenigen, die ich tatsächlich zu Ende führte.

Der Tod ist ein Geheimnis. Jeder kann damit anfangen, was er will. Jeder von uns kann - und tut das auch - sein eigenes Szenario dessen entwerfen, was geschieht oder nicht geschieht, nachdem wir gestorben sind. Und natürlich ist die Spanne unserer Vorstellungen riesig. Vergessenwerden (für mich schon immer die erschreckendste Vorstellung), Paradiesestore und Engel mit Harfen, noch eine Runde auf dem Rad, Fegefeuer - Sie brauchen es nur zu benennen. Ich meine, Sie benennen es wirklich. Man kann gar nicht umhin, es auf irgendeine Weise zu benennen.

Klingt das bekannt? Ich habe gesagt, jeder von uns schafft sich sein oder ihr eigenes Leben - definiert seine eigene Welt und sich selbst in dieser Welt. So definiert jeder von uns das, was wir »Leben« nennen. Vielleicht ist es das Gleiche, vielleicht müssen wir auch jeder unseren eigenen »Tod« schaffen. Klingt logisch. Die Antwort klingt so gut wie viele andere.

Und falls dem tatsächlich so wäre, warum soll man sich nicht den Tod schaffen, der einem am meisten liegt? Es ist kaum anzunehmen, daß jemand, der einen des Irrtums überführen könnte, das tatsächlich tun würde.

*Gruppentherapie*

Seit Frank in die Gruppe gekommen ist und von Hal protegiert wurde, scheint zwischen den beiden ein stillschweigendes Bündnis zu bestehen. Es ist nie offen zur Sprache gekommen, aber wenn Frank irgendetwas beisteuert - was nicht häufig vorkommt - schaut er fast immer mehr auf Hal als auf irgendjemand sonst. Auf Hal seinerseits ist fast immer Verlaß, wenn es darum geht, eine zumindest mild-bestätigende Reaktion auf Franks Äußerung zu liefern. Heute abend allerdings merke ich, daß es anders läuft, als nämlich mitten in der Sitzung Frank einen für ihn gewagten Schritt tut.

Frank: »Ich hab heute meinen Scheißjob verloren.« Er blickt besonders in Hals Richtung; aber Hal, der sich in seiner Selbstversunkenheit wenig beteiligt hat, scheint es nicht zu merken.

Louise: »Ach, Frank, das ist aber schlimm. Was werden Sie machen?«

Frank: »Ach, es war sowieso beschissen da. Ich find schon was anderes.« Wieder gehen seine Augen rasch zu Hal hinüber, und wieder scheint Hal nichts zu merken.

Ben: »Was war denn? Haben Sie die Frau vom Chef gepoppt?«

Kate: »Ben, was heißt 'poppen'? Oh, ich glaube, ich verstehe.« Sie ist verlegen.

Ben: »Das ist übel, ich weiß, Frank. Irgendwas in Aussicht?«

Frank: »Nein, im Moment nichts. Ich war noch nicht beim Arbeitsamt und hab auch nicht in die Zeitungen geguckt. Ich hab ... hab kaum was gelernt, wissen Sie. Ach, Scheiße!« Er sieht verlegen aus. »Entschuldigung. Ich meinte bloß, ich muß halt so blöde Jobs annehmen, daß ...«

Ben: »Wissen Sie, Frank, ich glaube, ich kann Ihnen ein paar Tips geben.«

Frank: »Ja, danke.« Er klingt distanziert, was mir zeigt, wieviel Bens Angebot ihm bedeutet, und wieviel Angst er hat, das zu zeigen.

Das Gespräch geht noch ein bißchen weiter, und dann schüttelt Hal ein bißchen den Kopf wie jemand, der aufwacht. Er wendet sich unmittelbar an Frank.

Hal: »Tut mir leid mit Ihrer Stelle, Frank. Unser College hat eine Arbeitsvermittlung, zu der man gehen kann, auch wenn man nicht Student ist. Lassen Sie mich wissen, wenn Sie sich an die wenden wollen.« Sein Ton ist unpersönlich, aber ich kann sehen, daß Frank erleichtert ist, eine Reaktion von ihm zu bekommen. Interessanterweise ist es Kate, die ein bißchen zu spüren scheint, was sich in dieser Interaktion abspielt.

Kate: »Sie wollten etwas von Hal, nicht wahr, Frank?« Das ist zu direkt, zu unverhüllt.

Frank: »Nein, was sollte ich denn wollen? Sie haben die verrücktesten Ideen, Kate. Ich hab bloß ... ich war bloß froh, von dieser Arbeitsvermittlung zu hören. Mehr nicht.«

Kate: »Sie erinnern mich an mich selbst, aber ich weiß nicht genau, inwiefern.«

Aha! Kate ist dabei, zu begreifen.

# 11.

# »Ich bin Gott«

**Montag, 16. Januar**

*Jennifer*

Bei unserer ausdauernden Arbeit an Jennifers Lebensmuster erkennt sie mit Erschrecken, wie einsam sie eigentlich ist. Die Beziehung, die sie und Bert mit Ellen und Dan hatten, ihre wichtigste nicht berufsbezogene Freundschaft, besteht nicht mehr. Sie stellt überrascht fest, daß die meisten ihrer Freundschaften durch Bert geschlossen wurden. Die einzigen anderen sind eigentlich eher Bekanntschaften am College. Manchmal ißt sie mit ihnen dort zu Mittag, aber das spielt sich in einer Gruppe ab, und sie hat keinerlei Zweiergespräche, die nicht mit ihrer Arbeit zusammenhängen.

»Jim, seitdem wir miteinander sprechen, habe ich angefangen zu denken: Woher kommt das, daß ich nicht mehr Freunde habe? Ich meine, ich habe natürlich Freunde, aber ... keine wirklich engen Freunde oder ... Naja, jetzt wo Bert weg ist, bin ich wohl einsam. Na ja, nicht unbedingt 'einsam', aber so als brauchte ich ... oder wollte ... ich jemanden, mit dem ...«

»Es ist schwer zu sagen, daß Sie vielleicht einsam sind.«

»Naja, wahrscheinlich. Ich meine, es gibt viele Menschen in meinem Leben, also, was hab ich für ein Recht, zu ... Also, das meine ich nicht. Es geht nicht um 'Recht'; es geht bloß um ...«

Als wir ihr Gefühl fehlender Freundschaften untersuchen, wird ihr klar, daß sie tatsächlich einsam ist, aber daß dies für sie ein Zeichen irgendeines Versagens ist. Also hat sie sich dagegen gewehrt, sich dem zu stellen - oder etwas dagegen zu tun.

Unser Gespräch hat eine Richtung eingeschlagen, die mir Gelegenheit gibt, ihr die Teilnahme an der Therapiegruppe vorzuschlagen, eine Empfehlung, die ich schon seit ein paar Wochen ins Auge gefaßt hatte. Sie sträubt sich allerdings.

»Ich werde in die Gruppe kommen, wenn Sie wirklich meinen, ich sollte, aber ich sehe einfach nicht, was es mir nützen soll, mit Leuten zu zusammensitzen und mir ihre Probleme anzuhören. Ich bin selbst mit meinen eigenen Problemen durcheinander genug, ich brauche nicht auch noch die von anderen Leuten.«

»Die Gruppe ist kein Ort, um Probleme auszutauschen. Sie ist ein Ort, wo Sie versuchen können, Sie selbst zu sein, ohne sich hinter Regeln oder irgendetwas anderem zu verstecken.«

»Glauben Sie, ich 'verstecke' mich (Pause)? Naja, vielleicht, aber ... aber nicht wirklich. Naja, könnte sein, daß ...«

»Das klingt, als wär das noch etwas, was Sie nicht tun dürften.«

»Mmmm. Ja, wahrscheinlich. Es war mir nicht klar, wie viele solche Sachen ich habe.«

»Darum geht es doch, nicht?«

»Naja, wahrscheinlich. Ich habe tatsächlich viel mehr Regeln, als mir klar war. Nicht nur in meinem Büro, geht mir allmählich auf. Und Sie meinen, ich verstecke mich dahinter?«

»Was meinen Sie?«

»Naja, es könnte sein.«

»Meinen Sie, was wir hier besprechen, könnte damit zu tun haben - Ihr Gefühl, daß Sie nicht viele echte Freunde haben?«

»Ach! Ach, die Regeln halten mich auch davon ab, meinen Sie?«

»Tun sie das?«

»Daran hab ich nie gedacht. Es könnte sein, aber ...«

»Jennifer, versuchen Sie nicht, das auf rationalem Wege herauszufinden. Wir wissen beide, daß das selten hilft. Ich mache Ihnen den Vorschlag, in die Gruppe zu kommen und einfach mal zu sehen, was Ihnen das zeigt. Die Gruppe ist ein Ort für uns, wo wir besser verstehen können, was Sie bedroht, wenn Sie mit anderen zusammen sind, und wo wir tiefer schürfen müssen, damit Sie echter Sie selbst sein können. Statt abstrakt darüber zu diskutieren, können Sie doch ein halbes Dutzend mal kommen, und dann können wir ja sehen, wie sich das für Sie anfühlt.«

»Okay, wenn Sie meinen, daß es was bringt.«

*Hal*

Hals Stimmung heute ist ruheloser, untergründiger Zorn.

»Fragst du dich eigentlich jemals, warum du in dieses dämliche Geschäft eingestiegen bist? Ich ja. Ich hab's ja wirklich herausgefordert. Daß jeder sein Päckchen auf mir ablädt. Mrs. Kanowsky möchte wissen, wer in ihrer

Familie die Entscheidungen über die Finanzen treffen soll. Soll sie oder Herman das letzte Wort haben? Los, Herr Doktor, wie ist die Antwort? Bringen sie Ihnen das nicht im Studium bei? Dann fragt mich Mr. Barnard mit Tränen in den Augen - fragt mich, wohlgemerkt - was er tun kann, um seinem halbwüchsigen Sohn zu helfen, der die falschen Freunde hat. Und der junge Bill Lewis schaut mich ehrfürchtig an und möchte, daß ich all mein wundervolles Wissen - schließlich war ich gerade erst letztes Jahr sein Professor am College - daß ich diesen großen Wissenschatz dazu verwende, ihm zu sagen, ob er die kleine Betsy Carter heiraten oder bloß bumsen soll, weil sie nämlich Nichtjüdin ist und seine Familie einen Anfall kriegen würde, wenn er sie heiraten würde. Das ist doch eine einfache Frage, oder? Mit Hilfe der Statistiken über Mischehen sollte die Antwort doch für jeden leicht sein, besonders für einen Professor Doktor. Dann ist da der liebe alte Ben Fowler, ein Säufer im Anfangsstadium, wenn's je einen gegeben hat. Aber Ben ist jedesmal so zerknirscht nach einem Saufschub. 'Herr Doktor, wie kann ich mich dazu bringen, mit dem Saufen aufzuhören? Ich weiß, daß es mein Leben zerstört. Ich werde meine Familie verlieren. Großer Doktor, sagen Sie, was Sie in Ihren Studien der Psychologie dazu gefunden haben.' Also, Herr Doktor Bugental, was sage ich denen, heh?«

»Was sagst du ihnen denn, Hal?«

»Ach, und Mrs. Palmer hätte ich fast vergessen, die liebe Mrs. Palmer. 'Ach bitte, machen Sie ein paar Tests mit meinem Sohn und sagen Sie ihm, in welchem Gebiet er eine Leuchte sein wird.' - 'Aber Mrs. Palmer, das war die falsche Präposition. Sehen Sie, schließlich bin ich ein Doktor. Ich weiß, wie man anständig spricht. Was war das mit Ihrem Sohn? Also, der sollte auch auf seine Präpositionen achten, und auf Propositionen auch, Sie alte Jokaste.«

»Mann! Die machen dich aber wirklich fertig, was?«

»Und wie! All diese guten Leute. All diese guten Fragen. Mr. und Mrs. Green zum Beispiel. 'Herr Doktor, warum streiten wir uns so oft? Wir lieben uns wirklich. Sagen Sie uns, wie wir aufhören können, einander weh zu tun.' Hört doch endlich auf! Es reicht! Es reicht! Ich kann das nicht.«

»Und es tut dir weh, daß du es nicht kannst.«

»Wehtun, so ein Quatsch. Aber schließlich bezahlen sie mich. Was soll ich denn machen? Ihnen sagen, sie sollen nicht traurig sein und ihnen Händchenhalten, wie der gute alte Hausarzt das zu tun pflegte? Das nehmen die mir nicht ab. Die Botschaft ist klar: 'Sie sind Arzt. Sie haben das alles studiert. Sie lehren am College. Ein Psychologe! Sie müssen es wissen. Sie müssen! Sagen Sie es uns. Helfen Sie uns!' Also, was mach ich?«

»Was machst du?«

»Ich sage: 'Erzählen Sie mir, Mrs. Kanowsky.' Ich sage: 'Also, Bill, mal sehen, sind Sie der Älteste in Ihrer Familie? Und wo steht Betsy in der Geschwisterfolge? Und war Ihr Vater orthodox, konservativ oder reformiert? Und wie streng war Betsys christliche Erziehung? Und herrschten bei Ihren Eltern zuhause stabile Verhältnisse? Und bei Betsys? Und wie lange kennen Sie sich schon? Und wie intim sind Sie geworden? Ich meine, bumsen Sie jede Nacht mit ihr oder bloß am Wochenende? Aber doch nicht am Sabbat! Nein doch.' Ach, zum Teufel, Jim, ich weiß, ich führe mich auf wie ein Idiot. Aber es tut gut, das mal irgendjemandem vor die Füße zu schütten. Und jetzt sei du mal der Onkel Doktor und mach mich wieder ganz heile, ja? Ich leg mich hier bloß auf die Couch und maule leise vor mich hin, und währenddessen kannst du all die Bücher konsultieren, die ihr Doktors so benutzt, und die Sache für mich regeln.«

Er verfällt in Schweigen, ohne mich bisher überhaupt richtig gehört zu haben. Ich bin überwältigt. »Mein Gott, Hal, du spürst wirklich die Last jeder dieser Fragen wie eine Tonne Steine auf deinem Rücken!«

»Da hast du verdammt recht, und ich hab es satt. Ich bin einfach durch mit dem ganzen Scheiß. Ich hör auf. Mir langt's.«

»So sehr, daß du raus willst, aber der einzige Ausweg, den du siehst, ist Selbstmord.«

»Wenn das nötig ist dazu, okay! Ich meine es ernst, Junge, wirklich. Mir steht es bis hier oben hin. Du kannst den ganzen Mist haben und ihn dir in den Arsch schieben.«

»Du bist ja überhaupt nicht deprimiert, du bist ganz einfach stinksauer.«

»Was Sie nicht sagen, mein lieber Herr Doktor!«

»Und du ...«

»Nein, Jim, ich will dich nicht fertig machen. Es tut mir leid. Ich hab bloß so die Schnauze voll, bin so müde, so traurig.« Und ganz plötzlich ist die Wut vorbei, und er sitzt zusammengesunken in seinem Stuhl.

»Hal, wo zum Teufel bist du hin? Du hast mir nicht weh getan. Ich kenne dich, und wir kennen uns gegenseitig. Ein paar rasche Worte hauen mich nicht um.«

»Ja, ja, ich weiß. Es tut mir bloß leid, daß ich dich angebrüllt habe. Ich hoffe, ich habe dich nicht verletzt.«

»Ach, Himmel noch mal, Hal. Wofür hältst du dich eigentlich - für den lieben Gott? Eine ungeduldige Antwort von dir kann mich doch nicht umwerfen. Was das betrifftt, es hört sich so an, als hieltest du dich auch bei diesen Leuten, die dich um Rat fragen, für den lieben Gott.«

Er setzt sich ziemlich plötzlich auf, schaut mich seltsam an und sagt völlig ruhig: »Das stimmt, das tu ich auch. Ich glaube, ich bin Gott.«

Wir sitzen da und starren einander schweigend an. Er meint es ernst! Er weiß es, und ich weiß es. Er meint es wirklich ernst! Ein rascher Hagel halbfertiger Gedanken prasselt auf mich ein: paranoid? Halluzinationen? Wahnvorstellungen? Gefährlich? Aber das ist doch Hal. Ich kenne Hal. Wenn es nun wahr wäre? Würde ich Jesus selber glauben? Hör auf, Zeit zu verschwenden. Muß jetzt in diesem Moment richtig reagieren. Das ist ein Zugang. Vielleicht schaffen wir jetzt wirklich den Durchbruch. Ich möchte ...

Und dann schiebe ich alles beiseite und lese die unsichtbaren Worte auf der Innenseite meiner Augenlider: »Wenn du nicht bereit bist, halt den Mund.« Und ich halte den Mund. Schaue Hal an. Er ist selbst von Gefühlen überwältigt, oder nicht? Sein Gesicht ist seltsam ruhig. Ich fühle mich ihm unerwartet nahe. Ich habe selbst schon ein paar Göttlichkeitsphantasien gehabt. Mir schießt durch den Kopf: »Diese Welt ist nicht groß genug für mehr als einen Gott, Fremder.« Was ist denn mit mir los? Jetzt machst du dumme Witze? Ich bin entnervt. Laß dir Zeit, atme ein, laß die Ruhe ein. Wir schweigen kurz. Dann höre ich ihn seufzen.

Hal spricht, spricht fast mit sich selbst. »Wahrscheinlich hab ich schon immer gedacht, ich sei Gott. Oder Jesus. Oder irgendwer oder irgendwas Ähnliches. Ich hab nie geglaubt, daß ich sterben werde. Ich glaube es immer noch nicht. Ich glaube wirklich, daß ich alles kann, wenn ich bloß alle meine Kraft darauf verwende, mich wirklich darauf konzentriere. Ich habe fast alles erreicht, was ich versucht habe. Sport, Examen, Diplome, Ehe, Kinder ... Kinder! Tim hält mich bestimmt nicht für den lieben Gott. Früher tat er das. Ich glaube wirklich. Ich habe mal gehört, als er mit den anderen Kindern sprach, da war er vielleicht vier oder fünf. 'Mein Papi kriegt das hin', hat er geschrieen. 'Mein Papi kriegt alles hin!' und irgendwo tief in mir drin hab ich gedacht: 'Das stimmt; ich krieg es hin.' Aber jetzt krieg ich's nicht mehr hin mit Tim, nicht?«

»Tim hält dich nicht mehr für den lieben Gott.«

»Nein, Tim hält mich nicht mehr für den lieben Gott. Das ist ganz sicher. Ich weiß nicht, was ich denke. Als ich klein war, machten meine Eltern bei irgendsoeinem religiösen Verein mit, wo sie glaubten, jeder sei Gott. Sie wissen schon, wir alle haben Fähigkeiten, die wir nicht nutzen: Kranke zu heilen, Tote aufzuwecken, Berge zu versetzen. Ich weiß es bis heute nicht; vielleicht ist es ja so. Wahrscheinlich hab ich gerade genug gehört, daß es meine eigenen Vorstellungen bestätigt. Ich bin Gott! Es kommt mir immer noch so vor, als wäre das mein Geheimnis, als sollte ich es dir gar nicht sagen, damit ich es nicht verliere. Aber es fühlt sich immer noch so an, als wäre es wirklich wahr. Und ich glaube nicht, daß ich sterben werde - jedenfalls nicht, bis ich das selber will.«

»Es ist jetzt noch schwer zu sagen, wie weit du wirklich daran glaubst und wie weit nicht.«

»Ach, wahrscheinlich weiß mein gebildeter, erwachsener Verstand, daß das alles ein Haufen Quatsch ist. Aber da ist noch ein anderer Teil von mir ...«

*Jim*

Der Glaube, etwas Besonderes zu sein, auf geheimnisvolle oder göttliche Weise anders - wahrscheinlich haben wir den alle, oder zumindest alle einmal gehabt. Er ist ein Geheimnis: eines, dessen wir uns als Kinder bewußt waren, aber das die meisten von uns allmählich zu verbergen und schließlich fast zu leugnen gelernt haben.

Aber das Leugnen ist selten vollkommen. In einem versteckten Winkel unserer Seele besteht der Glaube weiter. Ich bin etwas Besonderes. Ich bin nicht nur ein Mensch wie jeder andere.

Natürlich sind wir alle für uns selbst etwas Besonderes. Nur in uns selbst kennen wir unsere innere Erfahrung. Wie nahe wir einem anderen auch immer kommen mögen, wie offen wir auch immer uns einem anderen gegenüber zu sein bemühen, die unüberbrückbare Kluft zwischen uns bleibt bestehen. Wir sind Einzelne. Wir sind einmalig.

Das ist auch weder Wahn noch Makel. Wir sind dann am menschlichsten, wenn wir zugleich einmalig wir selbst und wahrhaft in Beziehung mit anderen sind. So bestätigt die uns innewohnende Dualität sowohl unsere Zugehörigkeit als auch unsere Individualität.

*Louise*

Louise arbeitet gut an ihrem Bedürfnis zu gefallen. Sie erkennt, welche Wirkung es auf den Direktor ihrer Dienststelle hat, auf ihre Kollegen und sogar auf ihre Studenten. Sie stellt fest, daß es alle Bereiche ihres Lebens durchdringt, und inzwischen wächst ihr Zorn darüber, wie es sie beherrscht.

»Wirklich, Jim, ich komme mir vor wie eine Besessene. Wissen Sie, als ob da eine fremde Macht in mir wäre, die mich zwingt, Dinge zu tun, die ich nicht will, mich zwingt, auf die Bedürfnisse der anderen zu hören und das Bewußtsein meiner eigenen Bedürfnisse auszuschließen.«

»Es ist, als hätte jemand die Macht über Sie übernommen?«

»Ja. Ich sage irgendwas zu irgendwem, und sofort merke ich, daß ich überhaupt nicht über meine eigene Meinung dazu nachgedacht habe. Don fragte mich beim Mittagessen, ob ich auch den Krabbensalat wollte, den er bestellen wollte. Bloß ein ganz simple Frage. Und sofort sagte ich ihm, wie gut sich das anhörte, und er freute sich. Wissen Sie was?« Sie hält einen Moment inne, läßt ihr Gefühl in aller Stärke hochkommen. »Wissen Sie, daß ich mich nicht eine Sekunde lang selber gefragt habe? Ich hab einfach ja gesagt.«

Aber allein die Tatsache, daß sie sich dieses Zwangs zur Zustimmung öfter bewußt wird, bedeutet, daß sie anfängt, ihm früher auf die Schliche zu kommen, und manchmal sogar schon, bevor er wirksam wird.

Später in der Sitzung erzählt mir Louise mit offenkundiger Freude von der Beziehung, die sich zwischen ihr und einem Dr. Don Webber entwickelt, einem Psychiater, der seit kurzem auch in ihrer Dienststelle arbeitet.

»Er ist so nett, wirklich, Jim. Er hat sich vor ein paar Jahren scheiden lassen und gerade erst beschlossen, an die Westküste zu gehen. Er mag mich wohl, und obwohl wir erst zweimal miteinander aus waren, stelle ich fest, daß ich derzeit ziemlich viel an ihn denke.«

»Sie müssen ihm wohl gefallen.«

»Oh!« Sie hält inne, denkt darüber nach, schaut mich dann sehr ernst an. »Ja, das tu ich. Ich gefalle ihm. Und ich freu mich darüber.« Wieder hält sie inne, bevor sie fortfährt. »Ich will mich bloß nicht länger verkaufen - um ihm zu gefallen, oder irgendjemand anderem.«

»Mm-hmmm.«

»Und ich stelle fest, daß ich das so rasch tue. Ich kann mich kaum davon abhalten. Es ist wieder passiert - oder fast passiert im Büro.« Sie sieht beunruhigt, aber entschlossen aus.

»Was ist passiert?«

»Als Dr. Clifton mich bat, noch jemanden zur Supervision anzunehmen, hätte ich fast 'aber natürlich' gesagt, so wie ich das immer tue; aber ich hab's abgefangen, bevor mir die Worte rausgerutscht waren. Ich hab so ein bißchen gestottert, und dann hab ich ihm gesagt, daß ich schon ein solches Arbeitspensum hätte, daß ich unmöglich anständig arbeiten könnte, wenn ich auch nur noch einen mehr annähme.«

»Wie hat er das aufgenommen?«

»Ach, er fand's in Ordnung. Er sagte, es täte ihm leid. weil er gerne gehabt hätte, daß diese Studentin das bekäme, was nur ich meinen Trainees gäbe, aber er hatte Verständnis. Das hat mich fast weichgemacht. Ich wollte schon sagen, daß ich meine Verpflichtungen anders organisieren und diese Studentin doch noch annehmen könnte, aber ... ich hab's nicht gesagt.« Sie freut sich. Ich mich auch.

Unsere Umarmung zum Abschied heute ist kurz, aber voller Freude. Ich mag diese Umarmungen. Zu sehr?

*Jim*

Es ist klar, Louise bewegt mich, als Mensch und sehr stark als Mann. Ich habe viel darüber nachgedacht. Spreche ich zu sehr auf sie an? Sollte ich etwas dagegen tun? Wenn ja, was?

Ich habe bei ein paar langen Mittagessen Al, meinem besten Freund und Vertrauten, die Sache ziemlich ausführlich und ehrlich dargestellt. Er ist nachdenklich, aber nicht beunruhigt, sagt er. Zusammen denken wir die Implikationen durch.

Ich bin zuhause nicht so authentisch wie mit meinen Klienten. Das ist mir schon seit einer Weile klar, und es macht mir Sorgen. Es hat Vorteile für die Arbeit und Nachteile. Wenn ich zum Beispiel bei Louise so täte, als reagierte ich überhaupt nicht auf sie, alle meine Gefühle ihr gegenüber zu leugnen versuchte, würde das unsere Beziehung unecht machen. Und es würde meine Sensibilität für ihr Wesen abstumpfen.

Nach den Regeln der Tradition müßte ich sie einem anderen Therapeuten überweisen. Ich habe mit Al besprochen, ob er sie annehmen würde, falls ich mich dazu entschließe. Er ist bereit dazu, aber er hält einen solchen Schritt für verfrüht und riskant.

Das große Risiko besteht darin, daß eine Überweisung von mir zu diesem Zeitpunkt das Herumschieben wiederholen würde, das sie früher erfahren hat, aus ihrem Elternhaus zu ihrem Onkel zu den Coltens und schließlich zu der alten Dame, für die sie gesorgt hat. Es wäre wieder eine Ablehnung, weil sie nicht gefallen hat (und zwar dadurch, daß sie zu sehr gefallen hat)!

Ich muß mir einfach der Situation so stark wie möglich bewußt bleiben, jedenfalls bis auf weiteres.

## Freitag, 20. Januar

*Jennifer*

»Also, Jim, ich bin gestern abend in Ihre Gruppe gekommen, und ... und ich ... äh, ich glaube, das ist wahrscheinlich nicht, was ich gerade brauche. Ich meine, es ist bestimmt gut für manche Leute, aber ...«

»Aber?«

»Nein, es ist bloß, daß ... Also, ich glaube nicht ...« Sie macht eine Pause, fühlt sich unbehaglich, überlegt sich, was sie sagen soll.

»Sie fangen immer wieder an, etwas zu sagen und bremsen sich dann wieder. Können Sie mir sagen, wie sich das in Ihnen anfühlt?«

»Also, es ist, weil die Gruppe ... wissen Sie, sie ist irgendwie ... Also, sie kamen mir so emotional beunruhigt vor ... und gestört. Ich meine, zum Beispiel der Große, Hal. Er saß einfach bloß da, und er sagte kaum was, aber da war so eine Spannung und ... und dann Louise, die eigentlich so eine nette Frau zu sein scheint, aber sie war so unglücklich über etwas, was ich nicht verstanden hab.«

»Mm-hmm.«

»Und Ben war irgendwie gehässig über alles. Und der andere, ich meine den Mann, der ... den Arbeitslosen. Er heißt 'Frank' oder 'Hank' oder so.«

»Frank.«

»Ja, also Frank macht mir Angst. Nicht weil er irgendwie zornig ist, sondern weil er anscheinend so deprimiert war, wie Hal. Ich hab dauernd an sie gedacht. Ich hab mir irgendwie Sorgen gemacht, daß einer von ihnen - Hal oder Frank - vielleicht ... ich meine, denen scheinen alle so schreckliche Sachen zu passieren und ...«

»Und?«

»Und wahrscheinlich sollte ich von ihnen lernen, daß meine Probleme gar nicht so schlimm sind, und sollte aufhören, mich selbst zu bedauern, aber ... aber jedenfalls, ich glaube nicht, daß ich wieder in die Gruppe zu gehen brauche. Außerdem habe ich im Moment so viel am College zu tun, und ...«

»Jennifer, bisher haben Sie mir nicht wirklich ehrlich gesagt, was bei Ihnen durch die Gruppe aufgewühlt worden ist.«

»Naja, wahrscheinlich nicht. Sehen Sie, die Sache ist die, daß ich irgendwie enttäuscht war, daß Sie nicht mehr gesagt und die Gruppe stärker geführt haben. Es kam mir vor, als ob wir bloß planlos herumgetappt wären.« Sie hält inne, rafft ihren Mut zusammen. »Und ehrlich gesagt - ich sag das nicht gerne - aber ehrlich gesagt hatte ich nicht gedacht, daß die anderen so ... so ... so krank sein würden. Ich meine, diese Leute haben wirklich ernsthafte Schwierigkeiten.«

»Ihre Situation kommt Ihnen so viel schlimmer vor als Ihre eigene?«

»Naja, nicht ganz. Ich meine eigentlich nicht, daß ihre Probleme größer sind. Ich meine, die Sache zwischen mir und Bert und dieses Problem, daß ich so durcheinander bin mit meinen Gedanken und Gefühlen ... Also, wahrscheinlich ist da gar kein so großer Unterscheid. Aber diese Leute kommen mir so gebrochen oder zerrissen vor, oder sowas. Ich meine, ich wußte nicht, daß sie so unglücklich dran sein würden, wenn Sie verstehen, was ich sagen will.«

»Ich glaube, ich verstehe, aber erzählen Sie mir doch ein bißchen mehr, damit ich sicher bin.«

»Ja, zum Beispiel Frank, nicht? Ich habe gestern nach der Sitzung viel über ihn nachgedacht. Ich hab mich gefragt, ob ich vielleicht irgendwas hätte sagen sollen und sehen, ob ich ihn nicht aufrichten könnte. Er klang wirklich ziemlich elend. Haben Sie sich keine Sorgen um ihn gemacht? Sie wissen schon, die Art, wie er darüber sprach, daß er einfach auf der Autobahn die Augen zumachen möchte und all das?«

»Sie haben festgestellt, daß Franks Elend Ihnen nicht aus dem Sinn ging, hm?«

»Und wie! Ich frag mich bloß, ob er heil nach Hause gekommen ist. Ach, wahrscheinlich bin ich albern. Sie wissen sicher, was Sie tun, und außerdem geht es mich eigentlich nichts an.«

»Aber Sie fragen sich doch, nicht wahr, ob es klug war, Frank so ganz allein gehen zu lassen?«

»Naja, eigentlich nicht. Sie kennen Frank viel besser als ich, und ich will mich nicht in was einmischen, was mich nichts angeht, wissen Sie ... «

»Sie scheinen sich unbehaglich zu fühlen, wenn Sie irgendwelche Zweifel an mir aussprechen.«

»Ja, wahrscheinlich. Aber das ist nicht das Wichtige. Die Hauptsache ist, daß ich einfach nicht glaube, daß die Gruppe das ist, was ich jetzt gerade brauche.«

Wenn jemand neu in die Therapiegruppe kommt, ist die Reaktion häufig, daß die anderen Gruppenmitglieder viel kränker und gestörter sind und der Therapeut wahrscheinlich einen Fehler begangen hat, einen in diese Gruppe zu bringen. Das ist natürlich das, was Jennifer ausspricht. In Wirklichkeit reagiert sie auf die Art, wie die Gruppenmitglieder über ihre subjektiven Erfahrungen berichten. In unserem Alltagsleben geben wir unseren inneren Gefühlen oder Impulsen meist nur in Zeiten von großem Streß oder persönlichem Umbruch Ausdruck. Daher mißdeutet Jennifer die Offenheit der Gruppenmitglieder als ein Zeichen schwerer psychischer Störungen.

Jetzt muß ich Jennifer dabei helfen, sich ihrem Unbehagen zu stellen. Allmählich erkennt sie, daß sie gar nicht so anders ist als die anderen, aber daß ihre »Regeln« es ihr erschweren, ihre Ähnlichkeit mit ihnen zu akzeptieren. Das führt uns zu der Einsicht, daß die Gruppe ein guter Ort ist, um an diesen Regeln und an ihrer Angst davor zu arbeiten, zu sein, wer und wie sie wirklich ist. Wir kommen überein, daß sie zu mindestens fünf weiteren Sitzungen kommen wird, bevor sie wieder überlegt, ob sie abspringen soll.

Wenn ich jemanden neu in eine bereits bestehende Gruppe hineinbringe, kann das deren therapeutische Arbeit und manchmal unser Bündnis stören, das habe ich aus Fehlern gelernt. Deswegen bestehe ich jetzt darauf, daß sie sich auf mindestens sechs Gruppensitzungen verpflichten, bevor sie überhaupt an der Gruppe teilnehmen (dürfen).

*Jim*

Verdammt nochmal! Ich hab eine Riesenwut auf Hal. Ja, ich mache mir auch Sorgen um ihn, aber im Moment bin ich einfach nur sauer. Er hat zum zweiten Mal hintereinander abgesagt. Das ist nicht fair mir gegenüber, und das werde ich ihm auch sagen.

Wem soll das etwas nützen? Mir oder ihm? Ihm natürlich, er muß wissen, daß er wichtig ist. Und natürlich auch mir. Ich muß das Gefühl haben, daß ich auf ihn zählen kann, besonders in diesen Zeiten. Um meines eigenen Seelenfriedens willen. Unsere Bedürfnisse treffen zusammen, und wir brauchen beide regelmäßigen Kontakt.

Wie ich so meinen eigenen Gedanken zuhöre, frage ich mich, ob ich, ebenso wie Hal, denke, ich sei der liebe Gott und für alle meine Klienten verantwortlich - und für meine Familie und alle anderen, mit denen ich zu tun habe? Ja und nein. Hauptsächlich nein, aber auch ein bißchen ja. Bin ich meines Bruders Hüter? Meinem eigenen Bruder war ich ein schlechter Bruder. Das beunruhigt mich. Aber mehr beunruhigt mich die Möglichkeit, daß ich meine Klienten im Stich lassen könnte, die sich mir anvertrauen; und auch ihr Leben in jeweils unterschiedlichem, aber immer erheblichem Maße.

Nein, ich kann ihr Leben nicht bewahren. Ich kann zwar mein Möglichstes tun, aber ich kann nicht für alles sorgen, was ihnen wichtig ist. Sie wissen das - wenigstens hoffe ich es. Ich weiß das, und meine Gewißheit diesbezüglich wächst. Es ist wirklich zuviel zu versuchen, wie Hal gerade voller Kummer erkennt, alles zu leisten, alle Antworten zu wissen. Wenn ich den Menschen nur dazu verhelfen kann, ihre eigenen Möglichkeiten zu nutzen, zu erkennen, wie sie sich beim Erreichen ihrer eigenen Ziele blokkieren, dann ist das genug. Nein, vielleicht ist es nicht genug, aber es ist alles, was ich von mir verlangen kann. Die Antwort ist realistisch; völlig zufrieden bin ich damit nicht.

Das ist der Unterschied zwischen dem Objektiven, Vernünftigen und Expliziten und dem eher Impliziten, Subjektiven und vielleicht nicht so Vernünftigen. Eines meiner wichtigen Anliegen ist es, darzulegen, wie wir alle unseren inneren Sinn, unser subjektives Wissen betäuben und blenden. Ich versuche, selbst innerlich bewußter zu sein und meinen Klienten dazu zu verhelfen, das auch zu sein. Aber das ist ein gefährliches Unterfangen.

Hal ist wirklich in sein Inneres hineingegangen, und das hat einige erstaunliche, explosive Erkenntnisse zutage gefördert; gleichzeitig sind diese Erkenntnisse niederschmetternd, zwingen ihn, seine Erwartungen an sich selbst, seine Verpflichtungen gegenüber seinen Klienten und dem Leben im allgemeinen zu überdenken. So überwältigend sind diese Erkenntnisse, daß er sogar daran denkt, seinem Leben ein Ende zu setzen!

Lange unterdrückte Gedanken und Gefühle, die ins Bewußtsein aufbrechen, können unsere Sicht von uns selbst und unserer Welt zerschmettern. Im Idealfall geschieht dieses Hervortreten allmählich, und wir können während dieses Prozesses das Gelernte integrieren. Manchmal tritt es explosionsartig ein, wie bei Hal, und wir müssen darauf gefaßt sein, daß wir tun müssen, was in unseren Kräften steht, damit kein größerer Schaden entsteht. Dennoch sind die lebenserneuernden, positiven Möglichkeiten einer solchen Öffnung so groß, daß wir weiterhin darauf hinarbeiten müssen. Wir verzichten nicht auf Dynamit, obwohl es gefährlich ist, sondern versuchen, es klug und vorsichtig einzusetzen.

## Montag, 23. Januar

*Hal*

Am letzten Montag hat Hal etwas entdeckt, was sogar ihm selber verborgen gewesen war: seinen Glauben, er sei Gott und müsse folglich alle Antworten wissen, nach denen die suchen, die ihn um Rat fragen, und fast alle anderen Menschen in seinem Leben. Dienstag hinterließ er eine Nachricht, er werde nicht zu seiner Donnerstagssitzung kommen, aber zur Gruppe würde er es schaffen. Freitag morgen rief der Telefondienst mich früh an und richtete mir eine Nachricht von Hal aus, er sei nicht in der Stadt und werde deshalb nicht zu seiner Sitzung am selben Tag kommen. Jetzt ist es Montag, und ich hatte kein Einzelgespräch mit ihm seit letzten Montag und dem Schock, den er (und ich) da bekommen haben. Das gefällt mir nicht. Es gefällt mir überhaupt nicht.

Für kurze Zeit bin ich beruhigt, als ich ihn im Wartezimmer sitzen sehe, aber nur für kurze Zeit. Er ist distanziert, und die Aufgeräumtheit fehlt, die er sonst zur Schau trägt. Er kommt mit einem kurzen Nicken zur Tür herein, wirft seinen Mantel auf einen Stuhl und setzt sich auf die Couch.

»Tut mir leid wegen der Sitzungen. Mußte einfach raus. Hätte wahrscheinlich länger wegbleiben sollen.« Trocken, beiläufig. Mir fällt das Fehlen jeglicher Subjekte zu den Verben auf. Hat das etwas zu bedeuten oder ist es belanglos? Ich beschließe, einzuhaken.

»Wer?«

»Wer was?«

»Wer mußte raus? Wer hätte länger wegbleiben sollen?«

»Ich.« Er beißt nicht an. Keine Reaktion auf die unausgesprochene Feststellung.

»Erzähl mir davon.«

»Das letzte Mal hier hat mich irgendwie aufgerüttelt. Dachte mir, ich sollte besser drüber nachdenken. Hab meiner Frau gesagt, ich müßte dienstlich weg. Bin nach San Diego gefahren. Hab im Motel übernachtet. Hab nicht viel wirklich nachgedacht.«

»Schwer, dein Gefühl des 'ich' zu finden, daß du derjenige bist, der das gemacht hat.«

»Ja, glaub, du hast recht.«

»Wer glaubt?« Ich will ihn reizen, ihn aus dieser Leblosigkeit herausholen.

»Tut mir leid, daß ich dir nicht mehr Vorwarnung gegeben habe. Wirklich keine Zeit. Mußte einfach allein sein.«

Er scheint das Sticheln nicht einmal zu bemerken.

»Wofür zum Teufel machst du denn eine Therapie, wenn nicht, um die Möglichkeit zu haben, die Dinge für sich allein durchzudenken?«

»Ja, ich weiß. Aber ich konnte einfach nicht. Es tut mir leid, Jim. Ich weiß, daß es dir wichtig ist, was ich mache, aber ich konnte nicht.«

»Du mußtest es auf deine Art tun, Hal. Die Frage ist, hast du es getan? Wo bist du jetzt?«

»Ich weiß es nicht. Ich weiß nicht, ob ich es getan habe; Was immer 'es' sein mag. Ich weiß nicht, wo ich jetzt bin. Ich weiß einfach nicht.«

»Weißt nicht, wo du bist.«

»Weiß es nicht. Weiß es wirklich nicht.«

»Und so allein.«

»Immer allein gewesen. Werde immer allein sein. Gehöre eigentlich nicht zu den Menschen. Kann nicht wirklich mit ihnen zusammen sein.«

»Was heißt das?« Ich stichele wieder. Irgendetwas an dieser in sich gekehrten, leblosen Stimmung bewirkt, daß ich zum Angriff übergehe. Ich habe das Gefühl, daß das für Hals derzeitige Bedürfnisse das Richtige ist.

»Wie machst du das, Jim?« Ein plötzlicher Gefühlsausbruch; er hört meine

Frage nicht und achtet nicht auf das Sticheln. »Wie machst du das - oder die andern? Wie kannst du die ganze Last tragen? Die Leute, die zu dir kommen - ich und all die anderen armen Würstchen - und deine Familie und all die anderen. Wie machst du das?«

Ich habe den Impuls zu sagen: »Mache was?« aber ich riskiere, direkter vorzugehen: »So viele, so schwer, und du bist so allein.«

»So gottverdammt allein. So gottverdammt allein. Ich bin gottverdammt. Ich meine genau das. Ich bin gottverdammt. Verstehst du, was ich meine?« Die Leblosigkeit ist verschwunden, ein furchtbares Drängen. Keine Panik, sondern Qual.

»Du bist also nicht Gott, sondern gottverdammt, von Gott verdammt, hm?«

»Ja, ja. Oh Gott, ich rede wie ein Verrückter. Bin ich verrückt, Jim? Bin ich psychotisch? Hast du daran gedacht ... natürlich hast du. Was meinst du, spinne ich? Ich meine, sag's mir ehrlich. Bin ich ausgerastet? Muß ich in die Klinik? Ich hoffe beinahe, daß du ja sagst. Los, Jim, sei ehrlich mit mir!« Letzteres kommt hart, befehlend.

»Du bist nicht Gott, und ich werde auf meine Art ehrlich mit dir sein! Mach mal langsam. Du bist nicht psychotisch, aber du spielst damit. Du könntest dich in eine Verfassung bringen, wo du in die Klinik müßtest, aber ich mach dabei nicht mit. Ich helfe dir nicht dabei, dich vor deinem Menschsein zu drücken.«

»Aber ich kann nicht. Es ist zu viel. Ich weiß nicht, wie du es machst. Ich will mich nicht drücken, aber ich weiß nicht, wie ich diese Last tragen soll. Wirklich, ich weiß es nicht; verstehst du das nicht?«

»Du sagst, daß du nicht die Verantwortung für deine Frau und deinen Sohn und deine Tochter und Mrs. Kanowsky und Bill Lewis und den Typen mit dem Alkoholproblem und das Paar, das sich streitet, und alle Ihre Studenten und alle Ihre Freunde und alle anderen in der ganzen weiten Welt übernehmen kannst. Du kannst es nicht, weil du nicht Gott bist und weil du nicht genug weißt und weil du nicht genug lesen kannst oder nicht genug Fortbildung machen kannst oder was auch immer. Du bist bloß ein alter Ex-Muskelprotz, der versucht, so gut wie möglich über die Runden zu kommen, aber nicht alles kann, was andere Leute von ihm erwarten, und der ganz bestimmt nicht alles kann, was er selbst von sich erwartet.«

»Das kannst du leicht sagen, aber ich nicht.«

»Was soll denn das heißen?«

»Ich meine, du hast nie geglaubt, daß du alles in Ordnung bringen könntest, und deshalb hast du dein Leben und all deine Beziehungen nie so eingerichtet, daß die Leute von dir erwarten, daß du alles in Ordnung bringst. Also mußt du dich nicht plötzlich denen und dir selbst mit der Tatsache stellen, daß du nicht das Geringste für sie oder dich selbst oder sonstwen tun kannst.«

»Du spielst immer noch Gott und erzählst mir, wie besonders du bist und wie anders ich bin und immer gewesen bin. Also, mein Freund, ich will dir mal was sagen: du hast keine Ahnung davon, was in meinem Leben und in meinen Beziehungen läuft.«

»Mensch, das stimmt! Ich weiß das eigentlich gar nicht, oder? Vielleicht spinnst du ja genauso wie ich! The Christs of Ypsilanti, was? Wieviele waren das? Drei? Sechs? Vielleicht weißt du ja, wie es ist. Weißt du es?«

»Hal, irgendwann einmal rede ich gerne - sehr gerne - mit dir darüber, aber nicht jetzt. Jetzt im Moment bleib bitte bei deinem Bedürfnis, für alle und alles zu sorgen, und der Tatsache, daß du das nicht kannst, weil du nur ein Mensch bist.«

»Jetzt klingt mir das wirklich dumm, aber vor einem Augenblick schien es mir die absolute Wahrheit, die Realität. Ich glaube, es ist auch nicht ganz weg. Es ist, als könnte ich es irgendwo im Hinterkopf spüren.«

»Verwende keine Energie darauf, dagegen anzugehen, Hal. Davon bleibt es nur da.«

»Wie? Ach so. So hab ich das noch nie gesehen. Also, was soll ich tun, wenn es wieder anfängt?«

»Das hört sich jetzt einfach an, aber es ist unheimlich schwer; dennoch ist es das Einzige, was auf die Dauer wirken wird: Wenn du merkst, daß dich das Gottgefühl wieder überkommt, nimm es einfach zur Kenntnis und stell es beiseite.«

»'Zur Kenntnis nehmen'- ich versteh nicht, was das heißt.«

»Welche Farbe hat der Pullover, den du heute anhast?«

»Welche Farbe? Ach, blau, wieso? Ah - ich glaube, ich verstehe.«

»Sag's mir.«

»Also, ich kann die Farbe meines Pullovers zur Kenntnis nehmen, aber ich brauche mich nicht damit aufzuhalten. Ist es das?«

»So ziemlich. Du kannst dir denken, daß es nicht so leicht ist wie bei der Farbe deines Pullovers, aber das Prinzip ist das gleiche. Du mußt erkennen, daß das Gottgefühl ein Gefühl ist, das du manchmal hast - du könntest es auch manchmal 'anhast' nennen - aber es ist nicht du. Es ist eine Idee, die du gelernt hast und die manchmal hochkommt, aber es ist nur eine Idee unter vielen.«

»Langsam, langsam! Ich glaube, ich verstehe es, aber ich fürchte, ich werde mich nicht an das alles erinnern können.«

»Du hast recht, es war zu viel auf einmal; aber das ist nicht schlimm. Behalte einfach nur die generelle Idee. Dann wirst du damit arbeiten, wie du es brauchst, und du wirst dem wahrscheinlich auch deine eigene Wendung geben.«

»Ja, ich hoffe es. Das ist nicht meine übliche Art, aber was ist das schon zur Zeit?«

»Noch etwas, Hal, und zwar etwas Wichtiges - etwas zwischen uns.« Er sieht überrascht aus, ernüchtert.

»Lass mich nicht noch mal sitzen«, harte Stimme. »Das meine ich ernst. Du hast vielleicht nicht das Gefühl, daß dir viel am Leben oder woran auch immer liegt, aber mir liegt was dran, und es geht nicht, daß du mir einfach abhaust. Wenn wir einen Termin haben, hast du hier zu sein. Ich meine es ernst.«

»Ja, ich höre, daß du es ernst meinst.« Er hält inne, seine Augen werden feucht, dann blickt er mir voll ins Gesicht. »Ich werde hier sein, Jim.«

*Jim*

Nachdem Hal gegangen ist, komme ich wieder zu einer Frage, die im Raum schwebt: Warum kippe ich immer so viel - zu viel - auf einmal über Hal aus? Anscheinend will ich bei ihm den lieben Gott spielen, indem ich viele richtige Antworten weiß - und zwar Antworten, die er nicht wußte. Ja (das ist mir unangenehm), Antworten, die er nicht wußte. Das ist der springende Punkt. Ich zeige ihm, wie reich meine Perspektive ist - reich an Erklärungen, die seiner fehlten. Widerlich!

## Montag, 6. Februar

*Louise*

Endlich weigern sich die Schwarzen, sich weiterhin als Menschen zweiter Klasse behandeln zu lassen. Ich fühle echte Sympathie für ihre Sache und habe oft für CORE gespendet Eine kleine Geste, aber sie bewirkt etwas. Dennoch wird mir unwohl, wenn aus Protest Ausschreitungen werden. Meine Klienten haben mich gelehrt, wie Machtlosigkeit Wut gebärt, und es gibt so viel aufgestauten Zorn der Rassen gegeneinander.

Es scheint meiner Formel *Ohnmacht wird zu Zorn* zu widersprechen, wenn ich sehe, daß auch wohlhabende junge Leute Wut ausagieren, bis mir klar wird, daß ein geschenktes Privileg nicht das Gleiche ist wie selbsterlangte Macht. Tatsächlich kann es sich für die Empfänger wie eine Demonstration ihrer Machtlosigkeit anfühlen.

Mit diesen Gedanken im Hinterkopf höre ich mir Louises Bericht über den neuen Leiter ihrer Dienststelle an, der anscheinend fest entschlossen ist, die Uhren zurückzudrehen und an keiner Tradition zu rütteln.

»Er hat gesehen, wie eine Studentin und ihr Klient bei einem Interview auf dem Boden saßen, und war empört. Als ich fragte, was sie denn gemacht hätten - ich dachte, sie hätten vielleicht irgendetwas Unprofessionelles getrieben, verstehen Sie - wußte er gar nicht, was ich meinte. 'Ein Sozialarbeiter, der seine Interviews auf dem Fußboden abhält, Miss Gowan!' Das einzige was ihm nicht paßte, war, wo sie saßen.«

»Und?«

»Na, Sie wissen doch, wie die jungen Leute anscheinend gern auf dem Fußboden oder auf dem Bürgersteig sitzen oder sowas. Ich kann da nichts Schlimmes drin sehen, aber Dr. Elliott war so schockiert, als hätten sie ... als hätten sie etwas Verbotenes getan.«

»Schwierig, das erste zu sagen, was Ihnen in den Sinn kam?«

»Ja.« Sie verzieht traurig die Lippen. »Aber es ist so schade, Jim. Gerade haben wir es geschafft, unser Programm für Teenager gut in Gang zu bringen, und alle Mitarbeiter scheinen als Team an einem Strang zu ziehen, und jetzt wird Dr. Elliott ... alles kaputtmachen, fürchte ich.«

»Was hält er von Ihnen?«

»Ich weiß nicht. Wie soll ich das wissen?«

Ich antworte nicht, schaue sie nur unverwandt und meiner Sache sicher an.

»Ach, wahrscheinlich kann ich es mir schon denken. Wir kommen ganz gut miteinander aus (Pause). Ich weiß, was Sie ... Wahrscheinlich sorge ich dafür, daß ich es ihm rechtmache.« Sie blickt angeekelt auf.

»Jetzt haben Sie mir die richtige Antwort gegeben.«

»Also, ich ... Jedenfalls bin ich traurig über das, was passiert.«

»Sie würden gern das Thema wechseln.«

»Sie sind es, der das Thema gewechselt hat« (schelmisch).

»Haben Sie Dr. Elliott gesagt, was Sie davon halten, wenn ein Sozialarbeiter und ein Klient sich zum Interview auf den Fußboden setzen?«

»Oh nein (niedergeschlagen). Ich habe ihm gesagt, ich würde mit der Studentin reden, um herauszufinden, ob sie einen bestimmten Grund hatte, warum sie es für nötig hielt, das Interview auf diese Art durchzuführen. Er sagte, das sei nicht nötig, da er sie bereits gemahnt habe. Allerdings sagte er mir, ich sollte unverzüglich alle meine Trainees davon in Kenntnis setzen, daß es keinerlei Abweichungen vom angemessenen professionellen Verhalten mehr geben dürfe.«

»Und?«

»Und ich hab es aufgeschoben, aber ich muß es wohl tun.« Sie hält inne, schaut mich fast flehend an und sagt protestierend: »Er ist schließlich mein Vorgesetzter. Was kann ich denn sonst tun?«

»Was können Sie sonst tun?«

»Ach, wahrscheinlich könnte ich ...«

»Louise, jetzt halten Sie mal an genau dieser Stelle an. Sie sind dabei, auf meine Frage und auf die ganze Situation, die wir hier besprechen, zu reagieren, als wären Sie ein Kind, eine Schülerin, und hätten Ihre Hausaufgaben nicht so brav gemacht, wie Sie sollten, aber jetzt wollen Sie versuchen, die richtige Antwort zu finden und sie vielleicht sogar in die Praxis umzusetzen. Aber ich warte immer noch darauf, daß Louise Gowan, Diplomsozialarbeiterin, mir ihre professionelle Sicht dieser Angelegenheit darlegt, und wie sie dieses fachliche Problem zu bewältigen gedenkt.«

»Ohhh! Ja, Sie haben recht! Das macht mich ja so wütend. Das ist genau das, was ich immer und immer und immer wieder tue. Es gibt einfach keine Louise Gowan, Diplomsozialarbeiterin, Fachkraft. Es gibt nur ein braves Kind, das versucht, den Erwachsenen zu gefallen! Es ist scheußlich!« Sie ist aufrichtig aufgebracht - und ganz zu Recht.

*Jim*

Was kann Louise tun? Es ist nicht meine Aufgabe, diese Frage zu beantworten, zum Glück. Meine Aufgabe ist es allerdings, mir Gedanken zu machen, ob ich sie zu etwas Unrealistischem ermutige. Sie braucht ihre Stelle, und sie leistet darin gute, nützliche Arbeit. Was ist gewonnen, wenn ich sie so weit treibe, daß sie entlassen wird? Wenn ich sie weniger mit dem Problem konfrontiere, mache ich dann mit Dr. Elliott gemeinsame Sache, um nötige Veränderungen zu blockieren?

Nun werde nicht grandios, Jim. Wenn du deine Aufgabe bei Louise wirklich erfüllst, wirst du sie nicht in der Hinsicht bedrängen, daß du die Entscheidung für sie treffen willst. Deine Aufgabe besteht darin, ihr zu helfen, sich über die vor ihr liegenden Alternativen und ihre mutmaßlichen Konsequenzen klar zu werden.

Das nimmt einen Teil der Last des Gottseins von mir ab, denn ich weiß wirklich nicht, was in ihrer Lage die beste Antwort ist. Trotzdem frage ich mich, ob ich nicht auch mir selbst eine Antwort gebe, die mich erleichtert und meine subtilen Möglichkeiten verschleiert, ihre Entscheidung zu beeinflussen.

Kann ich jetzt wirklich nicht sagen. Ich muß weiter darüber nachdenken.

## Dienstag, 7. Februar

*Hal*

Gestern war Hal noch immer in seinem Tief; und heute kommt er herein wie jemand, der gar nicht richtig am Leben ist. Das geht mir an die Nieren und weckt ferne Echos in meinem Unbewußten. Es gefällt mir nicht; er bleibt zu lange unten. Sicher, es ist nichts Geringes, die tiefe primitive Überzeugung von Göttlichkeit und Unsterblichkeit aufzugeben. Sein Erwachsenendenken hat solche Gedanken immer von sich gewiesen, dennoch haben sie untergründig sein bewußtes Leben bestimmt.

Damit steht Hal übrigens keineswegs allein. Viele von uns haben im tiefsten Innern wundersame Vorstellungen, Vorstellungen, die wir leugnen oder belächeln würden, wenn sie plötzlich explizit und bewußt gemacht würden.

Jetzt sitzt er auf der Couch, spricht vage über Änderungen für seine Vorlesungen, verfällt in Pausen des Schweigens und seufzt, ohne es zu merken, zu oft - seine Augen ungewiß, blicklos, der Körper schwer, in sich zusammenfallend.

»Ich überlege mir, ob ich die Stelle am College aufgeben soll. Es ist mühsam, und die Studenten wollen lieber rebellieren als etwas lernen. Ich sehe nicht viel Sinn drin.« Er verliert sich wieder in Gedanken.

»Was ist los?« Gereiztheit, Traurigkeit, Furcht legen sich mir leise auf Brust und Magen.

»Wie? Ach, ich weiß nicht. Wo war ich?«

»Wo bist du jetzt, das ist wichtiger.«

»Irgendwie denke ich nur so nach ... über dich und diese Arbeit, die wir ... die du machst. Wie ist die für dich? Wie siehst du sie?«

Rasches Abschätzen: wird es ihm helfen, wenn ich ihm antworte, oder wird es seiner Passivität zuarbeiten? Ich werde auf seine Frage eingehen; zumindest ist sie ein Schritt heraus aus seiner Beschäftigung mit seinem Inneren.

»Ich habe eine Art Phantasie, die mir ab und zu kommt, eine Art Bild über unsere Arbeit. Möchtest du wissen welche?«

Ein bißchen lebendiger lächelt Hal leicht. »Ja, danke, Jim.«

»Ich sehe uns alle - dich, mich, alle Menschen - als Menschen, die auf einen Berg steigen. Wir steigen Tag und Nacht. Manchmal ist es hell und sonnig, manchmal ist es neblig, und man kann leicht den Weg oder den Halt für die Füße verlieren; manchmal ist es Nacht, und wir mühen uns bloß irgendwie weiter, stolpern, verletzen uns. Wenn einer von uns stürzt, dann ...« Ich bin ein bißchen verlegen, als mir die Stimme versagt, dieses Bild rührt mich immer stark an.

»Wenn einer von uns stürzt, merke ich, daß keiner von uns Arme oder Hände hat; und deswegen ist die einzige Möglichkeit, wieder hochzukommen, die, daß jemand anderes dazukommt, sich bückt und seine Schulter gegen die Schulter des Gestürzten stemmt. Dann stemmen sie beide, und zusammen können sie aufstehen. Natürlich besteht immer die Möglichkeit, daß der, der sich niederbeugt, um zu helfen, selber den Halt verliert und stürzt. Das sind also beängstigende Zeiten, aber auch gute Zeiten der Nähe.

Und so steigen wir weiter. Oft vergessen wir, warum wir hier heraufsteigen, aber dann hebt sich gelegentlich der Nebel, wenn wir auf einer Anhöhe stehen, und weit weg auf einem Gipfel sehen wir die Stadt unserer Hoffnung. Es macht uns fröhlich beim Weitersteigen, auch wenn wir wissen, daß die Nacht und der Nebel wiederkommen werden, und daß wir uns fragen werden, ob es diese Stadt nur in unserer Vorstellung gibt. Dennoch steigen die meisten von uns weiter und versuchen, den anderen zu helfen.«

Hal und ich sitzen mehrere Minuten lang schweigend. Ich bekomme keinen Anhaltspunkt, was meine Worte ihm bedeutet haben. Schließlich, als der Summer den nächsten Klienten ankündigt, rafft er sich auf. »Ja«, er steht auf und zieht den Regenmantel an, »ja, Jim. Muß darüber nachdenken. Danke, hm?« Damit ist er fort.

Ich lehne mich eine Minute lang zurück und lasse mein Inneres seine Zeit haben. Das Bild ist kitschig - oder nicht? Es bedeutet mir etwas Wichtiges, und ich will es ebensowenig analysieren wie meine Kritzeleien.

Für mich hat es einen tieferen Sinn, aber ich habe nicht den Eindruck, daß es Hal viel genützt hat.

*Kate*

»Heute morgen bin ich mit einem so guten Gefühl aufgewacht.« Kate lächelt, und ihr Mund verzieht sich dabei eigenartig schief. Sie wirkt kindlich in ihrer Freude. »Ich bin schon seit Jahren nicht mehr mit einem guten Gefühl aufgewacht. Ich kann auch gar nicht recht sagen, wieso, aber ich weiß einfach, daß ich viel besser auf den Tag eingestimmt bin. Seit Tagen habe ich meine Post nicht angesehen, und jetzt bin ich richtig gespannt darauf. Ich habe einen ganzen Stapel Post angesammelt, wissen Sie, und jetzt habe ich das Gefühl, als würde ich beim Öffnen dieser Umschläge interessante Sachen finden oder von Leuten hören, die ich fast vergessen hatte, aber von denen ich jetzt hören möchte.«

»Hm-hmm.« Ich versuche, den Ursprung ihrer Gedanken und Gefühle genauer zu orten. In gewisser Weise scheint sie auf der Oberfläche entlangzugleiten, und beim Zuhören bin ich beunruhigt. Manchmal scheint es, als bestünde das Geheimnis der Arbeit des Psychotherapeuten darin, sich widersinnig zu verhalten. Wenn der Klient unglücklich ist, weist der Therapeut darauf hin, daß es andere Möglichkeiten gibt; sagt der Klient, er sei glücklich, so schnüffelt der Therapeut herum nach verborgenem Elend; spricht der Klient über andere Menschen, dann drängt der Therapeut darauf, er möge sich auf sein eigenes Selbst konzentrieren; wenn der Klient sich mit der Vergangenheit befaßt, verlangt der unersättliche Therapeut, man solle seine Aufmerksamkeit der Gegenwart zuwenden.

»Ich habe so viele Pläne, so vieles, was ich tun möchte. Ganz plötzlich finde ich meine Arbeit wieder interessant. Ich habe einen neuen Forschungsauftrag über einige Aminosäuren übernommen, und ich glaube wirklich, diese Arbeit wird mir Spaß machen. Stellen Sie sich das vor! Die Arbeit wird mir Spaß machen!« Sie lächelt voller Freude über ihre eigenen Gefühle.

»Es ist wirklich schön, zu spüren, wie Ihr Interesse an der Arbeit zurückkehrt ... und am Leben selbst.«

»Ja. Es ist wirklich schön.«

Diese untypisch glückliche Stimmung hält fast eine halbe Stunde an, während ich lediglich Brücken anbiete, damit sie ihre Gefühle ausdrücken kann. Es ist klar, daß sie ihr neues positives Lebensgefühl genießt, aber im Laufe der Zeit wird immer deutlicher, daß sie sich auch dazu zwingt, diese Stimmung aufrechtzuerhalten, und nur diese. Ihre Spontaneität läßt nach, und sie fängt, bereits Gesagtes zu wiederholen.

Als sie schließlich eine Pause macht, sich offensichtlich vorübergehend leergeredet hat, halte ich die Zeit für gekommen, ihr dabei zu helfen, sich bewußter zu werden.

»Kate.« Meine Stimme ist sehr sanft, denn ich finde es entsetzlich, ihren Luftballon der Freude anstechen zu müssen. »Kate, es klingt, als wären Sie ganz durch mit den schlechten Gefühlen.«

Sie schweigt, aber das Lächeln schwindet rasch aus ihrem Gesicht. Ich warte. Sie scheint emotional völlig still zu halten. Ich habe das Gefühl, als vermiede sie jegliche Bewegung der Gedanken, der Gefühle, sogar des Körpers. »Was ist los, Kate?«

»Nichts, gar nichts.« Sie versucht ein Lächeln, aber es ist nicht dasselbe. »Ich habe gerade über das nachgedacht, was Sie gesagt haben.«

»Hm-hm. Was denken Sie?«

»Ach, wahrscheinlich wird es für mich Zeiten geben, wo es mir nicht so gut geht wie jetzt gerade, aber ...«

»Aber?« Sie weiß, aber sie will nicht wissen.

»Also ich sehe eigentlich nicht ein, warum das nötig sein soll. Und außerdem will ich jetzt gerade nicht darüber nachdenken. Es geht mir endlich besser, und dabei soll es bleiben. Oder jedenfalls soll es das soweit wie möglich. Warum versuchen Sie also, mich zu beunruhigen?« Ihr Ton ist weniger sicher als ihre Worte. Ganz offensichtlich versucht sie, sich selbst ebenso zu überzeugen wie mich.

»Es scheint Ihnen schwerzufallen, sich selbst als jemanden zu begreifen, der im Fluß ist.«

»Wir haben ein paar Dinge herausbekommen (protestierend), und die sind jetzt erledigt, also warum sollte ich wieder zu den schlechten Gefühlen zurückgehen? Meinen Sie nicht, daß wir ein Teil des Problems losgeworden sind, als ich Ihnen von damals erzählt habe, wie meine Mutter sich betrunken hat?«

»Nein.«

»Nein? Aber was ist denn dann der Sinn dessen, was wir hier tun, wenn Sie einfach so 'nein' sagen?« Ärgerlich, bereit, das Problem durch einen Streit mit mir zu verschleiern.

»Sie werden wütend, wenn ich Sie nicht als eine Art Maschine betrachte, bei der wir kaputte Teile rausnehmen und bessere einsetzen können, so daß Sie dann wieder funktionieren.«

»Ach, ich weiß nicht, was Sie meinen. Sie versuchen bloß, mich durcheinanderzubringen.«

»Kate, Sie sehen sich immer noch wie eine Maschine, und Sie meinen, daß Sie sich so wie heute auch in Zukunft immer fühlen werden.«

»Na, und warum nicht? Ist denn das nicht der ganze Sinn der Psychotherapie? Komme ich denn nicht her, um herauszufinden, was meine Gefühle durcheinandergebracht hat, es dann zu berichtigen, damit es mir besser geht?«

»Wenn Sie es so formulieren, ist die Antwort natürlich 'ja', aber die Formulierung ist irreführend. Sehen Sie es lieber so, Kate: können Sie sich vorstellen, Sie wären ein Fluß, nicht eine Maschine?«

»Ein Fluß?«

Ich behaupte immer, ich glaubte nicht an den Wert direkter Belehrungen in der Therapie, aber wenn ich mir meine Praxis wirklich genau anschaue, merke ich, daß ich oft kleine Predigten, mittelgroße Belehrungen oder ausgewachsene Vorträge von mir gebe, obwohl letzteres wirklich eine echte Ausnahme ist. Ich sehe das mit einigem Kummer, denn ich meine, ein wirklich guter Therapeut würde nicht so viel reden wie ich. Wie dem auch sei, nachdem ich das Für und Wider eines Eingehens auf Kates rationale Präferenzen rasch abgewogen habe, entscheide ich, daß eine bescheidene Belehrung an dieser Stelle angemessen ist.

»Ja, Kate, versuchen Sie mal, ob Sie das Gefühl bekommen können, ein Fluß zu sein. Ein Fluß ist nie der gleiche; er fließt stetig, bewegt sich immer weiter. Das Wasser in dem Fluß, das heute an einer bestimmten Stelle ist, wird morgen nicht mehr dort sein, und anderes Wasser an seiner Stelle. Vor allem fließt der Fluß manchmal in der Sonne, manchmal im Schatten, manchmal durch die Stadt und manchmal durch den Wald. Das Wesen eines Flusses ist Veränderung, Fließen. Sie, Kate, und ich, wir alle gleichen viel eher Flüssen als festen, relativ unveränderlichen Maschinen oder gar Bergen.«

»Das ist sicher alles sehr poetisch, aber ich verstehe nicht, was es damit zu tun hat, daß es mir gutgeht.« Sie ist nicht bereit, mir auf der Ebene des Unausgesprochenen zu begegnen.

»Sie sind ein Fluß, Kate, der im Augenblick gerade munter in der Sonne dahinfließt. An anderen Tagen wird es regnen, aber es wird auch wieder Sonnentage geben. Es wird nie nur eine einzige Stimmung geben.«

»Das gefällt mir nicht. Es gefällt mir überhaupt nicht. Warum kann ich nicht tun, was auch immer nötig ist, damit ich über das Unglücklichsein hinauskomme und ein bißchen Glücklichsein erreiche, auf das ich mich wirklich verlassen kann?«

»Das hätte ich auch gern. Hätten wir alle. Aber soweit ich weiß, ist das Leben einfach nicht so.«

*Jim*

Als Kate geht, denke ich darüber nach, daß zwei meiner Lieblingsallegorien - die Bergsteiger und der fließende Fluß - Hal und Kate, denen ich sie angeboten habe, keinen Eindruck gemacht haben. Na gut, dann muß ich mich eben allein daran freuen.

Aus irgendeinem Grunde bringt mich das auf den Gedanken an die armen Schweine in Vietnam. Die haben nicht die Möglichkeit poetischer Bilder; das Leben da draußen ist häßlich, unbequem, deprimierend und wahrscheinlich nur allzu kurz. Warum zum Teufel sind wir bloß immer noch da? Ich schäme mich für mein Land vor dem Gewissen der Welt.

*Frank*

Frank ist adretter angezogen, als ich ihn je gesehen habe, aber da ist immer noch dieser Eindruck von Ungepflegtheit, der mir anfangs auffiel.

Er ist sauber, aber seine Kleidung sieht nach dem aus, was sie vermutlich auch ist: Sonderangebote aus dem Secondhandladen. Sie paßt ganz gut zusammen, aber sein struppiges Haar und der Bart stören den Gesamteindruck.

»Wie geht's, Frank?«

»Beschissen geht's. Ich komm grade von Hawthorne. Wissen Sie eigentlich, daß das mit dem Bus bis zum Ende der Welt und noch weiter ist?«

»Was läuft denn in Hawthorne?«

»Gar nichts läuft. Überhaupt nichts. Ich bin für'n Bewerbungsgespräch hingefahren und hab's voll geschmissen. 'Tut uns leid, Mr. Connelly, aber zu dieser Position gehört Publikumskontakt, und ehrlich gesagt, Sie sehen ungepflegt aus.' Er hat's nicht so ausgedrückt, aber ich hab schon kapiert, was er meinte.«

»Hat Sie das überrascht?«

»Was meinen Sie damit, hat mich das überrascht?«

Ich warte einfach.

»Ach, verdammt, ich hab keine Lust auf Spielchen. Nein, wahrscheinlich hat's mich nicht überrascht. Aber Sie wissen, daß ich es hasse, mich für irgendeinen Mickerjob rauszuputzen. Was erwarten die denn, silberne Krawatte und Frack?«

»Irgendwie war Ihnen klar, daß Sie nicht so besonders aussahen, aber Sie konnten nicht zulassen, irgendwas dagegen zu tun.«

»Was soll denn dieses 'irgendwie' dauernd? Ach, verdammt noch mal! Er spricht nicht weiter, schweigt, debattiert mit sich. »Ich will da nicht immer reinrutschen, aber es stinkt mir, wenn Sie mit Ihrer Gedankenlesemasche kommen; also bin ich ziemlich schnell wieder bei unserer alten Leier.«

»Das verstehe ich, Frank, aber ich verstehe auch, daß Sie sich aufrichtig Mühe geben, sich nicht so oft dahinein zu verwickeln.«

»Ja. Aber Sie brauchen nicht so 'ne Riesensache draus zu machen.«

»Frank, hören Sie zu, ich möchte ehrlich mit Ihnen sein. Es tut mir leid, daß Sie sich unbehaglich fühlen, wenn ich über meine Gefühle mit Ihnen spreche - so wie jetzt gerade - und das Bedürfnis haben, uns auseinander zu drängen. Aber Frank, es ist wichtig für unsere Arbeit, daß Sie es zulassen, dafür offen zu sein, sobald Sie können. Und damit komme ich zu dem, worüber wir gerade gesprochen haben. Und ich glaube, Frank, es ist durchaus eine Riesensache - und für Sie eine furchterregende Sache - wenn Sie anfangen, den Schutzschild herunterzunehmen, auf den Sie sich solange verlassen haben, und versuchen, wirklich mit mir zu arbeiten.«

Er schweigt, verdaut das, runzelt die Stirn. Zweimal will er etwas sagen, zweimal hält er sich zurück. Schließlich: »Hm, na gut, okay. Ich verstehe, was Sie meinen.«

Sachte, Jim, jetzt stürz dich nicht darauf! Er hat gerade einen wichtigen Schritt getan. Mach langsam, mach langsam. Wir warten ruhig einige Minuten lang, und sie scheinen wie Stunden.

»Wissen Sie, die Gruppe macht mich wirklich fertig.« Über irgendetwas muß er sich beklagen. Ist in Ordnung, er braucht einfach ein bißchen Zeit und Raum.

»Was ist mit der Gruppe?«

»Ach, die haben's ständig damit, daß ich wütend wäre. Was soll mir denn das bringen? Ich brauch nicht noch mehr Leute, die auf mir rumhacken.«

»Mh-hm.«

»Zum Beispiel diese Kate, dieses neugierige alte Mädchen, das dauernd irgendwelche Fragen stellt: 'Ich weiß nicht viel von Ihnen, Frank' (spöttische Stimme). Oder diese schrecklich nette Dame, die immer versucht, allen Leuten ein gutes Gefühl zu geben. Oder ... ach verdammt, ich weiß nicht. Ich weiß einfach nicht, ob ich mit solchen Leuten überhaupt zusammensein sollte.«

»Was für Leuten?«

»Ich weiß nicht. Netten, sauberen, gutbürgerlichen Idioten (Pause). Naja, es sind nicht alle Idioten.«

»Welche?«

»Heh, wissen Sie, dieser vorlaute Typ, Ben? Wissen Sie, was er gemacht hat? Er hat mir zwei Tips für 'nen Job gegeben. Der eine war der, den ich heute in den Sand gesetzt hab, aber morgen kümmere ich mich um den anderen. Wer hätte gedacht, daß so'n Klugscheißer sowas tun würde?«

»Es wundert Sie, daß Ben nett sein kann?«

»Ach Scheiße, Jim, ich weiß doch nicht.« Das klingt fast wie ein Schmerzensschrei. Ich glaube, er ist hin- und hergerissen zwischen seinem angestammten Ausweg, der Klage, und der Erkenntnis, daß er darüber hinauskommen möchte.

»Es ist schwer, Frank. Lassen Sie sich Zeit.«

»Ja, wahrscheinlich.«

»Gibt es irgendjemand in der Gruppe, bei dem Sie ein wirklich positives Gefühl haben?«

»Ach, wahrscheinlich sind sie in Ordnung. Der große, stämmige Kerl, Hal, hat im Moment wirklich Probleme, was?«

»Sie haben nicht gesagt, ob da irgendjemand ist, den Sie wirklich mögen. Ich weiß, das fällt Ihnen schwer, aber versuchen Sie mal, wieweit Sie kommen.«

»Ja (Pause). Also, wie ich schon sagte, Hal ist ziemlich in Ordnung, und ...«

»Und?«

»Ach, Herrgott nochmal, ich weiß doch, daß Sie wieder eine Riesengeschichte aus dem machen, was ich über die Frau sage, die so am Boden ist, die, deren Mann irgendeine andere Tussi gebumst hat.«

»Schwer, sich an ihren Namen zu erinnern?«

»Nein, verdammt nochmal. Sie heißt Jenny ... Jennifer.«

»Und was ist mit ihr?«

»Also, ich ... ich weiß nicht. Ich finde einfach, sie ist was Besonderes oder anders oder irgendwas. Wenn sie nicht verheiratet wäre, würde ich vielleicht ... Ach, Scheiße, lassen Sie's schon. Ich mag sie. Das ist alles.«

»Aber Sie fühlen sich unwohl, wenn Sie es aussprechen sollen.«

»Nein, es ist bloß, daß Sie immer ... Ach, na gut. Wahrscheinlich tu ich das irgendwie.«

Langsam, langsam, sage ich mir. Frank hat heute mehrmals viel riskiert und mir sehr viel vertraut. Er erwartet wirklich, daß ich ihn auslache oder ihm sage, warum er diese Gefühle nicht haben sollte. Das ist alles, was er bisher erfahren hat.

Wir sprechen nicht weiter über seine Gefühle gegenüber Jennifer. Wenn ich das jetzt erzwingen wollte, würde ich nur das Gegenteil von dem erreichen, was ich will. Dennoch ist klar, daß Frank unter der rauhen Art, mit der er ihrem Interesse aus dem Weg geht, eine starke Reaktion auf sie verbirgt; und daß er diese Reaktion bei sich überhaupt zuläßt, ist für ihn ein weiteres großes Risiko.

# 12.

# »Ich bring sie um. Ich bring sie um«

**Donnerstag, 9. Februar**

*Gruppentherapie*

Frank spricht über sein Gefühl des Elends. »Lange Zeit hab ich mich einfach nur ständig hoffnungslos gefühlt, so nach dem Motto 'Wozu das alles überhaupt?' Alles war egal, und ich saß einfach bloß da und dachte mir, ich tauge nichts, und die ganze Welt taugt nichts, und warum schmeiß ich den ganzen Kram nicht einfach hin? Aber jetzt in letzter Zeit, ich weiß nicht wieso, krieg ich oft dieses unruhige Gefühl und kann einfach nicht stillsitzen. Ich fühle mich total unglücklich, und dann merke ich, daß ich durch die Gegend laufe, aber ich weiß nicht, was ich eigentlich suche. Oder ich bin so wütend, als hätte mir jemand was weggenommen, und ich weiß gar nicht, warum ich so sauer bin. Ich weiß nicht, ob's mir besser oder schlechter geht, aber ganz bestimmt tut sich irgendwas.«

Als Frank zu sprechen aufhört, schießt Jennifer einen raschen Blick zu mir hinüber, als hoffte sie, in meinem Gesicht zu lesen, ob diese Entwicklungen ein gutes oder ein schlechtes Zeichen sind. Ben, der Jennifer in der Gruppe gern unter seine Fittiche nehmen würde, bemerkt das. »Warum sehen Sie zu Jim hinüber, Jennifer? Meinen Sie, er würde uns jetzt ein Charakterbild von Frank entwerfen?«

Jennifer ist verwirrt und ein kleines bißchen beleidigt. »Ich hab nicht gemerkt, daß ich ihn angesehen habe. Ich wollte Frank gerade fragen, was ihn da wütend macht.«

Aber Ben läßt sich nicht so einfach abschütteln. »Ich glaube, Sie drücken sich, Jennifer, und versuchen, uns von sich selbst ab- und zurück auf Frank zu lenken.«

»Naja, kann sein. Aber ich wüßte wirklich gern, wenn ich damit nicht zu neugierig bin ... « Pause, rasches Atemholen, Umwenden zu mir. »Ich meine, wenn Sie nicht glauben, es wäre ... das Falsche, ich meine, nicht so gut, wenn Sie ... ehm, es sagen würden. Ich meine, ist das, was mit Frank passiert, etwas, was Sie möchten, oder? ... Ach, es geht mich ja sowieso nichts an. Lassen Sie schon.«

Und so kämpft Jennifer mit ihren Gefühlen, mit ihrer Anteilnahme und ihrer Angst, mit ihrem in Beziehungsein und ihrem Abgesondertsein. Sie fragt sich, ob es Frank besser oder schlechter geht. Sie fühlt sich unwohl bei ihrer Anteilnahmne. Sie meint, sie sollte nicht so »persönlich« werden, und sie weicht vor der Frage an mich zurück, weil sie Angst hat, es könnte für Frank nicht das Richtige sein, meine Ansicht zu hören. Nur ganz langsam kommt sie zu der Erkenntnis, wie sehr wir alle miteinander verbunden sind und aneinander Anteil haben.

## Donnerstag, 16. Februar

*Hal*

Hal ist zurück auf dem Stuhl, sackt darin zusammen in einer Unförmigkeit, die einen auffallenden Gegensatz zu seiner früheren Raubtieranmut bildet. »Ich habe nicht das Gefühl, daß ich irgendetwas Besonderes sagen wollte, Jim.« Er scheint weder traurig, noch zornig, noch in irgendeiner anderen mir erkennbaren Stimmung zu sein. Ich erinnere mich an seine Beschreibung »wartend«, und ich spüre einen kleinen Schauder im Rücken.

»Hal, wie sieht es jetzt gerade in dir aus?«

»Bloß irgendwie ... undurchdringlich, könnte man wahrscheinlich sagen. Ich meine, ich kann es nicht gut erkennen oder beschreiben. Ich hab anscheinend nicht viele klare Gedanken oder Gefühle. Ich habe das Gefühl, daß in mir gerade 'abgeschaltet' ist. Ich weiß nicht, wie ich es sonst ausdrücken soll.«

»Hast du gerade irgendwie das Gefühl, daß du auf etwas wartest, dich nach etwas sehnst, dir etwas wünschst?«

»Nicht daß ich wüßte. Nein, ich glaube nicht. Manchmal ...« Er hält inne, scheint nachzudenken.

»Manchmal?«

»Ich weiß nicht, was ich sagen wollte. Wahrscheinlich hänge ich einfach planlos meinen Gedanken nach ... nein, das trifft es nicht. Es ist, als ob ich in meinen Gedanken alte Bilder sortierte und nachschaute, welche ich behalten und welche ich rausschmeißen will.«

»Was zum Beispiel?«

»Zum Beispiel neulich abend, nachdem Greta und ich ins Bett gegangen waren. Ich weiß nicht, warum eigentlich ... Naja, vielleicht weiß ich's. Wir haben schon seit einer ganzen Weile nicht mehr miteinander geschlafen, und wahrscheinlich hat sich mein Körper gewehrt, aber ich war vom Gefühl her einfach nicht interessiert. Und ihr scheint es nicht allzu viel auszumachen und ...«

Er hält inne. Mir wird klar, wie wenig ich von Hals Alltag weiß, wie wenig irgendein Therapeut überhaupt wissen kann. Wir wissen so viel über die Menschen, mit denen wir arbeiten, so viel mehr als über fast jeden andern, und dennoch ist es so wenig. Ich sollte mich öfter daran erinnern. Es wäre ein Gegenmittel gegen meine eigenen Göttlichkeitsimpulse. Jetzt wieder zurück zu Hal: der sitzt einfach da, als hätte er vergessen, was er sagen wollte. Ich werde ungeduldig. Er macht mir Angst, wenn er so reglos ist, so - Hmmmm! Ich will das noch nicht mal in Gedanken aussprechen, wie? - so tot. Da ist es. Ungeduld, ich will ihn aufrütteln. Ich habe Angst, Angst vor dieser Leblosigkeit in ihm; sie ist wie ein langsam steigendes Wasser, das ihn schließlich bedecken und mitnehmen könnte.

»Was willst du, Hal? Jetzt in diesem Moment, wo du in diesem Sprechzimmer sitzst, was wünschst du dir da? Ich meine *in* dir innen drin; kannst du da irgendein Gefühl des Verlangens, des Wunsches, der Sehnsucht finden?«

»Nein, ich glaube nicht.«

»Du hast es noch nicht mal versucht, Hal.«

»Na gut.« Er hält inne, sein Gesicht scheint ein wenig Form anzunehmen aus dem reglosen Ausdruck, der so oft in letzter Zeit darauf gelegen hat. »Ich weiß es nicht, Jim, es geht anscheinend in letzter Zeit einfach nicht viel in mir vor. Laß es mich noch mal versuchen.« Er fährt sich mit der Hand über das Gesicht, versucht, es aufzuwecken.

»Stell dir Bilder vor, Hal.«

Er regt sich seufzend. »Ja, wie ich schon sagte, neulich abend kurz vor dem Einschlafen merkte ich plötzlich, daß ich an eines der Mädchen dachte, die ich manchmal auf dem Campus sehe. Eine Sekretärin oder sowas, ein bißchen älter als die Studenten, zieht sich aber an wie die. Du weißt schon, kein BH, Minirock, all das, was die jungen Leute jetzt machen, was so anders ist als zu unseren Zeiten. Dieses Mädchen, diese Frau ist wohl Mitte Zwanzig, süß, hübsche Figur und die kürzesten Miniröcke, die dir je begegnet sind. Wenn sie sich bückt, braucht man sich nichts mehr vorzustellen. Die jungen Leute scheinen das ganz selbstverständlich zu finden, aber ein alter Knacker wie ich ...« Er läßt den Satz unvollendet fallen.

»Was ist mit einem alten Knacker wie dir, Hal?«

»Ach, ich gucke hin. So weit hinüber bin ich noch nicht, daß ich nicht hingucke. Ich glaube, das ist alles, was ich will: hingucken. Und dann neulich abend gerade vor dem Einschlafen habe ich mir doch wahrhaftig alles Mögliche vorgestellt mit diesem Mädchen. Wahrscheinlich ist doch noch ein bißchen Leben in dem alten Knaben.«

Ich spüre die Erleichterung wie ein körperliches Gefühl. Hals Sexualphantasie bedeutet genau das: Es ist Leben in ihm, nicht nur das tödliche, langsam steigende Wasser. Ich möchte diesen Funken fördern: »Was hast du dir vorgestellt?«

»Sie kennenzulernen, irgendeinen Grund zu finden, ein Wochenende mit ihr wegzufahren, ihr dieses Minikleid vom Leib zu pellen, mit ihr ins Bett zu gehen, alles, was dazugehört.« Er hält inne, ein halbes Lächeln auf dem Gesicht, mehr Belebung, als er in Wochen gezeigt hat. Dann erstirbt das Lächeln, der leere Ausdruck kehrt zurück. »Aber ich werde nichts unternehmen. Es lohnt die Mühe einfach nicht. Ich wünschte, Greta und ich könnten einander zur Zeit mehr geben, aber wir sind so weit voneinander entfernt. Nicht nur körperlich, auch gefühlsmäßig. Sie weiß nicht, wo ich bin, und mir ist es wohl nicht wichtig genug, daß ich versuche, es ihr zu sagen. Sie hat ihr eigenes Leben, all die Dinge, in denen sie sich engagiert, und ich habe meines gehabt, und wir sehen einander selten wirklich.«

Er hält inne, denkt nach, und sein Gesicht belebt sich, weg von der Ausdruckslosigkeit von eben. »Manchmal denke ich, wir sollten uns scheiden lassen. Ich gebe ihr nicht viel, und sie scheint mir nicht viel geben zu können. Die Kinder sind in einem Alter, wo sie eine Scheidung ohne allzu große Schwierigkeiten verkraften könnten. Und dann ...«

»Dann könnte ich ... Ach, warum soll ich mir was vormachen?« Die Lebendigkeit verebbt, und er sinkt im Stuhl zusammen. Ich warte, aber er scheint nicht weitersprechen zu wollen.

»Was ist jetzt gerade geschehen? Du hast darüber nachgedacht, was eine Scheidung bedeuten könnte, und dann plötzlich bist du anscheinend völlig erschlafft.«

»Ach, nichts. Eigentlich gar nichts. Bloß, daß ich verdammt genau weiß, daß ich bloß rede, bloß Worte mache. Ich werde nicht versuchen, diese Biene aufs Kreuz zu legen. Ich werde mich nicht von Greta scheiden lassen. Ich werde nicht ...«

»Wirst was nicht?«

»Ach, ich weiß nicht, wahrscheinlich wollte ich sagen, werde nicht all die anderen Sachen tun, von denen ich mal geträumt habe.«

»Was zum Beispiel?«

»Zum Beispiel bei irgendwelchen Forschungsexpeditionen mitzumachen. Du hast nicht gewußt, daß das mein geheimer Ehrgeiz war, nicht? Ja, ich hab mir immer vorgestellt, daß ich eines Tages berühmt genug sein würde, daß ich eingeladen würde - oder wenigstens gerne mitgenommen würde - auf eine Expedition in irgendeine phantastische Gegend wie den Amazonas oder die Nilquellen oder irgendeinen anderen romantischen und aufregenden Ort. Weißt du, ich dachte immer, ich würde die ganze Welt kennenlernen. Ich meine, wenn ich über irgend einen phantastischen Ort las - Timbuktu oder Afghanistan oder Singapur - habe ich immer irgendwo den Gedanken gehabt: 'Eines Tages werde ich dahin kommen, das sehen.' Und jetzt weiß ich, daß ich es niemals tun werde. Wahrscheinlich werde ich keinen dieser Orte jemals sehen.« Er spricht nicht weiter und scheint tiefer in sich zu versinken.

»Niemals ... niemals«, meine Stimme ist leise, tonlos.

»Ich werde nichts davon tun: ein sexy Mädchen ins Bett holen, mich von Greta scheiden lassen, auf eine Expedition gehen, das größte Psychologiebuch aller Zeiten schreiben, was auch immer.«

»Du klingst ziemlich mutlos.«

»Nein, nein. Es ist keine Mutlosigkeit, ich bin bloß irgendwie lustlos. So ist es einfach. Es hat keinen Sinn, sich anzustrengen. Ich bin ein alter Muskelprotz, der es einfach nicht bringt. Ich träume einfach nur. Ich tue nichts; tue nicht das Geringste.«

»Nichts. Du tust nichts für dein Leben.«

»Ja, richtig. Ich hocke bloß rum und meckere.« Er fängt an, zornig zu werden. Das ist die Gelegenheit, die wir brauchen.

»Und die Zeit vergeht.«

»Und wie sie vergeht. Die Zeit geht einfach weiter, und ich hab kein Leben. Was für ein Leben hab ich denn gehabt? Ich hab immer davon geträumt, was ich alles tun würde: forschen, eine tolle Liebesgeschichte erleben, Bücher schreiben, einen Haufen Geld verdienen, alles sehen, alles tun. Lauter große Träume, und nichts hab ich getan; nichts, überhaupt nichts.«

»Wie alt bist du, Hal?« Versuchen, ihm zu helfen, die allmählich aufkommenden Gefühle zu spüren.

»Sechsundvierzig! Sechsundvierzig, das weißt du verdammt genau! Ich bin sechsundvierzig gottverdammte Jahre alt. Sechsundvierzig Jahre, die ich damit verschwendet habe, Gott sein zu wollen. Sechsundvierzig Jahre, in denen ich nicht mein eigenes Leben hatte. Ich bin noch immer einundzwanzig oder vielleicht sogar jünger. Ich bin nicht bereit dazu, sechsundvierzig zu sein! Ich bin nicht bereit für das mittlere Alter! Ich bin nicht bereit, alt zu sein! Verdammt! Verdammt! Verdammt!«

Er ist wütend, aber er spürt auch einen entsetzlichen Schmerz, das weiß ich. Er hat alles aufgestaut, fängt an, unruhig zu werden, taucht aus seiner Lähmung auf, sucht einen Weg, um sich zu befreien.

»Hal, du bist voller Gefühle und ...«

»Verdammt!« Er schreit, schneidet mir das Wort ab. »Ich möchte bloß schreien und fluchen und ...«

»Los, dann mach doch.«

»Aaaghh.« Ein erstickter Schrei in seiner Kehle.

»Du hältst es zurück.«

Er versucht zu schreien, aber der Ton kommt nicht richtig heraus. »Du nimmst dich zusammen, wie du es schon immer getan hast.«

»Aieee!« Das ist eher ein Klagelaut als ein Schrei, aber er kommt mit überraschender Kraft heraus. »Ach, zum Teufel, Jim, das ist albern.«

»Nochmal!« Drängend. »Nein, es ist nicht albern. Bleib bei deinem Gefühl.«

Aber diesmal ist Hal befangen, und der Ton ist wieder erstickt.

»Du würgst dich selbst ab, Hal. So wie du es sechsundvierzig Jahre lang getan hast. Du würgst dein Leben ab.«

»Scheiße! Schaaaiiße!« Plötzlich brüllt er so laut, daß ich aufschrecke, obwohl ich gedacht hatte, ich sei darauf gefaßt. Jetzt fängt er an, mit aller Kraft zu schreien, der Ton wird mit jedem Mal offener und voller. Er hämmert mit beiden Fäusten auf die Armlehnen im Takt mit den wilden Schreien, die aus seiner Kehle hervorbrechen. Sie sind ohrenzerreißend, furchterregend. Allmählich werden sie freier, scheinen ihn weniger zu zerreißen, aber auch dann noch schmerzt meine eigene Kehle mit. Ich merke, daß ich mich mit jedem Schrei zu ihm hinneige und die Töne spüre, als kämen sie aus meinem eigenen Bauch. Hal schreit auch für mich, merke ich; ich höre, wie ich selber mit ihm zusammen einen halben Schrei ausstoße. Ich tu es noch mal, und es tut gut und ist gleichzeitig schrecklich.

Ich will nicht fünfzig sein. Ich will nicht, daß meine Kinder groß sind und ich sie so wenig wirklich erfahren habe. Ich schreie mit Hal, und er schaut mich an, und die Tränen schießen ihm in die Augen. Ich will nicht so viele Jahre damit verloren haben, mein wirkliches Selbst zu verbergen, meine wahren Gefühle, um so zu sein, wie ich glaubte sein zu sollen. Und Hal und ich schreien. Meine Kehle schmerzt, und ein Teil von mir ist froh. Es ist zu spät, und wir schreien. Es ist nicht zu spät, und wir schreien. Es ist zu spät für so vieles, und wir schreien, und schreien, und schreien.

Allmählich lassen unsere Schreie nach, und wir weinen beide. Und wir sitzen, leer und seltsam in Frieden. Jeder von uns ist in sich selbst, und doch ist jeder bei dem anderen. Nach langer Zeit flüstert Hal: »Du auch, Jim?«

»Ja, oh ja.« Und wieder weinen wir beide.

*Jim*

Ich will noch einmal versuchen, die Grundwahrheiten zu formulieren, die mich meine Klienten mit solcher Geduld lehren. Die Form ist natürlich von Mal zu Mal verschieden. Das ist das Wunderbare dabei, das ist das Frustrierende dabei.

Menschen haben von Natur aus einen Hunger nach Leben, sind voller Gier nach mehr und erfüllterem Leben. Und doch vertagen oder beschränken wir unser Lebendigsein so oft. Ein Patient drückte es einmal so aus: »Ich erlebe mein Leben nicht, ich erzähle mir davon.«

Das Ausbrechen aus alten Mustern, seien sie nun individuelle oder gesellschaftliche, ist beängstigend, berauschend, befreiend, gefährlich und belebend. Aber das Ausbrechen nur um des Ausbrechens willen - wie das, in dem ein so großer Teil unserer Jugendkultur befangen ist - verschafft nur einen kurzen Energieschub und läßt uns um so gelähmter zurück. Dann suchen wir nach einem stärkeren Schub, verlagern das Ausbrechen weiter nach draußen und laufen Gefahr, daß das Ganze sinnlos wird.

Wie jede Handlung, die nur in Auflehnung gegen etwas anderes geschieht, ist auch dieses Ausbrechen immer noch von jenem anderen motiviert; es hat keine Eigenenergie.

Diese Gedanken nehmen allmählich Form an, als ich über meine Erlebnisse mit Louise nachdenke. In der ganzen Geschichte der Psychotherapie ist über die Frage diskutiert worden, wieviel persönliches Engagement zwischen Therapeut und Patient angezeigt ist. Ebenso hat die Frage, bis zu welchem Grad normale gesellschaftliche Tabus die Handlungen (im Unterschied zu bloßen Worten) von Therapeut und Patient diktieren dürften, immer wieder zu heftigen und selbstgerechten Äußerungen geführt, auf beiden Seiten.

Da ist auf der einen Seite der aus viktorianischen Moralvorstellungen und dem mechanistischen Bild von der Natur des Menschen hervorgegangene gesellschaftliche Kodex, der darauf besteht, daß im psychotherapeutischen Prozeß ein distanzierter, aseptischer und manipulativer Standpunkt einzunehmen sei. Andererseits ist da die existentielle Wirklichkeit lebendiger menschlicher Gefühle, Impulse, Bedürfnisse und Beziehungen. Dieser Körper lebendiger und lebensnotwendiger Erfahrungen schimmert durch das schäbige Kleid des Schicklichen hindurch und zeigt deutlich, welch ein Vertrauensbruch sich dahinter verbergen kann, daß man den herkömmlichen Sitten Priorität zumißt. Das gelebte Leben mißachtet solche feinen Sitten häufig und ist stattdessen fordernd, unordentlich und rücksichtslos.

Sie will mehr Leben, riskiert viel, um es zu erreichen. Ich will mehr Leben für mich selbst ... und für sie. Auch ich riskiere viel.

Ich glaube das von ganzem Herzen. Oder denke ich da nur »vernünftig«? Vielleicht, bis zu einem gewissen Grade; deswegen ist es aber doch nicht falsch. Vielmehr kommt es eben nur einem Teil der Motivation auf die Spur.

## Montag, 3. April

*Louise*

Spielt das Schicksal in unserem Leben mit? Manchmal scheint es so. Dr. Elliott, der neue Leiter von Louises Dienststelle, ist wie ausgewählt, sie zu zwingen, sich dem Konflikt zu stellen, der zwischen ihren Ansichten und ihrem Zwang zu gefallen herrscht.

»Ich bin heute schon wieder zu Dr. Elliott bestellt. Das ist das vierte Mal in den letzten zwei Wochen. Es macht mich unruhig. Wahrscheinlich versuche ich immer noch sehr, es ihm rechtzumachen - schließlich ist er mein Chef - aber andererseits versuche ich dauernd, bei ihm für meine Studenten wieder gutes Wetter zu machen. Neulich abend habe ich Don erzählt, daß ...«

»Sie sehen sich jetzt öfter?« (Interessiert, Jim? Warum unterbrichst du sie?)

»Oh ja!«

»Hm. Was haben Sie ihm erzählt?«

»Daß Dr. Elliotts Wirkung auf die Mitarbeiter bisher darin bestanden hat, daß wir untereinander reizbarer sind und dennoch gleichzeitig irgendwie enger zusammenrücken.«

»Wie läuft es mit Don?« (Offensichtlich interessiert er mich mehr als Dr. Elliott. Vorsicht!)

»Ach, es ist so schön, wieder mit jemandem zusammen zu sein. Wissen Sie, daß es fast zwei Jahre her ist, daß ich mehr als eine einzige Verabredung mit jemandem hatte?«

»Wie kommt das?«

»Wahrscheinlich daher, daß ich dagegen bin ... gleich intim zu werden?«

»Intim?«

»Ach, Sie wissen schon, gleich beim ersten Mal richtig mit Sex anzufangen. Ich meine, viele Männer, wenn die einen ausführen, dann scheinen sie zu denken, daß man mindestens ziemlich heftig Petting mit ihnen machen sollte, wenn nicht sogar ins Bett gehen.«

»Und Sie wollen das nicht?«

»Jedenfalls nicht so schnell. Ich möchte vielleicht ein bißchen zärtlich sein, aber ich will wirklich nicht ... so schnell mehr körperliche Nähe.«

»Und bei Don?«

»Wir sind uns langsam nähergekommen.«

»Wie läuft das?«

»Hm, es ist schön. Er ist ein sehr sanfter und warmer Mensch. Ich bin wirklich gern mit ihm zusammen.«

»Sie klingen sehr korrekt und förmlich.«

»Naja, ich weiß nicht, warum Sie das alles wissen wollen.«

»Aber fragen tun Sie mich nicht.«

»Also gut, warum wollen Sie es wissen?«

»Fragen Sie jetzt, weil ich das gesagt habe, oder weil Sie es wissen möchten?«

»Ach, zum Teufel mit Ihnen! Warten Sie einen Moment (Pause). Also, warum wollen Sie es wissen?«

»Ich glaube, es ist eine Mischung aus dem Wunsch, daß Sie sich dessen bewußt bleiben, wie Sie mit diesem Vorstoß auf ein relativ neues Gebiet umgehen, und aus dem persönlichen Interesse, das ich als Mann an Ihnen habe.«

»Oh!«

»Was heißt das?«

»Äh .. es heißt, daß ich dieses persönliche Interesse gespürt habe, aber nicht erwartet hatte, daß Sie das je so direkt aussprechen.«

»Jetzt habe ich es getan.«

»Ja, und ich bin froh, daß Sie es getan haben. Also, Don und ich haben keinen Sex gehabt. Nein, das stimmt nicht. Wir haben nicht miteinander geschlafen. Aber wir küssen uns und berühren uns, und das ist so schön. Es ist so lange her. Ich weiß nicht, ob ich ihn wirklich liebe oder nicht, aber ich liebe es, nah bei ihm zu sein und unsere Wärme zu spüren. Er ist so ein lieber Mensch, so liebevoll.«

*Frank*

Als ich heute auf Franks Klingeln hin ins Wartezimmer gehe, erkenne ich ihn fast nicht wieder. Er ist sauberer, ordentlich gekleidet in etwas abgetragene Hosen und Strickjacke, Schuhe nicht gerade gewienert, aber doch geputzt, und Haar und Bart auf eine sehr präsentable Länge gestutzt. Und er ist sehr befangen. Keiner von uns sagt etwas, bis er im Sprechzimmer sitzt.

Frank zündet sich mit übergebührlicher Konzentration eine Zigarette an, wobei er eine große Sache daraus macht, sie richtig anzuzünden und den Aschenbecher auf seiner Armlehne zu arrangieren. Dann fixiert er seinen üblichen Fleck an der gegenüberliegenden Wand mit einem grimmigen Blick. Ich warte ruhig. Er regt sich, nimmt einen tiefen Zug aus seiner Zigarette, klopft angelegentlich die Asche ab, schaut das brennende Ende genau an, zieht wieder daran, klopft sie wieder ab.

»Scheiße!« Was für ein wunderbares Wort ist das doch, mit so vielen möglichen Nuancen. Es ist erstaunlich, wie lange wir ein so handliches verbales Instrument unterdrückt haben. Jetzt drückt Frank in zwei kurzen Silben intensive Gemütsbewegung, Ärger über diese Gemütsbewegung und den Wunsch aus, ich möchte das Schweigen brechen.

»Sie sehen sehr verändert aus, Frank, aber klingen tun Sie ganz wie immer.«

»Ja. Ich hab 'nen Job.«

»Gut. Wenigstens nehme ich an, es ist gut. Stimmt das?«

»Ich komm mir vor wie ein Idiot. Das wissen Sie, nicht? Ich meine die Kleider und meine Haare und der ganze Kram. Ich weiß nicht, warum, aber so komm ich mir vor. Und das stinkt mir. Ich finde es eklig, mich so zu fühlen.«

»Es ist wirklich scheußlich, befangen zu sein, weil man aus einer Schablone ausbricht.«

»Was meinen Sie mit 'aus einer Schablone ausbrechen'? Was für eine Schablone?« Pause. »Ach, lassen Sie schon, ich weiß, was Sie meinen. Schaai-ße! Ich fühle mich, als wollte ich anfangen, mich mit Ihnen zu kabbeln, wie wir das früher getan haben.«

»Ja, das würde uns irgendwas zu tun geben und ...«

»Aber gleichzeitig hab ich es satt, meine Zeit und mein Geld auf diesen Mist zu verschwenden. Also hören Sie zu, ich hab einen Job. Sie glauben es nie. Erinnern Sie sich an den alten Knacker im Cosmopolitan Hotel, den, der gedroht hat, mich rausschmeißen zu lassen wegen etwas, was ich zu ihm gesagt habe? Gandowsky. Ja, Ephraim Gandowsky. Jedenfalls lief er mir in der Cafeteria über den Weg, und der alte Knabe war unheimlich freundlich. 'Wie geht's Ihnen? Was treiben Sie so?' Lauter so'n Mist. Zuerst war ich mißtrauisch, aber er hat es wahrhaftig ehrlich gemeint. Also waren wir bald am Quatschen wie zwei alte Weiber, und er hat mir all den neuesten Scheiß aus dem Hotel erzählt. Anscheinend ist Berman befördert worden, und Hicks - das war der Portier - ist entlassen worden, und noch jede Menge so Zeug. Tatsache ist, es stellt sich raus, daß Gandowsky sich beschwert hat, weil sie mich gefeuert haben. Stellen Sie sich das vor! Er hatte davon gehört, wie ich mit dieser Biene gebumst hatte, und er war total angetörnt davon. Hat mich die ganze Sache erzählen lassen, und hat sich so aufgeregt, daß ich dachte, jetzt geht ihm gleich einer ab, mitten in der Cafeteria. Er hat gelacht wie ein Verrückter. Dann hat er gefragt, was ich mache, und als ich ihm gesagt hab, daß ich total pleite bin, sagt er, er gibt mir 'nen Job. Anscheinend hat er 'ne große Druckerei drüben in Kenmore. Meinte allerdings, ich müßte ein bißchen anständiger aussehen, und da bin ich nun. Schaai-ße! Was für'n verrückter Handel, was?«

»Ich finde, er klingt recht gut.«

»Ja, ich sag ja auch nichts dagegen. Wissen Sie, er ist ein ziemlich anständiger alter Knabe. Sagte mir allerdings, bei ihm müßte ich die Finger von den Frauen lassen. Aber wissen Sie, das hätte ich nie von ihm gedacht. Ich meine, ich hätte nie gedacht, er würde jemandem wie mir irgendeine Chance geben. Ich weiß nicht, was er davon hat. Vielleicht will er, daß ich ihm unanständige Geschichten erzähle. Schwul ist er nicht, glaube ich. Jedenfalls hat er sich nicht so benommen.«

»Es fällt Ihnen schwer zu begreifen, warum irgendjemand Sie mögen oder etwas für Sie tun wollen sollte.«

»Ach, ich weiß nicht. Ich frag mich bloß ... Ach was, lassen Sie schon. Ich kapier nicht, worauf er aus ist. Er ist total ...«

»Sie fühlen sich wirklich jedes Mal unwohl, wenn ich auch nur den entfernten Verdacht äußere, Sie könnten etwas mit Gefühl oder Nähe zu tun haben.«

»Ach Herrgott nochmal, das sagen Sie mir dauernd! Das ist ein Haufen Scheiß, das wissen Sie ganz genau. In Wirklichkeit ist jeder darauf aus, soviel zu kriegen wie er kann, also kommen Sie mir nicht mit diesen Sprüchen von der Heilsarmee.«

»Es würde Ihnen viel besser gehen, wenn Sie einen Streit mit mir anfangen könnten, statt sich mit diesem elenden Gefühl in Ihrem Inneren zu befassen.«

»Was für ein elendes Gefühl?«

»Das, das Sie merken würden, wenn Sie nicht so ein Theater abziehen würden, um sich abzulenken.«

»Ich weiß nicht, was Sie meinen. Sie haben diese verrückten Ideen von ...«

»Frank, ich fange an, wieder in das alte Spiel reinzurutschen, und Sie auch. Ich will da raus, und ich glaube ein großer Teil von Ihnen will es auch.«

»Ja, ich will meine Zeit nicht mehr mit diesem Scheiß verlieren.«

»Ich auch nicht.«

»Aber jetzt mal ehrlich, was für ein elendes Gefühl meinen Sie?«

»Warten Sie einen Moment, Frank, und schauen Sie, wie es sich in Ihrem Bauch jetzt gerade anfühlt. Was spüren Sie wirklich in Ihrer Mitte außer unserer Kabbelei, außer den Einzelheiten über Ihren neuen Job, außer irgendwas sonst? Was spüren Sie jetzt gerade in sich?«

Er hält inne, sinkt in seinen Stuhl, schiebt die Hände in die Taschen, so daß seine Schultern fast die Ohren berühren. Frank hat einen weiten Weg hinter sich; er versucht jetzt wirklich, mit mir zu arbeiten. Hab Geduld, sage ich mir; ändere du erst mal so viel an deinen eigenen Macken, Jim.

»Jim, ich weiß es nicht. Es ist schwer zu fassen. Hauptsächlich spüre ich so eine Art Bauchweh, bloß fühlt es sich nicht so an, als wär es in meinem Bauch oder ein echter körperlicher Schmerz, und trotzdem ist es das auch. Ich meine, ich glaube, mir geht's schlecht, aber ich weiß nicht wieso. Hergott nochmal! Ich hab gerade einen Job bekommen und noch dazu einen besser bezahlten als in dem lausigen Hotel, warum sollte es mir schlecht gehen?«

»Warten Sie, Frank. Lassen Sie das mal einen Moment beiseite. Sie waren eben wirklich kurz in Kontakt mit Ihrem Bauch. Bleiben Sie einfach dabei, geht das?«

Wieder Schweigen. Dann schaut er zu mir auf, und es scheint das erste Mal, daß Frank und ich uns wirklich ansehen. Sein Gesicht ist vollkommen nackt, völlig bar des mürrischen, defensiven Ausdrucks. »Ich bin einfach so verdammt allein, daß ich kotzen könnte.«

## Donerstag, 13. April

*Gruppentherapie*

Der Frühling kommt mit blühenden Blumen, Blättern an den Bäumen und weniger verhüllenden Kleidern bei den Frauen. Ach Frühling, du herrlicher Frühling!

In der Gruppe läßt das Gespräch auf Frühjahrsmüdigkeit schließen.

Louise: »Ich habe im Dienst Schwierigkeiten, das habe ich Ihnen ja schon erzählt, mit meinem Direktor. Das ist vielleicht ein harter Brocken! Ich glaube, der hat seit dem Zweiten Weltkrieg keine neue Idee mehr gehabt.

Und Sie wissen doch, wie ich immer versuche, daß die Leute mich mögen? Also merke ich, daß ich das bei ihm genauso mache. Und ich hasse das. Ich meine, ich hasse das ehrlich.«

Jennifer: »Das klingt ganz ähnlich wie das, was ich am College machen muß. Der Disziplinarbeauftragte will, daß wir sehr energisch - sogar hart - durchgreifen, um die Studenten zu disziplinieren, die gegen irgendwelche Vorschriften verstoßen, und ich tue das nicht gern.«

Kate: »Was Sie beide da tun müssen, muß sehr schwer sein. Ich glaube nicht, daß ich das könnte.«

Ben: »Allmählich klingt das hier wie ein Seminar des Akademischen Verwaltungsrats.«

Kate: »Oh! Oh, ich ...«

Ben: »Sie nicht, Kate. Unsere beiden Damen von der Verwaltung sind es, die hier Ihren großen geistigen Orgasmus haben. Sie haben über Gefühle gesprochen.«

Louise: »Ich hatte es nicht abstrakt gemeint.«

Frank: »Sie brauchen sich nicht zu entschuldigen, um ihm zu gefallen.«

Louise: »Stimmt, das brauche ich nicht. Also, Ben (sarkastisch), es tut mir leid, daß Sie die tieferen Gefühle nicht zu würdigen wußten, denen Jennifer und ich Ausdruck verliehen haben.«

Jennifer: »Ja, Sie haben das Wichtigste nicht verstanden, was nämlich mit Gefühlen zu tun hat, daß Louise und ich echte emotionale Schwierigkeiten haben.«

Ben: »Wahrscheinlich haben mich Louises Titten abgelenkt. Die sehen heute abend noch besser aus als sonst.« Kate sieht so aus, als wäre ihr das peinlich.

Hal: »Ben, Sie sind ordinär.«

Ben: »Irgendjemand muß uns hier doch wieder auf den Teppich holen. Na los doch, haben Sie nicht alle gemerkt, was für eine tolle Figur sie hat?«

Louise: »Sie machen mich verlegen.«

Kate: »Ich glaube, das macht ihnen Spaß.«

Louise: »Da wir schon mal dabei sind, kann ich Ihnen ja sagen, daß ich mich immer wegen meiner großen Brüste geschämt hab. Ich wünschte, ich hätte eine Figur mehr wie Jennifer.«

Jennifer: »Was?« Sie starrt Louise an. »Sie nehmen mich wohl auf den Arm.«

Louise: »Nein. Sie sind so schlank und sportlich. Ich fühl mich im Vergleich zu Ihnen irgendwie schwerfällig und fett.«

Jennifer: »Ist das Ihr Ernst (ungläubig)?«

Louise: »Oh ja (traurig). Wirklich.«

Jennifer (sieht mich an): »Dazu haben Sie sie angestiftet, nicht wahr, Jim?« Sie muß einfach jemandem die Schuld geben können - sogar jetzt!

Jim: »Nein, das hab ich nicht. Was bedeutet Ihnen das?«

Jennifer: »Ich glaube es einfach nicht. Ich sehe Sie an und denke mir: 'Wenn ich bloß so eine Figur hätte wie Louise, dann hätte Bert wahrscheinlich nie diese Affäre gehabt.' Wenn ich Ihre Figur hätte (sie wendet sich zu Louise), dann hätte ich keine Probleme, glaube ich; jedenfalls nicht mit Männern.«

Louise: »Jetzt bin ich es, die dieses Gespräch für eine abgekartete Sache hält. Ist das Ihr Ernst, Jennifer?«

Ben: »Ich werde euch mal was sagen. Jetzt zieht ihr euch beide bis zur Taille aus, und wir anderen sagen euch, wer von euch beiden das beste Pärchen hat.«

Kate: »Das ist doch nicht Ihr Ernst, Ben.«

Hal: »Das hätte er bloß gerne, Kate.«

Die Gruppe geht über zu einer Diskussion über Bens ständiges Bedürfnis, das Gespräch auf Sexuelles zu bringen, wo es auch nur irgend möglich ist. Er läßt sich ohne merkbare Befangenheit darauf ein. Dies führt zu nützlichen Eingeständnissen und Diskussionen darüber, wie gehemmt die meisten Gruppen in Sachen Sexualität sind.

Ich bin fasziniert von der Art, in der Jennifer und Louise Spiegelbilder ihrer Idealfigur (und vermutlich -persönlichkeit) darstellen. Die Gruppe profitiert davon, wenn sie diese Projektionen voneinander in Worte fassen.

## Montag, 17. April

*Jennifer*

»Ich hab noch mal darüber nachgedacht, wie Louise sagte, sie wünschte sich so eine Figur wie ich. Ich weiß nicht, ob ich Ihnen je erzählt habe - neulich abend dachte ich, ich hätte vielleicht - wie sehr ich mich wegen meiner flachen Brust immer geschämt habe. Ich meine, ich habe zwar einen Busen, aber er ist so klein, er ist wie bei einem jungen Mädchen. Ich hab alles versucht, um ihn größer zu machen. Ich habe sogar daran gedacht, mir Silikonspritzen geben zu lassen, aber ich ... irgendwie finde ich das ekelig.«

Sie liegt in der üblichen Stellung auf der Couch, nur hat sie die Arme nicht wie sonst nach oben und die Hände hinter den Kopf gelegt, sondern über den anstößigen Drüsen verschränkt. Sie hat noch nie so offen mit mir gesprochen, und ich finde es interessant, daß sie das jetzt ohne merkliche Verlegenheit tut.

»Wissen Sie, Ellen hat schöne, volle Brüste. Ich habe gedacht, daß das wahrscheinlich zum Teil ihren Reiz für Bert ausmachte.« Sie hält inne, irgendetwas arbeitet in ihr. »Ich glaube, ich war doppelt zornig auf ihn, denn dadurch, daß er sich jemanden gesucht hat, der etwas hatte, was ich nicht hatte ... Naja, Sie wissen schon, was ich meine.«

»Sprechen Sie es lieber aus.«

»Naja, es hat alles doppelt so schlimm gemacht. Es war, als wollte er sagen, daß ich nicht Frau genug für ihn wäre! Ach, ich werde wütend, wenn ich bloß dran denke, aber ...« Ich merke, daß sie weint.

»Aber?«

»Aber ich bin nicht bloß wütend. Eigentlich bin ich im Moment eher verletzt als wütend. Warum war ich ihm nicht Frau genug?« Sie schluchzt ganz offen. »Ich wollte es sein. Es ist doch nicht meine Schuld, daß mein Brust so klein ist. Und außerdem hat er das gewußt, als er mich geheiratet hat. Warum?« Sie weint heftiger. »Warum mußte er sie vögeln? Ich vögele selber gern. Ich hab gern mit Bert gevögelt. Wirklich. Ich bin ziemlich gut im Bett. Das hat er oft gesagt. Warum?« Sie gibt dem Schluchzen nach, und ich warte still, schiebe die Schachtel mit den Taschentüchern mehr zu ihr hinüber.

Endlich läßt das Weinen nach, sie wischt sich die Augen und sieht zu mir mit so herzzerreißender Traurigkeit in all ihren Zügen auf, daß es mir innerlich die Kehle zuschnürt.

»Er fehlt mir so, Jim. Ich denke so viel an ihn, jeden Tag. Ich will, daß er nach Hause kommt.« Sie hält inne, als hörte sie sich selbst zu. Dann spannen sich ihre Kiefer an, und die Tränen versiegen.

»Nein, das will ich nicht. Ich will ihn nie wieder sehen. Er hat mir weh getan. Er hat mich betrogen. Er würde es wieder tun. Es ist mir egal, was er sagt. Ich kann ihm nicht trauen. Ich kann nicht riskieren, wieder verletzt zu werden.«

»Ihre Gefühle in beide Richtungen sind sehr stark, nicht?«

»Ja, aber ich weiß, was am besten für mich ist. Ich werde mich von ihm scheiden lassen müssen. Oh!« Eine neuer Sturz von Tränen. Wieder gibt sie ihm kurz nach und ruft sich dann zur Ordnung.

»Sie sind fest entschlossen, diese Gefühle wegzuschieben.«

»Ich muß. Ich muß unbedingt.«

»Um jeden Preis?«

»Um jeden Preis.«

## Montag, 1. Mai

*Frank*

Die Stunde heute zeichnet sich durch zweierlei aus: Frank hütet sich fast die ganze Stunde lang, seine Einsamkeit zu erwähnen oder irgendetwas, was entfernt damit zu tun haben könnte; und in den letzten Minuten - beziehungsweise, als er schon aufsteht, um zu gehen - läßt er die Maske kurz wieder fallen.

»Ach, ja. Also ... also, jetzt ist keine Zeit mehr dafür, aber ...«

»Aber?«

»Ach, ich hab von Jenny geträumt. Nicht wichtig. Ich bin wahrscheinlich bloß scharf auf sie.« Er geht zur Tür.

»Sie wollen das aber wirklich kurz abtun.«

»Ja, naja, ich weiß, daß jemand auf Sie wartet und ...«

»Und dann brauchen Sie sich nicht mit dem Traum auseinanderzusetzen.«

»Ja, also, es war wirklich nicht so viel. Oder jedenfalls kann ich mich nicht an viel erinnern. Ich hab sie bloß irgendwie im Arm gehalten, und sie hat's zugelassen, und es schien ihr zu gefallen, und ...« Er hält inne, die Hand an der Klinke. Ich weiß, daß wir die Sitzung beenden müssen, aber da geht noch viel mehr in Frank vor, also warte ich schweigend.

»Jim, ich mag diese Frau wirklich. Wissen Sie das? Wenn ich dächte, ich hätte auch nur die geringste Chance ... Ach, Scheiße! Ich muß gehn.« Und er schlägt die Tür hinter sich zu, bevor ich irgendetwas sagen kann.

Frank nähert sich genau den Gefühlen, die er den größten Teil seines Lebens zu meiden bestrebt war - emotionale Anteilnahme an anderen. Er wagt außerdem, mich das wissen zu lassen, und das rührt mich warm an.

*Jim*

Während Frank sich allmählich aus seiner Isolierung löst und es zuläßt, andere Menschen zu mögen, lernt er auch allmählich die Trauer um verpaßte Gelegenheiten kennen, um etwas, das unwiederbringlich vorbei ist. Diese Trauer gehört zu den schmerzlichsten Empfindungen, die wir haben können:

- Ein scheuer junger Mann sieht die Frau seiner Träume in den Armen eines anderen davongehen, weil er selbst nie den Mut hatte, sie anzusprechen.
- Eine unverheiratete Frau schaut voller Neid den spielenden Kindern zu, die sie sich selbst aus übergroßer »Tugend« versagt hat.

- Ein ungelernter Arbeiter sieht, wie seine Klassenkameraden in leitende Stellungen aufrücken, die er selbst nie erreichen wird, weil er seine Chance auf Bildung verspielt hat.
- Die Gelegenheit zu einem guten Geschäft wurde wegen mangelnder Risikobereitschaft verpaßt.
- Eine Ehe wurde zerstört, weil eine verborgene Feindseligkeit nie offen ausgesprochen und dann durchgearbeitet wurde.
- Die Kinder wurden im Scheidungsurteil dem andern zugesprochen, weil man selber eine Sucht nicht beherrschen konnte.
- Ein Roman wurde nie geschrieben, eine Melodie nie gesungen, ein Garten nie gepflanzt, eine Liebe nie erfüllt, eine Erfindung nie ausgeführt, eine Hoffnung nie verwirklicht.

All diese Enttäuschungen rufen Verzweiflung, Zorn, bittere Trauer hervor - umso mehr, je mehr wir erkennen, wie die Unvollständigkeit unseres eigenen Wesens sie verursacht hat.

## Donnerstag, 11. Mai

*Hal*

Hal ist wieder der alte, aber doch verändert. Er ist weniger ungestüm, ruhiger, ohne fade zu sein; und er gewinnt an Selbstvertrauen, findet seine Orientierung in einer neuen Identität.

»Wenn du Zeit hast nach dieser Stunde, möchte ich, daß du mit rauskommst und dir mein neues Auto anschaust. Es ist nicht bloß ein neues Auto, Jim, es ist eine neue Art, sich zu bewegen - und das meine ich nicht nur im räumlichen Sinn. Ich glaube, ich habe dir das nie erzählt, aber bisher mußte ich immer ein großes Auto haben, mindestens einen Buick. Ich hatte tausend Gründe dafür, aber ich glaube, der wahre Grund war der, daß jemand so Wichtiges wie ich sich nicht in einem gewöhnlichen Auto sehen lassen konnte. Also, die neue Kutsche ist ein nagelneuer - mach dich auf was gefaßt - Chevy! Jawoll, zweitausendfünfhundert Eier. Ein Haufen Geld, aber nicht so viel, als wenn ich noch immer einen Buick oder ein Oldsmobile haben müßte. Dieses neue Leben wird mir noch Geld sparen.«

»Du bist heute wirklich obenauf, Hal. Das ist schön zu sehen.« (Mir fällt der neue Chevy ein, der mich 1940 mit allen Extras 865 Dollar gekostet hat. Mann! Die Preise sind wahrhaftig gestiegen!)

»Ja, ich bin obenauf. Es kommt mir vor, als hätte ich lange Zeit ein heftiges Fieber oder so etwas gehabt, und jetzt werde ich wieder gesund. Es fühlt sich herrlich an, und ich weiß, daß du dabei ebenso mit mir fühlst wie damals, als ich ganz unten war. Jim, ich möchte, daß du weißt, wieviel mir das bedeutet.«

»Ich glaube, ich weiß es, Hal, weil ich entsprechend fühle.«

»Ja, ich glaube, das tust du tatsächlich.«

»Und nun?«

»Es kommt mir so vor, als machte ich mich bereit, allein zu fliegen. Nein, jetzt noch nicht, aber die Zeit rückt näher. Es tut mir leid, wenn ich daran denke, daß unsere Arbeit zuende geht, aber ich freue mich, weil ich mir neue Möglichkeiten erschließe.«

»Zum Beispiel?«

»Ich habe dafür gesorgt, daß jemand meinen Platz in dem Projekt am Institut übernimmt. Ich war einfach nicht mehr mit dem Herzen dabei. Vielleicht ziehe ich ein anderes Projekt auf, oder vielleicht bau ich meine Praxis einfach mehr aus. Ich habe einen guten Supervisor gefunden, der mir bei all diesen Veränderungen helfen wird. Kennst du Paul Kleiner?«

»Ich habe Gutes über ihn gehört.«

»Und Greta und ich werden nächsten Monat eine Woche freinehmen und allein wegfahren und herausfinden, wie es um unsere Beziehung steht.«

»Du verlierst keine Zeit, die Dinge in Bewegung zu bringen.«

»Ich hab schon zuviel Zeit verloren, Jim.«

## Donnerstag, 18. Mai

*Gruppentherapie*

Jennifer und Louise haben ein loses Bündnis aufgebaut, bei dem meistens eine reagiert, wenn die andere etwas sagt, und sie sich gelegentlich verbünden, wenn Bens Frotzelei zuviel wird. Hal, von seiner Qual befreit, nimmt jetzt sehr stark an der Gruppe teil, obwohl er immer noch zurückhaltender ist, als ich erwartet hätte. Ben ist heute abend nicht da, weil er an die Ostküste gereist ist. Das Gespräch hat sich wieder dem Thema Liebe und sexuelle Beziehungen zugewandt, ein Thema, das Gruppen oft nach Jahren gesellschaftlicher Hemmungen auf diesem Gebiet nützlich finden. Die jüngere Generation würde wahrscheinlich viele unsere Diskussionen mehr als harmlos finden, aber für diese Leute ist das Gespräch erfrischend und hilfreich.

Louise: »Ich habe Gefühle, die ich schon so lange nicht mehr hatte. Es ist ein tolles Gefühl, eine Beziehung zu so einem guten Mann aufzubauen.«

Kate: »Wie schön. Ich hatte schon ganz lange keinen Mann mehr in meinem Leben.«

Frank: »Ist er auch Sozialarbeiter?«

Louise: »Nein, er ist Arzt, Psychiater, der bei uns Sprechstunden abhält. Wissen Sie, ich bin fast vierzig, und es kommt mir vor, als hätte ich außer ein paar Jahre lang niemals wirklich ein Leben als Frau gehabt. Deswegen bedeutet mir das soviel.«

Kate: »Ich möchte nicht indiskret sein, aber haben Sie viel Erfahrung mit Männern?«

Louise: »Ist in Ordnung, Kate, es macht mir nichts aus, darüber zu sprechen. Vielleicht hilft es mir auch, die Dinge nicht überzubewerten. Ich hatte immer mal Verabredungen, aber mehr nicht: Ich wollte einfach die Leute nicht, die bloß mal jemand zum Vögeln haben wollten.«

Frank: »Haben Sie je ... ich meine, sind Sie ...«

Hal: »Also hören Sie mal, Frank, seien Sie nicht so neugierig.«

Frank: »Ach, Scheiße, das soll hier doch 'ne Therapiegruppe sein und keine Sonntagsschule. Ich wollte bloß wissen, ob ...«

Louise: »Ob ich noch Jungfrau bin? Nein, Frank. Ich habe ein paar sexuelle Erfahrungen, nur eine ernsthafte Affäre, und daraus wurde nichts.«

Frank: »Warum nicht?«

Louise: »Er war verheiratet, und es ging einfach nicht.«

Jennifers Gesicht spannt sich plötzlich an. Sie starrt Louise an, als wollte sie sie mit Blicken durchbohren. Sie rutscht unruhig hin und her, in ihr spielt sich ein Kampf ab.

Frank: »Wann war das?«

Louise: »Vor ein paar Jahren. Eine Zeitlang war es wunderschön ...«

Jennifer: »Haben Sie ... ich meine, wahrscheinlich geht's mich nichts an, aber ... also, ich wollte bloß wissen ...« Sie ist hin- und hergerissen, wagt kaum zu sprechen und muß doch sprechen.

Louise: »Es ist okay, Jennifer, es macht mir jetzt nichts mehr aus, darüber zu sprechen. Was wollten Sie mich fragen?«

Jennifer: »Ja, bloß ... ich meine, war er verheiratet, als Sie ... ?«

Louise: »Ja, aber ...«

Kate: »Louise, wie lange ist das her?«

Louise: »Ach, in mancher Hinsicht kommt es mir vor, als wäre es erst gestern gewesen; aber dann wieder wie ewig lange her. Es ist merkwürdig, daß es immer noch so weh tun kann.«

Hal: »Es klingt, als wäre es sehr traurig gewesen - daß es zu Ende ging, meine ich.«

Louise: »Ja, das war es leider. Eine Weile lang dachte ich, ich hätte endlich gefunden, was ich immer gesucht hatte, aber dann ... Wahrscheinlich gab es die ganze Zeit keine Hoffnung für mich.«

Jennifer: »Was für ein Recht hatten Sie, sich Hoffnungen zu machen, wenn Sie mit einem verheirateten Mann schliefen?« Sie ist zornig, lehnt sich angespannt vor.

Louise: »Ich weiß nicht. So hab ich es nicht gemeint.« Sie ist bestürzt, weicht zurück.

Jennifer: »Sie bumsen bloß zum Spaß mit ihm, und die Frau ist Ihnen egal, ist es das?« Ihre Augen funkeln vor Zorn, die Hände ballen sich zusammen, öffnen sich, ballen sich.

Louise: »Nein, nein. Ich meinte bloß ... Ich meine, ich habe an mein Leben gedacht und ...«

Jennifer: »An sich gedacht und bloß an sich selbst. Alle anderen Leute sind Ihnen egal. Oh, Sie Biest, Sie, Ihnen würde ich's gerne zeigen!«

Frank: »Du lieber Himmel, Jenny, Louise hat nicht gesagt, daß ihr andere Leute egal sind. Wieso werden Sie so sauer?«

Kate: »Denken Sie daran, sie hat so etwas von der andern Seite erlebt.«

Hal: »Jennifer« - er versucht, zu ihr durchzudringen - »es ist gut zu sehen, daß Sie mit Ihren Gefühlen hier sind, aber Sie sind wirklich hart zu Louise.«

Louise weint und sieht verwirrt aus: »Hören Sie zu, Jennifer, ich weiß, was das für Sie bedeutet, aber laden Sie Ihre Last nicht auf mir ab. Was Sie sagen, tut weh, aber ...«

Jennifer: »Ach ja, es tut weh? Haben Sie ein Glück, daß ich Ihnen nicht so weh tun kann, wie ich gern möchte. Sie dreckiges Biest! Sie verlogenes, mieses Weibsbild! Ihnen ist nichts wichtig, außer sich von dem Mann einer anderen Frau auf's Kreuz legen zu lassen. Sie sind nicht Frau genug, um einen eigenen Mann zu kriegen, stattdessen gehen Sie hin und stehlen einer andern ihren. Ach, ich wäre am liebsten gar nicht mir Ihnen im selben Raum.«

Kate: »Jennifer, mein Mann ist auch zu einer andern gegangen.«

Jennifer: »Das ist mir doch egal. Alles ist mir egal. Ich möchte bloß diesem Miststück die Augen auskratzen, und ...«

Frank: »Meine Güte, Jenny, Sie sind aber wirklich eine Furie. Louise ist nicht so, wie Sie sagen. Sie sollten ...«

Jennifer: »Kate, wie können Sie hier ruhig sitzen und dulden, daß diese ... diese Männerdiebin mit uns redet?«

Kate: »Weil ich eine traurige Lektion gelernt habe, Jennifer. Niemand hat meinen Mann gestohlen. Die Frau, die ihn 'genommen hat', wie Sie sagen würden, hatte meine Unterstützung.«

Jennifer: »Ich versteh Sie nicht. Meinen Sie, Sie wollten, daß er zu ihr ging?«

Kate: »Sicher nicht bewußt. Bloß glaube ich einfach nicht, daß irgendein Mensch irgendeinen andern Menschen stehlen kann. Ein Ehemann ist keine Brieftasche. Ich denke, ich habe meinem Mann nicht gegeben, was er brauchte, und darum war er empfänglich für andere Möglichkeiten.«

Jennifer: »Naja, das mag für Sie zutreffen, aber ich ... ich bin einfach so verletzt, und ich werde so wütend. Es war so unfair, so unfair.«

Hal: »Was war unfair?«

Jennifer: »Er ist mit meiner Freundin ins Bett gegangen.«

Hal: »Was ist daran unfair?«

Frank: »Zum Teufel, warum lassen Sie sie nicht in Ruhe? Sehen Sie nicht, wie weh ihr das tut?«

Jennifer: »Nein, ich verstehe nicht. Warum sieht denn nicht jeder, daß es unfair war, daß er mit einer andern Frau ins Bett gegangen ist? Mit meiner Freundin!«

Kate: »Natürlich sehe ich das. Es hat Ihnen weh getan.«

Hal: »Aber was ist daran 'unfair'?«

Kate: »Es ist, als ob die Spielregeln gebrochen würden. Das Gefühl kenne ich, Jennifer, aber ich wünschte, Sie könnten sehen, was Sie dazu beigetragen haben, daß das passiert ist.«

Jennifer: »Ich hab gar nichts getan.«

Hal: »Das nehm ich Ihnen nicht ab. Es gehören drei dazu, wenn ein Ehemann fremdgeht. Und ich glaube, dem wollen Sie sich nicht stellen.«

Frank: »Sie mit Ihren Predigten kotzen mich an.«

Jennifer: »Ja, mich kotzen Sie auch an. Sie alle. Sie scheren sich einen Dreck um Anständigkeit und Fairness. Sie sind alle so unfair. Sie ergreifen Partei für dieses Miststück. Sie finden sie auch noch toll, weil sie mit dem Mann einer andern bumst. Also, ich will Ihnen mal was sagen,« sie wendet sich an Louise, »Sie dreckiges Schwein, ich würde Sie nicht mal anspucken; ich wäre nicht mal im selben Raum wie Sie, wenn nicht ...«

Louise stößt einen schrillen Schrei aus: »Oh! Oh! Sie selbstgerechtes Biest, Sie! Ich hab Ihnen oder Ihrem Mann überhaupt nichts getan, und Sie beschimpfen mich hier, wie Sie nur können. Wofür halten Sie sich eigentlich, daß Sie so mit mir reden?«

Hal: »Gut zu sehen, daß Sie rauskommen und sich wehren, Louise.«

Louise: »Wahrscheinlich habe ich 'ne lange Leitung, aber jetzt bin ich wirklich wütend. Hören Sie zu, Mädchen,« zu Jennifer, »Sie sind ganz schön unverschämt, Leute so abzuurteilen. Kein Wunder, daß Ihr Mann sich jemand Verständnisvolleres gesucht hat, wenn Sie mit ihm auch so umgesprungen sind!«

Jennifer: »Sie hergelaufenes Stück, wagen Sie es ja nicht, so mit mir zu reden!«

Kate: »Jennifer, Jennifer, das können Sie nicht machen! Sie können nicht ...«

Jennifer: »Und Sie! Spielen Sie mir doch nicht die allweise Mutter! Ich weiß nicht, was Sie gemacht haben, um Ihren Mann aus dem Haus zu treiben, aber sagen Sie mir nicht, ich hätte das Gleiche getan. Ich war immer treu in unserer Ehe! Ich war fair. Ich war fair!« Das schreit sie fast, versucht, bei irgendjemand Gehör zu finden.

Hal: »Sie fühlen sich im Moment sehr alleingelassen, Jennifer.«

Jennifer: »Natürlich! Dieser Haufen von ... Diese Leute sagen mir alle, daß es meine Schuld war, daß Bert mit Ellen ins Bett gegangen ist. Sie sind auf seiner Seite. Und das ist nicht fair. Er hat Schuld. Bert hat Schuld.«

Hal: »Jennifer, das haben wir nicht gesagt.«

Jennifer. »Haben Sie wohl. Versuchen Sie doch nicht, sich rauszureden.« Sie ist rasend vor Verzweiflung und Zorn, schlägt nach allen Seiten um sich.

Frank: »Jenny, machen Sie langsam. Sie sind total daneben.«

Jennifer: »Keiner von Ihnen gibt irgendetwas um Gelübde und Treue und Ehe. Wahrscheinlich würde jeder von Ihnen jederzeit mit jedem bumsen. Also, ich will mit Ihnen nichts zu tun haben. Ich finde Sie widerlich! Und Sie, Jim, ist das Ihre Vorstellung von dem, was mir nützen soll? Ich hab Ihnen doch gesagt, ich sollte nicht mit diesen Leuten zusammen sein. Ich habe schließlich eine Moral. Ich bin nicht bloß ein Vieh, das sich paart. Ich ...«

Louise: »Sie haben eine Moral, aber Sie sehen die Menschen nicht. Sie verurteilen und wollen strafen, alles innerhalb Ihres eigenen selbstgerechten Systems.«

Hal: »Jennifer, was Louise sagt, klingt hart, aber sie hat recht. Sie klingen wirklich entsetzlich selbstgerecht.«

Jennifer: »Ach, bedeuten Ehre und Versprechen Ihnen eigentlich nichts? Bedeutet es gar nichts, daß Bert sein Versprechen gebrochen hat? Es ist so unfair! Sie sind so unfair! Alle sagen, es ist meine Schuld. Bin ich vielleicht mit Ellen oder sonst jemand ins Bett gegangen? Er hat den Spaß gehabt, und jetzt stellen sich alle auf seine Seite und sagen, es war meine Schuld.«

Frank: »Mann! Sie tun sich aber echt leid, was?«

Hal: »Es klingt, als würden Sie so etwas gern mal selber machen.«

Louise: »Sie könnte es nicht zulassen, so etwas zu wollen. Die Regeln sind wichtiger.«

Jennifer: »Da haben Sie verdammt recht, sind sie auch. Ich habe Grundsätze. Grundsätze, hören Sie? Von sowas haben weder Sie noch sonst irgendjemand hier eine Ahnung.«

Hal: »Und was ist mit dem Grundsatz, daß man kein Urteil fällt, ohne Beweise zu haben?«

Jennifer: »Ach, Sie tun so scheinheilig und würdevoll, aber wahrscheinlich sind Sie genauso wie die anderen. Haben Sie schon mit Louise gevögelt? Warum nicht? Wahrscheinlich juckt es sie schon, den nächsten verheirateten Mann einzufangen. Stimmt's, Louise?«

Frank: »Jenny, Sie können wirklich gemein sein, wenn Sie's drauf anlegen, nicht?«

Louise: »Sie sind doch nicht etwa eifersüchtig, Jennifer? Sind Sie sicher, daß Sie Hal nicht gern selber hätten?«

Jennifer: »Oh, Sie ... Sie ... ich lauf nicht rum und mach für jeden X-Beliebigen die Beine breit, so wie Sie!«

Louise: »Hören Sie zu, Mädchen, schließen Sie nicht von sich auf andere. Sie kennen mich ja gar nicht. Sie wissen bloß das, was Ihre kranke Phantasie sich einbildet. Und Sie müssen eine ziemlich schmutzige Phantasie haben.«

Jennifer: »Ich hab es nicht nötig, mir solche Sachen von einer Nutte sagen zu lassen. Ich geh jetzt und fahr nach Hause und nehme ein Bad und versuche, mir all den Dreck abzuwaschen, in dem Sie sich hier so gerne wälzen.«

Hal: »Jennifer, Sie wollen jetzt bloß noch auf alle losgehen. Es ist Ihnen egal, was Sie sagen und ob Sie jemandem weh tun.«

Jennifer: »Ach, ich dachte, Sie wären anders, aber ...«

Kate: »Jennifer, Sie sind wirklich bloß noch selbstgerecht. Ich würde gerne zu Ihnen halten, aber allmählich krieg ich auch eine Wut auf Sie.«

Jennifer: »Geben Sie sich keine Mühe. Ich brauch weder Sie noch sonst jemand.« Sie ist jetzt rasend, greift nach ihrer Handtasche, läßt sie fallen, verstreut den Inhalt, weint, schreit.

Louise: »Was ist los, können Sie nichts vertragen? Austeilen können Sie, aber einstecken nicht. Wenn's brenzlig wird, möchten Sie kneifen und nach Hause rennen. Kein Wunder, daß Ihr Mann eine richtige Frau wollte.«

Hal: »Das war unter der Gürtellinie, Louise.« Nachdenklich, besorgt um beide.

Jennifer: »Scheiß auf Sie!« Kreischend. »Ach, ich hasse Sie! Ich hasse Sie! Ich kratz Ihnen die Augen aus!« Sie fährt aus ihrem Stuhl hoch und stürzt sich auf Louise.

Frank: »Holla, Jenny.« Er bekommt sie zu fassen, und sie fallen auf den Fußboden. Sie spuckt und kratzt.

Frank. »Lieber Gott, haben Sie Kräfte.«

Jennifer: »Lassen Sie mich los! Der werd' ich's zeigen. Ich bring sie um! Ich bring sie um! Oh! Oh!« Sie hört, was sie sagt, hört wieder das Wort »umbringen« und bricht plötzlich zusammen. All ihre Wut ist verschwunden. Sie liegt schlaff in Franks Armen und schluchzt und schluchzt. Frank hält sie mit erstaunlicher Zärtlichkeit. Die anderen in der Gruppe sitzen gebeugt, erschöpft von diesem Gefühlssturm, der über uns alle hinweggefegt ist. Kate und Louise weinen. Hal ist in seinem Stuhl zusammengesunken und hat das Gesicht in den Händen vergraben. Ich bin plötzlich so müde, daß ich meine, ich könnte mich kaum rühren. Obwohl ich wenig gesagt habe, habe ich auf der Stuhlkante gesessen, bereit einzugreifen, wenn es mir nötig erscheinen sollte, aber entschlossen, die Sache wenn irgend möglich ihren Lauf nehmen zu lassen, denn ich spürte, daß es für fast jeden hier im Raum wichtig war.

Louise hebt den Kopf und sagt leise zu Jennifer: »Jennifer, es hat Zeiten gegeben, da habe ich mich selbst übler beschimpft als Sie eben, aber ich möchte Ihnen sagen, daß es nicht so war, wie Sie glauben. Ich meine, er war verheiratet, das stimmt. Aber er lebte von seiner Frau getrennt, und zu der Zeit, wo wir zusammen waren, glaubte er wirklich, daß es mit seiner Ehe völlig zu Ende wäre. Erst als seine Frau herausfand, daß wir zusammen waren, hat sie beschlossen, daß sie ihn doch wollte. Und ich hab ihn gedrängt, zu ihr zurück zu gehen, weil ich mich so schuldig fühlte. Jetzt wünsche ich, ich hätte es nicht getan. Sie haben es nicht geschafft, und er ist irgendwoanders hingezogen, und ich habe ihn nie wieder gesehen.«

»Es tut mir leid.« Jennifer weint und hebt kaum den Kopf.

Die Gruppenmitglieder sprechen flüsternd, in kurzen Sätzen miteinander, suchen ihre Sachen zusammen, zögern zu gehen. Normalerweise macht die Gruppe eine Nachsitzung ohne mich, wenn die offizielle Zeit vorbei ist. Heute wird es keine geben. Ohne daß es ausgesprochen wird, ist allen klar, daß wir im Moment emotional ausgelaugt sind.

Ich bleibe still sitzen, warte ab, wie es Jennifer geht. Vielleicht möchte sie eine Gelegenheit, um mit mir zu sprechen. Louise tätschelt weinend Jennifers Schulter, lächelt mir schwach zu und geht hinaus. Die anderen gehen auch, und Frank und Jennifer richten sich langsam und etwas befangen auf aus der Position, in die sie in jenem letzten Augenblick des Kampfes gefallen sind. Ich glaube, Jennifer hat sich in Franks Umarmung versteckt, wollte es nicht wagen, den anderen ins Gesicht zu sehen. Jetzt dreht sie sich zu mir, alle Emotionen sind aus ihrem Gesicht verschwunden außer innerem Schmerz. Ihre Augen sind gerötet und mit Wimperntusche verschmiert.

»Ich bin da, Jennifer, wenn Sie jetzt reden möchten.«

Ihre Stimme ist heiser von ihrer zugeschnürten Kehle und dem vielen Weinen. »Nein, es ist schon gut. Ich geh nach Hause. Ich habe ja morgen einen Termin bei Ihnen.« Sie steht auf und geht rasch hinaus.

Frank sieht mich fragend an.

»Ich weiß nicht, Frank. Ich weiß es wirklich nicht. Wir werden ihr vertrauen müssen.« Innerlich bin ich überrascht von dieser Umkehrung: Früher einmal hatte sich Jennifer um Frank Sorgen gemacht.

»Okay, dann gute Nacht.« Er geht, und ich schließe die Praxis ab, müde bis in die Knochen.

# 13.

# »Wir haben uns ganz schön geschlagen, nicht wahr?«

**Freitag, 13. Mai**

*Jennifer*

Ben ist verreist, und ich habe seinen Neun-Uhr-Termin heute nicht anderweitig vergeben. Der Uhrzeiger kriecht langsam auf 9.45 Uhr zu, Jennifers Termin. Bei diesem Schneckentempo wächst die Angst, die ich seit ihrem Weggang gestern abend verspüre. Ebenso wie Frank habe ich mir Sorgen gemacht, wie sie damit fertig werden würde, nach dieser Orgie von Wut allein zu sein. Sie hat keine engen Freunde, und sie hat schon einmal an Selbstmord gedacht. Hätte ich mehr tun sollen?

Da jetzt bereits Morgen ist, ist es zu spät, irgendetwas zu tun. Ich kann nicht sagen, was sie vielleicht braucht, bis ich sie sehe. Ist es immer noch nicht soweit? Noch fünf Minuten.

Während ich auf Jennifer warte, fällt mir wieder einmal Pete ein - Pete mit dem raschen Lächeln und den rasch aufkommenden grüblerischen Stimmungen. Es ist inzwischen einige Jahre her, daß er die Therapie an einem Punkt abbrach, wo er zwar einige Fortschritte gemacht hatte, uns aber beiden klar war, daß noch mehr zu tun war. Dann rief er eines Donnerstag nachmittags etwa vier Monate nach unserer letzten Sitzung an und bat um einen Termin. Mein erster freier Termin war am folgenden Montag; Pete sagte, das sei in Ordnung, und wir legten auf. Am Samstag betrank er sich, nahm eine Überdosis Tabletten und starb.

In Zeiten wie jetzt, wo ich nicht sicher bin, was ein Klient von mir braucht, kommt Pete mir wieder in den Sinn. Was hätte ich tun können? Habe ich irgendwelche Hinweise in der Art, wie er am Telephon sprach, übersehen? Lag mir zu viel an meinem ungestörten Wochenende? So viele Fragen und keine wirklich befriedigenden Antworten.

Es ist 9.47 Uhr, und Jennifer ist nicht da! Wo ist sie? Sollte ich bei ihr zuhause anrufen? Es sieht ihr nicht ähnlich, zu spät zu kommen. Sie hält sich so strikt an Zeitpläne und Verabredungen und Formen. Das hat sich natürlich geändert. Ach, wirklich? Erinnere dich mal an gestern abend. Au weia! Und wie ich mich erinnere. Es ist 9.48 Uhr. Los, Jennifer, nun kommen Sie endlich!

Vielleicht sollte ich zu ihr hinfahren. Ich weiß noch nicht mal, wo sie wohnt. Wo ist ihre Karteikarte? Ach, sie wohnt in Santa Monica. Fünfzehn, zwanzig Minuten braucht man bis dahin. Oder von da hierher. Um diese Tageszeit könnte es Verkehrsprobleme geben. Jetzt ist es 9.50 Uhr. Sie hat sich oft genug durch den Verkehr von dort nach hier gekämpft; daran kann es nicht liegen. Es sei denn, es wäre irgendein besonders dikker Stau irgendwo. Ob ich im Radio Verkehrsnachrichten kriegen kann? 9.51 Uhr.

Keine Verkehrsnachrichten, bloß der Rat, »Ban« unter den Achseln zu benutzen, wenn ich in meinem Beruf Erfolg haben will. Ban wird Jennifer im Moment nicht helfen. Mir auch nicht. Wo zum Teufel stecken Sie, Jennifer? Es ist 9.53 Uhr. Wenn ich jetzt losführe zu ihr, könnte ich sie verpassen, wenn sie hierher kommt. Wenn ich zu lange warte und sie sich tatsächlich etwas angetan hat - Tabletten, Messer, Schußwaffe? War das die Außentür?

Mein Summer ertönt. Ich lasse alles los, was ich gerade denke und tue. Langsam jetzt, Bugental, dreimal tief durchatmen. Mach dich leer. Ich weiß nicht, warum sie zu spät kommt; bring nichts in unsere Zeit hinein, was nicht hineingehört.

Sie setzt sich auf den Stuhl, statt wie gewöhnlich zur Couch zu gehen. In ihrem Gesicht und um ihren Mund arbeitet es, während sie versucht, Worte zu finden. Obwohl ich überhaupt keinen Blick für so etwas habe, kommt es mir vor, als trüge sie noch dieselben Kleider wie gestern abend.

»Es tut mir leid, daß ich zu spät bin. Ich komme nicht von zuhause und hab mich mit der Zeit verschätzt.«

»Sie sehen völlig erschöpft aus, Jennifer.«

»Bin ich auch.« Fast unhörbar. »Ich schäme mich so.«

»Sie scheinen sich selbst zu verurteilen.«

Pause. »Ja, wahrscheinlich. Ich verurteile alle anderen, warum nicht auch mich selbst?«

»Mmmmmm.«

»Ich muß Ihnen etwas sagen. Ich ... ich ... ich war über Nacht bei Frank.«

»Ach?«

»Wir haben nicht ... wir haben keinen Geschlechtsverkehr gehabt. Aber wir ... wir ... haben miteinander geschlafen. Ich meine, wir haben in einem Bett geschlafen ... ohne irgendetwas an. Finden Sie das schrecklich von mir?«

»Was finden Sie selbst?«

»Ich weiß es nicht.« Sie weint. »Ich weiß es nicht. Ich habe so etwas noch nie getan. Ich frage mich, ob Louise recht hatte. War ich eifersüchtig? Wollte ich ... mit einem Mann zusammen sein? Es war so schön zu spüren, wie er mich im Arm hielt. Ich war mit keinem Mann zusammen seit ... seit Bert mir erzählt hat ...« Sie weint heftiger. »Ich weiß nicht, warum wir uns nicht geliebt haben. Ich wollte. Aber Frank wollte nicht.« Das Weinen hört auf. »Glauben Sie, er wollte mich nicht, hatte nur Mitleid mit mir?«

»Wie schwer es Ihnen fällt, zu akzeptieren, daß jemand Sie mag, auch wenn er sich anders verhält als Sie es möchten.«

»Oh!« Sie ist getroffen, fährt zurück.

»Es tut weh, das zu hören, nicht wahr?« Sanft, aber beharrlich.

»Oh ja.« Die Tränen kommen. »Ich finde es nicht schön, wenn Sie so etwas sagen. Aber wahrscheinlich stimmt es. Ja, es stimmt. Ich glaube, Frank mag mich wirklich auch.«

»Und jetzt können Sie das in sich hineinlassen.«

»Ja, und ich mag ihn. Ich glaube, er hätte mich gern geliebt. Ich habe es gespürt, wissen Sie ...« Verlegen.

»Ja, Jennifer.«

»Er wollte es nur nicht auf diese Weise tun. Aber, Jim ...«

»Mmmm?«

»Ich schon. Ich wollte, daß er mich liebt. Und dabei bin ich noch verheiratet!«

»Und es verstößt gegen die Regeln, wenn eine verheiratete Frau sich wünscht, daß ein Mann, der nicht ihr Ehemann ist, sie liebt?«

»Ja, ich ... Also, nein, nicht wenn sie es sich bloß wünscht. Aber ich hätte es auch getan. Und ich bin immer noch mit Bert verheiratet. Auch wenn er nicht zuhause wohnt. Wir sind noch immer verheiratet.«

»Noch immer verheiratet.«

»Ja, und ich will mit ihm verheiratet sein, mit Bert. Und trotzdem wollte ich auch, daß Frank ... Ach, ich bin völlig durcheinander!«

»Durcheinander in Bezug auf Ihre Wünsche?«

»Ja. Ich meine, nein. Ich meine, ich will mit Bert zusammensein, und ich wollte gestern nacht wirklich Frank lieben, und ... ach, ich habe alles so vermasselt. Glauben Sie, er haßt mich jetzt?« Und ich frage mich, ob sie Bert meint oder Frank.

Sie weint, als wollte ihr das Herz brechen. Allmählich läßt das Weinen nach, wird befreiender. Obwohl das Ende unseres gemeinsamen Weges noch viele Monate entfernt ist, beginnt Jennifer, das Unannehmbare anzunehmen, sich selbst.

Jennifers Erziehung hat sie gelehrt, ihr eigenes einzigartiges, inneres Sein nicht zu beachten und alle ihre Anstrengungen darauf zu richten, die Regeln zu lernen und sie getreulich zu befolgen. Es war ihr so wichtig, alles richtig zu machen, daß sie manchmal kaum mit mir sprechen konnte. Sie versuchte, alles in Erwägung zu ziehen und sich über jegliche mögliche Folge dessen, was sie sagen würde, Rechenschaft zu geben; und so endete es damit, daß sie kaum in der Lage war, überhaupt etwas zu sagen. Ihr Leben war ihrem Sprechen sehr ähnlich. Alles, was sie unternahm, mußte den Spießrutenlauf ihrer Selbstkritik absolvieren und wurde schließlich oft entweder gar nicht oder nur schlecht in die Tat umgesetzt. Perfektionismus ist ein sicherer Weg, menschliche Anstrengung zu blockieren und das innere Gewahrsein zu übertönen.

*Frank*

Frank kommt langsam, fast widerwillig ins Sprechzimmer, sieht mich nicht an. Ich frage mich, ob er glaubt, daß ich ihm böse sein würde, weil er Jennifer zu sich nach Hause und ins Bett genommen hat. Ich erinnere mich an die Wärme, mit der sie während ihres Interviews vor ein paar Stunden von seiner Zärtlichkeit sprach, und an meine Überrraschung, als ich hörte, daß er sich geweigert hat, Geschlechtsverkehr mit ihr zu haben, obwohl sie nackt zusammen geschlafen haben. Mir ist warm ums Herz, und ich bin seltsam stolz auf diesen ängstlichen, zornigen Mann und den großen Schritt, den er letzte Nacht getan hat, aber ich bezweifle, ob er diese meine Gefühle in diesem Moment erkennen oder ertragen könnte. Eines Tages vielleicht.

Wieder kriegt die Stelle an der Wand einen von Franks grimmigen Blicken ab. Er macht eine langwierige Angelegenheit daraus, sich richtig hinzusetzen, eine Zigarette anzuzünden, den Aschenbecher richtig hinzustellen, die ganze Routine. Dann öffnet er den Mund zu seinem Lieblingswort.

»Schaa-iße!«

»Hmmm?«

»Scheiße. Scheiße! Scheiße! Das ist alles. Einfach bloß Scheiße!« Er ist zornig.

»Mann! Sie klingen wirklich stinkwütend. Was ist los?«

»Ich weiß nicht, was ich überhaupt hier mache, zum Teufel. Ich weiß nicht, warum ich verflucht noch mal überhaupt hierhergekommen bin. Ich glaube, ich habe keinen Funken Verstand in meinem ganzen dämlichen Schädel, sonst würde ich machen, daß ich hier rauskomme.«

Ich warte. Was auch immer sich in Frank zusammenbraut, geht viel tiefer und ist viel stärker als alles, was ich erwartet hätte. Er ist voller Schmerz, sehr heftigem Schmerz, aber ich habe keinen Ahnung, warum. Also warte ich.

»Aahh, zum Teufel! Jim! Warum haben Sie mir nicht längst gesagt, ich sollte mich dahin scheren, wo ich hingehöre? Was mache ich hier überhaupt? Was mache ich bei Leuten wie Ihnen und Hal und Louise und ...«

»Und Jennifer?«

»Na gut, verdammt noch mal, ja, und Jennifer. Arme Jenny! Herrje, es tut ihr so fürchterlich weh. Wissen Sie, wie weh es ihr tut? Ach, natürlich wissen Sie das, aber zum Teufel, was ist das Leben gemein! Arme Jenny! Sie hat's Ihnen erzählt, nicht? Jim, ich konnt sie einfach nicht allein lassen. Sie war halb wahnsinnig gestern abend, glauben Sie mir. Ich hatte Angst um sie. Ich mußte einfach bei ihr bleiben. Wahrscheinlich denken Sie, das war beschissen, hm?«

»Was war beschissen, Frank?«

»Daß ich sie nach Hause und ins Bett mitgenommen hab. Sie hat's Ihnen erzählt, oder?«

»Erzählen Sie es mir, Frank.«

»Ich hab nur ein Bett, wissen Sie, und ... ich hab zuerst in meinem Sessel geschlafen, aber sie sagte, sie hielte es nicht aus allein zu sein und wollte in den Arm genommen werden.«

»Mm-hmm.«

»Also haben wir ... ach, Scheiße! Wir haben uns ausgezogen. Ich kann nicht im Schlafanzug schlafen. Darum geht's auch gar nicht. Ich wollte sie ... wollte mit ihr vögeln, aber ...«

»Aber?«

»Ach, Herrgottnochmal! Wofür halten Sie mich! Ich konnte doch nicht mit ihr vögeln, so gebrochen, wie sie war. Das wäre ja, als würde man ein Baby vögeln oder sowas.«

»Es scheint Ihnen schwerzufallen, es einfach stehenzulassen, daß Sie sich wirklich liebevoll und hilfreich verhalten haben.«

»Ach, das ist alles Quatsch, das wissen Sie ganz genau. Ich würde Jenny wahnsinnig gerne bumsen, und es kann auch gut sein, daß ich es tue. Bloß gestern abend wollte ich nicht.«

»Um es mit Ihren Worten zu sagen: Schaa-iße!«

»Sie wissen ja überhaupt nicht, wie man das richtig sagt. Ich wette, Sie haben bis vor kurzem nie 'Scheiße' gesagt.«

»Frank, ich finde, Sie sind ein ganz toller Kerl, daß Sie das gestern nacht für Jennifer getan haben. Würden Sie das bitte hören und die Vernebelung lassen?«

»Was meinen Sie mit 'Vernebelung'?«

»Hoppla, damit wollen wir nicht wieder anfangen. Das haben wir hinter uns.«

»Ja, Sie haben recht. Aber Sie wissen verdammt genau, daß ich mich unwohl fühle, wenn Sie so etwas sagen; warum tun Sie's es also?«

»Was zum Beispiel?«

»Jetzt spielen Sie das Spielchen.«

»Sie haben recht. Na gut, also weiß ich, daß es Ihnen unwohl wird, wenn die Leute sehen, daß Sie warmherzig und liebevoll sind, aber Frank, ich denke, es ist an der Zeit, daß wir uns mit diesem Unbehagen auseinandersetzen, damit Sie mit Ihrem Leben weiterkommen können. Ich glaube, Sie haben es nicht mehr nötig - jedenfalls nicht mehr in dem Maße - sich immer noch auf den Mythos des harten Kerls zu versteifen, der keine Gefühle hat und keinen Menschen braucht oder liebt.«

»Nicht so schnell, Jim.« Er hat echte Angst. Seine Stimme ist so heiser, als hätte ich ihn an den Rand eines Abgrunds getrieben - und wahrscheinlich hab ich das wirklich.

»Ja, ich höre.«

»Jim, einen Moment lang konnte ich Sie eben wirklich hören, es ging mir durch und durch. Und Sie haben recht, aber es erschreckt mich zu Tode. Oh Gott, Jim, ich hab solche Angst. Ich möchte bloß hier rausrennen und einfach weiterrennen und nie anhalten. Ich möchte all das vergessen, worüber wir hier gesprochen haben, und all die Leute in der Gruppe und vor allem Jennifer.« Seine Stimme verliert sich.

Dies ist eine jener magischen Stunden, die man manchmal mit manchen Leuten erleben kann und mit anderen nie, eine Zeit, wo jemand merkt, daß er selbst innerlich offen ist und das erkennen kann, was er normalerweise vor sich selbst verbirgt, wo er mir so vertraut, daß ich in das geheimste Selbst eines anderen eingelassen werde, eine heilige Zeit. Gegen Ende der Stunde taucht Frank wieder auf.

»Jenny wollte mich heute abend sehen. Ich habe ihr gesagt, ich müßte arbeiten. Das stimmt nicht, aber ich habe Angst, sie zu sehen.«

»Was macht Ihnen Angst, Frank?«

»Ich habe Angst ihretwegen. Sie will wirklich zu ihrem Mann zurück, und wenn sie sich zu sehr mit mir einläßt, wird sie sich immer solche Vorwürfe machen, daß sie es mit ihm nicht packen wird.«

»Ich verstehe.«

»Also werde ich sie wohl nicht anrufen oder sonst irgendwas.«

»Aber Sie würden gern.«

»Ja. Ja, ich würde gern.«

»Und das ist das Zweite, was Ihnen Angst macht.«

»Ja.«

Wir sitzen eine Minute schweigend, stellen uns Jennifers und Franks Gefühlen, stellen uns der Tatsache, daß er sie gehen lassen muß.

## Montag, 22. Mai

*Louise*

Mit geröteten Augen, traurigem Gesicht, schweigend, so läßt sich Louise auf der Couch nieder. Mehrere Minuten liegt sie so da, und ihr Weinen wird allmählich stärker. Immer noch spricht keiner von uns. Die Zeiten sind lange vorbei, wo ich ihr half, den Anfang zu finden; sie kennt den Weg, und sie tut ihre Arbeit auch ohne meine Hilfe.

Schließlich nimmt sie sich noch ein Taschentuch und beginnt zu sprechen. Ihre Stimme ist anfangs kaum zu hören, aber allmählich wird sie lauter.

»Ich bin so durcheinander.« Sie weint heftiger. »Ich weiß gar nicht, wie ich es alles sagen soll.«

»So, wie's kommt. Versuchen Sie noch nicht, es zu sortieren.«

»Also, nach der Gruppe dachte ich ... oder am Ende der Gruppe dachte ich, ich würde es schaffen. Ich meine, ich dachte, ich wüßte, wo ich war. Dann kam ich nach Hause und fing an, mich fertigzumachen, ins Bett zu gehen, und da fiel mir wieder ein, was ich alles Scheußliches gesagt hatte, und ... ich wäre am liebsten gestorben. Ich mußte immer daran denken, was ich zu dieser armen Frau gesagt hatte, die so unglücklich war. Und ich dachte, die ganze Gruppe und Sie müßten mich hassen. Ich dachte nicht, daß ich je wieder hierherkommen könnte, und ich wußte, ich würde mich nie mehr in die Gruppe trauen.« Sie schweigt, weint; jetzt kommen die Schluchzer.

»Mm-hmmm.« Laß es sie auf ihre Weise tun.

»Dann dachte ich, ich müßte Sie unbedingt anrufen, Ihnen sagen, daß es mir leidtäte, herausfinden, wie ich Jennifer erreichen kann, mich bei ihr entschuldigen. Ich hätte Sie fast mitten in der Nacht angerufen. Aber als ich über Jennifer nachdachte, änderten sich meine Gefühle, und ... und plötzlich war ich wütend. Ich war wahnsinnig wütend, und mir fielen noch ein Haufen andere Sachen ein, die ich am liebsten zu ihr gesagt hätte, und ich wußte, ich konnte ihr nicht ehrlich sagen, daß es mir leidtäte. Ich hätte gelogen. Aber dann dachte ich daran, wie Sie und die anderen mich wahrscheinlich hassen würden, weil ich so ... Ach, ich weiß es nicht. Denn mittendrin in all dem, habe ich ...«

»Haben Sie was?«

»Plötzlich habe ich gehört, wie Sie mich fragten: 'Haben Sie die Gefühle, die ich gerne bei Ihnen sehen würde?' In diesem spöttischen Ton, den Sie manchmal an sich haben. Und ganz plötzlich habe ich ...«

»Mmm?«

»Ich hab ganz laut zu Ihnen gesagt. 'Scheren Sie sich zum Teufel, Bugental! Ich hab eine Wut, und es ist mir egal, wer das merkt.' Und dann fing ich an zu lachen, da im Dunkeln im Bett hab ich laut gelacht. Aber dann haben Sie gesagt - in meinem Kopf, meine ich - 'Sind Sie zornig, weil Sie wissen, daß ich das gut finde?' und ich wußte es nicht, und jetzt ...«

»Jetzt?«

»Wissen Sie, was jetzt ist?« Überrascht. »Ich fühl mich viel besser. Ich meine, jetzt gerade. Ich wollte, ich würde überhaupt nicht darüber nachdenken, was Sie von all dem halten, aber ich tu es. Und ich hoffe, daß Sie nicht wütend auf mich sind oder angewidert. Aber ich glaube nicht, daß Sie mich wegschicken würden, selbst wenn Sie es wären, und ...«

»Und?«

»Und wenn Sie es versuchen, nehm ich's auch mit Ihnen auf! So!« Sie wendet sich um und grinst mich an. Ich versuche, nicht zurückzugrinsen, aber ich schaffe es nicht. Und so lachen wir miteinander.

Dann werde ich wieder ernst. »Und so haben Sie's mir schließlich doch recht gemacht, eh?«

»Ach, zum Teufel mit Ihnen!«

## Montag, 22. Mai

*Kate*

Das erste, was mir auffällt, als Kate eintritt, ist ihre Kleidung. Sie trägt ein buntes Kleid mit Blumenmuster, das gerade eben ihre Knie bedeckt (ich glaube, ich hatte gar nicht gewußt, daß sie Knie hat), eine verspielte Halskette und einigermaßen hohe Absätze. Ich glaube, auf der Straße hätte ich sie nicht erkannt. Sie sieht so viel jünger aus! Ich merke, daß sie in meiner Vorstellung viel älter war, eher in Billies Alter, als die vierzig Jahre, die sie wirklich ist. Sie ist eine attraktive Frau!

Sie läßt sich im Sessel nieder, kreuzt ihre, wie ich entdecke, hübschen Beine und lächelt mich erwartungsvoll an. Wahrscheinlich sollte ich sie es zuerst sagen lassen, aber sie ist so begierig.

»Also, Kate! Sie sehen großartig aus.«

»Finden Sie wirklich? Ach, ich bin so froh. Ich fühle mich ein bißchen ... unsicher, wissen Sie? Es ist irgendwie eine Überraschung für mich.«

Sie will eine stärkere Reaktion. Na, verdammt noch mal, die hat sie auch verdient.

»Ja, eine Überraschung ist es, aber was für eine schöne!«

»Ja.« Sie haucht das Wort, kostet ihre Gefühle aus. Wir schweigen vielleicht eine Minute lang.

»Möchten Sie mir davon erzählen?«

»Oh ja. Unbedingt. Ich habe bloß meine Gedanken zusammengenommen.«

»Lassen Sie sich Zeit.«

»Also, es kommt durch die Gruppe.« Sie überlegt einen Moment lang schweigend. »Das letzte Mal, wissen Sie, in der Gruppe ... also, das war ein ungeheures Erlebnis - für mich. Die arme Jennifer, die so unglücklich war und wie wild um sich schlug. Ich konnte einfach nachfühlen, wie es in ihr aussah. Ich hätte das manchmal gern getan. Ich kann mich nicht erinnern, wann, aber es kam mir vor, als wäre mir das alles innerlich sehr vertraut.«

»Mm-hmm.«

»Und Louise! War sie nicht einfach großartig! Sie hat's eine Zeitlang akzeptiert, und dann hat sie sich einfach aufgebäumt und sich gewehrt. Und ich weiß nicht, wie ich es sagen soll, aber sie war ... großartig.«

»Mm-hmm.«

»Und ich kam ganz erschüttert nach Hause. Ich meine, ich habe buchstäblich innerlich gezittert. Ich habe eine ganze Weile gebraucht, um herauszufinden, was mich so zittern ließ. Donnerstag nacht hab ich fast nicht geschlafen, und Freitag hab ich mich krank gemeldet. Ich war nicht krank. Ich hatte einfach zu viel zu tun.«

»Zu viel zu tun?«

»Ja, zuviel zu tun. Ich meine, es wurde mir klar, daß ich deswegen zitterte, weil ich entdeckte, was eine Frau sein kann. Ach, das drückt überhaupt nicht aus, was ich sagen will. Also, als ich Jennifer und Louise sah, wurde mir klar, daß sie starke Frauen mit starken Gefühlen sind, die sie herauslassen, Frauen, die um ihr Leben kämpfem und ihr Leben in die Hand nehmen. Es war ... großartig! Sie waren großartig. Und ich ... na, ich ... saß am Rande, würde man wohl sagen. Ich war noch nicht mal ... Jennifer hat mich irgendwann mal als 'Mutter' bezeichnet, erinnern Sie sich? 'Mutter'. Sie wissen, was das für mich bedeutet.« Sie wartet, während ich nicke, und ihre Augen füllen sich kurz mit Tränen, aber sie brennt darauf, mir mehr zu erzählen. Und ich brenne darauf, es zu hören.

»Naja, ich bin keine Mutter. Ich bin kaum eine Frau. Ich glaube, seitdem meine Mutter so furchtbar ... so traurig reagiert hat, traurig für mich ebenso wie für sich selbst, als ich das erste Mal meine Periode bekam ... ich glaube, seitdem habe ich immer versucht, mehr Mann als Frau zu sein. Ach, das ist zu stark, aber es geht in die Richtung. Männer schienen weniger leicht verletzlich zu sein als Frauen, wissen Sie.« Sie weint leise.

»Ja.«

»Und ich zitterte, weil da in mir eine Frau war, die heraus wollte. Ich weiß, das klingt kitschig, aber genauso hat es sich angefühlt. Können Sie das verstehen?«

»Ja, Kate«, leise. Ich bin den Tränen nahe.

»Also habe ich sie rausgelassen!« Sie blickt auf mit strahlenden Lächeln und Tränen auf den Wangen. »Da bin ich.«

»Wahrhaftig, da sind Sie!« Und meine eigenen Tränen kommen.

Mehrere Minuten lang sitzen wir da, geben den Tränen nach, lächeln uns an. Sie streckt mir schüchtern eine Hand hin, und ich ergreife sie bereitwillig.

Dann steht sie auf - ein bißchen unsicher, merke ich, auf ihren Absätzen. Sie streckt die Arme aus, ein bißchen wie ein Mannequin, und dreht sich langsam um sich selbst, damit ich sie begutachte. »Sie können sehen, daß ich eine Frau bin, nicht wahr?«

»Das kann ich wirklich.«

»Ich heiße 'Sunny'. So hat mich mein Vater genannt, als ich klein war. Ich glaube, ich möchte jetzt gern 'Sunny' genannt werden.«

»Sie sehen genauso aus.«

Sie setzt sich wieder und lehnt sich eifrig vor. »Ich habe Jennifer und Louise gesehen, und ich dachte, das sind zwei Frauen, und sie sind beide so unglücklich, und sie sind beide so wütend, und sie sind ... großartig! Und ich kann auch eine Frau und unglücklich und wütend sein, und vielleicht kann ich sogar ...« Sie zögert. Ich vollende den Satz.

»Großartig sein.«

## Donnerstag, 25. Mai

*Gruppentherapie*

Jennifer trifft als erste ein, sehr früh. Als ich sie im Flur sehe, erklärt sie, daß sie nicht beim Eintreten von allen anderen angeschaut werden möchte. Ich lasse sie in den Gruppenraum ein und gehe zurück in mein Sprechzimmer. Als ich um sieben Uhr, unserer Anfangszeit, wiederkomme, sind Frank und Hal bei ihr, und Louise und Kate treten mit mir zusammen ein. Ben hat aus dem Osten angerufen, wo er eine neue Stelle angenommen hat. Er wird nicht mehr in die Gruppe kommen.

Die übliche leichte Konversation fehlt heute. Die Leute setzen sich hin und schauen in die Runde, lächeln ziemlich mechanisch. Sobald wir sitzen, spricht Jennifer.

Jennifer: »Ich möchte Ihnen allen gleich etwas sagen.« Sie hält inne, sammelt ihre Kraft, schaut direkt in all die ihr zugewandten Gesichter.

Frank: »Ach, ist doch nicht nötig, Jenny.«

Jennifer: »Doch, Frank, ich muß. Hör jetzt bitte bloß zu.«

Frank: »Okay.«

Jennifer: »Das letzte Mal hab ich mich ganz schlecht benommen, und - nein, den Ton will ich nicht. Letztes Mal bin ich wütend geworden .. auf Louise ... auf Sie alle. Es ist mir peinlich, und ich habe mich sehr geschämt. Ich sage, ich habe mich geschämt, weil Jim mir geholfen hat ... und es tut mir wirklich leid, wenn ich einen von Ihnen verletzt habe. Besonders Sie, Louise,« damit schaut sie diese gerade an, mit feuchten Augen und hoffnungsvollem Lächeln.

Louise: »Ich verstehe.« Ihr Antwortlächeln ist vorsichtig.

Jennifer: »Ich hoffe, daß ich Ihnen mit der Zeit zeigen kann, daß ich nicht immer so ein Biest bin wie letzte Woche. Ich bin selbst dabei, das herauszufinden. Es ist schwer, meine eigene Wut und Destruktivität zu akzeptieren. Ich finde es nicht schön, das in mir zu finden.«

Hal: »Das ist gegen Ihre Regeln?«

Kate: »Das war gemein, Hal.«

Jennifer: »Oh, das tut weh. Aber doch, Sie haben recht. Es ist gegen meine Regeln ... oder die Regeln, die ich hatte. Ich möchte diesen Regelkatalog wegschmeißen, aber ...«

Hal: »Entschuldigung, Jennifer, das war gemein, was ich gesagt habe.«

Jennifer: »Nein, ich hatte es verdient.«

Frank: »Ach Scheiße, jetzt denk bloß nicht, daß du alles einstecken mußt. Das wär bloß wieder eine Regel.«

Rums! Volltreffer, Frank, sage ich im Stillen.

Kate: »Was für eine treffende Beobachtung, Frank! Darauf wär ich nie gekommen.«

Frank (freut sich): »Ja, also ...«

Jennifer: »Ach, das stimmt, nicht?«

Louise: »Ich möchte auch etwas sagen. Letzte Woche habe ich gegen Jennifer so hart zurückgeschlagen, wie ich nur konnte, und dann ging ich nach Hause und fühlte mich entsetzlich. Ich war sicher, Sie würden mich alle hassen.« Kate, Hal und Frank wollen protestieren, aber sie drängt sie beiseite.

Louise: »Nein, bitte, hören Sie mir zu. Ich weiß es zu schätzen, daß Sie mir klarmachen wollen, daß Sie nicht so denken. Aber der Punkt ist, ich mußte mir das selbst erst einmal klarmachen. Und ich glaube, ich habe es geschafft ... wenigstens zum Teil. Ich mußte mir selbst erst einmal klarmachen, daß sogar wenn Sie mich hassen, ich mich nicht länger beschimpfen lasse.«

Frank: »Bravo, Louise.«

Hal: »Ja, bravo stimmt.«

Jennifer: »Ach, ich bin so froh, daß Sie sich gewehrt haben, Louise. Wenn Sie das nicht getan hätten, hätte ich ... hätte ich mich noch viel schlimmer gefühlt ... obwohl ich mir das kaum vorstellen kann.«

Das Gespräch geht ein paar Minuten lang so weiter. In der Zwischenzeit beteiligt sich Kate-Sunny in ihrem schönen neuen Aufzug daran, aber ich denke mir, sie wünscht sich, bemerkt zu werden. Es ist Frank, der plötzlich die Aufmerksamkeit auf sie lenkt.

Frank: »Lieber Gott! Hat irgendeiner von euch Kate richtig angeguckt? Mann, Sie sehen absolut verdammt phantastisch aus!«

Die Aufmerksamkeit der Gruppe schwenkt sofort um. Kate wird rot, vor Freude, vor Verlegenheit.

Louise: »Stimmt, Frank. Kate, Sie sehen wirklich wunderbar aus. Was ist passiert?«

Frank: »Heh, und tolle Beine haben Sie auch noch!«

Kate: »Danke, Frank. Ich finde es wirklich toll, 'absolut (schluckt) verdammt phantastisch' auszusehen. Und ich freu mich auch, daß Sie meine Beine gut finden.« Sie zieht tatsächlich mit einer neckischen Geste ihren Rock bis eben über die Knie hoch.

Jennifer: »Kate, ich erkenne Sie kaum wieder. Toll sehen Sie aus!«

Kate: »Ich möchte Ihnen etwas sagen, Jennifer, und Ihnen, Louise. Ich fand Sie beide ... großartig! Und ich möchte Ihnen allen wirklich etwas sagen: Was hier letzte Woche passiert ist (sie hält inne, schluckt). Also, es hat mir so geholfen. Warten Sie.« Die Gruppe hat angefangen zu reagieren. »Lassen Sie mich ausreden. Es hat mich zu meinem Leben erweckt, und zu meinem Frausein.«

## Donnerstag, 22. Juni

*Louise*

Ich glaube, es gibt bei uns allen ein gewisses feines Gespür, das wir viel zu gering einschätzen. Als ich Louise mit unbewegtem Gesicht und in ziemlich steifer Haltung eintreten sehe, habe ich das Gefühl, daß sie entweder sehr entschlossen oder sehr zornig ist; jedenfalls bin ich sicher, daß dies nicht Ausdruck der Angst und Unentschlossenheit ist, die ich zu anderen Zeiten an ihr gesehen habe.

Sie seufzt resigniert, und ich verletze mein eigenes Prinzip, den Klienten zuerst sprechen zu lassen.

»Was ist, Louise?«

»Dr. Elliott hat ein paar neue Bestimmungen erlassen, die einfach zu weit gehen, zu streng sind, zu altmodisch. Ich habe solche Angst, Jim. Diesmal mache ich nicht mit. Ich bin es leid, immer wieder zu versuchen, die Dinge zwischen ihm und den Studenten und den anderen Mitarbeitern wieder geradezubiegen. Ach, ich will keine Schwierigkeiten. Es macht mir solche Angst. Ich meine, ich möchte immer wieder weglaufen. Ich weiß, das ist albern, aber ich kann es nicht ändern.«

»Sie fangen an, sich selbst untreu zu werden, Louise.«

»Das stimmt! Daran hatte ich nicht gedacht. Nun gut, das werde ich nicht tun.« Ihr Kopf hebt sich, der Unterkiefer schiebt sich nach vorn. »Ich würde gern meine Wut mit einem Scherz abtun, aber das werde ich nicht. Ich bin wütend. Ich glaube, Dr. Elliott ist drauf und dran, ein gutes Projekt zu ruinieren, ein Projekt, in das ich viel Mühe gesteckt habe, und ich werde ihm Widerstand leisten.«

Eine Zeitlang spricht sie von dieser neugewonnenen Entschlossenheit, von der Unvernunft der neuesten Erlasse des Direktors (wirklich ein ganz erstaunlicher Versuch, die Zeit zurückzudrehen, wie ich aus anderer Quelle weiß), und von der Angst, die sie immer wieder verspürt, die unverhältnismäßig stark zu sein scheint.

»Jim, es ist zuviel. Ich meine, ich merke wirklich, daß ich innerlich zittere, wenn ich mir vorstelle, ihm zu sagen, daß ich mit diesen neuen Bestimmungen nicht arbeiten werde. Es ist, als würde er mich buchstäblich umbringen oder mir irgendetwas anderes Schreckliches antun. Ich weiß, daß er unter Umständen auf meine Entlassung dringen könnte. Aber ich bin nicht sicher, ob er das überhaupt durchsetzen könnte, jedenfalls nicht ohne eine fürchterliche Auseinandersetzung. Aber diese Angst und dieses Zittern haben nicht bloß damit zu tun, daß ich meine Stelle verlieren könnte. Da ist mehr, viel, viel mehr.«

Sie seufzt, schwingt die Beine auf die Couch, legt sich zurecht. Dabei rutscht ihr Rock hoch, und sie versucht nur pro forma, ihn wieder herunter zu ziehen. Okay, sage ich mir, ich hab die Aussicht genossen, aber jetzt ist es Zeit, an die Arbeit zugehen.

In der Zwischenzeit hat Louise mehrmals tief und ein bißchen schaudernd Luft geholt, und die Tränen haben begonnen, ihr aus den Augenwinkeln zu fließen. Ich beobachte sie, und meine Stimmmung ändert sich, ich spüre warme Anteilnahme.

»Jim, ich denke daran, wie ich mit Don im Bett gelegen habe neulich nacht. Es war so schön, so sehr das, was ich mir seit so langer Zeit wünsche. Eigentlich ist mir Dr. Elliott mit seinen Bestimmungen total egal. Ich bin so allein gewesen, so furchtbar allein. Es war so gut, mit einem guten, warmherzigen, liebevollen Mann zusammenzusein. Er war so lieb, so lieb, Jim. Und es hat so gut getan, einfach zu lieben, ohne mich irgendwie zurückzuhalten. Ich hab nie gewußt, daß es so sein kann. Warum hab ich so lang gewartet? Ich bin so froh, daß wir über Sex und all das gesprochen haben. Ich war überhaupt nicht angespannt, und ich wollte es auch nicht nur ihm schön machen - aber ich wollte es ihm schön machen und habe es auch. Und außerdem habe ich entdeckt, daß er es mir schön machen wollte. Und das war so seltsam. Er wollte es mir schön machen!«

»Es fällt Ihnen schwer zu glauben, selbst jetzt noch, daß jemand es Ihnen schön machen möchte.«

»Ja, und nein. Beides. Ich bin wirklich in Don verliebt, Jim.« Ihre Stimmung ändert sich. »Sind Sie eifersüchtig? Ich liebe Sie auch, das wissen Sie, aber verliebt bin ich in Don.«

»Das höre ich. Und, ja, Louise, ich glaube, ich bin ein bißchen eifersüchtig, obwohl ich mich sehr für Sie freue.«

»Ach, das ist schön.« Sie schweigt eine Minute lang. Wieder ändert sich ihr Gesichtsausdruck. »Warum muß dieser blöde Krach mit Dr. Elliott gerade jetzt kommen? Ich bin so glücklich in vieler Hinsicht, und dann denke ich an ihn und krieg wieder dieses Zittern.«

»Bleiben Sie einfach offen und sagen Sie mir, was sonst noch auftaucht.«

»Ich sehe wieder mein Schlafzimmer. Und das fühlt sich gut an. Und dann sehe ich Wolken und einen Sommerhimmel. Es wäre gut, sich draußen zu lieben. Oh, dabei muß ich wieder an New Hampshire denken und an Mr. Colten. Der arme Alte! Und auch die arme Mrs. Colten. Ich wußte gar nicht, daß ich mal so über sie denken würde.«

»Was kommt als nächstes?«

»Ach, ich denke daran, wie Mr. Colten mich dazu gebracht hat, mich auszuziehen, jedenfalls ein bißchen.«

»Hm-hmmm.«

»Gestern abend war ich ausgezogen. Das gefiel mir. Aber ... aber ... oh, ich hab Ärger bekommen, als ich mich bei den Coltens auszog. Und jetzt ...«

»Langsam.«

»Ich habe Angst, ich würde wieder Ärger bekommen. Das muß es sein! Als ich mich bei den Coltens ausgezogen habe, hab ich Ärger bekommen, und gestern habe ich mich ausgezogen, und jetzt erwarte ich, daß ich wieder Ärger bekomme.«

»Das klingt, als käme es mehr aus dem Kopf als aus dem Bauch.«

»Hm, ja, aber auch nein, eigentlich nicht. Es ist beides ein bißchen.«

»Sie wissen ja, eine gute Theorie allein nützt nicht viel.«

»Das sagen Sie immer, aber ich bin nicht sicher. Schließlich gibt es viele Arten der Therapie, die gute Theorien sehr hoch bewerten. Was macht Sie so sicher, daß Sie Recht haben und die anderen Unrecht?«

»Getroffen. Ich klinge wirklich sehr überzeugt, und ich muß zugeben, ich bin ziemlich überzeugt, aber ... machen Sie weiter und arbeiten Sie damit, wenn Sie das Gefühl haben, daß es etwas bringt.«

»Ich weiß es nicht, aber es lohnt wohl den Versuch.«

»Auch gut. Dann machen Sie. Ich helfe Ihnen, wenn ich kann.«

Sie fühlt-denkt sich voran, erforscht die Verbindung zwischen Sexualität und der Erwartung, bestraft zu werden. Keiner von uns kann sagen, wie tief diese Einsicht geht, aber sie scheint ihr bei dem Gefühl zu helfen, daß sie etwas gegen ihre übergroße Angst unternimmt, und das ist nur gut.

Außerdem freue ich mich im Stillen über ihre neue Fähigkeit, mir zu widersprechen, nicht nur der Form halber, sondern weil sie wirklich anderer Meinung ist als ich.

*Jennifer*

Ein gedankenvolles halbes Lächeln, leuchtendes Gelb und Rot, eine leichte Bluse (kein BH darunter?!), Caprihosen, Sandalen - das ist Jennifer heute. Sie setzt sich, läßt die Sandalen fallen, legt sich zurück, denkt schweigend nach. Ich warte.

»Louise war gerade bei Ihnen.«

»Mm-hmm?«

»Ich bin ihr in der Damentoilette begegnet. Sie war ... ich weiß nicht ... sie war freundlich - obwohl ich spüre, daß da immer noch ein kleine Mauer zwischen uns ist. Ich mache ihr keine Vorwürfe.« Sie hält inne, hört ihren eigenen Worten nach. »So gesehen habe ich es satt, überhaupt jemandem Vorwürfe zu machen (Pause), auch mir selber.«

»Und?«

»Und Louise sagte etwas, das irgendwie ... also, ich weiß nicht genau, wie sie es gemeint hat. Sie sagte, ich sähe aus 'wie Orangensorbet, appetitanregend'. Ich glaube, sie hat es als Kompliment gemeint, aber da war noch mehr dabei.«

»Was kommt Ihnen in den Sinn, ohne daß Sie nachdenken?«

»Ja ... ja, ich genier mich ein bißchen, das auszusprechen, aber ich glaube, sie meinte, appetitanregend für Männer.« Sie kichert ein bißchen.

»Was löst das bei Ihnen aus?«

»Etwas, was ich Ihnen sowieso erzählen wollte. Ich habe eine Verabredung!« Sie hält inne, wartet auf meine Reaktion. Ich lächele und warte.

»Heute abend gehe ich mit einem Mann zum Essen aus. Und dann, wenn er richtig nett ist, und ich mich so fühle wie jetzt«, sie macht eine Pause zur Steigerung der dramatischen Wirkung. »Wenn ich mich so fühle, lade ich ihn nach Hause ein, und ... «

»Und?«

»Und behalte ihn über Nacht da! Die Verabredung ist mit Bert.«

»Mmmmm?«

»Ich habe ihn gestern angerufen und ihn gebeten, ob wir uns in einem Restaurant zum Essen und Reden treffen könnten.«

»Mh-hmm.«

»Ich glaube, ich möchte seinen 'Appetit anregen', aber ich hatte eigentlich nicht an 'Orangensorbet' gedacht.« Jetzt spricht sie langsam, horcht nach innen. »Ich glaube, woran ich denke - ich bin noch nicht sicher (rasch). Aber ich glaube, ich möchte vielleicht, daß er wieder zuhause einzieht.«

»Das ist ein großer Schritt, nicht wahr?«

»Ja, ist es auch (Pause). Aber nein, auf der anderen Seite auch wieder nicht. Es bahnt sich in mir schon seit mindestens einem Monat an. Er ist so traurig, und er sagt, er ist so allein. Und ich bin auch traurig und allein. Also ...«

*Hal*

Seit mehr als einer Woche haben wir über die heutige Sitzung gesprochen, und jetzt ist sie da, und ich möchte eigentlich nicht, daß sie da ist, und ich glaube, Hal möchte es auch nicht. Er kommt aus dem Wartezimmer mit der Hand auf meiner Schulter, drückt sie, bevor er sich in den Sessel setzt.

»Also, das war es, Jim,« mit freundlich-traurigem Lächeln.

»Ja, Hal.« Auch in mir drängen sich die Gefühle.

»Es wird mir fehlen, daß ich nicht mehr hierherkommen und dir das Leben schwermachen kann.«

»Mir geht es ebenso: Du wirst mir fehlen, und daß ich dir nicht mehr das Leben schwer machen kann.«

»Ja, wir haben uns ganz schön geschlagen, nicht?« Er grinst. Ich warte. »Aber jetzt mal im Ernst, es war sehr, sehr gut. Komisch, einerseits hat sich so vieles nicht geändert, und doch ist alles anders. Ich hatte erst am Dienstag Krach mit Tim, aber es war nicht mehr so giftig wie früher. An einem Abend letzte Woche hatte ich meine Arbeit so richtig satt, aber dann am nächsten Tag hatte ich eine Sitzung mit Paul Kleiner, und plötzlich dachte ich, was für ein Glück ich habe, daß ich diese Arbeit mache. Ich habe Angst, diese Sitzungen hier zu beenden, Angst davor, daß Sachen zu Ende gehen, Angst vor dem Sterben.« Er spricht nicht weiter, denkt ernst nach.

Dann ändert sich sein Gesichtsausdruck. »Teufel, Jim, ich glaube, ich muß unbedingt gleich wieder von vorne anfangen.«

»Mein Gott, Hal, es war mir nicht klar, daß sich dein Zustand derart verschlechtert hat. Leg dich sofort hin und komm in Zukunft sechsmal die Woche, und das Honorar für dich wird verdoppelt.«

»Einverstanden!« Dann bricht er in sein strahlendes Grinsen aus. »Jim, ich kann dir nicht sagen, was mir unsere Arbeit hier bedeutet hat. Du wirst deine tolle Intuition anwenden müssen, um das zu erkennen. Nein, wahrscheinlich ist das jetzt 'doppelt gemoppelt'. Also wende einfach deine Intuition an.«

»Ich weiß, Hal. Und auch für mich ist es persönlich wichtig gewesen.«

»Ja, das hab ich mir auch irgendwie gedacht.«

Ein paar Minuten lang sitzen wir da und grinsen uns an, dann werden wir verlegen.

»Es gibt keinen wirklichen Grund, warum ich das hier ausdehnen sollte. Ich gehe jetzt, aber wir sehen uns heute abend in der Gruppe. Ich möchte es ihnen selber sagen, und ich möchte mich von jedem einzelnen verabschieden.«

Er steht auf und kommt herüber und schließt mich in eine Umarmung, die reine Zuneigung ist und gewaltig in ihrer Kraft.

*Jim*

Heute abend fahre ich zum ersten Mal zu einer kleinen Wohnung, die ich gemietet habe. Ich weiß nicht, was alles in diese Entscheidung eingeflossen ist, aber ich bin aus dem Haus auf dem Hügel ausgezogen, aus dem Zuhause, das ich so unbedingt schaffen und stabil machen wollte (anders als die Zuhause meiner Kindheit). Meine Frau ist ein wunderbarer Mensch, und wir haben viele Jahre lang viel Gutes zusammen erlebt; aber dennoch scheinen wir uns immer mehr auseinanderzuleben.

Während ich einsam in einer Cafeteria zu Abend esse und dann in die Kälte dieser fremden Umgebung komme, habe ich das Gefühl, als stellte ich mir nur vor, was ich da tue, anstatt es wirklich zu erleben. Über fünfundzwanzig Jahre lang glaubte ich, meine Ehe sei gut und werde bis ans Ende meiner Tage währen. Ich bin geschockt, ungläubig, daß ich sie jetzt beende.

Seit Monaten mußte ich erkennen - anfangs sehr ungern, aber die Überzeugung wird stärker - daß ich zuhause an der Oberfläche bleibe, daß ich Konfrontationen und Konflikten aus dem Weg gehe, daß ich mich nicht imstande fühle, das auszudrücken, was mir am wichtigsten ist. Es ist nicht die Schuld meiner Frau, es ist nicht mein Versagen; es ist etwas, was wir unwissentlich und unwillentlich zwischen uns haben entstehen lassen.

Meine Lehrer, Hal, Jennifer, Louise, Frank und Kate, haben mir gezeigt, daß Veränderung möglich ist, wenn man den Mut aufbringt, sich dem Leben zu stellen. Ich habe ihnen geholfen, diese Lektion zu lernen, aber ich hatte Angst, sie in mein eigenes Leben hineinzunehmen. Jetzt entscheide ich mich, sie anzunehmen und danach zu handeln.

Irgendwie paßt dazu, daß meine Arbeit mit Hal am gleichen Tag endet. Er hat darum gekämpft, sich selbst zu finden, und die Therapie hat ihm geholfen. Ich habe darum gekämpft, ein Selbst zu schaffen, und die Psychoanalyse hat mir geholfen zu entdecken, daß ein geschaffenes Selbst ein Automat ist, kein wirklicher Mensch.

Vor acht Jahren, auf der Couch des Analytikers, entdeckte ich ein Bild in den Tiefen meines Unbewußten, das mich zutiefst erschütterte: Mein linkes Handgelenk war aufgeschnitten (Selbstmordsymbol?), aber statt Blut, Gewebe, Sehnen und Knochen kamen ein Metallstab und Drähte zum Vorschein. In diesem Augenblick wurde mir klar, daß ich eigentlich ein Android war, ein künstlicher Mann, kein echter Mensch. Mit dieser Erkenntnis kam die Erwartung, daß mein Analytiker mit trauriger, aber freundlicher Stimme sagen würde: »Ja, es tut mir aufrichtig leid, Herr Dr. Bugental, ich hätte diese Ihre Eigenschaft eher erkennen sollen, aber Sie werden verstehen, daß ich Sie nicht weiter behandeln kann. Sie müssen jetzt gehen. Wir können hier nichts mehr ausrichten.«

Diese Überzeugung war so stark, daß ich dann merkte, daß ich eine Zeitlang versuchte, alles, was der Analytiker zu mir sagte, aufzufangen und im Gedächtnis zu behalten - zu behalten, damit ich es hinausnehmen konnte in mein Auto und dort untersuchen konnte, um zu sehen, was auf mein wirkliches Ich zutreffen könnte. Denn ich war sicher, er könnte dieses Wesen, mein wirkliches Ich, nicht kennen.

Ich glaube, von jenem Vorfall an habe ich mich auf diesen heutigen Abend, auf den Bruch mit meiner Vergangenheit zubewegt, auf den Versuch, mich zu befreien und auf neue Weise ich selbst zu sein.

# 14.

# »Auch in mir ist Aufruhr«

**Donnerstag, 7. Juli**

*Frank*

»Das bedeutet Krieg!« Frank ist erregt. »Die Nigger legen im ganzen Land Feuer. Gebt ihnen mehr Macht, sag ich. Sie haben solange das mieseste Los gezogen. Klar, manche von ihnen sind gemeine Kerle, aber viele sind wirklich in Ordnung. Ich weiß noch, wie einer mir geholfen hat, als ich wirklich pleite war und so hungrig, daß ich den nächsten Hund gefressen hätte, der mir über den Weg gelaufen wäre.«

Ich höre zu, während Frank weiterspricht, erregt über die erstaunlichen Nachrichten über Aufruhr, Plünderungen und Brände, die überall im Gange sind. Und ich frage mich innerlich, was ist meine Aufgabe? Ich freue mich, daß Frank nicht das pauschale Vorurteil so vieler weißer ungelernter Arbeiter hat. Ich verstehe ihre Ängste, halte sie aber für kurzsichtig. Und doch reagiere ich sofort schockiert, wenn Frank von 'Niggern' spricht. Ich möchte ihm sagen, daß das eine Beleidigung ist, daß ich und andere daran Anstoß nehmen. Allerdings glaube ich kaum, daß das mehr bringen würde, als einen Streit heraufzubeschwören. Fürs erste werde ich einfach schweigen; vielleicht finde ich später eine Möglichkeit, einen Vorschlag einfließen zu lassen.

Er hält inne, setzt sich anders im Sessel zurecht. »Naja, ich bin nicht hierhergekommen, um Ihnen die neuesten Nachrichten mitzuteilen.« Dann grinst er, setzt sich wieder anders hin und wird wieder ernst, bevor er sagt: »Naja, vielleicht hatte ich doch eine Nachricht für Sie: Ich bin befördert worden.«

»Heh, Klasse! Haben Sie Lust, mir mehr zu erzählen?«

»Ach, 'ne Titelüberschrift ist es nun auch nicht wert. Aber Gandowsky sagt, daß ich gut arbeite, und jetzt soll ich einer von den Vorarbeitern für die Nachtschicht werden.«

»Wie ist das für Sie, Frank?«

»Was meinen Sie, 'wie ist das?' Nee, warten Sie. Es ist gut. Es gefällt mir.«

»Sind Sie ein guter Vorarbeiter?«

»Sie stellen wirklich verrückte Fragen.«

»Sie haben nicht geantwortet.«

»Na klar, ich werde der beste Vorarbeiter im ganzen Land.« Er hält inne, sieht unbehaglich aus. »Ich klinge wie ein Idiot, was?«

»Nein, Sie klingen wie jemand, der sich daran gewöhnt, sich ernst zu nehmen und ehrlich über das zu sprechen, was er im Inneren denkt und fühlt.«

»Hmmm. Ja (Pause). Wahrscheinlich kann man das sagen.« Er kaut schweigend darauf herum. »Wissen Sie, das stimmt, nicht? Ich gewöhne mich gerade an diese ganze beschissene - nein, sie ist nicht beschissen - Lebensweise als ... als ... was bin ich eigentlich, zum Teufel?«

»Ein ziemlich gescheiter Mann, der sich selbst findet, der neue Arten zu leben riskiert, und der gerade befördert worden ist.«

»Holla, nicht so schnell.« Wieder braucht er Zeit, um zu verarbeiten, was ich gesagt habe. »Ja, wahrscheinlich stimmt das.« Erneute Pause, während er sich darauf vorbereitet, sich mit dem kritischen Punkt zu befassen. »Halten Sie mich wirklich für 'ziemlich gescheit', wie Sie gesagt haben?«

»Ja, Frank, wirklich. Es war bemerkenswert, wie Sie Ihr Leben in die Hand genommen und geändert haben. Das hätten Sie nicht gekonnt, wenn Sie dumm wären.«

»Nein, wahrscheinlich nicht. Wissen Sie - ich finde es wirklich gut, daß Sie das sagen.«

»Ich weiß es. Und es ist Zeit, daß Sie es selber auch wirklich sicher wissen.«

Normalerweise gebe ich für die Klienten keine unumwundenen Werturteile ab, aber bei Frank ist es etwas anderes. Ihm fehlen die normalen Erfahrungen und somit die Vergleichsmöglichkeiten, um seine Position abzuschätzen. Hätte er solche Erfahrungen gemacht, dann hätte ich ihn mit seinem Widerstreben konfrontiert, selbst ein Urteil zu fällen. Aber so, wie die Dinge liegen, muß er irgendeine Orientierungsgröße haben, aufgrund derer er planen kann, wenn er jetzt im Leben Fuß faßt.

## Donnerstag, 27. Juli

*Jennifer*

Fast erkenne ich Jennifer im Wartezimmer nicht wieder. Sie trägt ziemlich kurze Shorts, ein rückenfreies Oberteil und Sandalen. Es ist heiß heute, aber dieser Aufzug ist eine echte Überraschung. Es paßt nicht zu der Jennifer, die ich bisher kannte. Sie beobachtet mein Gesicht, und es ist klar, daß sie mit einer derartigen Reaktion meinerseits gerechnet hatte und sich jetzt freut.

»Na, was meinen Sie?« Sie dreht sich spielerisch um sich selbst.

»Sie haben tolle Beine, das meine ich.«

»Sie sind gut, nicht? Sie haben die obere Hälfte aber nicht erwähnt.«

Da fällt mir auf, daß die Korsage üppiger gefüllt zu sein scheint als üblich. »Ich weiß nicht, was ich sagen soll.«

»Sie sind nicht echt! Aber es macht trotzdem Spaß. Ich wollte schon immer welche - naja, nicht immer, aber oft - auf jeden Fall kam es mir unfair oder irgend wie unecht vor. Jetzt möchte ich Ihnen danken, Dottore Bugentalli (sie spricht mit übertriebenem italienischem Akzent) für diesen großen Triumph Ihrer Therapie: Ich kann jetzt einen falschen Busen tragen und Spaß dran haben.« Sie sitzt grinsend im Sessel und freut sich über sich selbst.

»Da ist nichts Falsches an Ihrer Freude oder an Ihrer Attraktivität, Jennifer.«

»Ich dank Euch, lieber Herr.« Dann ändert sich ihr Ton. »Jim, Sie wissen ja, Bert zieht wieder ein. Wir werden versuchen ... nein, wir werden es diesmal schaffen. Und wir werden zum zweitenmal in Flitterwochen fahren. Wir haben Flugtickets nach Hawaii, und heute abend fahren wir.«

»Wunderbar! Ich freue mich wirklich für Sie.«

»Ja, es ist wunderbar. Ich habe gehört, daß es Ihnen nicht so wunderbar geht. Ich will nicht neugierig sein, aber ich möchte, daß Sie wissen, daß es mir leid tut, falls es stimmt.«

»Es stimmt, und ich danke Ihnen.«

»Der Punkt ist, ich glaube, ich bin jetzt soweit, daß ich mit der Therapie aufhören kann, Jim. Was meinen Sie?«

»Erst einmal, was meinen Sie?«

»Also, das Wichtigste ist, daß ich wirklich genug davon habe, mir und allen anderen ständig Vorwürfe zu machen. Ich tue es immer noch, aber meistens scheine ich es zu schaffen, mich davon abzuhalten.«

»Das ist nichts Geringes.«

»Nein, sicher nicht. Und damit zusammen versuche ich, zu lernen, zwischen den Regeln und dem Menschlichsein einen Kompromiß zu finden.

Das ist schwer, und ich hab's bestimmt noch nicht ganz raus, aber ich weiß, in welche Richtung ich will ... oder jedenfalls glaube ich, ich weiß es.«

»Zwei große Schritte, Jennifer. Sonst noch was?«

»Naja, diese ganze neue Beziehung, die Bert und ich aufbauen ... ach, hab ich Ihnen das eigentlich erzählt? Ich hab neulich Frank eingeladen, damit er und Bert sich kennenlernen. Es war eigenartig, die beiden zusammen zu sehen, aber ich habe Bert alles über Frank erzählt - sogar, daß ich mit ihm ins Bett gegangen bin und gern gehabt hätte, daß er mit mir schläft. Und wissen Sie was, es hat Bert wirklich getroffen, das zu hören. Ist das nicht ein Ding? Nach allem, was er gemacht hat. Na! Das brauche ich jetzt nicht aufzurechnen.«

»Wie ging das?«

»Ach, erst waren sie beide furchtbar steif, aber allmählich wurden sie lockerer, und es lief sehr gut. Ich glaube nicht, daß sie dicke Freunde werden oder sowas, aber ich möchte mit Frank in Kontakt bleiben, und ich möchte, daß Bert nichts dagegen hat.«

»Klingt vernünftig.«

»Also, was meinen Sie jetzt?«

»Es klingt, als wüßten Sie, was Sie tun, und wenn Ihr Urteil sagt, jetzt ist es Zeit, dann sollten wir, glaube ich, Ihnen und Ihrem Urteil trauen.«

»Oh! Oh, ich weiß noch, wie Sie das erste Mal gesagt haben, wir könnten mir trauen. Das war sehr wichtig für mich, Jim.«

»Ich weiß.«

Ich schlage vor, daß wir nach ihrer Rückkehr aus Hawaii noch ein paar Sitzungen machen und uns ein bißchen Zeit zum Nachdenken nehmen am Ende dieses wichtigen Weges, den wir zusammen zurückgelegt haben. Sie stimmt bereitwillig zu. Im Großen und Ganzen ist hiermit jedoch Jennifers Therapie abgeschlossen.

*Louise*

»Wissen Sie noch, wie ich Ihnen mal gesagt habe, daß ich mich ganz ausziehen und mich Ihnen zeigen möchte?«

Ich bin überrascht und plötzlich wachsam. Falls sie jetzt vorhat, das zu tun, bin ich nicht sicher, ob ich sie ermutigen sollte, aber ich weiß auch, daß ich es wirklich genießen würde, falls sie es täte. Diese Monate, in denen ich ihre erotische Reifung mit Don mitverfolgen konnte, waren stimulierend für mich als Mann, der an Louise interessiert ist, ebenso wie als ihr Therapeut. Ich begnüge mich mit einem Nicken und ein paar Worten: »Ja, ich weiß.«

»Also. Ehm, wissen Sie, Don hat diese Polaroid-Kamera, und vor ein paar Tagen haben wir damit rumgealbert, und er hat ein paar Bilder von mir gemacht. Und, also, ich dachte, Sie möchten sie vielleicht gern sehen. Wissen Sie was, das macht mich jetzt wirklich verlegen, ich hätte gar nicht gedacht, daß es das tun würde.« Pause. »Möchten Sie sie sehen?«

»Natürlich, Louise.«

Sie gibt mir einen Umschlag. Ich halte ihn in der Hand, aber mache keine Anstalten, ihn zu öffnen. »Was passiert jetzt gerade in Ihnen, Louise?«

»Ach, scheren Sie sich zum Teufel! Ich hätte wissen können, daß Sie mich abhören würden!«

»Sie geben sich so attraktiv und in Flirtlaune, daß ich im Stillen denke: 'Ach, sei kein Spielverderber, du weißt genau, daß du die Bilder sehen möchtest und daß sie möchte, daß du sie siehst.' Aber, Louise, noch viel lieber als die Bilder zu sehen möchte ich Ihnen helfen, sich in diesem Moment treu zu bleiben.«

Sie wird plötzlich ernst. »Ich weiß. Es ist mir wirklich peinlich. Ich kann die Augen nicht von diesem Umschlag in Ihrer Hand nehmen, und ich denke mir, ich muß verrückt sein. Das kann doch nicht sein, daß ich Ihnen Aktbilder von mir zeige. Und dann ... Und ich möchte, daß Sie sie ansehen, aber ...«

»Und 'dann?'«

»Der Himmel weiß, was dann passiert!« Lachend, verwirrt.

»Was meinen Sie, was dann passiert?« Lächelnd, beharrlich. Dieses Spiel erregt mich. Sie spielt mit mir; aber ich glaube nicht, daß ihr das bewußt ist.

»Wer weiß, was passiert, wenn Sie die Nacktbilder von mir sehen?« Sie lacht, zu sehr, gezwungen. »Vielleicht werden Sie so wild, daß Sie mir die Kleider vom Leib reißen.« Plötzlich bricht das Lachen ab. Sie ist voller Angst, verlegen.

»Sagen Sie mir, was gerade passiert, Louise.« Meine eigene Stimme ist ernst, immer noch helfend, beharrlich. Ich möchte den Spaß wieder zurückholen, die Neckerei, das unausgesprochene sexuelle Spiel, aber noch stärker ist der Wunsch, ihr zu helfen, sich ihrer Angst zu stellen.

»Es ist gerade anders geworden. Es ist nicht mehr so lustig, aber ...«

»Ich glaube, Sie haben sich selber Angst gemacht mit der Bemerkung, ich würde Ihnen vielleicht die Kleider vom Leib reißen.«

»Ja. Ich weiß nicht, warum ich das gesagt habe. Es tut mir leid.«

»Das klingt, als glaubten Sie, Sie hätten etwas Schlimmes getan.«

»Na, ich weiß nicht. Ich wünschte bloß, ich hätte es nicht gesagt.«

»Louise, jetzt fliehen Sie vor sich selbst und vor mir. Sie haben das fröhliche, erregte Wesen vergessen, das Sie eben noch waren. Sie haben vergessen, wer ich bin. Sie sind wieder das verängstigte Schulmädchen, und Sie machen mich zur strafenden Elternfigur.«

»Nein. Ja. Ich meine, ja. Ich weiß es nicht. Ich bin durcheinander. Sind Sie mir böse?«

»Sogar die Frage klingt, als spräche das Kind in Ihnen. Was lesen Sie in mir? Schauen Sie mich jetzt mal wirklich an. Nehmen Sie Ihr Leben jetzt in die Hand. Können Sie das?«

Sie schaut mir ins Gesicht, als versuchte sie, einen Nebel mit den Augen zu durchdringen. Ihre Augen sind naß von Tränen, aber sie bringt ihr Bewußtsein in den gegenwärtigen Augenblick. Rasch ändert sich ihr Gesichtsausdruck. Das Lächeln beginnt in den Mundwinkeln und wird zu einem fröhlichen Kichern. »Mann! Ich leg mich aber wirklich selber rein, was?«

»Erzählen Sie mir.«

»Ich meine, ich schubse mich selbst heraus aus dem, was in der Gegenwart passiert. Und dann fühle ich mich wie ein Kind und als wäre ich wieder in der Vergangenheit. Ich kann gar nicht glauben, daß ich gerade noch so sicher war, daß ich in Ihrem Gesicht Zorn oder Ekel finden würde. Ich meine, ich dachte wirklich, ich würde sehen, daß Sie mich hassen.«

»Und jetzt?«

»Jetzt denke ich, daß Sie mich mögen, und ... Oh! Ich tu's schon wieder! Ich wollte sagen, daß Sie mich gerne anschauen, und schon kam die Angst wieder mit rein. Wie kann ich nur so eingebildet sein. Und außerdem sind doch da in Ihrer Hand die Bilder, die beweisen, wie schlecht ich bin. Na gut! Ich glaube es einfach nicht. Das ist wirklich vorbei. Werden Sie sich die Bilder anschauen?«

»Sehr gern.« Ich öffne den Umschlag und spüre plötzlich mein eigenes erotisches Drängen. Louise und ich sind uns emotional so nah bei diesem Kampf mit ihrer Angst; und jetzt habe ich sie auf ihren Bildern völlig nackt vor mir. »Sie sind eine sehr schöne Frau, Louise.«

Sie zieht scharf die Luft ein. »Oh, das ist schwer, jetzt hier zu bleiben. Ich möchte eine kesse Bemerkung machen oder die Bilder wieder zurücknehmen. Und doch finde ich es wirklich schön, Ihnen zuzusehen, wie Sie mich anschauen. Wissen Sie, Jim ...« - sie hält inne, und plötzlich spüre ich, daß sie den Tränen nahe ist - »daß ich bisher nie stolz auf meinen Körper war oder wirklich als Frau meine Freude daran gehabt habe? Nie!« Sie weint leise und streckt dann die Hand aus und nimmt meine, drückt sie fest. »Danke.« Flüsternd: »Ich bin so froh, daß ich meinen Körper gefunden habe, bevor es zu spät war.«

Wir sitzen einige Minuten schweigend, jeder mit seinen Gedanken beschäftigt und doch miteinander verbunden. Der Summer, der die Ankunft meines nächsten Klienten und das Ende von Louises Stunde meldet, überrascht uns beide. Wir stehen auf; sie kommt auf mich zu, und ich umarme sie warm. Ihr Körper schmiegt sich an meinen, wie er das noch nie getan hat, und mein eigener Puls wird heftiger. Ich möchte sie küssen, und ich weiß, daß sie darauf wartet, daß ich den Kopf zu ihr hindrehe. Aus irgendeinem Grunde zögere ich und entschließe mich dagegen. Ich drücke sie noch einmal besonders fest, dann löse ich mich aus ihren Armen und wende mich zur Tür. »Bis nächsten Montag.«

*Jim*

Furchtbare Rassenunruhen toben im ganzen Land. Ich spüre, wie es in mir zerrt. Ich sollte etwas tun. Was kann ich denn tun? Das ist Drückebergerei. Das ist realistisch. Warum können wir Menschen bedeutende soziale Veränderungen nie ohne Blutvergießen und Zerstörung bewerkstelligen? Es fällt uns so schwer, Vertrautes loszulassen, wenn jemand anderes Ansprüche auf das anmeldet, was wir haben ... und wir dann vielleicht zurückstekken müßten, weil der andere auch etwas bekommt. Dieses Gefühl tritt nicht nur auf, wenn es um materielle Güter geht, sondern auch durchaus im Zusammenhang mit subjektiven und immateriellen Werten - zum Beispiel Respekt, Chancen und das Gefühl, für das, was wir sind, geschätzt zu werden.

Auch in mir herrscht Aufruhr. Die Bilder von Louises schönem nackten Körper kommen zu einer Zeit, wo ich auf solche Dinge besonders stark reagiere. Kein Zweifel, ich bin eifersüchtig auf ihren Don. Ich bin nicht sicher, daß ich mein Gefühlsgleichgewicht halte, wenn sie mit diesen Bildern kommt. Oder nein, ich bin sicher, daß ich das nicht tue. Andererseits übertreibe ich auch nicht. Ich weiß von zwei Therapeuten, die mit ihren Klienten Geschlechtsverkehr hatten, und beide sind davon überzeugt, daß das positiv war. Ich weiß es nicht. Ich weiß nur, daß ich dafür noch nicht bereit bin.

Also, ich habe meinen Vortrag über die Extreme unorthodoxer Praktiken, die erfahrene Therapeuten in ihrer eigenen Praxis für möglich halten - wobei es sich hauptsächlich um partielle oder totale Nacktheit und das Zulassen sexueller Stimulation handelte - vor dem Psychiaterverband gehalten und in einer Zeitschrift veröffentlicht. Ich hatte einen Sturm von Reaktionen erwartet. In beiden Fällen war die Reaktion gleich Null! War ich zu konventionell, wo andere sich weiter vorwagen? Habe ich meine Kollegen so schockiert, daß sie nicht wagen, darüber zu sprechen? Ich weiß nicht, wie ich dieses Fehlen einer Reaktion interpretieren soll.

So viel Schmerz und Verwirrung über die Trennung. Meine Frau leidet entsetzlich; meine Kinder sind unglücklich. Ist die Sache es wert, diesen geliebten Menschen all diese Qualen zuzumuten? Das ist eine Frage, mit der ich mich wieder und wieder auseinandersetze.

Es kommt mir kaum vor, als träfe ich wirklich eine Wahl. Es ist eher etwas, das ich einfach tue - was auch immer das heißen mag.

Vor zehn Tagen habe ich wieder eine Therapie angefangen. Ich hoffe, das hilft. Außerdem gehen meine Frau und ich zur Paartherapie. Ich frage mich, ob ich mich wirklich darauf einlasse. Allein die Zeit wird es zeigen. Vorerst wird mein neuer Therapeut, eine Frau, mir helfen, weiter an den Ergebnissen der Analyse zu arbeiten. Ich bin froh, daß sie gleichzeitig sehr weiblich und sehr stark sein kann. Ich brauche beides von ihr. Man lernt doch nie aus.

## Montag, 2. August

*Louise*

Louise sitzt auf der Couch, eine Studie in Kontrasten. Ihr Gesicht und Verhalten sind angespannt, angestrengt, unglücklich. Ihr Aufzug ist leicht, hell, sommerlich - und für Louises Verhältnisse knapp: kurzes Kleid mit Nackenträgern, rückenfrei, tiefer V-Ausschnitt. Sie zieht die Sandalen aus, hält inne, legt sich dann hin, seufzt, zieht den kurzen Rock zurecht und kreuzt dann die Arme über der Brust. Noch ein Seufzer. Sie sieht ängstlich und entschlossen zugleich aus.

Ich werde einfach schweigen. Sie kämpft mit irgendetwas in sich, und sie weiß, wie sie es machen muß. Ihre Arme spannen sich an, entspannen sich dann langsam. Aus jedem Augenwinkel gleitet leise eine Träne. Dann noch mehr Tränen. Langsam löst sich die Spannung. Etwa fünf Minuten vergehen, keiner von uns spricht. Sie leistet gute Arbeit.

Wieder ein Seufzer. »Ich bin innerlich so durcheinander. Ich möchte Ihnen davon erzählen, aber ... aber jedesmal, wenn ich anfange, kommen mir mehr Gedanken und Gefühle in den Weg. Ich habe diesen Kampf schon zu viele Jahre lang geführt, verdammt.«

»Erzählen Sie mir, was Sie können«, sehr ruhig.

»Es fing nach dem letzten Mal an. Nein, warten Sie! Stellen Sie mir keine Fragen. Ich mache das. Letztes Mal habe ich Ihnen Photos gezeigt, die Don von mir gemacht hat, als ich nackt war. So!«

»Mm-hmm.«

»Und ... es hat mir Spaß gemacht, das zu tun (Pause, rasches Atemholen). Und ich denke ... also ich dachte ... Nein! ich glaube, daß es Ihnen Spaß gemacht hat, sie anzusehen (trotzig).«

»Hat es auch.«

»Ja. Ich war so durcheinander, daß ich mich nicht genau an alles erinnern konnte, was passiert ist (Pause). Sagen Sie nichts - bitte.« Wieder fließen die Tränen. Sie greift nach den Taschentüchern. Eine volle Minute lang ist sie still, und ich spüre eine Art liebevoller Bewunderung für ihren Mut und ihre Entschlossenheit.

»Ich habe dauernd daran gedacht ... daran, daß Sie die Photos angeschaut haben und an Mr. Colten und Tante Julie. Manchmal dachte ich, ich wäre unanständig und Sie würden mich wahrscheinlich entsetzlich finden und mir sagen, ich sollte nicht wieder kommen. Manchmal ... manchmal war mir klar, daß das nicht Sie waren ... und daß ich nicht ... nicht schlecht gewesen war.«

Wieder hält sie inne, als die Tränen sie überwältigen. Diesmal schluchzt eine Zeitlang leise. »Ich weiß nicht, warum es so weh tut, aber es tut wirklich weh. Na ja, wahrscheinlich weiß ich ein bißchen, warum: mir ist klargeworden, wieviel von meinem Leben vorbeigegangen ist, ohne daß ich es gemerkt habe, während ich mich immer wieder selber hintergehe. Ich werde dieses Jahr vierzig! Ich denke nicht gern darüber nach, aber ich werde es trotzdem tun. Ich werde darüber nachdenken und nachdenken. Ich will nicht länger ... tot sein und nicht richtig bei mir selbst. Und dann heute ... oder eigentlich gestern habe ich ...« Sie hält inne und es ist deutlich, daß sie erneut mit sich kämpft.

Ich hole Luft, um etwas zu sagen, aber sie merkt es und kommt mir zuvor. »Nein, Jim, sagen Sie nichts. Ich muß das selber tun ... und auf meine Weise.«

»Heute«, fährt sie fort, und ihre Stimme zeigt, daß sie jetzt entschlossen ist, »hatte ich diese verrückte Idee, daß ... Nein, es ist keine verrückte Idee. Ich weiß. Ich wollte mir wieder selber untreu werden. Es ist gar keine so verrückte Idee, aber das will ich einfach nicht wahrhaben; genausowenig wie dieses Ich von mir, das auf die Idee gekommen ist.«

Wieder schweigt sie, kämpft mit sich. Ich muß mich daran erinnern, daß sie demonstriert, daß sie jetzt keine Hilfe braucht. Halt den Mund, Bugental!

»Es tut weh! Es tut körperlich weh. Im Hals und in der Brust (Pause). Ich will nicht weiterreden. Ich will darüber reden, welche Macht Emotionen haben, etwas zu bewirken, will abstrakt bleiben und weglaufen von ...«

»Von?« Ich mußte wohl doch etwas sagen, oder?

»Von dem, was ich meinte, daß ich tun wollte. Ich habe Angst, daß Sie ... es ist, als könnten Sie mich zerstören oder ... oder mich mindestens wegschicken.«

Wieder schweigen wir. Ich möchte darauf hinweisen, daß sie mich zu ihrem ablehnenden Onkel macht, aber diesmal schaffe ich es, mich zurückzuhalten. Warum muß ich mir und meinen Klienten ständig beweisen, daß sie mich brauchen, wenn doch klar ist (so wie jetzt), daß sie lediglich meine schweigende Gegenwart nötig haben?

Plötzlich nimmt sie sich zusammmen und spricht, und ihre Stimme ist klar. »Ich dachte, daß ich heute hier hereinkommen und mich ganz ausziehen würde, statt mich hinter Photos zu verstecken.« Sie schweigt, hält ganz still, wartet. Ich schweige ebenfalls, aber in mir höre ich ein Gewirr von Stimmen: »Ich darf nicht zulassen, daß sie das tut. Ich würde sie wirklich gern nackt sehen. Es ist eindeutig unethisch; ich werde fürchterliche Schwierigkeiten kriegen. Es ist nicht unethisch, wenn ich sie nicht berühre. Ich würde sie gerne berühren. Kommt überhaupt nicht in Frage! Sofort Schluß mit dieser ganzen Sache!« Und dann lasse ich alles laufen und warte einfach.

»Jim, sagen Sie mir ehrlich, wenn ich mich wirklich hier auszöge, wäre es hart für Sie? Ich möchte Ihnen nicht wehtun ...« Sie bricht ab und schaut mich überrascht an.

Ich habe leise angefangen zu lachen. Eben noch hatte ich mir Sorgen über gesetzeswidriges Verhalten gemacht, und da kommt sie und macht sich Sorgen um mich als Mensch. Und dann noch ihr unbeabsichtigter Witz. Meine Spannung äußert sich in dem Lachen.

»Es tut mir leid, daß ich Sie unterbrochen habe, aber das war doch jetzt wirklich unbewußt komisch. Sie haben gefragt, ob es für mich *hart* werden würde, wenn Sie sich auszögen. Die Antwort lautet: vermutlich ja.«

»Oh, oh, ich verstehe. Ach, das ist mir peinlich, aber das ist albern. Ja, ich hoffe, es wird hart für Sie. Huch! Ich bin nicht gewöhnt so zu reden, aber es gefällt mir auch.«

»Louise, ich höre Ihre Besorgnis um mich, und ich weiß sie zu schätzen. Wenn Sie sich ausziehen würden, würde ich ganz sicher reagieren, sowohl emotional als auch körperlich, aber ich bin sicher, es würde mir nicht ernstlich wehtun.«

»Ich habe immer gehört, daß, wenn ein Mann erregt wird und dann die Frau nicht ... nicht mit ihm schlafen will ...«

»Das ist Männerpropaganda. Wenn ein Mann keine Erektion haben will, dann kann er durchaus etwas dagegen machen. Männer suchen doch ständig nach Möglichkeiten sexueller Erregung, wo gar keine Befriedigung möglich ist. Sie tun es, weil es ein schönes Gefühl ist. Nein, Louise, meine Sorge betrifft nicht irgendein mögliches körperliches Mißgefühl.«

»Aber Sie sind besorgt?«

»Ja, in zweierlei Hinsicht: Ich weiß, daß viele meiner Kollegen entsetzt wären und mich sehr angreifen würden, wenn sie wüßten, daß ich es zulasse, daß Sie sich ausziehen. 'Reden, nicht handeln' ist unser Grundsatz. Ich finde ihn nicht immer richtig, aber das ist eins meiner Bedenken.«

»Ich möchte Sie nicht in Schwierigkeiten bringen. Lassen wir die ganze Sache einfach.«

»Nein, Louise, Sie lassen die Außenwelt für sich entscheiden. Unsere traditionelle Auffassung in diesen Fragen beeinflußt mich zwar, aber sie bestimmt nicht ausschließlich, was ich tue. Sie hat viel Gutes, aber sie ist kein göttliches Gebot. Sie und ich müssen sorgfältig über solche Fragen nachdenken und dann verantwortlich über unser Handeln entscheiden.«

»Ich mache mir aber Ihretwegen Sorgen.«

»Das bedeutet mir viel, aber es ist nicht das einzig Wichtige. Meine andere Sorge ist, ob Sie darüber nachgedacht haben, was passieren würde, wenn Sie erst einmal nackt hier mit mir zusammen sind.«

Ihr rasches Atemholen ist schon fast Antwort genug. Sie sieht überrascht aus und lacht dann. »Ja, das habe ich, und ich habe mir gedacht, es würde sehr schön sein.«

»Fassen Sie es in Worte.«

»Also, vielleicht würden Sie mich umarmen und vielleicht ... vielleicht würden Sie sich auch ausziehen ... ach, das ist schwerer, als ich dachte (Pause). Dann ... vielleicht würden wir uns dann lieben.« Sie schluckt, aber begegnet meinem Blick mit einem Lächeln.

Jetzt bin ich es, der tief Luft holen muß. Aber in gewisser Weise ist es jetzt einfacher für mich. »Sie sind sehr anziehend und begehrenswert, und Ihr Vorschlag ist ungeheuer verlockend. Aber aus vielen Gründen - manche davon haben mit uns hier zu tun, und manche hängen mit anderen Bereichen meines Lebens zusammen - werde ich nicht mit Ihnen schlafen, deshalb ...«

»Ach, ich weiß (hastig). Ich meine bloß, Sie haben gefragt, und also habe ich ...«

»Louise, Sie machen etwas aus meiner Antwort, was sie nicht ist. Sie hören daraus einen Tadel, und Sie hören nicht, was ich - ganz aufrichtig - gesagt habe, nämlich, wie schön ich den Gedanken fand, daß wir uns lieben könnten.«

»Naja, wahrscheinlich (traurig). Naja (Pause), naja, es ist wahrscheinlich sowieso besser so.« Sie hält inne, nachdenklich, unbehaglich. »Dann ist es wahrscheinlich auch besser, wenn ich mich nicht ausziehe, meinen Sie nicht?«

»Sie klingen, als ob Sie die Entscheidung darüber auf mich abschieben möchten.«

»Nein. Das heißt, ja, ich war dabei. Nun gut, ich bin hierher gekommen, um mich auszuziehen; und wenn Sie nicht darauf bestehen, daß ich es nicht tue, dann werde ich mich auch ausziehen!« Ihre Stimme ist trotzig.

»Es klingt sehr schön, Louise.«

Sie schweigt, regungslos, sammelt sich. In meinem Kopf bin ich über meine Ruhe überrascht. Ich weiß, daß ich noch viele andere Punkte hätte ansprechen sollen. Da ist ja auch das Problem eines möglichen Skandals, wenn irgendjemand davon erfährt. Ach, zum Kuckuck, ich bin es leid, vorsichtig zu sein und das Leben zu leugnen. Louise zeigt mir einen mutigeren Weg. Lehn dich zurück und genieße ihre Ehrlichkeit und ihren Körper.

Langsam heben sich ihre Hände hinter ihren Nacken und nesteln an Verschlüssen unter ihrem Haar. Immer noch langsam senken sie sich wieder, nehmen die Träger mit, so daß sie jetzt das Oberteil ihres Kleides nach unten schälen. Zögernd bewegen sich die Hände weiter nach unten, und der Brustansatz wird sichtbar. Dann, ganz pötzlich, hält sie ein und zieht den Atem ein, während sie die Hände fest an ihre Brust preßt.

Wir schweigen beide, während sie angespannt daliegt und die Tränen unbeachtet über ihre Wangen strömen. Ihr ganzer Körper ist so angespannt, daß es sie beinahe schüttelt. Ich empfinde eine kurze Enttäuschung, als meine erregte Spannung einer warmen Sorge um ihren offenkundigen Schmerz weicht.

»Was ist, Louise?« Meine Stimme ist ein Flüstern.

»Es tut mir leid, Jim.« Mehr Weinen. »Es tut mir wirklich, wirklich leid.« Sie weint, so eindeutig traurig.

»Sagen Sie mir, was es ist.«

»Es tut mir leid. Ich weiß, wie gern Sie mich sehen möchten. Ich kann es wirklich spüren. Ich hab es gespürt, seitdem ich Ihnen die Bilder gezeigt habe. Und ich will ... wollte mich Ihnen zeigen. Schon lange. Seit dem Tag, wo ich die Bluse aufgemacht habe. Und jetzt ...« Wieder weint sie. Ich warte. Das ist überhaupt nicht, was ich erwartet hatte. Ich hatte gedacht, sie sei verlegen über ihre sexuelle Erregung, aber jetzt spüre ich, daß sie meinetwegen weint. Meinetwegen!

»Ich werde mich trotzdem ausziehen. Ich meine, ich werde es wirklich tun, weil ich weiß, daß es Ihnen gefallen würde, aber ich muß Ihnen sagen - ach, verflixt, ich mag das nicht sagen - ich muß Ihnen sagen ...«

»Sagen Sie es mir, Louise.« Leise.

»Ich würde es tun,« flüsternd, »hauptsächlich, um Ihnen eine Freude zu machen. Ach! Das stimmt nicht ganz. Es würde mir Spaß machen, aber irgendwie, seit ich Don habe - es wäre nicht dasselbe. Ich meine, ach, ich möchte nicht, daß Sie traurig sind. Ich habe Sie sehr gern, Jim, das wissen Sie. Ich habe Sie wirklich lieb. Aber nicht mehr auf diese Art. Ich meine, nachdem ich Ihnen neulich die Bilder gezeigt hatte, war mir plötzlich klar, daß das nicht mehr für mich war. Doch, es war für mich. Ich werde wirklich irgendwie erregt, sexuell meine ich. Aber dann andererseits hab ich es wahrscheinlich hauptsächlich für Sie getan. So als wüßte ich, daß es Ihnen gefallen würde. Und mir gefiel, daß es Ihnen gefiel. Und jetzt, jetzt würde es mich wirklich freuen, zu sehen, wie Sie mich ansehen, zu sehen, wie Sie es genießen, mich ganz nackt zu sehen. Es würde mir Angst machen, aber es wäre auch erregend. Und ...«

»Und?«

»Und ich möchte es für Sie tun .. und damit ich Sie sehen kann, wenn Sie mich ansehen ...« Ihre Hände beginnen wieder, das Oberteil herunterzuziehen.

»Warten Sie, Louise.« Die Hände halten ein, krallen sich aber nicht mehr fest. Die obere Hälfte ihrer Brüste ist entblößt, und wieder spüre ich den schwellenden Wunsch, ihren ganzen aufreizenden Körper zu sehen. »Warten Sie, Louise. Sie sagen etwas sehr Wichtiges. Wichtig für Sie und wichtig für mich.«

»Ich möchte nicht, daß Sie meinen, ich mag Sie nicht, Jim. Sie haben mir das Leben gerettet. Ich meine, ich würde wirklich alles für Sie tun. Und ich meine wirklich alles.«

»Ich weiß, Louise, aber ich glaube, Sie sind gerade dabei, etwas zu tun, das sogar noch wichtiger ist als sich für mich auszuziehen. Sie haben recht. Ich würde Sie sehr gerne nackt sehen, aber das ist nicht, was ich am meisten wünsche. Jetzt eben bieten Sie mir etwas noch Kostbareres an: Ihr Vertrauen in mich, daß ich bei Ihnen bleibe, auch wenn Sie nicht tun, was ich möchte, oder was ein Teil von mir möchte.«

»Ich weiß es, Jim. Ich hatte angefangen, mich auszuziehen, und plötzlich war mir klar, daß ich damit weder Ihnen noch mir treu blieb. Bevor Don und ich uns so nah kamen - ich meine, sowohl sexuell als auch emotional - hätte ich mich furchtbar gerne vor Ihnen ausgezogen, einfach um meinetwillen. Ich weiß es, weil ich viele Male daran gedacht habe. Aber jetzt, gerade eben, war mir klar, daß ich es eigentlich nicht meinetwegen tat, sondern weil ich wußte, wie sehr es Ihnen gefallen würde. Wahrscheinlich habe ich den alten Mr. Colten aus Ihnen gemacht und bloß versucht, es Ihnen recht zu machen. Und das möchte ich weder Ihnen noch mir antun, Jim.«

»Und Sie wissen, daß ich das auch nicht will, wenn ich von meiner sexuellen Erregung mal absehe. Es bedeutet mir wirklich viel, daß Sie mir und sich treu geblieben sind.«

Nachdem Louise gegangen ist, sitze ich einige Minuten lang müde und entmutigt da. Ohne Zweifel hatte sie recht mit ihrer Interpretation meines Verhaltens - und mit ihrer Entscheidung, sich nicht weiter auszuziehen. Ich war so gefangen in dem Entzücken über ihre sich entfaltende Sexualität, ihre größere Freizügigkeit mit ihrem Körper und ihre starke Erotik, daß ich ihre Motivation und mein Verlangen nicht nehr trennte. Ich bewundere den Mut, mit dem sie sich mir widersetzt hat, und bedauere es gleichzeitig. Es ist an der Zeit, daß ich erkenne, daß wir in eine neue - und vermutlich abschließende - Phase unserer gemeinsamen Arbeit eingetreten sind.

## Donnerstag, 5. August

*Louise*

Bedrückt, mit ernstem und nach innen gekehrtem Gesicht sitzt Louise in dem großen Sessel, legt sich nicht auf die Couch. »Jim, ich habe ... seit ich am Donnerstag hier weggegangen bin, kämpfe ich innerlich mit mir.«

»Sagen Sie es mir.«

»Ach, es geht so viel in mir vor. Einen Moment lang bin ich von mir abgestoßen, erzähle mir, wie anmaßend ich war, zu ... und dann plötzlich kommt es mir vor, als hätte ich die Gelegenheit vertan, etwas ... etwas ganz Besonderes mit Ihnen zu erleben. Dann werde ich wütend auf mich, weil ich denke, Sie würden ... weil ich möchte ... Dann sehe ich einen Augenblick lang klar und denke mir, wie gut das letzten Donnerstag war, aber sofort rutscht mir das wieder weg und ...«

»Ich habe auch viel über den Donnerstag nachgedacht. Und das Wichtigste, worauf ich immer wieder komme, ist eine große Hochachtung für den Mut, mit dem Sie sich selbst treu geblieben sind ... und mir.«

»Manchmal wünschte ich, ich wäre es nicht.«

»Ich weiß. Ich auch manchmal. Aber meistens ...«

»Meistens bin ich froh, daß es so gelaufen ist.«

So vergeht die Stunde. Wir empfinden eine warme Zuneigung füreinander, und unausgesprochen ist uns beiden klar, daß wir einen Punkt überschritten haben, hinter dem es kein Zurück gibt.

Als sie gegangen ist, habe ich Zeit, über Louise und unsere gemeinsame Arbeit nachzudenken. Diese früher verängstigte, begehrenswerte, konfliktgeladene Frau tritt jetzt hervor als eine starke und selbstgesteuerte Person. Meine eigenen Wünsche hätten dieses Wachstum behindern können, haben das vielleicht auch in mancher Hinsicht getan. Andererseits jedoch waren eben diese subjektiven Reaktionen auf sie wichtig für ihre Entfaltung und ihr Wachstum. Ich hätte niemals eine Strategie planen können, wie sie sich dann entwickelte. Was das betrifft, kann ich für niemanden, mit dem ich arbeite, bewußt irgendeine Strategie entwickeln. Vielleicht habe ich bei ihr eine Zeitlang den Überblick verloren - vielleicht habe ich den Überblick öfter verloren, als mir lieb ist - aber in unseren Tiefen (denen meiner Klienten und meinen eigenen) ruht das Potential, die Ereignisse neu zu interpretieren und sie in den Dienst unserer wahren Intentionen zu stellen. Wenn wir uns nur ihrer gewahr bleiben. Ein großes Wenn!

*Jim*

Hätte ich Lust, an einem Forschungsprojekt über die Zukunft des Bildungswesens mitzuarbeiten? Gute Frage. Nicht gerade etwas, was mir bisher je vorgeschwebt hätte. Klingt interessant. Aber es würde bedeuten, nach Norden zu ziehen und die Praxis ein Jahr lang oder vielleicht noch länger aufzugeben. Was soll aus meinen Patienten werden? Ich kann sie nicht mitten in der Therapie verlassen. Muß warten, bis sie einen Zeitpunkt erreicht haben, der für eine Unterbrechung günstiger ist. Und wann wird das sein? Es gibt immer einige, die gerade erst anfangen, mehrere, die in verschiedenen mittleren Stadien sind, und einige, die kurz vor dem Abschluß stehen. Ein Zeitpunkt, der für alle richtig ist, wird sich nie finden.

Diese und andere Gedanken werden ausgelöst durch einen Brief von einem sehr kreativen Mann, der an einem meiner Workshops in Esalen teilgenommen und einige meiner Veröffentlichungen gelesen hat, die ihm offensichtlich gefallen haben. Er leitet ein Forschungsprojekt, das eine

Prognose darüber ausarbeiten soll, wie sich die Anforderungen an das Bildungssystem in den nächsten zwanzig bis hundert Jahren verändern werden. Er möchte, daß ich für mindestens ein Jahr daran mitarbeite.

Ist jetzt nicht eine günstige Zeit für eine Veränderung - wenigstens eine vorübergehende? Ich habe mich sehr weit mit Louise eingelassen (aber nicht zu weit, darauf bestehe ich). Ich bin meine kleine Wohnung und meine halbe Junggesellenexistenz leid. Ich bin ziemlich sicher, daß ich nie wieder in das Haus auf dem Hügel zurückkehren werde (ach, dieser Gedanke schnürt mir die Kehle zu).

Nun gut, jetzt schreibe ich ihm einfach mal, erbitte mehr Information und sage ihm, daß ich mindestens sechs Monate brauche von dem Zeitpunkt an, wo wir uns einig werden - wenn wir das tun - bis zu meinem Arbeitsantritt. Vielleicht ist die Sache damit ja schon gestorben. Vielleicht auch nicht.

## Montag, 11. September

*Louise*

»Ich freue mich und ich bin frustriert, erleichtert und verärgert!« Sie sitzt auf der Couch, und in ihrem Gesicht spiegelt sich der Widerstreit der Gefühle. »Sie kommen nicht drauf, was passiert ist.«

»Ganz bestimmt nicht.«

»Ach, manchmal können Sie mich ärgern! Na gut, ich erzähl es Ihnen trotzdem. Dr. Elliott ist zurückgetreten!«

»Ich kann mir vorstellen, warum Sie sich freuen und erleichtert sind, aber ich habe den Eindruck, das ist nicht alles.«

»Nein, ist es auch nicht!« Sie bricht ab, verzieht das Gesicht, zuckt dann hilflos die Achseln. »Letzte Woche habe ich mit ihm gesprochen und ihm klipp und klar gesagt, daß ich seine neuen Bestimmungen nicht anwenden will. Sie wären eine ernste Gefahr für ein Projekt, in das alle Mitarbeiter sehr viel investiert hätten, und sie untergrüben außerdem die Motivation der Mitarbeiter.«

»Das haben Sie ihm ins Gesicht gesagt?«

»Ja, in fast genau diesen Worten.«

»Ein großer Schritt!«

»Das war es auch, und ich war sehr glücklich darüber. Er war überrascht. Wahrscheinlich bin ich vorher immer so umgänglich gewesen. Also sagte er, er müßte es sich überlegen, da wären andere Fragen, denen er gerade sein ganze Aufmerksamkeit zuwenden müßte, so daß er mir nicht sofort eine Antwort geben könnte.«

»Eine Antwort?«

»Ja. Das hab ich vergessen, Ihnen zu erzählen. Ich habe ihm gesagt, ich würde in aller Form beim Verwaltungsrat Protest einlegen, wenn er auf seinem Vorhaben bestünde.«

»Volles Rohr!«

»Meinen Sie, ich war zu ... nein, war ich nicht. Ich war höflich und habe ihm trotzdem genau zu verstehen gegeben, wo ich stand.«

»Mm-hmm.«

»Also sollte er mir heute seine Antwort geben. Stattdessen hing eine Mitteilung am Schwarzen Brett, daß er seinen Rücktritt eingereicht hätte. Und irgendwie macht mich das wütend. Endlich hab ich meinen Mut zusammengenommen, um gegen ihn zu kämpfen, und ...«

»Und jetzt ist keiner mehr da, gegen den Sie kämpfen können.«

»Ja! Das ist nicht fair. Ach, ich weiß, das ist albern, aber so fühle ich mich eben.«

»'Albern', hm?«

»Ach, ich mach mich damit diesmal nicht schlecht, ich meine nur, das ist paradox.«

»Hm-hmmm.«

»Ach, ich muß Ihnen noch etwas erzählen. Don hat mich gefragt, ob ich mit ihm in seiner Wohnung zusammenleben will.«

»Und?«

»Und ich werde es tun. Es wird wunderbar sein, mit ihm zu leben und ihn zu lieben.«

»Schön.«

»Wir haben übers Heiraten gesprochen - es war beängstigend und aufregend für mich - aber wir haben beschlossen, wir sollten erst eine Weile zusammen leben und herausfinden, wie wir im Alltag miteinander auskommen.«

»Klingt vernünftig.«

»Ich würde Sie gern necken und Sie fragen, ob Sie eifersüchtig sind, aber ich weiß, daß Sie mit Ihrem eigenen Leben gerade an einer schwierigen Ecke sind; und deswegen möchte ich Sie nicht irgendwie traurig machen.«

»Ich glaube, ich bin ein bißchen eifersüchtig, Louise, aber ich bin auch froh, daß Sie jemand haben, der Ihnen so viel bedeutet, und daß die Dinge sich für Sie so gut entwickeln.«

*Jim*

Ich freue mich für Louise - und ich bin eifersüchtig. Aber heute abend bin ich so gebannt von den Nachrichten, daß ich nicht sehr lange an sie denke.

Gestern haben wir eine Kamera auf den Mond gebracht! Unglaublich. Ich verstehe das als Tatsache, aber ich kann nicht wirklich begreifen, daß wir irgendwelches Gerät durch die Luft, durch den Weltraum, den ganzen Weg zu diesem vertrauten Mond geschickt haben, und daß die Bilder, die wir heute in den Zeitungen sehen, tatsächlich so weit dort oben aufgenommen wurden.

Was sind wir für eine wunderbare Gattung! Ich bin ein Gattungschauvinist. Was für erstaunliche Dinge können wir vollbringen! Wir sollten alle auf der Straße tanzen - nicht nur in den Vereinigten Staaten, sondern auf der ganzen Welt - um diese Leistung zu feiern, um uns selbst zu feiern.

Aber erst vorigen Monat haben wir Hanoi bombardiert und Soldaten und Zivilisten umgebracht. Vorigen Monat haben wir auch wieder eine Menge Truppen dort hinübergeschickt. Was sind wir für eine furchtbare Gattung!

Ich glaube, beides ist richtig. Wir sind furchtbar und wir sind wunderbar. Was habe ich für ein Glück, mit so einem furchtbaren Wunder zu arbeiten!

# 15.

# »Wir hatten eine Affäre«

### Montag, 9. Oktober

*Jim*

Ich habe mich entschieden, das Angebot der Mitarbeit an dem Forschungsprojekt anzunehmen. Es klingt sehr interessant, ich werde einen Wechsel der Umgebung genießen, und ich fühle mich geschmeichelt, daß sie der Meinung sind - und besonders Bill, der Leiter - ich könnte soviel beitragen.

Ich bin am letzten Wochenende auf einen Sprung dorthin gefahren, und »die Halbinsel«, wie die Gegend südlich von San Francisco genannt wird, ist sehr reizvoll. Obwohl ich viele Jahre in L.A. gelebt habe, viel länger als irgendwo sonst, fühlt es sich immer noch nicht wie Heimat an. Es ist zu groß, zu unzusammenhängend, zu unpersönlich. Die Gegend um Palo Alto ist überschaubarer, landschaftlich schöner, und sie verspricht mir mehr Anregungen, jedenfalls in meiner derzeitigen Lebensphase.

Ich bin jetzt mit einer lieben Freundin zusammen, und wenn sich die Beziehung gut entwickelt, wird sie nächstes Jahr mit mir nach Norden gehen. Genau wie Louise und Don tun wir einen Schritt nach dem anderen. Daß das weise ist, zeigt sich heute, als Louise mir berichtet, daß sie und Don Schwierigkeiten mit ihrer Beziehung haben und deswegen wieder getrennt leben werden. Sie war enttäuscht, aber nicht ernstlich unglücklich.

### Montag, 23. Oktober

*Kate*

An einem hellen Herbsttag, der Erinnerungen an die Hitze des Sommers mitbringt, kommt Kate herein in dem buntesten Kleid, das ich je an ihr gesehen habe. Sie war beim Friseur, und alles in allem ist sie eine ganz andere Frau als das graue, spröde Wesen, das vor achtzehn Monaten zum ersten Mal dieses Sprechzimmer betrat. Ihre Kopfhaltung und das Tempo ihrer Sprache drücken ihre zunehmende Anteilnahme am Leben und ihre wachsende Hoffnung für sich selbst aus. Ihr Gesicht zeigt wenig von der granitenen Spannung von damals, und ihre Schritte bringen sie nicht mehr mechanisch von Ort zu Ort.

Dennoch beobachte ich voller Angst, wie Kate es sich auf der Couch bequem macht. Seit zwei Wochen fürchte ich mich vor diesem Tag, schiebe auf, was ich doch tun muß. Jetzt kann ich es nicht länger hinausschieben: heute muß ich ihr sagen, daß ich nächstes Jahr weggehe. Es sind noch weit mehr als sechs Monate bis dahin, aber es ist zu früh für den Stand, den sie erreicht hat. Ich habe mit Al Lasko gesprochen, meinem engsten Freund und Kollegen, und er ist bereit, in Parallelsitzungen mit Kate anzufangen, wenn sie dazu bereit ist. Das sollte den Wechsel zu ihm erleichtern, wenn ich weggehe.

Alle diese Gedanken beruhigen aber nicht mein mißliches Gefühl, meine Selbstvorwürfe, mein schlechtes Gewissen. Ich kann gerade Kate das nicht antun, die als Kind so unter dem Verlassenwerden gelitten hat. Ich werde meine Annahme der Ernennung zurückziehen müssen, erst nächstes Jahr gehen können. Aber was ist dann mit Lillian oder Steve, die erst anfangen, sich durch ihr Zögern zum Vertrauen durchzuarbeiten? Ich weiß ganz real, daß es keine »wirklich richtige Zeit« gibt.

All dies ist mir durch den Kopf gegangen, bevor Kate hereinkommt, und es bedrückt mich wieder, als ich sie ansehe und höre, wie sie zu sprechen anfängt.

»Ich habe über das nachgedacht, was Larry letztes Mal in der Gruppe gesagt ...«

»Kate.« Abrupt, mitten in ihrem Satz. »Kate, es tut mir leid, wenn ich Sie unterbreche, aber ich habe etwas, worüber ich mit Ihnen sprechen muß. Es ist wichtig, und ich möchte, daß wir viel Zeit haben, um gemeinsam darüber nachzudenken.«

Sie wendet sich auf einem Ellenbogen um, schaut zu mir auf, beunruhigt, fragend.

»Die Sache ist so, Kate: Ich werde von Anfang Juli nächsten Jahres an ein Jahr lang nicht hier sein. Ich habe eine Position als Forschungsberater im Norden angenommen und ...« Ihr Gesicht verändert sich nicht; vielleicht schauen die Augen etwas zu starr, aber ich kann es nicht sagen. Meine Worte wollen nicht leicht kommen. Ich habe Angst, ein schlechtes Gewissen. »Nun, ich habe mit Dr. Lasko gesprochen, und in den sechs

Monaten, bevor ich weggehe, wird er ab und zu zusammen mit uns arbeiten, so daß Sie mit ihm weiterarbeiten können, wenn Sie dazu bereit sind. Und außerdem ...«

»Wenn ich bereit bin? Es tut mir leid, ich verstehe nicht.« Ihr Ton hat wieder ein bißchen von der früheren Förmlichkeit, Distanz. Aber selbst unter diesen Umständen ist es immer noch eine Erleichterung, sie sprechen, sich mit einem Detail auseinandersetzen zu hören.

»Nun ja, ich meine, wir können es in den nächsten sechs Monaten so arrangieren, daß Sie allmählich mehr mit ihm arbeiten.« Ich bin unsicher, mag den Geschmack meiner Worte nicht.

»Aha.« Ruhig, unbewegt, beherrscht. Ich glaube, sie hat Angst.

»Und außerdem werde ich von Zeit zu Zeit wieder hierher kommen, so daß wir auf jede uns nützlich erscheinende Weise in Kontakt bleiben können.« Immer noch fühle ich mich hölzern-steif, befangen. Der Ton macht deutlich, daß das alles mechanisch ist, unpersönlich, das ist es, was nicht stimmt. Rasche Erleichterung, als das Problem erkannt ist, damit kann ich umgehen.

»Ja, ich bin sicher, daß wir das können.« Sie hat sich zurückgezogen, begegnet meiner Unpersönlichkeit unpersönlich, eskaliert die Distanz.

»Kate, ich spüre eine Menge Gefühle jetzt. Ich bin beunruhigt, weil ich überhaupt weggehe. Ich habe ein schlechtes Gewissen, weil ich Ihnen wehtue. Ich fühle mich unbeholfen bei dem Versuch, meine Sorge auszudrücken und meinen Wunsch, dies zu einer positiven Erfahrung für Sie zu machen.«

»Natürlich, ich verstehe. Es ist wirklich völlig in Ordnung. Ich verstehe, daß Sie Ihre Karriere voranbringen möchten, und sicher wird Dr. Lasko sehr hilfsbereit sein, wenn ich nächstes Frühjahr noch weitere Therapie brauchen sollte.«

So glatt das alles. Zu glatt, aber da sind keinerlei erkennbare Stellen, an denen ich einhaken könnte. »Kate, ich glaube, dies ist wichtiger für Sie, als Sie sich selbst wissen lassen. Ich weiß Ihre beruhigenden Worte zu würdigen, aber ich möchte Ihnen helfen, mit Ihren tieferen Gefühlen über mein Weggehen in Berührung zu kommen.« Ich vermute, daß sie die Kontrollen so scharf angezogen hat wie nur irgend möglich, um Panik abzuwenden.

»Ja, nun, es ist schon eine Überraschung. Ich hatte mit dieser Möglichkeit eigentlich nie gerechnet. Aber wirklich, ich glaube nicht, daß Sie sich solche Sorgen machen müssen. Sechs Monate sind eine lange Zeit, und ich bin sicher, alles Nötige kann in der Zeit getan werden. Meinen Sie nicht?« Zuvorkommend, distanziert, förmlich. Zu zuvorkommend, zu förmlich, sie schaltet sich selbst ab.

»Nein, ich glaube nicht, Kate. Daß Sie jetzt so zuvorkommend und distanziert sind, fühlt sich für mich wirklich schlimm an. In letzter Zeit haben wir miteinander viel offener reden können als jetzt gerade. Ich glaube, ich vermute, daß Sie leiden und wahrscheinlich zornig sind. Können Sie solche Gefühle finden?«

»Nein, ich glaube nicht. Mir ist nur bewußt, daß ich einige Zeit brauche, um über das nachzudenken, was Sie mir gesagt haben, und ich bin ein bißchen verärgert, daß Sie immer aus allem ein griechisches Drama machen. Wirklich, ich bin nicht so unglücklich.« Gleichmütig, vernünftig. Habe ich ihre Fortschritte unterschätzt? Sicher, sie ist ein bißchen zurückgewichen, aber ist das nicht angemessen? Brauche ich es, daß sie so an mir hängt, daß mein Weggang ein größeres Trauma für sie ist? Oder möchte ich glauben, daß sie ihn gut bewältigt, weil es so schwer ist, sich wieder durch ihre Mauer durchzukämpfen?

»Nun gut, Kate, wir haben heute noch viel Zeit. Dann könnten Sie ja vielleicht tun, was Sie eben sagten, über das nachdenken, was ich Ihnen gesagt habe, und zwar laut, so daß ich zuhören und soweit helfen kann, wie ich kann?«

Aber es besteht kaum die Notwendigkeit für mich, irgendetwas zu tun. Die Stunde vergeht ruhig; Kate spricht in gleichmäßigem Ton, hält emotional sorgfältig Distanz. Ich versuche - versuche ich es wirklich? - die Mauer der Höflichkeit zu durchdringen, die engere Arbeitsbeziehung wiederzufinden. Sie ist liebenswürdig, distanziert und gänzlich unwillig, sich an irgendeine andere Art der Beziehung zu erinnern. Ich denke: Sie braucht Zeit, genau wie sie gesagt hat; es ist normal, sogar gesund, ein bißchen Raum zu schaffen, wenn etwas Unerwartetes eintritt. Alles in allem nimmt sie es sehr gut. Aber dann denke ich: Sie schottet sich ab; wir verlieren das Terrain, das wir uns in Monaten erkämpft haben; sie wird sich soweit zurückziehen, daß sie sich nie wieder hervorwagen wird. Ich bin hoffnungsvoll, beunruhigt, erwartungsvoll, unglücklich. Ihr buntes Kleid scheint wie ein Hohn und gleichzeitig traurig. Obwohl ihr Gesicht keine Beunruhigung zeigt, paßt es entschieden nicht mehr zu ihrem Kleid.

*Frank*

»Ich bin wieder befördert worden! Gefällt Ihnen das Modell?« Frank hat nie absichtlich Witze gemacht, aber heute ist er wie betrunken vor Stolz und Freude. Das ist Balsam für meine aufgewühlten Gefühle, nachdem ich gerade Kate von meinen Plänen berichtet habe. Und er ist ein erstaunlicher Anblick, wenn ich bedenke, wie er so lange ausgesehen hat. Er trägt einen neuen Anzug, ein sauberes Hemd, anständige Krawatte, und - oh Wunder - er ist glattrasiert!

»Was haben Sie für einen Zaubertrick, Frank, daß Sie zweimal befördert werden?«

»Ooch, es ist bloß ... Wissen Sie, dabei werde ich jetzt irgendwie befangen, verlegen. Scheiße, ich habe gar keinen Zaubertrick, das wissen Sie, aber die Leute, die unter mir arbeiten, sind ... naja, so wie ich viel zu lange war. Sie wissen schon, ungelernt und nicht besonders zuverlässig. Es liegt einfach daran, daß ich jeden verdammten Tag dagewesen bin und pünktlich kam und halbwegs anständig aussah. Es wirkt todsicher, wenn man selber gut aussieht und die anderen Hampelmänner ... naja, die machen das Gleiche, was ich früher gemacht hab.«

»Was ist das?«

»Machen sich von vornherein zum Verlierer. Verdammt nochmal, ich kenne die Methode zu beschissen gut - äh, zu gut. Gandowsky sagt, ich müßte auch meine Redeweise auf Vordermann bringen.«

»Was halten Sie davon?«

»Ach, das ist genauso wie die anderen Punkte. Ich muß ja nicht die ganze Zeit fluchen, das ist bloß Gewöhnungssache, es nicht mehr zu machen.«

»Und das wollen Sie jetzt.«

»Stimmt. Will ich. Aber, Jim, da sind noch ein paar Sachen, über die ich mit Ihnen reden muß.«

»Schießen Sie los.«

»Ich glaube, ich bin soweit, daß ich hier aufhöre, wenn Sie einverstanden sind.«

»Ich habe schon gedacht, daß Sie soweit sind.«

»Heh, Klasse! Auf die Antwort hatte ich gehofft.«

»Sie wissen jetzt, wo Sie sind und was Sie brauchen, Frank. Was ist das zweite?«

»Ich habe mit Mr. Gandowsky gesprochen und ihm erzählt, daß ich auf's College will, und wir haben einen Plan ausgehandelt. Wissen Sie, er ist wirklich ein dufter alter Knabe, bißchen komisch in mancher Hinsicht, aber trotzdem unheimlich in Ordnung.« Er hält inne, grinst nachdenklich. Ich habe Frank noch nie so viel lächeln sehen.

»Und?«

»Sie haben immer noch Ihre 'unds,' was? Also, jedenfalls haben wir folgenden Plan ausgehandelt. Ich werde von der Hälfte dessen leben, was er mir bezahlt, und den Rest auf die Bank bringen. Dann, wenn das gut läuft, fange ich nächstes Jahr mit dem College an, und Gandowsky sagt, er wird mich halbtags weiterbeschäftigen, und ich denke mir, daß ich so ein Vollstudium machen kann und trotzdem finanziell über die Runden komme.«

»Klingt hervorragend.«

»Können Sie wohl sagen.« Er hält inne, plötzlich unbehaglich. »Eine Sache ist da allerdings.«

»Hm-hmm?«

»Ich will wirklich in die Vollen gehn ... bis zu einem Doktor.«

»Ja, ich weiß. Klingt gut, finde ich.«

»In klinischer Psychologie, Jim.« Das ist es, wovor er Angst hat.

»Frank, das ist phantastisch. Es gibt mir wirklich ein gutes Gefühl, daß Sie ein Kollege von mir werden wollen.«

»Ja (seufzt). Ich wußte nicht, ob Sie so denken würden oder nicht. Ich hatte es gehofft, aber ich dachte, vielleicht fänden Sie die Idee lächerlich.«

»Überhaupt nicht.«

»Mann! Ich bin wirklich froh, daß Sie so denken. Ich hatte einfach beschlossen, wenn schon, denn schon - aber ich wollte auch nicht unbedingt über's Ziel hinausscheißen.«

Und damit hat Franks Unbewußtes dann doch nochmal gesiegt.

## Dienstag, 24. Oktober

*Kate*

Ein wenig ängstlich warte ich heute auf Kate. Wie wird es ihr gehen? Aber 10 Uhr kommt, und keine Kate. Ich warte. Immer noch niemand im Wartezimmer um fünf nach. Zehn Minuten später bitte ich Phyl, bei der Zentrale nachzufragen, aber die haben keine Nachricht für mich. Ich bin unruhig, schuldbewußt, voller Selbstvorwürfe, ängstlich.

Normalerweise laufe ich Klienten nicht nach, wenn sie ihre Termine versäumen. Es ist wichtig, daß sie das Gefühl bekommen, daß es ihre Sache und ihr Schaden ist, wenn sie die Zeit nicht nutzen, die ich für sie reserviere. Ich berechne auch die Stunde, wenn Leute nicht 24 Stunden vorher abgesagt haben. All das tut nichts zur Sache. Wo ist Kate? Wie geht es ihr?

Um 10.25 Uhr rufe ich in Kates Wohnung an. Keine Antwort. Ich rufe ihr Büro an, und sie ist da! Erleichterung, Unsicherheit. Sie kommt umgehend ans Telephon, ist sachlich-kühl. Sie hat es vergessen, war in ihre Arbeit vertieft. Nein, es hat keine besondere Bedeutung, soweit ihr bewußt ist.

Danke, nein, sie möchte nicht zu einer anderen Zeit heute kommen. Sie wird Donnerstag zur üblichen Zeit kommen. Danke für meinen Anruf. Vorsichtig, höflich, unerreichbar.

## Donnerstag, 26. Oktober

*Kate*

Der Warteraumsummer kündigt an, daß Kate auf die Sekunde pünktlich ist. Die Schwingungen ihres Zorns schlagen mir entgegen, sobald ich die Tür öffne. Sie reagiert nicht auf meine Begrüßung, schaut mir nicht ins Gesicht, sieht weder nach rechts noch nach links, marschiert ins Sprechzimmer, nimmt den geraden Stuhl, starrt mir direkt ins Gesicht.

»Ich habe über Ihren Plan, wegzugehen und über die einseitige Art, in der Sie ihn mir mitgeteilt haben, nachgedacht, und bin zu dem Schluß gekommen, daß Sie arrogant, verantwortungslos und vollkommen unehrlich sind.« Knallhart, sie schlägt voll zu.

Ich spüre den Schlag innerlich. Diese Frau spielt nicht. Sie ist wütend, und sie ist entschlossen, mich das spüren zu lassen. Ich möchte protestieren, erklären; aber dahinter empfinde ich eine Art Stolz auf sie. Sie nimmt es nicht einfach hin. Dazu gehört Mut. Und ich spüre einige Erleichterung.

»Sie sind sehr zornig.« Ruhig, ich will jetzt sehr aufrichtig sein.

»Ich möchte Sie fragen, ob Sie glauben, das Recht zu haben, die Leute aufzufordern, eine Arbeit mit Ihnen zu beginnen, sie zu ermutigen, ihr Vertrauen in Sie zu setzen, darauf zu bestehen, daß sie diese Psychotherapie als das wichtigste Ereignis ihres Lebens betrachten, und dann zu verkünden: 'Also, ich hab jetzt Lust, ein Weilchen wegzugehen. Jemand anders wird sich um Sie kümmern.' Was gibt Ihnen das Recht, so mit Leuten umzugehen?« Ihre Augen sind wild, ihre Stimme angestrengt beherrscht und gepreßt durch eng zusammengebissene Kiefer.

»Kate, ich spüre wirklich, wie zornig Sie auf mich sind. Sie sind einfach wütend, und ich spüre das wie eine physische Kraft.« Pfui Teufel! Was für eine dämliche, oberflächliche Antwort! Ich möchte, daß sie weiß, daß ich sie immer noch schätze, daß ich sie gerade großartig finde; und ich möchte sie nicht bevormunden oder mich in irgendeiner Weise von ihr zurückziehen. Dennoch ist meine Antwort gestelzt, und eigentlich keine Antwort. Die Macht ihrer Gefühle verbündet sich mit meinen Selbstvorwürfen, und ich bin in der Defensive, spreche gezwungen, befangen, unbeholfen.

»Werden Sie meine Frage beantworten, Dr. Bugental?« Kalt, eindringlich. Die Frage ist unwichtig, wichtig ist nur, ihre Identität gegen mich zu behaupten. Sie akzeptiert keine »therapeutischen« Reaktionen. Dennoch zögere ich, mich ihr ganz zu stellen, ihr die wirkliche Antwort zu geben.

»Kate, ich habe seit zwei Wochen und sogar schon davor jeden Tag mit dieser Frage gerungen, und ich weiß immer noch nicht, ob ich das Recht dazu habe. Ich versuche, Ihnen und den anderen Leuten, die zu mir kommen, zu sagen, daß sie ihre eigenen Bedürfnisse kennen und achten müssen, während sie gleichzeitig versuchen müssen, sich gegenüber den anderen Menschen in ihrem Leben verantwortlich zu verhalten. Dieser Kodex gilt auch für mich selbst, und ...«

»Und Sie haben beschlossen, daß es verantwortlich ist, wegzugehen, weil es Ihnen gerade paßt, nehme ich an.« Sie ist etwas weniger intensiv, aber ihr Verhalten zeigt kein Nachlassen der Wachsamkeit, mit der sie mich mustert. Ich fühle mich, als hielte sie mir die Schwertspitze an die Brust, um mich bei einer plötzlichen Bewegung zu durchbohren.

»Ich habe es versucht, Kate. Versucht, die Bedürfnisse jedes Einzelnen, der zu mir kommt, zu berücksichtigen, und versucht, meine eigenen Bedürfnisse zu berücksichtigen. Wie gut mir das gelungen ist, weiß ich wirklich nicht. Ich weiß, daß Sie geschockt und wütend auf mich sind.«

Ach, bah! Ich klinge immer noch so steif und beklemmt. Ich bin beklemmt, beklemmt von Sorge und Schuldgefühlen und Zwiespältigkeit. Ich würde wirklich gern Kates Gefühl für mich erhalten, aber noch wichtiger ist mir, ihr zu helfen, die Fortschritte zu bewahren, um die sie - wir - so hart gekämpft haben. Es könnte jetzt alles zerstört sein. Teufel, ich bin nicht dazu ausgebildet worden, mich persönlich auf Patienten einzulassen. Ich sollte nicht zulassen, daß meine eigenen Gefühle mit hineinspielen und selber nicht so bedürftig sein. Bin ich aber. Und ich drücke mich gegenüber Kate. Ich muß mich drücken. Ich will den Unterschied zwischen ihren Bedürfnissen und meinen nicht aussprechen; das würde zu ablehnend klingen.

Kate hat geschwiegen, mich angespannt beobachtet. »Ja, ich bin geschockt und wahrscheinlich zornig auf Sie. Ich hatte gedacht, Sie hätten mehr Verantwortungsbewußtsein, als es sich jetzt erweist.«

»Kate, Sie sind stinkwütend, und ich mache Ihnen auch nicht den geringsten Vorwurf. So ist es doch, oder?«

»Wie kommt es, Herr Dr. Bugental, daß Sie letztes Jahr, als ich zu einer Tagung fahren wollte, die eine einmonatige Unterbrechung der Therapie bedeutet hätte, Einspruch erhoben und darauf bestanden haben, daß es wichtiger für mich wäre, hierherzukommen? Wie kommt das? War es wichtiger für mich? Oder war es wichtiger für Ihr Bankkonto?« Kalt, bereit, jede Antwort zu vernichten, wohl vorbereitet, eine Salve nach der andern abzufeuern. Unbewußt drängt sie auf die Antwort, die ich nicht geben will.

»Ich hielt es wirklich für den besten Rat, den ich Ihnen geben konnte.«

»Wie kommt es, daß ich nicht einen Monat weggehen kann, aber Sie für ein Jahr?« Das ist es. Sie hat es bloßgelegt. Es gibt keine ehrliche Alternative; ich muß es direkt aussprechen, ohne Schonung.

»Das ist eine harte Frage, und die Antwort ist noch härter: Sie lautet, daß Ihre Therapie in Ihrem Leben das Wichtigste sein muß, aber sie ist es nicht in meinem.« Da, das ist der Kernpunkt, so hart, so bitter, so wahr. Halb wünsche ich meine Worte zurück, wünsche, daß ich sie auf andere Weise gesagt hätte. Obwohl es ein seltsam gutes Gefühl ist, es so geradeheraus gesagt zu haben, habe ich auch Angst. Hatte ich das Bedürfnis, zurückzuschlagen?

Kate sitzt vollkommen still, schaut mich sehr gespannt an, überlegt, nickt dann. »Natürlich, so ist es. Ich war sehr dumm, nicht wahr?« Sie drückt ihre Handtasche fest an sich, steht abrupt auf und geht zur Tür.

»Kate, wohin gehen Sie?« Ich bin auf den Füßen.

»Bemühen Sie sich nicht.« Sie hat die Tür geöffnet.

»Kate, kommen Sie zurück!«

Keine Antwort, sie ist schon im Flur, steuert auf die Abschlußtür zu.

»Kate, ich halte Ihre Zeit morgen für Sie frei.«

»Nein.« Sie hält ein, wendet sich halb um. »Nein, das ist nicht nötig. Ich werde Dr. Lasko oder sonst jemand anrufen, wenn ich irgendetwas mit jemandem besprechen muß.«

»Nein, Kate, dabei laß ich es nicht. Ich halte Ihre Zeit morgen frei für Sie, und ich hoffe, Sie kommen.«

»Wie Sie wollen.« Sie ist fort.

## Freitag, 27. Oktober

*Kate*

Sie ist zur ausgemachten Zeit nicht hier. Ich bin nicht überrascht, aber ich bin enttäuscht. Mehr als das, ich mache mir Sorgen. Wieder die Debatte, ob ich sie anrufen soll. Wenn ich den Eindruck erwecke, als liefe ich ihr nach, muß sie mich dann bekämpfen? Wird sie Angst haben, mich anzurufen, wenn sie es wirklich nötig hat? Wenn ich nicht versuche, sie zu erreichen, wird sie glauben, daß ich sie abgehakt habe, wird sie das Gefühl haben, es beweist, daß mir nichts an ihr liegt? Hin und her, ja und nein. Keine Entscheidung. Ihre Zeit verstreicht. Ich habe zwei weitere Klienten, aber meine Gedanken wandern immer wieder zu Kate. Ich rufe in ihrer Wohnung an, keine Antwort. Ich rufe in ihrem Büro im Labor an. Dr. Margate rief an und sagte, sie werde heute nicht ins Labor kommen. Irgendeine Nachricht? Nein.

Während des Abendessens klingelt das Telefon. Die Zentrale hat eine Mrs. Cudahay am Telefon. Sie möchte dringend mit mir über Dr. Kate Margate sprechen. Ein kalter Schauder kriecht mir den Rücken hinunter, ich muß tief durchatmen, halte das Telefon fester.

»Natürlich, stellen Sie durch, bitte.«

»Dr. Bugental? Ich bin eine Nachbarin von Dr. Kate Margate. Ich hoffe, es stört Sie nicht, daß ich anrufe, aber ich dachte, ich müßte irgendwem Bescheid sagen. Und ich wußte nicht, wen ich sonst hätte anrufen sollen. Letzten Monat, als es mir nicht so gut ging, hat sie mir Ihren Namen genannt, und da dachte ich ... ich meine, Mrs. Margate scheint nicht viele Freunde zu haben; jedenfalls sehe ich nicht viele Besucher zu ihr kommen. Sie wohnt in der Wohnung gleich neben unserer. Nicht daß ich beobachten würde, wer da ein oder ausgeht, natürlich. Sie kann machen, was sie will. Sie wissen, was ich meine, ich bin keine von diesen neugierigen Nachbarinnen. Aber ich dachte, ich sollte Ihnen oder sonst jemandem Bescheid sagen; also hoffe ich, Sie entschuldigen, daß ich Sie belästige. Sehen Sie, Mrs. Margate und wir sind seit drei Jahren Nachbarn und ...«

Komm doch endlich zur Sache! Ich bin ungeduldig, aber ich weiß, daß sie versucht, zu helfen, etwas zu tun; es gibt so wenige Leute, die es wagen, aktiv zu werden. Ich darf sie nicht anfahren, bloß weil ich Angst habe. »Das ist völlig in Ordnung, Mrs. Cudahay. Was war es, was Sie mir erzählen wollten?«

»Also, es ist eigentlich gar nichts. Das heißt, ich glaube nicht, daß es etwas ist, aber es sieht Mrs. Margate so gar nicht ähnlich, einfach fortzugehen und ihre Wohnungstür sperrangelweit offen zu lassen, und jetzt ist sie schon seit einer Stunde fort. Glauben Sie, daß alles in Ordnung ist? Sie kam bei unserer Wohnung vorbei, um mir ein Paket von einer Versandfirma zu geben, das bei ihr abgegeben wurde. Ich meine, das Paket war für mich. Und sie sah einfach furchtbar aus. Also hab ich gefragt: 'Fehlt Ihnen etwas?' und sie sagte, nein, nein, es wäre alles in Ordnung, aber sie sah weiß Gott nicht so aus. Ihre Augen sahen aus, als ob sie geweint hätte, und ihre Kleider waren ganz zerknittert. Ich wollte sie hereinbitten, aber sie sagte, nein, sie müßte ausgehen, und dann ging sie einfach raus, ging noch nicht mal zurück, um ihre Tür zuzumachen. Und ich weiß nicht, ob ich sie zumachen soll oder nicht, weil ich ja nicht weiß, ob sie überhaupt ihre Schlüssel mithat. Ich glaube nämlich, sie hatte keine Handtasche dabei. Wenn ich also jetzt zumache, dann kommt sie vielleicht nicht wieder rein, aber ich lasse sie so ungern offenstehen. Ich meine, jeder könnte einfach reingehen. Ich hab bis jetzt meine Tür aufgelassen, so daß ich versuchen kann aufzupassen, daß niemand in ihre Wohnung geht; obwohl ich keine Ahnung habe, was ich tun würde, wenn jemand käme. Ich meine, ich bin ganz allein hier. Meinen Sie, ich sollte die Tür zumachen? Aber ich bin fast sicher, sie hatte keine Handtasche, und dann käme sie nicht wieder rein ...«

»Mrs. Cudahay«, unterbreche ich, »es ist sehr freundlich von Ihnen, daß Sie sich der Sache so annehmen. Gibt es eine Verwalter in dem Gebäude, der Mrs. Margate hereinlassen könnte, wenn sie ohne Schlüssel zurückkäme?«

»Eigentlich ja, aber in letzter Zeit ist da selten jemand. Also weiß ich nicht, ob jemand da ist oder nicht. Es ist mir bloß sehr unlieb, ihre Tür so einfach offen zu lassen. Ich meine, erst letzte Woche ist um die Ecke in der Allen Street eingebrochen worden. Die sind einfach rein und haben alles ausgeräumt, während die Leute mal eben einkaufen waren. Deswegen mache ich mir Sorgen, daß ...«

»Wäre es Ihnen zuviel, nachzuprüfen, ob der Hausverwalter heute abend da ist und auch da sein würde, um Mrs. Margate hineinzulassen, falls sie ohne Schlüssel zurückkäme?«

»Aber nein, überhaupt nicht. Das ist eine gute Idee. Bleiben Sie dran, ich bin gleich wieder da. Es kann ein bißchen dauern, denn wenn Mrs. Hennessy da ist, dann ist sie so gesprächig, daß man nicht so leicht wieder wegkommt. Aber«, sie lacht, »ich bin wohl auch so, nicht? Mein Mann sagt immer, wenn Betty und ich zusammen sind, dann braucht es Blitz und Donner, um uns zum Schweigen zu bringen. Also, ich schau nach, ob jemand da ist. Bin gleich zurück.«

Ich bringe einige Bissen meines kälter werdenden Abendessens runter, während ich auf ihre Rückkehr warte; in der Zwischenzeit arbeiten meine Gedanken: Wo ist Kate? Hat sie die offene Tür einfach übersehen? Ist sie selbstmordgefährdet? Vielleicht, aber wahrscheinlich nicht. Mir ist unwohl bei der Vorstellung, daß sie herumirrt, nicht wahrnimmt, wo sie ist und was sie tut. Was hätte ich tun können? Was kann ich tun? Was ist mit dieser verdammten Wohnungstür? Soll ich Mrs. Cudahay sagen, sie soll sie zumachen? Wenn Kate deprimiert wiederkommt, wird sie darauf kommen, den Verwalter um den Schlüssel zu bitten? Ich kann nicht ihre Krankenschwester spielen, aber ich kann auch ihre Not nicht unbeachtet lassen. Ich habe dazu beigetragen, sie dahinzubringen, wo sie jetzt ist. Ich mußte auch meine eigenen Bedürfnisse berücksichtigen, aber ich hätte besser mit dem Problem umgehen können. Mein Abendessen will nicht richtig schmecken. Soll ich versuchen, Kate zu finden? Was ist los mit mir, daß ich mich so hineinziehen lasse? Ist zu erwarten, daß Kate sich betrinkt? Ich weiß es nicht, bezweifle es aber, weil Trinken mit ihrer Mutter verbunden ist. Aber vielleicht wäre es deswegen umso wahrscheinlicher. Ich weiß nichts über sie oder über die Menschen. Sie hat recht, daß sie auf mich wütend ist. Ach, das ist lächerlich.

»Herr Doktor? Ich hab mit Mrs. Hennessy gesprochen, und sie ist den ganzen Abend zuhause. Ich hab also die Tür zu Mrs. Margates Wohnung zugemacht. Glauben Sie mir, das ist eine große Erleichterung. Herr Doktor, glauben Sie, es ist alles in Ordnung?« Viel echte Anteilnahme gemischt mit dem Bedürfnis, mit dabeizusein und Bescheid zu wissen.

»Ja, ich kann im Moment wirklich nicht viel dazu sagen, aber ich bin sicher, Mrs. Margate wird Ihnen für Ihre Sorge dankbar sein und dafür, daß Sie auf die Wohnung aufgepaßt haben. Das war wirklich sehr aufmerksam von Ihnen.« Ich möchte meine Wertschätzung ausdrücken, aber nicht den nächsten langen Monolog anhören oder Fragen über Kate abwehren müssen.

»Ach, das war doch nichts, wirklich. Ich bin nur gerne eine gute Nachbarin, wissen Sie. Herr Doktor, was könnte ich tun, um ihr zu helfen, Mrs. Margate, meine ich? Was meinen Sie, daß ich tun sollte? Meinen Sie, ich sollte sie zu uns zum Essen einladen oder so? Sie ist nicht besonders gesellig, wenn Sie wissen, was ich meine, aber sie ist wirklich sehr nett. Und sie ist so gescheit, mit ihrem Doktor und so.«

»Mrs. Cudahay, ich finde, Sie sind eine sehr gute Nachbarin. Und jetzt, darf ich Sie bitten, mich zu entschuldigen? Ich bin gerade beim Abendessen, und ...«

»Ach, du liebe Güte, ja, natürlich. Es tut mir leid. Das wußte ich nicht.«

»Ist schon in Ordnung, wirklich. Vielen Dank für Ihre Anteilnahme. Gute Nacht.« Erleichterung, hoffentlich klang das nicht zu abrupt. Das Essen ist inzwischen kalt; Wiederaufwärmen lohnt nicht. Ich habe sowieso keinen Appetit mehr. Wo ist Kate?

## Sonntag, 29. Oktober

*Kate*

Den ganzen Tag gestern, Sonnabend, habe ich gehofft, von Kate zu hören, aber es kam nichts. Auch heute fast den ganzen Tag das Gleiche. Jetzt, nach dem Abendessen, ruft die Telefonzentrale an: Dr. Margate ist am Apparat.

»Stellen Sie durch!«

»Kate?«

»Herr Dr. Bugental, hier ist Kate Margate. Ich hoffe, es hat Ihnen keine Ungelegenheiten gemacht, daß ich nicht zu meiner Sitzung am Freitag gekommen bin?«

»Nein, nein, Kate. Ist Ihnen nichts passiert?«

»Es tut mir leid, daß ich Freitag nicht da war. Haben Sie meine Montagsstunde schon an jemand anderes vergeben?«

»Nein, Kate, ich hab sie für Sie freigehalten. Kate, sagen Sie mir, wie es Ihnen geht.«

»Dann komme ich morgen früh um zehn. Danke.«

Sie hat aufgelegt!

## Montag, 30. Oktober

*Kate*

Kate ist sehr blaß und sitzt zusammengekauert im Wartezimmer. Beim Eintreten ins Sprechzimmer die alten grauen Kleider, vorsichtig, aber nicht übertrieben steif. Sie setzt sich auf - nicht in - den gradlehnigen Stuhl. Augen niedergeschlagen, beide Hände auf der Handtasche, Lippen geschlossen. Ich warte.

Habe ich dieser Frau das angetan? Nein, das war ihr eigenes emotionales Leiden. Aber ich hätte es besser voraussehen müssen. Es gibt aber keine Möglichkeit, besser vorauszusehen. Das ist der Mythos der Allwissenheit. Ich habe mein Bestes getan. Das war nicht gut genug, aber hätte etwas gut genug sein können? Irgendetwas hätte es sein müssen.

»Kate, können Sie mir sagen, wie es Ihnen heute morgen geht?« Leicht, freundlich, teilnehmend; dräng ihr keine Zärtlichkeit auf; das kann sie jetzt nicht ertragen.

Keine Bewegung des Kopfes, Augen immer noch gesenkt. Lippen bewegen sich. »Ich möchte jetzt lieber nicht reden.«

»Gut, Kate, lassen Sie uns einfach ein bißchen hier zusammensitzen. Aber wenn Sie können, wüßte ich gern ein bißchen über das hören, was im Moment in Ihnen vorgeht.« Lehne mich zurück. Suche eine bequeme Position; keine halte ich länger als ein paar Minuten aus. Kate dagegen ist reglos ... in Granit gehauen, wie früher.

Und so vergeht die ganze Stunde. Sie regt sich kaum, sagt nichts. Allmählich komme ich zur Ruhe, befasse mich mit meinen eigenen widerstreitenden Gefühlen. Da ist eine Art Kameradschaft, eine Art von geteiltem Leid, sogar ein geteiltes Abgesondertsein. Als die Zeit abgelaufen ist, sogar noch ein bißchen später, weil ich sie ungern gehen lasse, ohne mehr zu wissen, als ich weiß, sage ich leise: »Unsere übliche Zeit morgen, Kate.«

Sie steht auf, geht hinaus; kein Wort, keine Erwiderung.

*Jim*

Seit ich beschlossen habe, nächstes Jahr nach Norden zu gehen, kann ich keine neuen Klienten für langfristige Therapien annehmen. Allerdings habe ich allmählich mehr freie Zeit, da meine derzeitigen Klienten ihre Arbeit einer nach dem anderen abschließen, und - da ich mehr denn je Einkünfte nötig habe - übernehme kurzfristige Überweisungen und Beratungsgespräche, bei denen ich jemanden einige wenige Male sehe, um Behandlungsempfehlungen abzugeben oder dergleichen.

Zwei dieser Beratungen waren besonders wichtig für mich. Vor einigen Tagen kam ein Kollge zu mir, der von der Ethikkommission unserer Berufsorganisation an mich überwiesen worden war. Nach seiner Darstellung hatte er nichts weiter getan, als eine Klientin ein paar Mal zu küssen, woraufhin sie ihn verklagte. Die Ethikkommission war offensichtlich der Meinung, die Sache sei nicht so schwerwiegend und könne mit einem halben Dutzend Gespräche dieses Kollegen mit mir über seine Beziehungen zu seinen Klienten erledigt werden.

Er ist ein sehr aufrichtiger Mensch, sehr beunruhigt über das, was er als eine mögliche Entehrung durch diese Situation empfindet, und sehr bemüht, mit mir zusammenzuarbeiten. Er ist sogar so bemüht, daß er große Schwierigkeiten hat, seine eigenen Gedanken und Gefühle wirklich zu explorieren. Aber sein Schicksal macht mich zittern, wenn ich an meine unorthodoxen Experimente mit Louise denke.

Die andere Beratung, die gerade jetzt seltsam aktuell ist, ist mit einer jungen Frau Anfang Dreißig, die heute zu mir kam, weil ihre Eltern im Osten wegen ihrer irrationalen Briefe und Anrufe beunruhigt waren. Sie kam heute am späten Vormittag zu ihrem Interview.

Pippis (wie sie behauptet genannt zu werden) Kleidung hätte ich eher für jemanden typisch gefunden, der die Hälfte ihrer vierunddreißig Jahre zählt: Minirock, Ringelsocken, Sportschuhe und enge Bluse, die ihre hohen, festen Brüste betont. Sie freute sich, hierzusein, sagte sie, und begann sofort mit dem Bericht über eine mißglückte Liebesgeschichte, die sie, so sagte sie lächelnd, mit gebrochenem Herzen hinterlassen hatte. Fast ohne Pause und immer noch lächelnd erzählte sie dann von einer anderen Beziehung, die damit geendet hatte, daß ihr Freund ihr befohlen hatte, »zu verschwinden«, weil sie zu »heavy« sei (was ich als zu ernst oder zu traurig interpretierte, nicht als zu dick).

Ich versuchte, einige Einzelheiten über Pippis derzeitiges Leben herauszufinden, aber sie wollte unbedingt mehr darüber sprechen, wie schlecht sie mit jeder Beziehung umginge, und wie sie es einfach nicht »schaffte« mit Leuten. Auf meine Frage, was ihrer Meinung nach der Grund dafür sei, geriet sie in Erregung, sagte, der Grund sei, daß sie »unecht« sei und eigentlich zu nichts tauge. Dann, noch aufgeregter: »Sehen Sie meine Figur? Klasse, nicht? Tja, die ist unecht, genau wie ich.« Und zum Beweis zog sie die Bluse über den Kopf und konfrontierte mich mit ihren nackten Brüsten von eindeutig unnatürlichem Aussehen. (Ach nein, liebe Ethikkommission, das hab ich nun wirklich nicht verdient.)

Ich befahl Pippi in bestimmtem Ton, ihre Bluse wieder anzuziehen, und sie tat es und entschuldigte sich dann und sagte, das wäre nur wieder ein Beweis dafür, daß sie nichts tauge. Ich sagte, sie solle ein Weilchen in ihrem Sessel sitzen bleiben, während ich mit meiner Sekretärin spräche. Sie versprach das. Rasch bat ich Phyl, Pippis Aufnahme in der psychiatrischen Klinik am Ort zu arrangieren, mit der wir lose zusammenarbeiten. Außerdem bat ich Phyl, meine nächsten drei Termine abzusagen und etwaige Klienten abzufangen, die nicht rechtzeitig davon erführen.

Dann ging ich zurück und fand Pippi züchtig im Stuhl sitzend vor - entdeckte allerdings, daß sie ihren Rock bis zur Taille hochgezogen hatte, so daß sie lediglich noch mit einem winzigen bißchen Spitze bekleidet war. Wieder sagte ich ihr, sie müsse ihre Kleidung in Ordnung bringen; wieder tat sie es bereitwillig, und wies darauf hin, wie schlecht sie sei. Jetzt, erklärte ich ihr, werde ich sie in meinem Auto ins Krankenhaus bringen, wo man ihr helfen und gut zu ihr sein werde. Zu meiner Überraschung stimmte sie bereitwillig zu, und das taten wir dann auch.

Pippis bereitwillige Annahme der Einweisung ins Krankenhaus lehrte mich wieder einmal, daß es sogar bei Menschen, die das übliche Maß an Kontrolle verloren haben, einen anderen Teil gibt, der bestrebt ist, diesen Menschen zur Normalität zurückzuführen. Unter andern Umständen hätte ich Pippi helfen können, das glaube ich jedenfalls. Ich hoffe, das Krankenhaus wird das auch können. Die gleiche Bereitwilligkeit, sich einweisen zu lassen, erinnerte mich aber auch wieder daran, wie verlockend es sein kann, jemand anderem die Kontrolle über sein Leben zu überlassen.

Der Besuch im Krankenhaus - so kurz er war und so gut geführt und human die Institution, in der er stattfand - bestätigte meinen Eindruck, daß ich, falls irgend möglich, Kate helfen möchte, die Krankenhauseinweisung zu vermeiden. Die Aufnahme in eine Institution ist eine überwältigende Erfahrung - große Gebäude, viele Leute, die mit anderen Dingen beschäftigt sind, in den meisten Fällen professionelles Interesse statt persönlicher Anteilnahme, genormte Verfahren, der Geruch von Desinfektionsmitteln (und auf manchen Stationen von Urin), und das alles macht einen zum Objekt. Das will ich nicht für Kate. Es wäre zwar besser, als sie Selbstmord begehen oder sie emotional so weit absacken zu lassen, daß sie vielleicht Schwierigkeiten haben würde, jemals wieder hochzukommen, aber noch braucht sie dies hier nicht, und ich hoffe, sie wird es nie brauchen.

## Dienstag, 31. Oktober

*Kate*

Heute ist es dasselbe wie gestern. Zu meiner Frage am Anfang, wie es ihr geht, antwortet sie nur, daß sie heute nicht reden will. Wieder sitzen wir schweigend die ganze Stunde hindurch. Ich beschließe, ihr keinen Extratermin am Mittwoch anzubieten, da ich das Gefühl habe, sie würde sich dadurch bedrängt fühlen. Ich erwähne unseren Termin am Donnerstag, und sie geht.

## Donnerstag, 5. November

*Kate*

Fünf Minuten nach der vollen Stunde kommt Kate. Erst bin ich erleichtert, dann sehe ich sie, und meine Brust krampft sich zusammen. Sie geht steif in mein Sprechzimmer, setzt sich auf den Stuhl, Schultern und Arme eng an sich gedrückt, steife Kopfhaltung. Als sie spricht, klingt ihre Stimme dünn, angestrengt.

»Es ist mir klar, daß ich auf Ihre Entscheidung übertrieben reagiere. Es fällt mir im Augenblick sehr schwer, damit fertig zu werden. Beziehungsweise mit allem. Meistens laufe ich einfach nur. Jeden Tag laufe ich. Ich muß laufen. Manchmal wandere ich bloß ziellos. Manchmal laufe ich bis zum Meer und wieder zurück. Ich habe mich im Büro um nichts gekümmert. Ich laufe bloß.«

Nach meiner raschen Schätzung bedeutet der Gang zum Meer mindestens zehn Meilen hin und und zehn Meilen zurück, mehr wahrscheinlich. Sie betäubt sich durch Müdigkeit.

»Kate, können Sie über das sprechen, was in Ihnen geschieht? Wir wollen sehen, ob wir die Sache ein bißchen weniger schmerzhaft für Sie machen können.«

»Ich glaube, ich bin nur sehr traurig. Ich weiß, daß es außerhalb jeder Relation steht. Sie haben gewiß versucht, fair zu sein, und Sie haben viel getan, um mir zu helfen. Es tut mir leid, daß ich nicht besser damit umgehen kann.«

»Sie sind sehr traurig, Kate. Ich bin auch traurig. Aber gemeinsam können wir es ändern, glaube ich.« Ich sage das ganz ernsthaft, ich will sie erreichen. Ich möchte, daß sie weiß, daß ich mich nicht zurückgezogen habe, möchte sie nicht ängstigen.

»Ich weiß nicht, wieviel ich Ihnen erzählen kann. Ich weiß eigentlich, daß Sie mir helfen wollen, aber meistens weiß oder glaube ich das nicht. Ich will, daß Sie mir helfen und dann rums, ganz plötzlich hasse ich Sie! Ich sagte, ich will, daß Sie mir helfen, und jetzt hasse ich Sie und möchte Sie anschreien, Ihnen schreckliche Sachen ins Gesicht schreien. Kommen Sie mir nicht nahe.« Sie ficht jetzt einen elenden Kampf in sich selbst aus. Ich kann sehen, wie sehr sie sich Hilfe wünscht, und wie stark doch ihr Impuls ist, mich anzugreifen oder zu gehen.

»Ich werde Ihnen nicht nahekommen, Kate, aber ich werde auch nicht gehen.« Ruhig, fest, ohne Druck.

Wir sitzen minutenlang schweigend, aber mir scheint, als könnte ich stumme Schreie von Kate hören, während der Kampf in ihrem Inneren andauert. Ich empfinde großes Mitgefühl mit ihr, aber ich weiß, wie wichtig es ist, sie jetzt in keiner Weise zu bedrängen.

Schließlich spricht sie, und ihre Stimme ist kälter und beherrschter. »Ich glaube, es geht jetzt. Ich hasse Sie jetzt nicht.« Eine Art Krampf in ihrem Inneren. »Aber ich hasse mich. Wenn ich mich zuhause so fühle wie jetzt, mache ich mir wirklich selbst Angst. Gestern abend, gestern, irgendwann, sah ich in den Spiegel, um mich zu kämmen, und plötzlich wurde mir klar, daß ich einfach dastand und mich ansah und mich haßte. Ich wollte den Spiegel zerbrechen und mich dann mit den Stücken schneiden, im Gesicht und ... an andern Stellen. Einfach mich zerfleischen und zerreißen. Ich bekam furchtbare Angst; ich ging einfach los und fing an zu laufen in dem Moment.«

Sie bricht ab, versinkt in sich. Ich bin mit meinen eigenen Gedanken beschäftigt. Sie könnte es wirklich tun. Sie könnte sich umbringen oder verstümmeln. Die Menschen tun tatsächlich so etwas. Sollte ich sie weggehen lassen? Bin ich verantwortungslos, weil ich sie nicht in die Klinik einweise? Ich sollte dafür sorgen, daß sie vor sich selbst geschützt ist. Außerdem ist sie wirklich gefährdet, wenn sie in diesem Zustand durch die Straßen läuft. Sie könnte vor ein Auto laufen oder einen Lastwagen und es gar nicht merken oder vielleicht unbewußt beabsichtigen, es zu tun.

Kate blickt auf, als spürte sie meine Gedanken. »Ich glaube nicht, daß ich es tun werde.« Ihre Stimme ist leise, kommt von ganz innen heraus, ist nur teilweise Kommunikation mit mir; der Rest ist einfach das Aussprechen ihrer innersten Gedanken. »Ich glaube nicht. Irgendein Teil von mir will leben. Manchmal hasse ich auch diesen Teil. Ich will nichts brauchen. Nichts! Ich werde nichts und niemanden brauchen!«

Wieder verstummt sie, aber das ist mir genug. Ich werde auf Kates Lebenswillen setzen. Ihr die Entscheidung abzunehmen, sie in die Klinik zu schicken, könnte ihr körperliches Leben retten, aber es würde sehr wahrscheinlich endgültig ihren Kampf um eine lebendigeres Leben beenden. Aber schon in dem Augenblick, wo ich meine Entscheidung treffe, bekomme ich Angst und möchte einen Rückzieher machen.

Den Rest der Stunde sitzen wir größtenteils schweigend. Gelegentlich liefert Kate ein Stück Information darüber, wie sie in dieser Zeit lebt - endloses Laufen, kurze Besuche im Büro, nur um es fast sofort wieder zu verlassen, unregelmäßige Bissen Nahrung, nur halbgegessen, Schlaf schwer von Schlafmitteln. Sie kann nicht viel erzählen von den Gedanken und Gefühlen in ihrem Inneren. Ganz offensichtlich hat sie das Gefühl, sie müsse sich abschotten. Ich dränge sie auch nicht auf Selbstexploration. Sie muß jetzt Widerstand leisten, um sich überhaupt zusammenzuhalten. Ich weiß, was Kate nicht weiß, daß wenn sie nur durchhalten kann, die gleiche unerbittliche Veränderlichkeit, die sie so beklagt, ihr letztendlich helfen wird, durchzukommen.

## Freitag, 3. November

*Kate*

Kate kommt nicht zur festgesetzten Zeit, und mein Herz sinkt. Aber wenige Minuten später ist sie am Telefon. Sie ist in ihrem Labor, arbeitet. Es ist soviel aufzuholen. Sie kann heute nicht kommen, aber sie meint, die Sitzung gestern hätte ihr geholfen. Sie wird zu ihrer üblichen Zeit am Montag kommen.

Erleichterung, Zweifel, Hoffnung, Angst.

*Louise*

Vor zwei Wochen hatte Louise die Möglichkeit angesprochen, unsere Arbeit miteinander abzuschließen. Wir waren übereingekommen, noch etwas Zeit darauf zu verwenden, darüber nachzudenken, was sie erreicht hat und was noch zu tun bleibt - als ob es je ein Ende für diese Arbeit geben könnte! Dieser Überblick ist so gut gelaufen wie üblich, das heißt, mit einem wenig einheitlichen objektiven und expliziten Ergebnis, aber einem konstruktiven subjektiven Effekt von Zusammenfassung und Verstärkung. Heute soll unsere letzte Sitzung sein, so haben wir vereinbart.

Sie ist hell und hübsch gekleidet wie für eine Feier - was dies wohl sein sollte - aber ihr Gesicht und ihre Haltung passen nicht zu ihrem Aufzug.

»Sie haben das falsche Gesicht zu diesem fröhlichen Kleid aufgesetzt.«

»Ja«, sie ist den Tränen nahe. »Ja, ich wollte, das hier sollte ein Fest werden. Ich hatte vor, Luftballons und einen Kuchen und vielleicht Wein mitzubringen. Aber dann heute morgen, als ich mich fertigmachte, um herzukommen, hatte ich einfach nicht das passende Gefühl dazu. Ich bin richtig traurig, daß ich Sie von heute ab nicht mehr sehen werde.« Jetzt kommen die Tränen wirklich.

»Mir geht es sehr ähnlich. Ihre Besuche werden mir fehlen.«

»Ich freue mich, daß Sie das gesagt haben.«

»Wir haben einen langen Weg miteinander zurückgelegt, und er war für mich auch persönlich wichtig, nicht nur beruflich.«

»Gut! Ich hatte sowieso nie den Eindruck, Sie wären nur ein kühler Profi.«

»Das war auch wohl kaum möglich.« Wir grinsen, während wir uns liebevoll anschauen, und das Schweigen dehnt sich. Schließlich sage ich: »Wir mögen uns, und jetzt sind wir zum letzten Mal zusammen, und eigentlich sollten wir uns wohl tiefsinnige Sachen sagen, aber wir haben keinen großen Vorrat an Tiefsinn.«

»Ich hab aber Neuigkeiten für Sie. Vor zwei Wochen hatte ich Ihnen erzählt, daß Don und ich übereingekommen waren, daß das Zusammenleben zwischen uns nicht klappte und wir uns deshalb wieder für eine Weile trennen wollten. Wir haben uns immer noch gut verstanden, aber wir haben uns oft gestritten. Wahrscheinlich hab ich zu gut gelernt, es den Leuten nicht dauernd recht zu machen.«

»Ich erinnere mich.«

»Also, heute nacht waren wir wieder zusammen, und heute morgen haben wir beschlossen, daß wir uns lieber gemeinsam streiten als jeder für sich einsam sein wollen.«

»Ich glaube, das ist eine Entscheidung, die nur reife Menschen würdigen können. Wenn wir jung sind, erwarten wir, jemanden zu finden, bei dem es uns immer gut geht. Wenn wir erwachsen oder älter werden, tun wir gut daran, uns einen Partner zu suchen, dem wir so vertrauen, daß wir streiten können.«

»Warum haben Sie mir das nicht eher gesagt?«

»Ich finde es selbst erst gerade jetzt wirklich heraus.«

»Oh. Wie läuft Ihre Beziehung, Jim, wenn Sie mir die Frage nicht übelnehmen?«

»Nein, Sie können gern fragen. Sie läuft gut, was bedeutet, daß ich Konflikten nicht mehr ausweiche, wie ich das früher immer getan habe.«

»Sie auch?«

»Ich auch.«

»Aber das Beste hab ich Ihnen noch nicht erzählt. Wir werden uns ein halbes Jahr Probezeit geben, und wenn wir beide so fühlen wie jetzt, dann werden wir ... werden wir ...« Plötzlich stehen Tränen in ihren Augen. »Dann werden wir heiraten.«

»Ich hoffe sehr, es wird das Richtige für Sie ... für euch beide. Ihre Tränen zeigen mir, wieviel es Ihnen bedeutet - als wenn ich das nicht schon wüßte.«

»Es bedeutet mir wirklich viel, Jim. Aber ich habe es Ihnen zu verdanken, daß ich mich nicht verkaufen werde, um die Beziehung zu erhalten.«

»Danken Sie sich selber. Sie haben schwer gearbeitet und Qualen durchgestanden, um so weit zu kommen.«

»Ja, ich danke mir auch selbst, aber Sie haben entscheidend dazu beigetragen.«

»Gut. Ich freue mich, daran beteiligt zu sein.«

»Und Jim, ich hab noch eine Bitte.«

»Ja?«

»Werden Sie mein Trauzeuge?«

Wir hatten eine Affäre, Louise und ich. Wir sind nicht miteinander ins Bett gegangen; ist es deshalb weniger eine Affäre? Wir haben uns nicht nackt ausgezogen. Wir hatten keinen Geschlechtsverkehr. Also, könnte man sagen, haben wir unsere Affäre nicht »vollzogen«. Blödsinn. Da war mehr Vollzug in unserer Beziehung als in vielen stöhnenden genitalen Vereinigungen.

So gesehen hatte ich auch eine Affäre mit Jennifer, und ich habe eine mit Kate. Und mit Frank und Hal. Und alle wurden vollzogen. Alle führten zu einer Erfüllung, einer Fülle des Miteinanderseins und der Zeugung neuen Lebens - neuen Lebendigseins für beide Beteiligten.

Es gibt natürlich andere Klienten, für die es nicht so gut lief. Ich bedauere das und will wachsen, um andere von Mal zu Mal besser zu erreichen.

## Montag, 6. November

*Kate*

Unser Zehn-Uhr-Termin kommt und verstreicht. Keine Kate. Ich hätte sie dazu bringen sollen, am Freitag zu kommen, oder ihr einen Sonnabend-Termin geben sollen. Oder ich hätte sie einweisen sollen. Lasse ich sie im Stich? Dann das Telefon.

»Dr. Bugental, ich bin in Santa Monica. Ich bin gelaufen.«

»Ja, Kate. Ich bin froh, daß Sie anrufen. Wie geht es?«

»Ich schaffe es nicht rechtzeitig zu Ihnen, und ich ...«

»Wollen Sie nachher noch kommen? Ich kann einen Termin für uns um ...«

»Nein, nein, das ist nicht nötig. Ich komme morgen um meine übliche Zeit.«

»Kate, wie geht es Ihnen? Was ist los?«

Sie hat aufgelegt.

Bis weit in den Nachmittag hinein mache ich mir Sorgen. Dr. Taylor, Kates Hausarzt, an den ich sie überwiesen hatte, ruft an. Wir haben bei mehreren Patienten zusammengearbeitet. Er ist besorgt, weil eine Apotheke gerade angerufen hat, um sich die Genehmigung geben zu lassen, Kates Verschreibung für Schlaftabletten nochmal auszugeben. Er hat sie erst vor einem Monat ausgestellt. Sollte er grünes Licht geben?

»Len, sie macht ganz scheußliche Sachen durch. Ich kann es nicht beschwören, aber ich glaube, es ist das Beste, ihr die Tabletten zu geben. Wenn sie beschließt, sich umzubringen, wird sie eine Methode finden. Die Tabletten machen es nicht.«

Nach kurzer Diskussion kommen wir überein, daß er Kates Bitte erfüllen wird, aber nur für eine kleine Anzahl Tabletten.

Habe ich richtig gehandelt, ihn zu ermutigen, ihr diese möglicherweise tödlichen Tabletten in die Hand zu geben? Ich weiß es nicht. Ich weiß es wirklich nicht.

## Dienstag, 7. November

*Kate*

Sie ist wieder nicht da! Und kein Wort. Es macht mich kaputt. Ich bin wütend auf sie. Welches Recht hat sie dazu, mir dies alles zuzumuten? Ich habe wirklich versucht, ihr zu geben, was sie braucht. Sie sollte einfach erwachsen werden und merken, daß andere Leute auch Bedürfnisse haben. Ich kann nicht ihre Mutter oder ihr Kindermädchen sein. Ich habe Angst. Ich will, daß dieser Unsinn aufhört, und zwar jetzt!

Als fünfundzwanzig Minuten von ihrer Zeit verstrichen sind und ich an meinem Schreibtisch sitze, alles durchkauend, durchschwitzend, verzweifelnd, klingelt das Telefon. Es ist Kate. All die anderen Gedanken sind weg.

»Kate, wo sind Sie?«

»Es tut mir leid, Dr. Bugental.« Ihre Stimme ist undeutlich; sie klingt betrunken. Hat sie getrunken? »Ich bin eben erst aufgewacht. Ich hab gestern abend ein paar Schlaftabletten genommen, weil ich zu müde zum Laufen war. Ich muß müder gewesen sein, als mir klar war. Ich hab den Wecker völlig überhört.«

»Ich verstehe. Möchten Sie morgen kommen? Ich kann einen Termin für Sie freimachen.«

»Danke, nein. Ich bin immer noch dabei, meine Sachen im Labor nachzuarbeiten, und ich muß wirklich heute und morgen dorthin. Ich sehe Sie dann Donnerstag.« Sie legt auf.

Ich kann nicht wirklich beurteilen, wie es ihr geht. So viele Hinweise, die ich im direkten Gespräch erhalten würde, gehen am Telefon verloren. Es ist klar, daß sie noch immer sehr förmlich und distanziert ist, aber sie ist durchgängig bemüht, in Verbindung zu bleiben. Das ist nur gut.

Ich bin abgespannt, reizbar, beunruhigt, traurig, hoffnungsvoll. Nun ja, nicht wirklich hoffnungsvoll, ich will einfach hoffen.

## Donnerstag, 9. November

*Kate*

Wieder kommt Kate zu spät - so ein Gegensatz zu ihrer früheren Genauigkeit. Als sie sich hinsetzt, ist sie schrecklich anzusehen. Ihre Kleidung ist unordentlich und zusammengewürfelt. Sie hat sich nicht geschminkt und ihre Haare nicht frisiert. Sie ist wieder gelaufen, erzählt sie mir. Am Dienstag hat sie gearbeitet und gedacht, alles wäre in Ordnung. Mittwoch ist sie nach weniger als einer Stunde wieder von der Arbeit weggegangen und fing an zu laufen. Wie an so vielen Abenden kam sie erst wieder in ihre Wohnung, als sie so benommen vor Müdigkeit war, daß sie sich nicht mehr auf den Beinen halten konnte. Sie hat eine Dosensuppe gegessen und ist ins Bett gefallen. Aber sie hat nur eine Stunde geschlafen. Sie kann es nicht ertragen, nachts wachzuliegen, deswegen nimmt sie zu viele Tabletten, um sicherzugehen, daß sie bis zum Morgen durchschläft.

»Kate, ich mache mir Sorgen wegen der Tabletten. Sie nehmen zu viele.«

»Ich muß schlafen. Ich muß sie haben.«

»Ja, Kate, ich weiß, daß Sie den Schlaf brauchen, das Ausschließen des Bewußtseins, aber ...«

»Ich muß sie haben. Ich muß sie einfach haben.«

»Können Sie sie sich besser einteilen, Kate? So müde wie Sie sind von Ihrem Laufen, könnten Sie leicht aus Versehen zu viele nehmen.«

»Ich muß sie haben. Ich kriege sie irgendwie.«

»Kate, Sie brauchen nicht zu drohen. Ich vertraue Ihnen. Aber ich mache mir Sorgen, und Dr. Taylor rief neulich an, als Sie die Verschreibung erneuern ließen, und er macht sich auch Sorgen.«

»Ich werde mich nicht umbringen. Ich habe oft daran gedacht, aber ich werde es nicht tun.«

»Ich glaube Ihnen, Kate, aber ich habe Angst vor einem Versehen.«

»Ich muß sie haben.«

Aber sie nimmt nie eine Überdosis. Irgendetwas in ihr kämpft um ihr Leben.

## Mittwoch, 10. November - Mittwoch, 30. November

*Kate*

Fünfundreißig Tage dauert Kates Reise durch die Hölle, am Rande der Katastrophe, aber niemals gibt sie dem Sog des Abgrunds nach. Irgendwie hält sie sich, macht weiter, manchmal bei der Arbeit, manchmal durch Laufen. Mindestens einmal in der Woche kommt sie zur Sitzung; obwohl sie sie selten verbal nutzt oder nutzen kann. Dennoch empfindet sie wohl meine ständige Verfügbarkeit als Anker, der sie daran hindert, zu weit abzutreiben, als Bezugspunkt, um sich neu zu orten und als Verheißung letztendlicher Versöhnung - mit sich selbst mehr noch als mit mir.

Die Schlaftabletten sind wieder aufgebraucht, und Dr. Taylor ruft an. Er drängt darauf, daß wir Kate einweisen. Ich bin in Versuchung, und es fällt mir schwer, ihm einsichtig zu machen, daß das ein Vertrauensbruch wäre.

»Ich glaube wirklich, Len, wenn wir jetzt die Verantwortung für ihr Leben übernehmen, wird das höchstwahrscheinlich die Chance zerstören würde, daß sie je wieder Gewalt darüber bekommt. Sie kämpft um ihr Leben.«

»Das hoffe ich, Jim, aber ich will ihr Leben auch schützen, wissen Sie. Ich will sie in ihrem Kampf unterstützen.«

»Das weiß ich, aber das können wir nicht. Es gibt keine Möglichkeit, wie wir uns zur Zeit in diesen Kampf einmischen können. Sehen Sie, sie kämpft gegen etwas, das sie in ihrem eigenen Inneren zerstören will. Für uns Außenstehende erscheint es so, als kämpfte sie gegen uns. Aber ich glaube, wir sind nebensächlich.«

»Vielleicht. Hoffentlich haben Sie recht.«

»Das hoffe ich auch (inbrünstig). So war mir Gott helfe, ich hoffe es. Aber sehen Sie es mal von dieser Seite, Len: Es ist ihr Kampf, und wir müssen respektieren, wie gut sie ihn führt. Sie hat keinen Selbstmord begangen. Sie hat keine Überdosis genommen. Sie hat es manchmal geschafft, zur Arbeit zu gehen. Sie ist manchmal hier gewesen. Wir neigen dazu, zu sehen, inwieweit sie nicht in das Muster des 'Normalen' paßt und übersehen die vielfältigen Arten, wie sie sich in der Welt des Normalen gehalten hat trotz des ungeheuren Sogs in ihr, loszulassen.«

»Wenn Sie es so ausdrücken, muß ich Ihnen Recht geben.«

»Gut. Danke, Len.«

Ich lege auf und denke wieder, wie unsicher ich wirklich bin und doch wie - ganz gleich wie oft ich es überdenke - es immer wieder darauf hinausläuft, daß sie diese Chance verdient. Es gibt zu viele Kates, die lernen, die Entscheidung aus der Hand zu geben, die Verantwortung für ihr eigenes Leben, wenn sie gegen ihren Willen in die Klinik eingewiesen werden. Dann bezeichnen sie sich als »krank« oder »psychisch gestört« und lassen sich von anderen so bezeichnen, und brechen nie mehr wirklich aus dem Käfig dieser Kategorie aus.

## Donnerstag, 1. Dezember

*Kate*

Endlich ist es vorüber! Der heutige Tag bringt Kate pünktlich zu ihrem Termin und eindeutig aus ihrer Prüfung hervorgehend. Ihre Mauer ist niedriger, aber sie ist nicht so offen wie sie war, bevor ich ihr von meinem Plan erzählt habe, Los Angeles zu verlassen. Dennoch ist deutlich, daß sie wieder zu sich zurückgefunden und sich in der Hand hat. Sie weiß das selbst auch.

»Ich glaube, es geht mir jetzt wieder gut. Es ist, als hätte ich ein heftiges Fieber gehabt und deliriert, und jetzt ist das Fieber weg. Ich bin immer noch schwach, aber ich weiß, daß ich wieder zu Kräften kommen werde.«

»Ja, Kate.« Mit Wärme, ich bin selber so voller Gefühle. »Ja, ich spüre auch, daß das Fieber gebrochen ist. Es ist gut, Sie wiederzusehen.«

»Oh«, rasches Atemholen, »vorsichtig, bitte. Ich habe immer noch solche Angst vor meinen Gefühlen. Wenn Sie so herzlich zu mir sind, möchte ich wegrennen oder auf Sie einschlagen. Aber Sie wissen, daß das nicht alles ist, nicht wahr?«

»Ja, das weiß ich, Kate«, mit sorgfältig neutraler Stimme.

»Manchmal dachte ich, ich würde nie wieder so werden wie jetzt - nie wieder.« Sie bricht ab, als eine Woge des Gefühls sie überschwemmt. »Und manchmal wollte ich hierherkommen und Sie umbringen. Ich meine, wirklich umbringen. Ich habe sogar genau gewußt, wie ich das machen wollte.« Sie sinkt zurück, erschöpft von diesem Geständnis.

»Ihr Zorn wollte mich einfach loswerden, zerstören.« Ich sage das ganz ruhig, aber mir wird klar, daß ich gar nicht an irgendeine Gefahr für mich selbst gedacht hatte. Natürlich, es ist stimmig. Falls so etwas je wieder vorkommt, darf ich nicht so naiv sein.

»Und zu anderen Zeiten wollte ich hierher rennen und mich Ihnen in die Arme werfen und sagen, sorgen Sie für mich und vergeben Sie mir, daß ich solche Schwierigkeiten mache.«

»Sie müssen in diesen Wochen sehr allein gewesen sein, Kate.« Wieder eine plötzliche Erkenntnis: Wie entsetzlich allein sie sich gefühlt haben muß. Meine Worte erreichen direkt ihre Gefühle. Sie läßt den Kopf rasch sinken, die Tränen laufen ihr über die Wangen. Sie schluchzt nicht, sondern weint leise und stetig. Ich lehne mich zu ihr hinüber, aber nicht zu nahe. Sie weint so mehrere Minuten lang, dann tastet sich schüchtern ihre Hand zu mir. Ich nehme sie rasch und halte sie, während sie immer noch weint. Auch in meinen Augen stehen Tränen der Mitfühlens mit ihr und der Erleichterung, daß die Prüfung vorbei zu sein scheint.

»Wissen Sie, was mir sehr geholfen hat?« Sie blickt zu mir auf mit nassem Gesicht, aber einem herzzerreißend lieben Ausdruck von Zuneigung und Schüchternheit.

»Zwei Dinge, die ich glaubte - immer noch glaube - daß Sie sie für mich fühlten. Erstens glaube ich, Sie haben mich sehr ernst genommen. Sie wußten wirklich, wogegen ich kämpfte, und haben mich diesen Kampf führen lassen. Und zweitens haben Sie mir vertraut. Dr. Taylor hat mir erzählt, daß Sie nicht zugelassen haben, daß man mich in eine Klinik steckt, und daß Sie ihm gesagt haben, er sollte mir die Tabletten geben. Manchmal habe ich Sie für eins von beidem oder für alles beide gehaßt, aber meistens ... meistens ... meistens habe ich Sie dafür geliebt.«

»Ja, Kate.« Ich sage es leise, ehre das Geschenk ihres Vertrauens und Glaubens.

Obwohl Kate und ich noch fünf Monate miteinander weiterarbeiten, ist dies der Höhepunkt unseres Weges. Sie nutzt diese Monate, um die wirklichen Errungenschaften aus ihrer Zeit der Qual zu festigen - und da sind ganze reale Errungenschaften: mehr Bereitschaft, in Beziehungen zu investieren, stärkeres Akzeptieren ihres eigenen Im-Fluß-Seins, mehr Zutrauen in ihr inneres Gewahrsein.

## Montag, 16. Dezember

*Jim*

Weihnachten - Geburtstag - ist wieder da. Jeder Tag des Lebens ist ein Tag näher zu meinem Tod. Ganz gleich, wie alt ich bin. Dennoch ist jeder Tag eine neue Geburt, bringt neue Möglichkeiten. Meine Gefährten auf diesen Wegen ins Innere haben mich viel gelehrt, aber eine Lehre liegt allen anderen zugrunde:

*Es gibt immer noch mehr.*

Als Jennifer zu mir kam, sah sie nur zwei Alternativen, Mord oder Selbstmord. Frank glaubte, in dieser Welt sei jeder des anderen Feind, und er müsse ständig wachsam sein, um nicht vernichtet zu werden. Louise fand innerlich nur Hohlheit, wenn sie es nicht anderen recht machte. Hal wütete zwanghaft mit seinem Sohn, und all seine Liebe und Vernunft konnten ihn nicht von seinen Tiraden abhalten. Kate, die granitene Kate, wies schon den Gedanken des Veränderlichseins zurück, fürchtete jegliche Nähe zu einem anderen Menschen. Lauter Gefangene. Gefangene ihrer einengenden, schmerzhaften, unbefriedigenden Welten.

Die Therapie hat diese Welten nicht verändert. Ich habe Jennifer nicht von ihrer Wut auf Bert abgebracht oder Hal aufgefordert, die Gefühle seines Sohns zu erkennen, oder Frank oder Louise oder Kate der Herrschaft über ihr Leben enthoben.

Die Therapie hat deutlich gemacht, wie wir uns alle einsperren durch die Art, wie wir uns und die Welt definieren. Wenn diese Erkenntnis wirklich innerlich erfahren wird, beginnt die Welt schon, sich zu verändern - denn das Verkrüppelnde an diesen Definitionen ist eben die Gewißheit, daß die Dinge nur so sind - und sein können - wie man sie gerade sieht.

Die andere Seite dieser Erkenntnis ist eine subtile Zeitbombe. Letztendlich besteht die Welt weit mehr aus Möglichkeiten denn aus Gewißheiten. Uns obliegt es, zwischen all den Möglichkeiten auszuwählen, die in jeder Gewißheit vorhanden sind. Ohne es zu wissen, wählen wir häufig die, die unser Leben begrenzen und verkrüppeln. Dennoch warten immer noch andere Möglichkeiten auf unsere Entdeckung, unsere Kreativität. Zu oft verkennen wir dieses Potential und halten fälschlicherweise eine Möglichkeit für eine Gewißheit.

- Der Leiter des amerikanischen Patentamts verkündete, daß alles, was erfunden werden könne, bereits erfunden sei - im Jahre 1899!
- Die Laufzeit von vier Minuten für eine Meile galt früher allgemein als physiologische Grenze, die von einem menschlichen Läufer nicht unterschritten werden könne.
- Ein englischer Wissenschaftler von internationalem Ruf versicherte der Welt im Jahre 1895 feierlich, Flugmaschinen, die schwerer seien als die Luft, seien unmöglich.
- 1923 verkündete ein amerikanischer Nobelpreisträger nach sorgfältigen Untersuchungen, die Idee, die Atomkraft zu nutzen, sei nicht realisierbar.
- Frank, Jennifer, Louise, Hal, Kate und Jim glaubten alle, sicher zu wissen, daß ihre Lebenssituationen in entscheidenden Punkten nicht zu ändern seien.

Das Geschenk, das meine Klienten mir vor allem anderen gemacht haben, ist die Überzeugung, daß es immer noch mehr gibt; daß Mut, Ausdauer und Entschlossenheit immer Möglichkeiten eröffnen können, wo es keine zu geben schien.

Wir können nicht alles, aber wir können so viel mehr, als wir normalerweise tun. Es ist tragisch, wie wenig uns das klar ist. Es ist atemberaubend, zu erkennen, wieviel mehr möglich ist.

# Nachwort zu den Klienten

## Jennifer

Jennifer und Bert zogen wieder zusammen und verbrachten zwei sehr gute Jahre. Dann konnte er es wieder nicht lassen, nach anderen Frauen zu sehen (wie sie es nannte), und er hatte wieder eine Affäre. Sie sprachen sich darüber aus und beschlossen, es mit einer »offenen Ehe« zu versuchen. Offenbar fand Bert das sehr nach seinem Geschmack; Jennifer hingegen beschloß nach einem einzigen Versuch, es sei nichts für sie. Sie trennten sich und ließen sich scheiden.

In der Zwischenzeit hatte Jennifer einen zweiten Magisterabschluß gemacht, in Englisch dieses Mal. Sie gab die Stellung als Dean auf und lehrt jetzt mit Freude Stilistik und Grammatik. Sie träumt davon, einen Roman zu schreiben, aber hat bisher noch nicht begonnen. Sie hat wieder eine Beziehung zu einem Mann.

## Frank

Frank machte seinen Doktor an einer guten Universität und bekam einen Posten in einem Forschungsteam in einer Klinik. Er lebt im Südwesten und hat zum zweitenmal geheiratet. Der erste Versuch war offensichtlich eine fürchterliche Erfahrung, aber die zweite Ehe scheint gut zu sein. Seine Frau ist auch eine Kollegin, sie haben drei Kinder.

Frank genießt immer noch kontroverse Diskussionen, aber er ist selten aggressiv. Seine Veröffentlichungen zeugen von großer Kreativität.

## Louise

Louise und Don haben geheiratet. Kurz darauf zogen sie in den Nordwesten, wo Don eine kleine Klinik leitet, in der Louise Leiterin der Sozialarbeit ist. Sie haben ein Kind, das für beide den Mittelpunkt ihres Lebens bildet. Sie sagt, sie würden vielleicht ein zweites adoptieren, da sie inzwischen für ein zweites eigenes Kind zu alt ist.

Louise ist nicht mehr stets darauf bedacht, es anderen recht zu machen. Tatsächlich ist sie eine einigermaßen militante Streiterin für Gleichberechtigung.

## Hal

Hal hat seine berufliche Situation allmählich so geändert, daß er sich ganz seiner Privatpraxis widmen kann. Er ist besonders an transpersonalen Aspekten interessiert und hat mehrere Artikel auf diesem Gebiet veröffentlicht.

Mehrere Jahre, nachdem wir unsere Arbeit miteinander abgeschlossen hatten, ermutigte mich mein Therapeut, in eine Therapiegruppe zu gehen. Der Co-Leiter dieser Gruppe war Hal! So tauschten wir die Rollen, entgegen der gängigen Doktrin. Das Ergebnis war hervorragend, und ich werde immer dankbar sein für Hals warme Unterstützung zu einer Zeit, wo ich ihrer zutiefst bedürftig war.

## Kate

Kate heiratete einen Akademiker einer anderen Fachrichtung, und widmete sich eine Zeitlang ganz der Aufgabe, Hausfrau und Stiefmutter zu sein. Dann begann sie eine faszinierende Reise durch verschiedene Aspekte der zeitgenössischen Kultur - Astrologie, Massage, Tarot, Feminismus und so weiter.

## Jim

Mein Umzug nach Nordkalifornien war mehr als eine geographische Veränderung. Meine liebe Gefährtin und ich haben geheiratet, ein wundervolles Mädchen als Tochter angenommen und in dieser herrlichen Gegend unsere Heimat gefunden. Einige Jahre lang hatten Elizabeth und ich jeder seine eigene psychotherapeutische Praxis, aber inzwischen haben wir uns aus dieser Arbeit zurückgezogen. Ich widme mich der Lehre und dem Schreiben, sie sich dem Schreiben.

Mein Leben ist ungewöhnlich schön gewesen. Ich weiß es, und ich halte mich für sehr vom Glück begünstigt. Viele Faktoren haben daran mitgewirkt. Einer der wichtigsten war die geduldige Lehrtätigkeit meiner Klienten - eine Lehre, die mich unnachgiebig mit meinen Kompromissen konfrontierte, mir immer wieder den Mut gab, Veränderungen zu suchen, die bedrohlich schienen, und mir immer die Wirklichkeit der unendlichen Möglichkeiten vor Augen hielt, die mir und uns allen offenstehen.

# Was die Klienten den Therapeuten lehren

### Lehren über das Wesens des Seins, des Lebens selbst

Das Wunder aller Wunder ist die Tatsache des Seins. Dieses Wunder ist nur durch seine zweite Facette, das Wunder des Bewußtseins, zu entdecken. Die Dualität von Objektivität und Subjektivität ist daher die Grundlage alles anderen und durchdringt alles andere.

Lebendig zu sein ist die Grundaufgabe des Lebens. Wir alle sind es nur zum Teil. Lebendigsein ist eine Frage des Grades; nicht des Entweder-Oder.

Möglichkeiten sind buchstäblich unendlich, aber das bewußte Leben kann diese Leere nicht ertragen. Wir führen unser Leben durch das System unserer Konstrukte von Welt und Selbst, die ein jeder von uns hat - und in gewisser Weise ist.

Jeder Mensch hat ein einzigartiges System des Selbst- und Weltkonstrukts. Wir schaffen/entdecken es aus den uns angeborenen Gaben, unseren Erfahrungen und der Art wie wir aus diesem Stoff das Leben machen, das wir leben.

### Lehren über die Lebensrichtung und Erfahrung des Einzelnen

Wir leben in der Welt, wie wir sie wahrnehmen. Die Größe unseres Lebens ist die Größe der von uns wahrgenommenen Welt.

Wer und was wir sind, wirkt auf die Art, wie wir die Welt sehen. Unsere Identität ist nichts Gegebenes, sondern eine ständige Schöpfung-Entdekkung.

Unsere wahre Identität ist ein Prozeß, kein substantives Ding. So verändern wir uns ständig. Das Bemühen, unveränderlich zu bleiben, verkrüppelt uns und macht unser Leben kleiner.

## Lehren über den Platz der Psychotherapie

Das System von Selbst- und Weltkonstrukt macht das Leben möglich, aber begrenzt unser Leben auch. Aufgabe der Therapie ist es, den Klienten zu helfen, sich bewußt zu werden, wie sie ihre Selbst- und Weltdefinitionen einengen und damit ihr Leben. Emotionales Leiden ist keine Krankheit, sondern ein Wahrnehmungsproblem.

Pychotherapie ist einer der möglichen Wege, auf dem wir versuchen, lebendiger zu werden. Das Bedürfnis nach Psychotherapie entstammt unserem Gefangensein in Arten des Lebendigseins, die zu eng oder verbogen sind.

Die häufigste Art, unser Leben zu verkrüppeln, ist die, daß wir uns zu Objekten machen und uns damit von dem inneren Gewahrsein unserer einzigartigen, nur uns angehörenden Erfahrungen, Bedürfnisse und Intentionen abschneiden.

Die Lehren unserer Gegenwartskultur ermutigen uns, uns als Objekte zu behandeln. Natürlich gibt es viele Situationen, in denen die Fähigkeit hierzu nützlich ist; die Verkrüppelung tritt dann ein, wenn diese Perspektive die wichtigste oder einzige im Leben ist.

Oft hat die Psychotherapie zuallererst die Aufgabe, gegen die destruktive Überbewertung unserer Selbstobjektifizierung anzugehen. Erst, wenn wir mehr Zugang zu unserer Subjektivität haben, können wir dauerhafte und entscheidende Veränderungen in unserem Leben vornehmen.

Im Subjektiven gibt es kein »wie«; es gibt nur Intention. Der Versuch, sich dazu zu bringen, etwas zu tun oder zu lassen, ist eine Teilung in Sklave und Herr. Sie ist meist nutzlos und wirkt oft auf lange Sicht verstümmelnd.

## Lehren über Lebensführung

Der Fluß unseres inneren Bewußtseins ist wesentlich für die Pflege unserer selbst, unsere Selbststeuerung und unser volles Leben. Die meisten von uns sind zumindest teilweise blind/taub bezüglich der Fähigkeit, diesen inneren Fluß zu nutzen.

Wir müssen unsere Bedürfnisse, Gefühle, Erwartungen, Befürchtungen und unsere Anteilnahme erkennen und achten. Sie zu erkennen bedeutet nicht, sich von ihnen beherrschen zu lassen.

Die Verantwortung für unser Tun und Lassen zu übernehmen, bedeutet, die Macht in die Hand zu nehmen; der Verantwortung aus dem Weg gehen, heißt, sich zum Opfer, zum Objekt zu machen.

Die Wahl zu haben, heißt, Macht zu haben; ohne Wahl ist man Sklave, Objekt.

Wir sind immer begrenzt. Zweideutigkeit, Ungewißheit, Unvollständigkeit sind Teil des Lebens; sie vermeiden zu wollen heißt das Leben vermeiden zu wollen. Perfektionismus und Entweder-Oder-Denken sind Krankheiten, die das Leben zum Krüppel machen.

Wir brauchen Beziehungen, das Teilen des Seins. Sich völlig selbst genügen zu wollen ist eine Perversion.

Beziehungen sind beängstigend, weil der andere immer und letzten Endes nicht steuerbar und nicht vorhersagbar ist. Paradoxerweise vergrößert eben diese Eigenschaft den Reichtum des In-Beziehung-Stehens.

Unser Sein in unserem Körper ist eine Tatsache unseres Seins, aber nicht das Ganze. Wir transzendieren das rein Körperliche mit unseren Gefühlen, unseren Zielen, unserer Intelligenz und unserer Geistigkeit.

Unsere Sexualität ist ein mächtiger, schöpferischer und belebender Teil unseres Seins im Körper, aber sie kann auch verletzen und zerstören. Sie kann uns zu intensiven Erfahrungen unseres In-Beziehung-Seins, unseres Abgesondertseins, unserer Fähigkeit zur Ekstase, unserer Fähigkeit zu emotionalem Schmerz und Verzweiflung bringen.

Falls wir im Leben nichts einsetzen, uns nicht einlassen auf das, was wir tun und auf die, mit denen wir in Beziehung stehen, bleiben wir außerhalb des Lebens und fühlen uns leer und unbefriedigt.

Aufgeben, der Verlust in irgendeiner Form, gehört immer zu jedem Leben. An sich ist es kein Zeichen, daß irgendetwas fehlgeschlagen ist.

Gesetze, Regeln, Sitten, Moralvorstellungen und ähnliches sind aus gemeinsamer Menschheitserfahrung erwachsen und verdienen Respekt und Beachtung. Allerdings sind sie nicht absolut zu setzen und müssen ständig überprüft und verändert werden.

*Übertragung aus dem Amerikanischen:*
*Angelika Orpin*

*Lektorat:*
*Klaus Eckhardt*

*Herausgeber:*
*Anna und Milan Sreckovic*

*Die Deutsche Bibliothek - CIP-Einheitsaufnahme*
***Bugental, James F.T.**: Aus dem Notizbuch eines Psychotherapeuten. »Gemeinsame Reisen ins Innere« / James F.T. Bugental. Aus dem Amerikan. von Angelika Orpin. [Hrsg.: Anna und Milan Sreckovic]. - Köln: Ed. Humanistische Psychologie, 1992*
*Einheitssacht.: Intimate Journeys <dt.>*
*ISBN 3-926176-42-3*



*Umschlagentwurf:*
*Klaus Eckhardt*

*Vertrieb:*
*Moll & Eckhardt*
*Zülpicher Str. 174, 5000 Köln 41*

*Satz:*
*R. Birkhölzer Electronic Publishing, Köln*

*Gesamtherstellung:*
*Agentur U. Himmels, Heinsberg*

*ISBN 3-926176-42-3*